MW01118014

Hans Josef Lang

Entonces sus ojos se abrieron

El enfoque psicológico para la interpretación de los Gen. 2 y 3 sobre la base de la traducción de la Biblia alemana

Editorial Académica Española

Cover image: www.ingimage.com

Publisher:
Editorial Académica Española
is a trademark of
International Book Market Service Ltd., member of OmniScriptum Publishing Group
17 Meldrum Street, Beau Bassin 71504, Mauritius

ISBN: 978-620-0-37255-0

Contenido

Prólogo

Vivimos en una época y una cultura en la que la mayoría de la gente piensa de forma científica. Cuando se buscan respuestas a preguntas urgentes aquí y ahora en las civilizaciones modernas, a menudo se recurre a los científicos naturales, ya que en gran medida parecen estar bien informados. No obstante, en esos debates, siguen siendo de gran importancia otros enfoques para responder a la cuestión, los que no se han elaborado según métodos científicos que no pueden verificarse con exactitud. Esto suele dar lugar a disputas y conflictos de respuesta, ya sea latentes u obvios.

Un complejo esencial de preguntas, que nos ocupa a los humanos en las profundidades y, secundariamente, también en la superficie de nuestras almas, comprende las preguntas sobre las primeras cosas, estas son las preguntas sobre los comienzos de las cosas, sobre los comienzos de los humanos, animales, plantas y planetas, sobre el comienzo de este mundo en el que nos encontramos viviendo. Estas preguntas candentes pueden conducir a conflictos feroces y difíciles en y entre personas que quieren tener en cuenta el relato bíblico de la creación (1) y al mismo tiempo también las respuestas científicas a las mismas preguntas. Tal conflicto de respuestas también es parte de mi vida y fue comprendido por mí en el libro "Entonces Dios dijo: 'Que las aguas se llenen de criaturas vivas'" (2). Originalmente había escrito un ensayo concentrado bajo el título "Paraíso perdido y redención", cuya parte introductoria se trata con más detalle en el libro mencionado anteriormente y ahora se adelanta aquí literalmente:

Hay un constante cuestionamiento y respuesta en nosotros los humanos; principalmente en la profundidad de nuestras almas, secundariamente en parte también en la conciencia. Una gran parte de estas preguntas y respuestas o intentos de responderlas, enfoques o incluso conflictos se relacionan con las situaciones cotidianas concretas que deben ser tratadas de esta o aquella manera. Además, también hay preguntas más profundas, por ejemplo, preguntas sobre las primeras cosas, preguntas sobre los comienzos de las cosas, sobre el principio de este mundo.

En la esfera interpersonal, las preguntas y respuestas pueden expresarse en forma de palabras, entre otras cosas. Así, los autores de los tres primeros capítulos del Libro del Génesis de las Sagradas Escrituras responden a las preguntas sobre los comienzos. Las palabras son la respuesta a las mismas preguntas, pero también lo son los científicos naturales del siglo XX. Estas respuestas, a saber, las de los Génesis 1 - 3 por un lado y las de los científicos naturales de hoy en día por otro lado, no se corresponden exactamente.

Los científicos obtienen sus respuestas a estas preguntas examinando cuidadosamente el mundo actual en busca de rastros del pasado, que tratan de remontar al principio. Utilizan exclusivamente métodos científicos, por ejemplo, el examen de fósiles, la datación de isótopos y otros. Estas respuestas son en gran medida incapaces de calmar las preguntas sobre el cuándo y el cómo de las primeras cosas, pero en última instancia no pueden calmar las preguntas sobre el por qué de los comienzos.

Los autores de los tres primeros capítulos del Génesis no estaban familiarizados con los métodos científicos. En presencia del Dios que se les reveló, llegaron a sus respuestas sacando conclusiones sobre la belleza, el orden y el significado de las cosas y procesos que percibieron de Aquel que había planeado y realizado todo esto. Encontraron su respuesta aún más intuitiva que racional y diseñaron su mensaje libremente desde lo más profundo de sus almas, utilizando sus palabras para crear "imágenes" que pudieran ser comprendidas por cualquier oyente y/o lector: La "imagen" de la obra de seis días de Dios y la "imagen" del paraíso y la Caída. Cuando Dios se revela a los seres humanos o se deja sentir por ellos, los límites estrechos resultan naturalmente de la comprensión y la imaginación de las personas respectivas.

Los escritores del libro del Génesis sabían que eran libres de dar forma a lo que escribían, porque ellos mismos no estaban presentes en estos comienzos

de los que hablaban, y tampoco podían recurrir a informes de personas que habían estado allí. Con la "imagen" del trabajo de seis días de Dios, el escriba sacerdotal, a menudo referido por los teólogos como P (15), básicamente quería decir *que* Dios creó el mundo. Esta declaración no responde a las preguntas sobre el cuándo y el cómo de los comienzos, pero sí responde a las preguntas sobre el por qué: el mundo en el que vivimos fue creado por Dios, y ha comenzado porque Dios quiso que fuera y lo puso en escena de esa manera. Este Dios ahora, que causó el comienzo del mundo, es para nosotros los seres humanos, sin embargo, otra dimensión: no es directamente accesible a nuestros sentidos, no es demostrable por métodos científicos, por lo tanto es desconocido, misterioso. Aparte de esta declaración básica del relato bíblico de la creación (1), sólo un segundo mensaje es esencial: "Dios miró todo lo que había hecho: era muy bueno". (3)
Dado que a los científicos naturales - como tales - no se les permite comentar estas preguntas sobre el por qué de las primeras cosas mientras la obra de Dios no pueda ser comprendida por métodos científicos, sólo hay diferencias en el Libro del Génesis con respecto a las respuestas a las preguntas sobre el cuándo y el cómo de los comienzos, y estas preguntas son inevitables para nuestra vida concreta en este mundo. Por eso aún no es tan difícil para los religiosos cuyo pensamiento está científicamente influenciado conciliar ambas ofertas de respuestas: Donde las ciencias naturales, en su visión superficial e incompleta, explican con veracidad los eventos del comienzo del mundo, describen cómo Dios creó el mundo: Estos procesos corresponden básicamente a Su plan y requieren Su presencia eterna.

Un paraíso según nuestros deseos humanos

Los Testigos de Jehová, llenos de gran celo misionero, enseñan que la promesa bíblica de un nuevo cielo y una nueva tierra (4) no debe ser entendida e interpretada en el sentido de un "fin del mundo", sino que el universo con los planetas en su interior habría sido creado completamente y duraría para siempre. Cuando se cumplan las profecías mencionadas, Dios realizará un paraíso en esta tierra eternamente existente, que él crea en el principio, y en el que entonces la historia de la humanidad ha tenido lugar, en el que los hombres probados y los que son encontrados justos pueden vivir para siempre, mientras que los malvados serían irrevocablemente puestos fin. Para dar una idea de estas promesas (y probablemente también para facilitar a los destinatarios su visión del mensaje bíblico), distribuyen escritos en los que se ofrecen representaciones terrenales del paraíso en palabras e imágenes.

Por ejemplo, se mostró una foto en formato no muy Din-A5 con el título "Viviendo en un **nuevo mundo pacífico**" (5): En el primer plano a la derecha, tres niños de diferentes nacionalidades juegan con dos pandas adultos, uno de los cuales es una madre y sostiene a su cachorro en sus brazos. A la izquierda de este grupo hay frutas y verduras apetitosas e inmaculadas (aubergias, melones, pepinos, pimientos, manzanas, limones, peras, uvas, setas, alcachofas, pasas, mazorcas de maíz, col roja) en el suelo herboso y en una caja de madera. Inmediatamente detrás de estos frutos se puede ver un exuberante arbusto de rosas rosadas, del que una joven y bonita mujer corta unas cuantas ramas para hacer un ramo. A la derecha de esta mujer y del rosal, detrás de las frutas y los niños que juegan, una niña - rodeada por una bandada de pollos amarillos y negros, sosteniendo uno de ellos en su regazo en sus manos - está sentada en la hierba del suelo. A una distancia moderada de esto, a la derecha detrás de los niños que juegan con los pandas, una leona yace en la hierba verde, con sus dos cachorros retozando en su cabeza.

Desde este primer plano cubierto de hierba, un campo de grano maduro se extiende al fondo a la derecha, un campo de coles verdes en el centro, y a la izquierda, un área densamente cubierta con varias flores de verano coloridas. En el borde derecho del cuadro, en el límite entre el verde del primer plano y el amarillo del maizal, se alza un poderoso árbol de hoja caduca, que no se muestra en toda su altura, pero del que sólo se representa el tronco y parte de las ramas principales inferiores y - extrañamente en los tonos amarillos del otoño - su follaje. Tres ciervos pastan en el campo de maíz, sin ser molestados y sin ningún temor a ellos, por la gente y los leones, que son conocidos por nosotros como depredadores carnívoros. Entre el campo de coles y la zona de flores de Sommer corre un camino de tierra descubierta desde el primer plano de la representación hasta su fondo. En este camino, a la derecha detrás de la mujer arrodillada junto al rosal, un joven se acerca llevando una caja de madera llena de más fruta - posiblemente patatas. Mirando a lo largo de este camino hacia el fondo, algunos hombres están ocupados construyendo una casa espaciosa, usando principalmente madera como material. Una cadena de cigüeñas blancas vuela sobre la casa. La profundidad espacial de la pintura es transmitida por un bosque de coníferas suelto, que conduce a pastos herbosos y a una montaña cubierta de nieve. Por encima de él hay un cielo aún más nublado y azul brillante.

Este cuadro expresa en general una deseada armonía de todas las criaturas representadas - plantas, animales y humanos - con los factores inanimados de su hábitat y entre sí. No hay signos de competencia por el alimento, el espacio, la reproducción y el rango, ni de las luchas resultantes; más bien, hay una paz perfecta entre estos organismos vivos. Incluso los depredadores son mansos y no dañan a los otros animales, que en realidad encajan en su esquema de presa, o a los humanos. Las personas toleran a los animales en las áreas que cultivan y en sus alrededores inmediatos; la relación mutua es amistosa. En este punto el texto en cuestión se refiere a un pasaje bíblico de los libros de los profetas, donde dice: "Entonces el lobo habita con el cordero, y el leopardo con el cabrito. El becerro y el león pastan juntos, un niño pequeño puede cuidarlos. La vaca y el oso se hacen amigos, sus cachorros están uno al lado del otro. Los leones comen paja como el ganado. El niño juega frente al agujero de la víbora, el niño mete la mano en la cueva de la serpiente. Nadie hará el mal ni cometerá ningún crimen en toda mi santa montaña, porque la tierra está llena del conocimiento del Señor, como el mar está lleno de agua. (6) Según esta idea, todos los seres vivos representados en el cuadro parecen ser extremadamente armoniosos, poderosos, sanos y vitales. El crecimiento exuberante de plantas inmaculadas es testimonio de un suelo enormemente fértil y un clima favorable y es a su vez la base de una existencia segura para los animales y los humanos. La cadena de las cigüeñas blancas voladoras hace pensar en la integridad de los hábitats terrestres. Todas las personas retratadas son jóvenes, equilibradas y bellas, las expresiones de sus rostros están marcadas por una sonrisa feliz. No hay signos de esfuerzo, problemas, preocupaciones, ira, pelea, quejas, sufrimiento.

Otra de estas imágenes (7) puede describirse a grandes rasgos como sigue: En la esquina superior derecha del cuadro, una pequeña parte del cielo se muestra en tonos ligeramente más oscuros de azul con pocas zonas más brillantes; abajo, llegando hasta el centro del cuadro, pintado con una variedad de tonos de verde, árboles, arbustos y matas densamente agrupados, exuberantes, vigorosos y sanos, cuyas hojas tienen un matiz amarillento a lo largo de una franja horizontal irregular, que indica la llegada de los rayos del sol o de la luna llena. Los tonos de verde y amarillo, que representan el rico follaje, se concentran en tres plantas y se complementan con manchas rojas de color, que pueden interpretarse como flores y/o frutos. Tres pájaros vuelan frente a los altos árboles del fondo, claramente en contraste con sus tonos de

verde por el gris claro, pero sólo estilizados en sus formas, transmitiendo así una mayor distancia y profundidad espacial en el plano de dibujo.
Inmediatamente a la izquierda del centro del cuadro, un pequeño arroyo fluye sobre una cascada dividida en tres partes en un lago cuya agua, en la que se refleja el sol o la luz de la luna, es clara y pura, y que se extiende hasta el borde inferior del cuadro y, por tanto, al primer plano. De pie sobre la cascada, ligeramente desplazada a la derecha, pintadas como siluetas negras, dos ciervos con cabezas levantadas, cada uno con largos cuernos bifurcados que sobresalen de ellas. En el borde inferior de la imagen se puede ver a la izquierda un arbusto vigoroso lleno de flores de color rojo brillante, que probablemente sobresalga de la orilla del lago hacia el nivel del agua.
A la derecha de este arbusto en flor y en el primer plano de la pintura hay una joven pareja, hombre y mujer, representados desde las caderas hacia arriba, vestidos al estilo de nuestro tiempo, acurrucados juntos. En el dedo índice de su brazo derecho extendido, la joven sostiene un colorido pájaro, cuyas alas están extendidas como si acabara de llegar aquí o estuviera a punto de despegar. Los rostros sonrientes de las dos personas están iluminados por la luz e irradian desde el interior; las personas así retratadas dan la impresión de una perfecta belleza, vitalidad, dicha, una constante actitud interior y exterior, que se caracteriza por el hecho de que están constantemente en armonía entre sí y con todas las demás partes del espacio vital circundante. Cualquiera que conozca la historia bíblica relevante puede recordar el paraíso del principio, en el que se permitió a Adán y Eva vivir después de su creación, al mirar la imagen descrita. El texto añadido a esta foto bajo el título "Qué clase de vida deseas" es: "Mira la siguiente página. ¿Qué clase de vida llevan estas personas? ¿Te gustaría estar entre ellos? Por supuesto, usted dirá. ¡Qué felices y jóvenes se ven! ¿Creerías si alguien te dijera que estas personas tienen miles de años? ...“ (7)
Los humanos somos seres espiritualmente dotados y tenemos la habilidad de la imaginación. Sobre esta base, las representaciones que acaban de ser

descritas ciertamente tocan nuestros deseos humanos para nuestra vida en esta tierra. ¿Cómo tendrían que ser, por ejemplo, los biotopos terrestres para poder satisfacer tales deseos?

En un paraíso según nuestros deseos humanos, siempre habría un clima favorable en todas partes; el tiempo sería agradable para todos los seres que viven en la tierra en todas las estaciones, hora tras hora, día tras día, año tras año. Siempre en el momento adecuado, el sol proporcionaría una cantidad adecuada de luz y calor, y la lluvia proporcionaría la humedad necesaria para la superficie de la tierra. Sentir los rayos del sol en la piel siempre sería un beneficio delicioso, estimulante y energizante para todos los organismos estructurados de esta manera. La corriente de viento que fluye alrededor de los cuerpos sería inmensamente moderada, casi tierna, calmante y motivadora al mismo tiempo, transmitiendo la fuerza de la vida, las gotas de lluvia que golpean el cabello y la piel se sentirían sin excepción como refrescantes y vigorizantes, todas las fuerzas cósmicas influenciarían a todos los seres vivos terrestres de la misma manera de manera feliz, y los organismos estarían en constante armonía con ellos.

Todos los seres vivos encontrarían de forma fiable todas las condiciones para una existencia perpetua, segura, contenta y feliz en sus respectivos biotopos. La atmósfera, el agua y la capa superior del suelo serían originalmente puros. Cada consumidor siempre tendría un amplio espacio y comida disponible. El suelo sería enormemente fértil en todas partes y siempre, y proporcionaría a todas las plantas enraizadas en él de manera uniforme y constante todas las sustancias necesarias para el crecimiento de las plantas en las cantidades requeridas y en las cantidades disponibles para las plantas. Esto haría que cualquier planta fuera extremadamente alegre, vital e impecable. Las muchas especies de plantas diferentes que se dan en una zona siempre estarían en un estado de equilibrio sensible, extenderían sus raíces en el suelo y sus hojas a la luz del sol sin competencia y, por lo tanto, utilizarían los elixires proporcionados con suavidad.

"Entonces Dios dijo: 'En esto te doy todas las plantas de toda la tierra que dan semilla, y todos los árboles con fruto de semilla. Los usarás como alimento. A todas las bestias del campo, a todos los pájaros del cielo, y a todo lo que se mueve en la tierra, todo lo que tiene aliento de vida, les doy todas las plantas verdes como alimento. Así que sucedió." (8) Todos los seres humanos y animales serían vegetarianos; para ello encontrarían siempre abundantes variedades de diferentes raíces, hojas, frutos y semillas. La comida vegetariana podría ser tomada de las respectivas plantas sin reducir su vitalidad de ninguna manera. Todas estas partes vegetales que sirven de alimento serían hermosas y apetitosas de mirar, rodeadas de un aroma aromático, impecable, sabroso, llenador, vigorizante, promotor de la salud. Los respectivos consumidores disfrutan de su comida sin excepción en condiciones de descanso y relajación; las comidas tomadas de esta manera les darían nueva vitalidad y alegría de vivir, bienestar y satisfacción día tras día. Para la saturación, pequeñas cantidades de comida vegetariana serían completamente suficientes. Además, las sustancias herbales estimulantes sólo se toman en una medida beneficiosa. Si las personas quisieran refinar de alguna manera los alimentos disponibles naturalmente y los alimentos de lujo, por ejemplo, cocinando, asando, horneando, extrayendo jugo, haciendo infusiones, fermentación alcohólica, las actividades necesarias para ello serían experimentadas sin excepción como un trabajo significativo y satisfactorio que da placer y genera gratitud al Creador, que ha dado todos estos buenos dones y capacidades humanas.

El suministro de agua de todas las criaturas vivientes estaría garantizado siempre y de manera uniforme. Para ello, la lluvia pura proporcionaría regularmente suficiente humedad a la capa superior de la cocina y a la flora enraizada en ella, y los manantiales y los pequeños y grandes cursos de agua que fluyen de ellos, formando lagos en lugares adecuados, proporcionarían siempre cantidades abundantes de agua clara, deliciosa y refrescante para que la gente y los animales la bebieran. Esta agua clara de los manantiales, arroyos, ríos, lagos y mares también serviría como el producto de cuidado corporal más importante para el pueblo, por lo que la temperatura actual siempre se percibiría como agradable. Los lavados y los baños con esa agua serían refrescantes y vigorizantes una y otra vez.

Todos los hábitats terrestres ofrecen en cantidades abundantes los materiales naturales más adecuados para la creación de alojamientos temporales y/o viviendas permanentes, en los que todavía es posible vivir de forma natural y al mismo tiempo confortable. Las actividades que son inevitables aquí también se experimentarían, sin excepción, como un trabajo significativo y satisfactorio en el que se pueden realizar las ideas individuales, aplicar los talentos y, por lo tanto, encontrar la autoafirmación. Todas las sustancias que se introducirían en estas obras humanas se caracterizarían por su enorme resistencia y durabilidad.

Cualquier ser vivo sería parejo, impecable, de estructura impecable y por lo tanto enormemente eficiente, saludable, elegante y hermoso. Por ejemplo, todos los huesos de cada ser humano serían extremadamente estables y resistentes por siempre y para siempre con suficiente elasticidad, todos los dientes serían blancos brillantes, de dureza de esmalte, con sus raíces firmemente ancladas en sus compartimentos, todos los músculos estarían en un agradable estado de tensión, duraderos y altamente productivos cuando fueran necesarios, todos los tendones de acero resistentes a la tracción, todas las articulaciones fácilmente movibles con una estabilidad segura, el corazón fuerte, duradero, joven, todos los vasos sanguíneos elásticos, en un tono agradable, las vías respiratorias libres, los pulmones enormemente flexibles y retráctiles, todos los órganos absolutamente fiables. Sobre la base de esta estructura óptima, todas las funciones de cada ser vivo serían extremadamente productivas, ligeras, eufóricas, armoniosas; si, por ejemplo, la actividad cardíaca, el pulso y la respiración fueran regulares, uniformes, tranquilos y productivos, todos los movimientos se caracterizarían como algo natural por una facilidad casi lúdica, un flujo armonioso y una elegancia impresionante, y todos los movimientos del sistema nervioso vegetativo se percibirían como agradables, satisfactorios y estimulantes. Los ojos de cualquier ser viviente capaz de sensaciones más complejas, producirían miradas brillantes, alegres, abiertas, confiadas, comprensivas y amorosas. Los sonidos de los animales y las voces humanas siempre suenan calmadas, suaves, fluyendo armoniosamente. La gente a veces se regocijaba con melodías alegres y cantaba canciones de alabanza y agradecimiento dirigidas a Dios. Acompañaban estas canciones en parte con varios instrumentos musicales melodiosos, cuyo manejo habían aprendido a tocar.

Debido a que en este paraíso el clima siempre sería muy favorable y por lo tanto sería percibido como agradable por todos los organismos, los animales y los seres humanos permanecerían predominantemente en la naturaleza libre, siempre les gustaría volver a sentarse o acostarse en partes de las plantas o directamente en el suelo y también de esta manera sentirían y llevarían a cabo con todos sus sentidos muy intensamente su conexión con el mundo en el que viven y con el Creador, que los creó y todo lo que les rodea y lo que perciben. Todos los individuos que vivieran juntos estarían en armonía y paz entre sí y con los factores abióticos de sus respectivos biotopos terrestres, con el universo y con Dios de manera constante e invariable. El espacio, los alimentos y todos los demás bienes de la tierra serían inagotablemente abundantes, de modo que cada día la parte de cada ser vivo estaría garantizada. Las diferencias entre las especies y los individuos se vivirían y aceptarían como un requisito previo para la complementación mutua. En particular, las personas de sus respectivas comunidades afirmarían, por supuesto, las características individuales, como el físico, la apariencia, el comportamiento, el carisma, la autoexpresión (por ejemplo, el peinado, la vestimenta, las joyas, las facilidades en el entorno personal, la forma de hablar de sí mismos y de producirse frente a los demás), por las que se percibiría y respetaría la individualidad y la singularidad de cada persona. Todos intentarían comprender, reconocer y aceptar a los demás con mucha atención, empatía, coherencia y éxito. Cada ser humano se regocijaría en los talentos, logros, éxitos y felicidad de sus semejantes y de sus criaturas, así como en el inalcanzable y enorme poder y sabiduría del Creador. Todo organismo transfiere voluntariamente fuerzas vitales, tal como se liberan en él cada día, a su vecino y a su vez absorbe con gusto y gratitud las fuerzas e impulsos que le afectan desde el exterior. De esta manera, también, todos aquellos que son capaces de esto, sentirían constantemente y de manera consistente su conexión armoniosa mutua y eso con todas las partes del mundo en las que viven y de las que son las partes más pequeñas, es decir, que todas juntas forman un todo.

A todo organismo capaz de esto se le daría vida en abundancia infinita. Todos los individuos podían permitirse mucho tiempo de descanso, en el que se disfrutaba intensamente de la sensación de vivir agradecidos, contentos y felices. Las maravillosas estructuras y funciones corporales de cada ser vivo permanecerían eternamente iguales, de las cuales - transmitidas y recibidas de muchas y variadas maneras - cada día surgiría una nueva afirmación de vida, alegría, satisfacción, sentimientos de felicidad y gratitud. Todo ser viviente capaz de esto sentiría constante y consistentemente la paz interior y la paz exterior: Paz con uno mismo, paz con todos los organismos, tanto iguales como diferentes, paz con el mundo, paz con Dios. Todo ser vivo capaz de esto estaría constante y consistentemente lleno de la certeza de ser amado y con el poder de amar: Amor al mundo, amor a todo lo que es, amor a la vida, amor a todo lo que vive, amor a sí mismo, amor al prójimo, amor a todos los hombres, amor a todos los animales y plantas, amor a la patria, amor a Dios; recibiendo e irradiando amor cada día de nuevo de muchas y diversas maneras. También, y precisamente por amor, cada individuo estaría en armonía con todos los demás organismos de su biotopo, con la tierra, con el universo, con Dios.

En este Paraíso, como puede describirse según nuestros deseos humanos, el Ser Supremo, que está constante e invariablemente presente, sería accesible a la experiencia inmediata. Sobre esta base, todo organismo vivo se llenaría de una firme confianza en el consejo eterno de Dios y sabría sobre su poder creativo y su providencia, su omnisciencia y omnipotencia, su veracidad, justicia y amor y por lo tanto también sobre su propio origen y su propio anclaje firme.

Así como las diferentes personas miran el mundo con sus propios ojos y piensan en él, sus ideas del paraíso también serán diferentes. Por ejemplo, los esquimales seguramente desearán un mundo diferente al de los tuaregs. No obstante, la descripción de los Pa-radies que se acaba de formular podría ser fácilmente aceptada por una gran parte de la población. Nuestros deseos humanos están inequívocamente dirigidos a la presencia de factores útiles, agradables y gratificantes, pero al mismo tiempo se caracterizan por la ausencia de elementos nocivos y desagradables que causan sufrimiento. También se puede utilizar una imagen (7) para ilustrar esta visión: Mientras que las representaciones del paraíso descritas al principio están pintadas en colores brillantes, este dibujo es en blanco y negro y sostiene incoherentemente ante los ojos del espectador algunos males que no existirían en un paraíso de nuestros deseos humanos.

Hay, por ejemplo, un tanque que se dirige hacia un civil que, probablemente en una rabia impotente, lanza piedras a este vehículo de oruga que está perfectamente equipado para este fin. Tres aviones militares lo sobrevuelan. Debajo del hombre que lanza piedras hay un niño tumbado en un suelo duro, cuyos claros contornos esqueléticos, ahora sólo cubiertos por la piel, marcan su estado crítico de hambre o incluso de inanición, al igual que el plato de comida vacío que está a su lado. A la derecha, la parte superior del cuerpo de dos hombres parados uno detrás del otro. El de atrás, vestido de negro, con una expresión amenazantemente brutal, abraza al de delante, vestido con una camisa blanca, irradiando un miedo mortal sobre toda su expresión facial y sus gestos, con ambos brazos y lo aprieta contra su pecho, con su brazo derecho bajo la axila equilátera de su víctima y con su mano, los dedos separados con garras, presionados contra su pecho y al mismo tiempo, sobre el hombro izquierdo del delantero, presionando con su antebrazo izquierdo contra su garganta, sosteniendo un cuchillo en esta mano. En la parte superior izquierda se representa un rostro cubierto con una máscara de gas, y en la derecha un niño, probablemente acostado en la cama, con un rostro torturado y ansioso de llorar, sosteniendo ambas orejas con las manos llevadas a la cabeza, probablemente indicando pesadillas causadas por experiencias terribles. En diagonal, justo encima de un hombre mayor acostado en una cama de hospital es visible, los párpados apretados, la boca abierta, obviamente, posiblemente debido a un fuerte dolor, sufrimiento, conectado a una infusión, una sonda de goma insertada en una abertura nasal. A su lado un médico con boca, nariz y pelo higiénicos. Debajo, casi llenando todo el borde derecho del cuadro, hay un soldado armado con una larga daga y una pistola mecánica, en una orgullosa e inquebrantable pose de poder. Debajo de este dibujo, puedes leer, "¿Quería Dios que el mundo fuera así?"

En un paraíso que correspondiera a nuestros deseos humanos, no habría amenaza alguna de las fuerzas naturales o de las perturbaciones primarias o secundarias del equilibrio natural, es decir, de las influencias de la civilización humana; por ejemplo, la ausencia de meteoritos y relámpagos, la radiación UV e ionizante perjudicial, los terremotos, las mareas de tempestad, los huracanes, las inundaciones, las avalanchas, las erupciones volcánicas, la contaminación química del aire, el agua, la capa superior del suelo, las fases de clima extremo como los períodos de helada, el calor, la sequedad, la humedad, los incendios forestales o los incendios causados por la actividad humana. En ningún ser vivo habría ninguna incomodidad o desarmonía debido a las influencias cósmicas y factores de alerta. Desiertos, terrenos baldíos, quemados, secos, pantanosos, salados, ácidos, congestionados, tierra estéril, terrenos hostiles no estarían en ninguna parte. Ningún organismo vivo ha sufrido nunca de hambre, sed o síntomas de deficiencia.

Nunca habría una densidad de población crítica en un hábitat terrestre; por lo tanto, la competencia por el espacio y los alimentos sería imposible. Las plantas donarían partes renovables de sí mismas como alimento para los animales y los humanos sin sufrir ningún daño, de modo que nunca se verían perjudicadas en su vitalidad y continuidad. Ningún organismo tendría que comerse a otro para vivir y sobrevivir. Debido a la dieta exclusivamente vegetariana, ningún animal sería perseguido, cazado o matado. Las comidas nunca serían engullidas apresuradamente, con codicia, con celos. Ningún ser humano ni ningún animal lucharía nunca internamente y/o entre especies contra otros por territorios, alimentos, parejas sexuales, recursos minerales, posesiones u otros bienes de la tierra; los seres humanos nunca emprenderían guerras, de modo que los actos de violencia asociados, los horrores indecibles, las atrocidades interpersonales y la destrucción que afectan a biotopos enteros se evitarían con seguridad. En todas las áreas de las necesidades y demandas de la vida, la pobreza y la necesidad serían desconocidas. Nunca ningún bien terrenal sería distribuido injustamente. Ningún individuo trataría de reclamar más de lo que necesita para el día, acumularía posesiones, se enriquecería, consumiría alimentos en exceso, desperdiciaría o destruiría alimentos y otros bienes terrenales, trataría de manera descuidada y desagradecida. Las personas no podían reconocer las dependencias y las adicciones, los cambios desastrosos en los valores y los motivos injustos en la evaluación y el uso de los recursos.

Ninguna planta que crezca en la tierra se verá afectada por ninguna mancha antiestética o patológica ni infestada por parásitos y otras plagas. Con los animales y los humanos no habría cuerpos descuidados, en ninguna parte se vería piel contaminada con suciedad y excrementos corporales, así como pelo o plumas pegajosas. Nunca tendrían que sufrir ninguna dolencia, queja o enfermedad; incluso el dolor sería completamente desconocido para ellos. Como no tendrían que hacer ningún esfuerzo para satisfacer sus necesidades de vida, no habría fatiga, sobreesfuerzo, agotamiento o desgaste. Todos los seres vivos permanecerían por siempre y para siempre en un estado juvenil no gastado, ya que se caracteriza por la belleza y la fuerza, ninguno de ellos necesitaría nunca sufrir, envejecer y morir.

También la paz mental de los animales y especialmente de los humanos nunca estaría en peligro; nunca podrían experimentar apatía, aburrimiento, cansancio, deseo insatisfecho, decepción, frustración, infelicidad, preocupaciones, miedos, horror, melancolía, tristeza, mal humor, ira, rabia, amargura, inferioridad, antipatía, aversión, hostilidad, odio. Ningún individuo sería nunca inseguro, desesperado, desesperanzado, demasiado ambicioso, egoísta, vano, arrogante, envidioso, desfavorable, celoso, malicioso, tacaño, avaricioso, calculador, tortuoso, engañoso, recto, imperioso, duro de corazón, cruel, falso, egoísta. Ningún ser viviente sufriría de ignorancia, indiferencia, incomprensión, intolerancia, sofisticación, injusticia, crueldad, unidad, desprecio, desprecio, humillación, ridículo, calumnia, infidelidad, injusticia, rudeza, agresividad, malicia, maldad por parte de otros. Nadie perseguirá jamás metas fútiles, se alineará con falsos dioses, se sentirá inestable, pensará que ha sido abandonado por Dios, dudará de su omnipresencia y amor, olvidará o ignorará su cercanía amorosa y vivificante, lo criticará, se quejará de él, lo maldecirá, se rebelará, se opondrá a él, competirá con él de cualquier manera, se alejará de él, querrá ser el mismo Dios.

Si nosotros los humanos creamos tales imágenes de un paraíso en nuestra imaginación con nuestros deseos de una manera apropiada, llegamos a la más o menos dolorosa conclusión de que la tierra real en la que vivimos actualmente no se acerca a estas ideas. Pero en muchas personas hay una fuerte esperanza de que en un futuro lejano las posibilidades, capacidades y esfuerzos humanos puedan provocar una transformación de los respectivos hábitats terrestres según sus deseos o, al menos, acercarlos a un estado que nos parece más aceptable en general. Y en efecto, mucho de lo que los seres humanos, a veces con enormes esfuerzos y sacrificios, se esfuerzan y logran, debe interpretarse de tal manera que quieren mejorar sucesivamente su entorno, por lo que confían en el hecho de que con el tiempo creciente y el desarrollo ulterior de los logros humanos podrán lograr -dependiendo de su visión del mundo- una creación primaria o secundaria (por medio de las condiciones dadas por el Ser Supremo, posiblemente siguiendo obedientemente su orden) de un Paraíso según nuestros deseos humanos. Al emprender este camino con este objetivo en mente, o al ser llevados por sus antepasados y compañeros, muchas personas también reconocen muy claramente los límites y peligros de esta planificación y este procedimiento; y a menudo puede surgir una cierta nostalgia en sus mentes y pensamientos, a saber, la valoración de que el mundo estaba todavía intacto, todavía en orden en tiempos anteriores. La Biblia, el Libro de la Verdad, en el que los cristianos tratamos de orientarnos, habla de un paraíso en esta tierra en el que se permitió vivir a los primeros humanos. (9)

La historia bíblica de los primeros humanos

El libro bíblico del Génesis comienza con el relato de la creación, cuya declaración esencial es la siguiente: En el principio era Dios. En el principio, sólo existía Dios. Es a este Dios, a Su Palabra, es decir, a Su sabiduría, Su voluntad, Su poder, Su trabajo, que este mundo en el que vivimos, todas las cosas, visibles e invisibles, finalmente regresan. Aparte de esta declaración básica, el único mensaje esencial es este: "Dios miró todo lo que había hecho: era muy bueno. (3) A continuación, un segundo relato de la creación, en el que se dice en primer lugar que Dios formó al hombre "de la tierra a la tierra" y le insufló vida (10); el autor continúa luego como sigue:

"El Señor Dios estableció un jardín en el Edén, en el este, y puso allí al hombre que había formado. El Señor Dios hizo crecer toda clase de árboles del suelo, tentadores de mirar y con frutos deliciosos, pero en medio del jardín estaba el árbol de la vida y el árbol del conocimiento del bien y del mal. En el Edén nace un río que riega el jardín; allí se divide y se convierte en cuatro ríos principales. ... Así que el Señor Dios tomó al hombre y lo puso en el jardín del Edén para cultivarlo y cuidarlo. Entonces el Señor Dios ordenó al hombre Podéis comer de todos los árboles del jardín, pero no podéis comer del árbol de la ciencia del bien y del mal, porque si coméis de él, moriréis. Entonces el Señor Dios dijo, "No es bueno para el hombre estar solo. Quiero darle la ayuda que le conviene. El Señor Dios formó de la tierra todas las bestias del campo y todas las aves del cielo y las trajo al hombre para ver cómo las llamaría. Y como el hombre llamó a cada ser vivo, así debería llamarse. El hombre dio nombres a todo el ganado, a los pájaros del cielo y a todas las bestias del campo. Pero no encontró una ayuda que correspondiera al ser humano. Entonces el Señor Dios hizo caer un profundo sueño sobre el hombre, de modo que se durmió, tomó una de sus costillas y cerró el lugar con carne. El Señor Dios construyó una mujer de la costilla que había tomado del hombre y la trajo al hombre. Y el hombre dijo: "Esto al fin es hueso de mi pierna y carne de mi carne". Se le llamará mujer, porque se le ha quitado al hombre. Por lo tanto, el hombre deja a su padre y a su madre y se une a su esposa, y se convierten en *una sola* carne. Tanto Adán como su esposa estaban desnudos, pero no se avergonzaban el uno del otro. La serpiente era más sabia que todas las bestias del campo, que el Señor Dios había hecho. Le dijo a la mujer: "¿Dios realmente dijo: 'No debes comer de ningún árbol del jardín'? La mujer respondió a la serpiente: "Podemos comer del fruto de los árboles del jardín; sólo del fruto del árbol que está en medio del jardín ha dicho Dios: "No debes comer de él, y no debes tocarlo, de lo contrario morirás". Entonces la serpiente le dijo a la mujer: "No, no morirás. Más bien, Dios sabe que en cuanto comes de ella, tus ojos se abren; te vuelves como Dios y reconoces el bien y el mal. Entonces la mujer vio que sería delicioso comer del árbol, que el árbol era un festín para los ojos y se sintió tentada a ser sabia. Ella tomó de sus frutos y comió; también le dio a su marido que estaba con ella, y él también comió. Entonces ambos ojos se abrieron y se dieron cuenta de que estaban desnudos. Graparon hojas de higuera y se hicieron un delantal. Cuando oyeron al Señor Dios entrar en el jardín contra el viento del día, Adán y su esposa se escondieron del Señor Dios bajo los árboles del jardín. El Señor Dios llamó a Adán y le dijo: "¿Dónde estás? Está respondiendo: Te oí llegar al jardín, y tuve miedo porque estaba desnuda, y me escondí. Luego preguntó: "¿Quién te dijo que estabas desnudo? ¿Comiste del árbol del que te dije que no comieras? Adán respondió: "La mujer con la que te has unido a mí, me ha dado del árbol, y así he comido. Y el Señor Dios le dijo a la mujer: ¿Qué has hecho? La mujer respondió: "La serpiente me ha seducido, y por eso he comido.

Y el Señor Dios dijo a la serpiente: "Por haber hecho esto, estás maldito entre todo el ganado y todas las bestias del campo". En tu vientre te arrastrarás y comerás polvo todos los días de tu vida. Pondré enemistad entre tú y la mujer, entre tu descendencia y la suya. Te golpea en la cabeza y tú le golpeas en el talón. A su esposa le dijo: "Te doy muchos problemas en cuanto te quedas embarazada. En el dolor se dan a luz a los niños. Deseas a tu marido, pero él te gobernará. Entonces le dijo a Adán: "Porque has escuchado a tu esposa y has comido del árbol del que te prohibí comer, el suelo está maldito por tu culpa. Con esfuerzo comerás de él todos los días de tu vida. Espinas y cardos crecerán para ti, y debes comer las plantas del campo. Con el sudor de tu cara comerás tu pan hasta que vuelvas a la tierra, de la cual has sido tomado. Para el polvo que eres, al polvo debes volver.

Adán llamó a su esposa Eva (vida), porque se convirtió en la madre de todos los seres vivos. El Señor Dios hizo faldas de pieles para Adán y su esposa y los vistió con ellas. Entonces el Señor Dios dijo: "He aquí que el hombre se ha hecho como nosotros; conoce el bien y el mal". Que ahora no extiende su mano, toma también del árbol de la vida, come de él y vive para siempre! El Señor Dios lo envió lejos del Jardín del Edén para cultivar la tierra de la que fue tomado. Expulsó al hombre y colocó los querubines y la espada de fuego ardiente al este del Jardín del Edén para guardar el camino al árbol de la vida.

Según la comprensión literal de esta historia bíblica, los respectivos oyentes y/o lectores deben llegar a la convicción de que en el pasado de la tierra, en la época de los primeros seres humanos, había un jardín dispuesto por Dios mismo en el Edén, en el este, en la Tierra de los Cuatro Arroyos, que correspondía completamente a un paraíso diseñado en nuestra imaginación de acuerdo con nuestros deseos humanos, como en el capítulo anterior del libro en cuestión, Por consiguiente, a los progenitores humanos se les ofreció una existencia sin sombras, un ambiente sano y perfectamente bueno, que se caracterizó por una eterna y constante armonía de todas las partes, especialmente también de los seres vivos entre sí, con el universo y con Aquel que había concebido todo esto en su omnisciencia y lo realizaba con su omnipotencia.

Al leer y/o escuchar este texto del Génesis, cada destinatario probablemente entenderá fácilmente que Adán y Eva disfrutaron de una muy buena y agradable vida en este jardín del País de los Cuatro Arroyos. Siempre hubo un clima favorable y templado, se proporcionó suficiente irrigación, la capa superior del suelo tenía una enorme fertilidad, lo que garantizaba un crecimiento vegetal abundante y variado, que a su vez producía diariamente suficientes alimentos sabrosos y saludables para las personas y los animales, para que pudieran vivir "de la mano a la boca", por así decirlo. Los progenitores humanos de allí no necesitaban preocuparse por la ropa y las viviendas elaboradas, porque encontraban su entorno natural constantemente muy agradable y por lo tanto no necesitaban estas ayudas y protección.

Dios había formado al hombre de la tierra del suelo, insufló en él su aliento de vida (10) y confió a Adán y Eva una tarea administrativa responsable dentro del Paraíso y, por lo tanto, con una preeminencia sobre las plantas y los animales, que de ninguna manera usaron mal contra otros seres vivos; más bien, su relación con la naturaleza era interesada, sensible, simpática, amistosa, armoniosa. Como todos los organismos animales comían comida vegetariana, ningún animal era perseguido, cazado o matado. Adán y Eva también armonizaron perfectamente entre sí, de modo que se complementaron de forma ideal y proporcionaron la ayuda que necesitaban, la contrapartida necesaria por así decirlo, por lo que ambos vivieron juntos como iguales y en igualdad de condiciones. Con sus cuerpos y su sexualidad trataron con sus cuerpos de una manera alegre y completamente imparcial, sin influencias de los patrones de comportamiento que eran inherentes a ellos desde el principio; no se juzgaron, no se avergonzaron unos de otros, no se infligieron ninguna lesión física o mental unos a otros, se respetaron y amaron unos a otros como el Creador los había creado. De esta manera redondearon la felicidad del Paraíso el uno para el otro, ya que sólo en esta comunión de hombre y mujer era perfecta.

El Jardín del Edén descrito en el libro bíblico del Génesis se distinguió esencialmente por la presencia tangible de Dios y su contacto directo con Adán y Eva. Dentro de esta relación de los progenitores humanos con su Creador, siempre fue claro para ellos que la soberanía y el gobierno de Dios es inviolable: Dios es el ser de eternidad en eternidad, el inventor, iniciador, creador, el omnisapiente, todopoderoso, amante de todo, la fuente inagotable de toda vida, amor y conocimiento. Los seres humanos somos su invención, sus criaturas, por lo tanto no viven desde la eternidad y no de nosotros mismos, están en este universo creado por Dios, que mide millones de años luz y contiene innumerables planetas, de los cuales no sabemos dónde están sus límites y lo que hay más allá, lo que por lo tanto deja adivinar un rastro de la grandeza y el poder divinos, Seres diminutos, que dependen absolutamente de Él, de su existencia eterna, de su providencia, de su poder, de su amor y están fundamentalmente subordinados a su plan y a su gobierno, que esencialmente carecen de sobre-, percepciones y conocimientos fiables, de un conocimiento claro y de una comprensión integral, por lo que su prioridad sobredimensional es inalcanzable.

Así que aunque Dios fue reconocido como otra dimensión infinitamente superior por los progenitores humanos, que en el Paraíso aún mantenían un contacto directo con Él de manera evidente, no le temían, y Él les dejó correr libres y reinar en el jardín. Limitó esta libertad humana sólo por un mandamiento: A Adán y Eva no se les permitió tocar la fruta de un solo árbol que crecía en medio del paraíso. Dios les dijo clara y llanamente que el día en que recogieran y comieran del árbol del conocimiento del bien y del mal, pero no siguieran su mandamiento, seguramente morirían. (11) Esta formulación expresa indirectamente que Adán y Eva eran originalmente inmortales. De manera similar, la historia bíblica considerada aquí, cuando cuenta los eventos después de la "Caída", puede ser rastreada hasta otras características del Paraíso original:

Adán y Eva debían ser completamente iguales, sin que una persona gobernara sobre la otra o estuviera en servidumbre con la otra, los embarazos debían estar libres de quejas y los nacimientos debían ser indoloros, la adquisición diaria de alimentos no debía ser un esfuerzo extenuante, el suelo debía estar libre de malas hierbas y favorecer las culturas humanas, y el modo de vida debía estar libre de todos los problemas, preocupaciones, quejas y sufrimientos. En el Jardín del Edén los progenitores humanos no sintieron ninguna carga de deuda sobre sus almas y no fueron sometidos a la dolorosa experiencia de haber, por su propia culpa, es decir, su desobediencia y presunción de ser expulsados para siempre del Paraíso, perturbaron sensible y duraderamente el entendimiento originalmente pacífico con Dios. Debido a la disposición de su hábitat terrenal según sus deseos, se llenaron sin reservas de afirmación, completamente felices y contentos. Si los oyentes y/o lectores quieren entender esta historia bíblica del Paraíso al principio literalmente, entonces ellos también llegarán seguramente rápida y fácilmente al punto de afirmar de todo corazón las condiciones de vida allí en ese momento, y de mirar con gran melancolía los déficits que el mundo actual muestra inequívocamente en comparación con ellos. Sin embargo, en la actualidad, en la que, al menos en los círculos culturales occidentales, el pensamiento de muchas personas está moldeado y orientado por las ciencias naturales, tal comprensión literal de la historia bíblica relevante debe ser juzgada como poco realista. Sin embargo, en estas circunstancias, ¿este mensaje, que se ha transmitido durante un período tan largo de tiempo, sigue teniendo algún significado? Y si es así, ¿cuál?

Las preguntas sobre el comienzo del mundo, en el que nos encontramos viviendo, disfrutando de las alegrías de la vida y luchando por nuestra existencia, sobre los comienzos del cielo y la tierra, del sol, la luna y las estrellas y, en la tierra, del agua, las plantas, los animales y las personas, son de gran importancia para nosotros, ya que reflexionamos sobre ellas y buscamos respuestas verdaderas, porque están muy relacionadas con la cuestión del significado. De las respuestas a estas preguntas esperamos obtener indicaciones decisivas para la respuesta a nuestras preguntas sobre el significado del mundo y nuestra vida concreta en él.

Como ocurre con casi todos los debates intelectuales que se celebran en y por los seres humanos, también hay varios enfoques para responder a las preguntas mencionadas anteriormente sobre las primeras cosas y los acontecimientos, y los diferentes puntos de vista y opiniones o sus maestros y predicadores compiten entre sí por la credibilidad, la aceptación y el honor entre las personas a las que se dirigen, quienes, dentro del marco religioso en el que inevitablemente se encuentran, tienen que decidir sobre una de las direcciones básicas de respuesta. En este espectro de las enseñanzas ofrecidas, en nuestros círculos culturales modernos, que se caracterizan por la "ilustración" y el desarrollo técnico, se prefieren a menudo o en su mayor parte las afirmaciones científicamente fundadas, porque pueden reivindicar la objetividad y la verificabilidad por sí mismas e irradiar la apariencia rápidamente plausible de amplios y serios conocimientos y capacidades humanas, Considerando que la forma de responder, tal como se da en la Biblia, el Libro de la Verdad, se basa en una mentalidad y forma estilística de expresión que es difícilmente aceptable para los científicos naturales como tales, y que ya no es tan fácilmente comprensible para los oyentes y/o lectores adecuadamente educados, por lo que a menudo, muy rápidamente y en cortocircuito, se clasifica como de cuento de hadas y de leyenda, y ya casi nunca se toma en serio.

Los capítulos segundo y tercero del libro bíblico del Génesis ofrecen así, entre otras cosas, respuestas a nuestras -hoy no menos que entonces- apremiantes preguntas sobre los comienzos de los seres humanos en esta tierra. Muchos científicos, con diferentes actitudes, métodos y objetivos, también buscaron respuestas verdaderas a las mismas preguntas que los escritores del Génesis habían hecho mucho antes que ellos. En la metodología científica, las excavaciones, el examen de los objetos sacados a la luz, en la medida en que sean relevantes para la investigación en cuestión, y la evaluación de todos estos resultados son de gran importancia. En tales esfuerzos arqueológicos, por ejemplo, se encuentran obras humanas, como partes más o menos completamente conservadas de edificios o planos, prendas de vestir, utensilios y joyas y similares, así como esqueletos o huesos de seres humanos y animales y restos fosilizados de éstos, así como de otras partes de animales y plantas o incluso sólo huellas fosilizadas de los mismos. Sobre la base de esta investigación, en la que han trabajado ejércitos enteros de científicos naturales y sus ayudantes con un enorme gasto de tiempo, dinero y esfuerzo, se ha esbozado un cuadro del pasado de la tierra y de los comienzos de la humanidad, que parece refutar las afirmaciones correspondientes del texto bíblico aquí considerado. Según esta visión del mundo con base científica, la vida en los biotopos terrestres nunca ha correspondido en ningún momento y lugar a un estado sin sombras, un paraíso según nuestros deseos humanos. Más bien, está demostrado irrefutablemente que para cada organismo que vive en la Tierra, en cualquier momento y lugar que esté, desde los primeros momentos de su existencia, es inevitable una lucha diaria por la existencia.

Incluso los primeros seres humanos, que habían evolucionado a partir de antepasados simios según el plan del Creador, estuvieron expuestos a amenazas cósmicas y terrestres, como impactos de meteoritos y rayos, terremotos, erupciones volcánicas, avalanchas, incendios forestales, radiación ultravioleta e ionizante, tormentas violentas, inundaciones, al igual que todas las plantas y animales que ya existían antes de ellos, considerables cambios climáticos a largo plazo, heladas breves pero duras, calor, períodos secos y húmedos, numerosos competidores entre e intra especies por los bienes necesarios, escasez temporal de espacio y alimentos y los enfrentamientos y batallas que provocan, innumerables peligros, dificultades, parásitos externos e internos, microorganismos causantes de enfermedades, numerosas y diversas dolencias físicas y mentales, envejecimiento y muerte, en resumen, sufrimiento. Los investigadores científicos y los profesores informan sobre la fase de formación de la tierra, sobre las violentas tormentas eléctricas con fuertes descargas, sobre las erupciones volcánicas, sobre la presión de la competencia que los seres vivos ejercen entre sí, sobre las edades de hielo, sobre la extinción de especies enteras, sobre un -durante todo el período de tiempo en que hay seres vivos en la tierra- todos los días se convierten y mueren, una lucha diaria por la vida de cada uno de ellos, sobre biotopos terrestres donde, dependiendo de la situación y de las pautas de comportamiento determinadas genéticamente, se requiere necesariamente que cada individuo vivo sea fuerte y valiente o cauteloso y astuto, rápido o lento, llamativo o bien camuflado, agresivo o fugaz, donde cada día, sí, cada momento puede convertirse en el último de su existencia terrestre para el organismo concreto.

Sobre la base de estos conocimientos seguros, debemos asumir en nuestro pensamiento de hoy que la Tierra era básicamente exactamente igual a la que experimentamos en nuestra época en todos los tiempos en que fue el hogar de los seres vivos, con la excepción de los cambios obvios provocados por nosotros los humanos. Desde este punto de vista, por lo tanto, no hay duda: el Jardín del Edén bíblico y los eventos en él, como se describe en el texto bíblico, nunca han existido en el sentido literal. Pero si aceptamos esta visión del mundo basada en la ciencia, ¿la historia de Adán y Eva en el Paraíso todavía tiene algún valor real?

El acceso a las declaraciones básicas de la primera tres capítulos de la génesis

Los textos bíblicos en cuestión fueron escritos en hebreo entre los siglos IX y V a.C. e inicialmente también se transmitieron en esta forma. (12) Estas palabras, grabadas por escrito hace tanto tiempo y transmitidas durante tanto tiempo, son el único medio de comunicación entre los autores de estos textos y las innumerables personas que escuchan y/o leen este mismo mensaje bíblico y desean comprender su significado de la manera más veraz posible. Dado que la Sagrada Escritura está hoy en día muy difundida entre muchos pueblos, y que además el hebreo ya no se habla en la vida cotidiana, los pasajes que aquí se ponen en primer plano sólo pueden hacerse accesibles a los destinatarios mediante traducciones del texto original a los idiomas actuales pertinentes.

En toda convivencia humana, especialmente en las relaciones cercanas e inmediatas, es extremadamente importante tener un entendimiento mutuo lo más realista posible. Día tras día, las palabras también juegan un papel importante en esto. Aunque las personas hablen el mismo idioma y se conozcan muy bien, los malentendidos pueden surgir entre ellos una y otra vez, más o menos graves, que a menudo tienen un efecto perturbador en la vida cotidiana. Si se observan tales incoherencias, puede ser útil o incluso necesario "sentarse a la mesa y hablar abiertamente con los demás" para aclarar las discrepancias. Para que esta empresa sea fructífera y no contraproducente, debe darse a cada participante la oportunidad de expresar su opinión sobre las condiciones y los acontecimientos con honestidad y sin perturbaciones, mientras que el o los interlocutores deben esforzarse por lograr la atención y la comprensión.

Si los oyentes repiten las observaciones del orador con sus propias palabras después de haber terminado, esto sirve para comprobar si lo que se ha dicho se ha entendido correctamente y en qué medida, de modo que, si es necesario, se pueden elegir formas de expresión más precisas o hacer otro tipo de correcciones. De esta manera, los debates honestos y abiertos pueden aclarar muchos malentendidos y contribuir a un mejor entendimiento mutuo. Sin embargo, los límites de esos esfuerzos suelen estar formados y demostrados por diferencias a veces considerables de temperamento, puntos de vista, formas de expresión y comprensión, posición y situación actuales, voluntad real de ser honesto y abierto, valor para enfrentarse a la verdad y similares. No es infrecuente que los intentos de discusión y aclaración fracasen o incluso se descarrilen para causar conflictos feroces.

Ahora bien, si no es tan fácil para las personas que viven juntas a diario, hablan el mismo idioma y sin embargo se conocen en gran medida, hacerse entender siempre a sus vecinos de manera adecuada y entenderse correctamente, entonces es de esperar que un entendimiento realista sea mucho más difícil de lograr entre tales personas, que pertenecen a épocas diferentes, viven en entornos muy distintos, no hablan el idioma del otro, cuya mentalidad y visión del mundo son claramente diferentes entre sí, donde un examen mutuo de la comprensión correcta y de ser comprendido es poco o nada posible.

La base indispensable para la confrontación de los oyentes y/o lectores con el mensaje bíblico, tal como se transmite en la historia del Paraíso y la Caída del Hombre por su autor, es la secuencia de palabras en hebreo elegida por él y registrada por escrito, su transmisión y traducción a las respectivas lenguas nacionales. El texto original tradicional sólo puede ser entendido por aquellos que conocen el idioma hebreo. Todas las demás partes interesadas y las que deben ser contactadas dependen de las traducciones. Debe aceptarse que esas traducciones son realizadas por especialistas lingüísticos cualificados, cuyo trabajo y habilidades deben ser fiables. No obstante, cualquiera que se haya esforzado por aprender uno o más idiomas extranjeros sabe que una misma palabra de ese idioma puede tener a veces varios significados y que, por lo tanto, según la elección del traductor de tal o cual opción, que a menudo se repite para varios términos, el significado del texto puede alterarse de alguna manera y distorsionarse más o menos radicalmente. En la lengua hebrea, esta dificultad se ve acrecentada por el hecho de que aquí las palabras escritas están representadas exclusivamente por consonantes, por lo que las vocales habladas no existen en absoluto en la imagen escrita (13), por lo que, según las vocales que se utilicen, las posibilidades de traducción de un mismo término son aún más numerosas. Dado que la palabra escrita en ese momento sigue siendo hoy en día la base indispensable para la discusión de este mensaje religioso tradicional, es de fundamental importancia una traducción que refleje el significado original de estos textos de la manera más seria y correcta posible. Por esta razón, en nuestra época y cultura de orientación científica, los textos de la Biblia se examinan también con métodos comunes en otros campos del conocimiento, especialmente en las humanidades; un procedimiento generalmente aceptado a este respecto es la exégesis analítica, his-tórico-crítica. Para los investigadores que se ocupan de ello, el conocimiento cualificado del hebreo es indispensable en lo que respecta a los capítulos de la génesis considerados en el presente libro, ya que sobre todo los textos originales correspondientes deben considerarse como objetos autorizados de sus esfuerzos científicos. Esta investigación teológica, en la que -como en otras áreas del trabajo científico- han participado ejércitos enteros de personas adecuadamente entrenadas y practicadas con un enorme gasto de tiempo, fuerza y medios, exige un gran respeto. Al igual que los arqueólogos que giran cada centímetro cuadrado del suelo diez veces y buscan algo significativo y expresivo que se pasó por alto durante la primera comprobación sensorial, estos especialistas del lenguaje escogen los textos originales disponibles, frase por frase, palabra por palabra, sí, sílaba por sílaba, con el fin de llegar a percepciones de objeto-cuatroable.

Si uno se interesa por los resultados de este trabajo, puede aprender que se pueden mostrar éxitos bastante sorprendentes cuando se trata de preguntas sobre los autores de los capítulos de la génesis tratados. Las actividades de los especialistas en idiomas se complementan y completan con estudios que se ocupan del desarrollo de la religión en general y del judaísmo en particular, así como con las de los arqueólogos que, utilizando los mismos métodos que se utilizan generalmente en el estudio de la historia de la humanidad -por ejemplo, a través de las excavaciones y su análisis- quieren crear una imagen lo más realista posible del entorno de los respectivos escribas que han surgido del estudio científico de los respectivos textos bíblicos. Todos estos numerosos hallazgos, reunidos con una minuciosa atención al detalle, dieron -a veces independientemente unos de otros- resultados idénticos o al menos mutuamente confirmados, con los que los teólogos, como en un rompecabezas, reunieron un cuadro asombrosamente claro de los autores de los textos bíblicos. (14)
Inicialmente, los primeros cinco libros del Antiguo Testamento, la Torá, se atribuyeron a Moisés como el autor: "Los cinco libros de Moisés", Pentateuco. El tratamiento erudito ha producido entonces el siguiente cuadro: "Hoy en día se acostumbra a distinguir tres capas principales, que se extienden sobre los cuatro primeros libros: 1. el Yahwistic (J), reconocible por la preferencia por el nombre de Dios Yahweh; fue escrito alrededor del 900 a.C. como la obra de un gran historiador y teólogo. 2. La capa elo-hística (E), llamada así por la preferencia del nombre de dios Elohim (= Dios); fue escrita alrededor del 720 AC. 3. La escritura de los sacerdotes (P); fue escrita en el exilio babilónico alrededor del 550 A.C. por sacerdotes que estaban particularmente interesados en las órdenes de culto Sin embargo, la asignación de los textos individuales a las tres capas no es indiscutible. Además, el Deuteronomio es un complejo separado de tradiciones. Estas tres o cuatro capas se basan en las tradiciones de los autores, que a su vez se basan en tradiciones orales o escritas de diferentes épocas: Historias sobre

personas y acontecimientos que fueron importantes para el desarrollo y la historia de Israel; canciones; árboles genealógicos; listas de lugares; colecciones de leyes de contenido diverso. La tradición posterior ha trabajado sobre las tradiciones anteriores, especialmente incorporando los reglamentos legales necesarios posteriores en la ley federal anticuada. Finalmente, un último editor (editor, abreviado R) ha resumido toda la tradición oral y escrita de que dispone y ha dado a nuestro Pentateuco su forma actual". (15)

En lo que respecta a la exégesis analítica, histórico-crítica, es inconfundible que el acceso a las afirmaciones básicas de los tres primeros capítulos del Génesis sólo es posible para un pequeño grupo de expertos, que de ese modo alcanzan un cierto grado de exclusividad. Todos los demás oyentes y/o lectores interesados en estos relatos bíblicos no pueden participar en esta investigación, por ejemplo debido a la falta de conocimiento del hebreo, y no pueden seguir sus explicaciones profundas en sus mentes y, por lo tanto, apenas tienen voz en ella; a lo sumo pueden incluir los resultados de los trabajos científicos correspondientes con más o menos confianza en su confrontación personal con los respectivos mensajes bíblicos.

Pero en el contexto de esta responsabilidad personal de la fe y de su manejo, al menos en lo que respecta a los tres primeros capítulos del Génesis, los conocimientos adquiridos por medio de las mencionadas investigaciones sobre los respectivos autores bíblicos son de poca importancia; a este respecto sería fructífero un conocimiento más profundo del mensaje transmitido por estos mismos escritores. Ahora bien, en lo que respecta a esta función real de la exégesis, a saber, la percepción del significado de lo que se oye y/o lee, no puedo ver que la totalidad de todas estas elaboradas y laboriosas investigaciones científicas de las traducciones conocidas de la Biblia hubieran cambiado nada sustancial, que hubieran aportado ganancias decisivas para la comprensión y explicación de la narrativa bíblica del Paraíso y la Caída del Hombre, en comparación con los tiempos anteriores a la Ilustración. Hay que preguntar: ¿La correcta comprensión de la Biblia y la interpretación veraz de los textos pertinentes son asunto exclusivo de una élite de escribas, cuyas explicaciones los fieles laicos tendrían que seguir sin reservas? ¿O no puede ser que, por el contrario, los biblistas científicos entren en detalles de manera exagerada y, por lo tanto, corran el riesgo de "perder el hilo", "ya no poder ver el bosque por los árboles"?

Con los numerosos conflictos interpersonales de respuesta, ya que son más o menos accesibles en nuestra experiencia cotidiana, suele ser posible identificar y señalar similitudes y contradicciones. A veces alguien retoma, más o menos armoniosamente, las representaciones de un orador o escritor sobre ciertas preguntas a las que él mismo ha buscado durante mucho tiempo respuestas verdaderas, y luego -inmediatamente o después de un conflicto interno más o menos largo- las repite, confirma y afirma, y en adelante ofrece estas respuestas, que ha encontrado y hecho suyas, a los compañeros interesados en las ocasiones apropiadas.

Dado que la capacidad de comprender y expresar y las formas de expresión son diferentes en las distintas personas, especialmente si pertenecen a pueblos, círculos lingüísticos, culturas, épocas diferentes, puede suceder que alguien haya comprendido correctamente un contexto y, por lo tanto, pueda responder con veracidad a una pregunta próxima, pero no pueda expresar sus conclusiones con mucha claridad o que, aunque elija sus palabras correctamente, no sea comprendido correctamente por los oyentes y/o lectores, por ejemplo, debido a un uso diferente del idioma, una mentalidad diferente y cosas similares. Además, sucede una y otra vez que, al buscar intensamente las respuestas a preguntas más o menos urgentes, podemos percibir la dirección de una respuesta, pero no podemos ir más allá de una etapa preliminar o intermedia de posible conocimiento. Si las personas que también buscan conocimientos sobre los mismos problemas se enfrentan a tales respuestas, tendencias y ofertas formuladas de manera poco clara, malentendidas y/o sólo implícitas, se replantean desde su punto de vista individual, hacen un seguimiento de las mismas y posiblemente llegan a un conocimiento más profundo y a una mejor comprensión, Así pues, si dicha información tradicional se adopta en esta forma personal, puede suceder que una u otra de ellas sea en principio capaz de explicar lo que es cierto de manera más clara y extensa o mediante expresiones más adecuadas al contexto en cuestión y/o que sean más fácilmente comprensibles para sus oyentes y lectores. De esta manera, las opiniones y creencias expresadas pueden rastrearse hasta muchas fuentes, que a menudo no se pueden comprender ni nombrar.

Para la construcción de la Torá, como es conocida por muchas generaciones de oyentes y/o lectores judíos y cristianos, el escritor nombrado arriba "Editor (R)" ha asumido la responsabilidad. El hecho de que los dos primeros capítulos del Génesis procedan de dos fuentes diferentes, a saber, P y J, (14) y, al informar sobre la creación del mundo, difieran entre sí en su presentación respectiva, obviamente no le impidió combinar estos dos textos en una obra colocándolos uno al lado del otro. Esta persona ciertamente aprovechó la oportunidad de elegir de acuerdo con la tradición existente y con respecto a su testimonio personal de fe, no sólo en y desde las tradiciones escritas mencionadas anteriormente, sino también desde un extenso cuerpo de pensamiento de todo su entorno, del que probablemente también conocía muy bien las enseñanzas de otras religiones. En este espectro de opiniones diferentes, se refirió con plena convicción a la religión de sus antepasados judíos e israelitas, que ya se había observado durante siglos, ya que, por ejemplo, también había recibido una expresión duradera en las fuentes escritas utilizadas, y cuya preservación y transmisión a las generaciones futuras de su pueblo quería preservar en principio, mientras que rechazaba sistemáticamente otras religiones que amenazaban con infiltrarse en la suya propia de manera peligrosa. Por otra parte, estaba obviamente convencido de que los dos informes de creación diferentes podían armonizarse rápida y fácilmente entre sí en su intención esencial. Si, en vista de su propio

testimonio de fe y teniendo en cuenta la mediación de fe que busca, ha contradicho las declaraciones de los autores originales, habrá suprimido los pasajes pertinentes o los habrá acercado a su propio punto de vista.
En la comunicación interpersonal, ¿es absolutamente necesario para una correcta comprensión de las opiniones y creencias expresadas en dicha comunicación conocer las diversas fuentes de las que se han formado? ¿Son los oyentes y/o lectores que no saben que la historia bíblica del paraíso y la caída del hombre se refiere a más de un autor capaces de malinterpretar esta representación pictórica? Si sólo tomáramos en serio a los teólogos e investigadores cualificados en nuestro pensamiento orientado a la búsqueda de la verdad y en nuestras discusiones al respecto en el marco religioso en el que inevitablemente nos encontramos los buscadores y los interrogadores, entonces los propios textos bíblicos se verían radicalmente cuestionados, porque allí, en todo caso según las normas de juicio actuales, los laicos han hablado sin excepción.
La religión siempre significa misterio, que el hombre religioso no es capaz de entender, no de comprender, que a lo sumo sólo percibe de manera sombría, de manera rudimentaria. Sin embargo, al dejar que este misterio venga a nosotros y dentro de nosotros y al relacionarnos con Él, dependemos de algún tipo de imágenes e ideas. Después del desarrollo de la mente, los pueblos de todas las naciones y épocas se vieron persistentemente acosados por profundas cuestiones, como, por ejemplo, el origen, el destino, el por qué y el por qué de las cosas y procesos percibidos, así como de sí mismos, y llegaron a una conclusión sobre los argumentos intuitivos y racionales que habían planteado, cuyos resultados se han transmitido y posiblemente intercambiado entre sí, a diferentes enfoques y tendencias de respuestas, resultantes de diferentes entornos, puntos de vista y formas de pensar y expresados en diferentes formas, que, si se quieren comparar entre sí, siempre quieren transmitir verdaderas afirmaciones básicas y mostrar así

similitudes y diferencias. También estas personas, de acuerdo con los criterios actuales, deben ser consideradas laicas en su gran mayoría.
Hubo y hay movimientos laicos en gran número y con graves consecuencias. Por ejemplo, incluso en nuestra época de una medicina progresiva, científicamente fundada y asombrosamente exitosa, muchos laicos no pueden negar el carisma y/o el arte de la curación, a veces incluso en historias médicas que la medicina ortodoxa no puede ayudar o aconsejar. Algunos hallazgos encontrados empíricamente por legos en la materia fueron confirmados científicamente más tarde, por ejemplo, la eficacia de muchos remedios y métodos naturales. Otros métodos, como la acupuntura, suelen utilizarse con gran éxito, aunque no pueden explicarse científicamente. Estrictamente hablando, el cristianismo también se remonta a un movimiento laico, porque Jesucristo no fue reconocido como competente por la mayoría de los estudiosos de su tiempo, ni es reconocido como competente por la ciencia de hoy, si se aplican sus criterios.
Si queremos esforzarnos por comprender las tradiciones de los pueblos que vivieron mucho antes de nuestra época en un entorno muy diferente del nuestro y a menudo de los demás, sin duda debe ser muy útil obtener el mayor conocimiento realista posible sobre los autores, su modo de vida y su entorno, para que podamos empatizar en la mayor medida posible con sus formas de ver y pensar y sus formas de expresión. En vista de estos útiles esfuerzos, que ya han tenido un éxito sorprendente, no hay que olvidar que no sólo hay diferencias sino también muchas similitudes entre los que vivían entonces y nosotros hoy. Y este hecho abre un mayor acceso a las declaraciones básicas de los tres primeros capítulos del Génesis, que en principio también pueden ser creídas fácilmente por los legos.
Por ejemplo, la omnipresencia de Dios, el hecho de que Él está misteriosamente cerca, juntos, y sus métodos de darse a conocer, de dar señales, de dar impulsos, son todas cosas que la gente de todos los tiempos puede entender, incluso si no pueden ser probadas científicamente, pero sólo

con fe y confianza, Comunicar, transmitir mensajes, dar gracias, dejarse encontrar una y otra vez, aunque sólo sea desde el punto de vista, por aquellos que lo buscan persistentemente y una y otra vez preguntan seriamente por Él, para calmar más o menos sus preguntas comunicando respuestas verdaderas. Sin embargo, dentro de esta omnipresencia común de Dios, las múltiples posibilidades de los seres humanos de cuestionar, responder, comprender, agarrar, comprender, explicar, actuar, reaccionar y así sucesivamente y sus límites son a veces muy diferentes entre sí. Y estas diferencias deben ser tenidas en cuenta al interpretar las representaciones correspondientes y transferirlas a nuestra actual visión del mundo.

Para la comprensión de los mensajes religiosos en general y para la interpretación del texto bíblico que aquí se trata en particular, es importante que el Ser Supremo esté presente tanto para los mediadores de los respectivos impulsos y enseñanzas como para sus destinatarios, como oyentes y lectores. Por lo tanto, en lo que respecta a las cuestiones esenciales a este respecto, no es de la mayor importancia lo que los mensajeros en cuestión, por ejemplo también los escritores, querían decir, sino lo que Dios quiere comunicar a los numerosos interrogadores y buscadores, también a través de estos mismos mediadores religiosos, por lo que las personas a las que se dirigen en cada caso pueden estar posiblemente en entornos muy diferentes y en situaciones interiores muy distintas. Y este conocimiento de las respuestas divinas puede ser obtenido por los legos en principio tanto como por los teólogos y científicos. "En aquel tiempo dijo Jesús: Te alabo, Padre, Señor del cielo y de la tierra, porque has ocultado todas estas cosas a los sabios y prudentes, pero se las has revelado a los niños. Sí, padre, así es como te gustaba." (16)

Sin embargo, dentro de nuestra cultura, que se caracteriza por una forma de pensar científica, una dificultad considerable es que en los debates públicos sólo se toma en serio a quienes pueden presentar argumentos científicamente comprensibles para sus respectivas declaraciones. La ciencia comienza con las preguntas correspondientes y los conceptos de trabajo. En la exégesis

analítica, histórico-crítica, los teólogos, cuando se trata del para-esto bíblico y la narrativa de la Caída del Hombre, toman el texto original hebreo como base de su investigación. El objetivo de sus esfuerzos es trazar los procesos de pensamiento de los escritores del Génesis, porque la formulación de un texto, es decir, la selección de ciertas palabras a las que se atribuye un significado más o menos específico, es inequívocamente una cuestión de procesos de pensamiento conceptual tal y como se producen durante el habla o la escritura, por lo que los investigadores interesados se esfuerzan en primer lugar por lograr la traducción más exacta posible del hebreo originalmente utilizado a la respectiva lengua materna.
Sin embargo, los procesos de pensamiento comienzan incluso antes de una formulación lingüística. En nosotros, los seres humanos, hay un constante cuestionamiento y respuesta, principalmente en las profundidades inconscientes de nuestras almas y sólo secundariamente en la conciencia. Estos procesos de pensamiento se alimentan cada día de un aluvión de percepciones (sensoriales) en su multiplicidad y diversidad, que no se pueden registrar en absoluto y que fluyen a las profundidades del alma respectiva, se procesan y evalúan aquí. Estos eventos ocurren tanto en los humanos como en los animales, por lo que el sistema nervioso central, especialmente el cerebro, tiene una importancia primordial. El ser humano que es capaz de pensar conceptualmente y, en este mismo nivel, de ser consciente, sólo es capaz de comprender una parte muy pequeña de todos estos procesos primordialmente inconscientes en esta cualidad específicamente humana consciente. En lo que respecta a una discusión científica, de estas condiciones anatómico-histológicas y fisiológicas surge una primera pregunta que llega hasta el inicio de los procesos de pensamiento y cuyo procesamiento y respuesta puede producir resultados objetivables: ¿Qué percepciones sensoriales han recibido los autores del relato bíblico del paraíso y la caída del hombre en relación con los elementos que se encuentran en su representación pictórica?

Al tratar esta primera cuestión, el hecho mencionado de que no sólo hay diferencias sino también similitudes entre los entornos de las personas que viven entonces y ahora, así como entre ellas y su mentalidad, se vuelve importante. A pesar de todos los graves cambios que se han producido en la superficie de la Tierra, en el modo de vida de los seres humanos y en las percepciones (sensoriales) que inevitablemente se ven afectadas de forma diferente por ellos, causados sobre todo por las influencias del "progreso" cultural y, en particular, también técnico, el mundo ha seguido siendo el mismo en muchos aspectos. Esto es especialmente cierto en el caso de los cielos con sol, luna y estrellas, tal como se pueden experimentar desde la tierra, en el caso de los hábitats naturales terrestres y los organismos que los habitan, así como en el caso de los ciclos biológicos que se pueden observar en ellos, en el caso de la estructura y función del cuerpo humano, así como en el de la unidad más o menos armoniosa entre cuerpo y alma y sus interrelaciones mutuas, la interdependencia psicosomática. En el contexto actual, son de gran importancia esas estructuras y las funciones resultantes del cuerpo humano que de alguna manera están conectadas con la adquisición, el procesamiento y la evaluación de información, es decir, todos los sensores y células sensoriales tejidos en el organismo y dirigidos hacia adentro o hacia afuera, así como todo el sistema nervioso y las hormonas; todos estos dispositivos tienen conexiones estrechas entre sí y con todas las partes del cuerpo. Incluso las preguntas más importantes que presionan a la gente han mantenido la misma orientación a lo largo del tiempo, como las preguntas sobre el paradero, el paradero, el por qué y el por qué de los objetos percibidos, los propios interrogadores y todo el mundo en el que se encuentran viviendo. Las leyes del pensamiento lógico, la verdad y los principios para encontrarla, también han permanecido iguales y, a pesar de la diversidad de posibilidades humanas de concepción, imaginación y expresión, también lo han hecho las dos tendencias básicas de respuesta, a saber, a favor o en contra, sí o no.

Así pues, si todavía existen muchas similitudes y los mismos principios entre los autores de los tres primeros capítulos del Génesis y los israelitas que vivían en ese momento, por una parte, y el pueblo de hoy, por otra, en lo que respecta a las condiciones y procesos percibidos y las estructuras y funciones que sirven a esas mismas percepciones, entonces debería ser posible y fructífero, con miras a una correcta comprensión del mensaje bíblico, concentrar al menos algunas de nuestras preguntas e investigaciones en el presente. En este empeño, de acuerdo con la primera pregunta que acabamos de formular, lo primero que debemos hacer es examinar hasta qué punto, desde nuestro punto de vista actual, somos capaces de sacar una conclusión fiable de la formulación del texto bíblico a las percepciones (sensoriales) de los escritores del Génesis. Esto es, en efecto, muy fácil y plausible con respecto a algunos de los elementos de la narración, porque los objetos escritos en esta forma han permanecido iguales en sus principios y esencia entonces como ahora, ahora como entonces, y también se mencionan tan directa y abiertamente que los oyentes y/o lectores encuentran automáticamente en ellos puntos de conexión con su entorno actual.

En el relato bíblico no se mencionan los automóviles, los aviones ni las computadoras, por ejemplo, porque esos productos de la planificación y el trabajo humanos aún no se habían desarrollado en esa época y, por lo tanto, no podían ser percibidos ni experimentados por las personas que vivían allí. Pero cuando, por otra parte, por ejemplo, se mencionan los "árboles", "tentadores de mirar y con frutos deliciosos" (17), de los que Adán y Eva pudieron comer (18), queda inmediatamente claro sin ninguna duda que los autores conocían estas mismas plantas, que están describiendo, y cómo la gente de todos los tiempos, cuando la Biblia fue y es leída, básicamente las ven, desde su propia visión y experiencia. Lo mismo se aplica, por ejemplo, a los jardines (19), las tierras de cultivo (20), la lluvia (21) y los ríos (22), así como su significado para las plantas, la formación de figuras en arcilla o marga (23), la respiración como signo de vida (11), las aves voladoras, los animales y el ganado que se encuentran en el campo (24), en su estómago serpientes que se arrastran (25), el hombre y la mujer complementándose para formar una pareja (26), problemas de embarazo y dolorosos dolores de parto (27), dificultades de adquisición de alimentos (28), mortalidad del hombre y descomposición de los cadáveres (29). Algunas de las impresiones sensoriales mencionadas no son tan directamente perceptibles hoy como lo eran entonces, porque la mayoría de los oyentes y/o lectores no tienen una conexión directa con ellas, por ejemplo el molesto crecimiento de espinas y cardos (30) dentro de los cultivos de plantas creadas y cultivadas por los humanos. También el antiguo trabajo sudoroso (31), que consistía en el cultivo y la cosecha del trigo, la trilla, la limpieza y la molienda de los granos, la preparación de la masa y la cocción para servir el pan, se ha visto considerablemente facilitado por los logros técnicos y, por lo tanto, ya no es plenamente comprensible en sus dimensiones originales a partir de la experiencia personal.

Tales percepciones sensoriales, tal como se obtienen al pensar en la gente todos los días en una abundancia racionalmente no manejable, son al principio predominantemente inconscientes. Por debajo del nivel de conciencia, se lleva a cabo una evaluación inicial de estos datos individuales recogidos continuamente con el fin de lograr las acciones y reacciones más significativas y exitosas posibles y la coordinación necesaria de las diversas partes del cuerpo, órganos y tejidos para formar un todo uniforme. Es aquí donde surgen las primeras preguntas, donde se libran los conflictos de respuestas preliminares, donde surgen los enfoques de las respuestas, donde se encuentran las respuestas decisivas y se recogen las percepciones, que en muchos casos son esencialmente intuiciones. La intuición se define como la intuición, la comprensión premonitoria, el conocimiento directo (sin reflexión). (32) Ahora bien, si en el marco de la primera cuestión científica relativa a las percepciones sensoriales que los autores del Génesis recibieron en el período previo a su publicación con respecto a los elementos pictóricos individuales que representaron, se ha hecho una amplia recopilación de las indicaciones pertinentes, la segunda cuestión que surge de la observación de los mencionados procesos de pensamiento inconsciente es la siguiente: ¿Qué percepciones intuitivas de los autores se pueden rastrear en el texto bíblico? También en esta tarea debe prestarse atención a si existe un acuerdo claro entre la presencia de las personas interesadas en cada caso y el momento en que se formuló el texto bíblico, y en qué medida.

En el esfuerzo por encontrar respuestas verdaderas, uno se encuentra con la dificultad de que el pensamiento principalmente preconceptual debe ser finalmente captado y expresado racionalmente, es decir, en el nivel espiritual del pensamiento conceptual. El hecho de que esta difícil empresa puede tener éxito se puede ver en un ejemplo que se da aquí: La siguiente descripción de la "Caída del Hombre" puede ser fácilmente entendida desde una perspectiva tardía a moderna: Al comer el fruto del árbol del conocimiento del bien y del mal, los progenitores humanos (proscriptivamente) alcanzaron esta habilidad (en realidad divina). (33) La fruta madura, cuando se cuelga en árboles frutales o arbustos de bayas apropiados, es accesible a los sentidos de muchos, cuando se coloca en los estantes de los mercados y tiendas o en la mesa de la cocina, a todos, y las sensaciones visuales, olfativas y gustativas asociadas con el disfrute de estos alimentos vegetarianos son probablemente experimentadas por todos. En este proceso, hay sensaciones regulares, más o menos intensas de mirar, tocar con las manos, oler aromas característicos, contacto con los labios, la lengua, la mucosa oral, los dientes, masticar, degustar, tragar. Pero con todas estas impresiones sensoriales, esta frecuente experiencia aún no está completa.

Lo que sigue es la experiencia de la renovación, de la construcción de las propias fuerzas, de manera más o menos intensa y con un desfase más o menos largo, por lo que la conexión causal entre el consumo de los frutos y el éxito experimentado ya está establecida intuitivamente. Nuevamente con un retraso de tiempo, se observa la defecación, por lo que el alimento ingerido previamente ya no es reconocible. Todas estas percepciones conducen, también a través de su constante repetición, a la siguiente percepción principalmente intuitiva: Después de comer fruta, la persona que la come absorbe las sustancias y energías contenidas en ella. En el relato bíblico pictórico, Adán y Eva adquieren de esta manera, es decir, el consumo del fruto (prohibido), la capacidad (realmente divina) de reconocer el bien y el mal, por lo que queda por examinar qué información e intuiciones tenían los autores sobre este mismo don espiritual del hombre y su adquisición.

En el capítulo siguiente, más o menos orientado al texto bíblico, se presentará una colección de percepciones sensoriales y las percepciones intuitivas que resultan de ellas, que muestran un alto grado de concordancia entre las personas de hoy y las de entonces, y que, al menos desde el punto de vista actual del respectivo oyente o lector, permiten una correcta comprensión de muchas impresiones sensoriales tal como fueron registradas e interpretadas intuitivamente por los escritores del Génesis. En este esfuerzo, podemos confiar sin mayores restricciones en los especialistas generalmente reconocidos que han traducido el texto original escrito en hebreo a la respectiva lengua materna, ya que su trabajo no puede haber fallado tanto como para que una gran parte de las observaciones e intuiciones hechas en ese momento y aún comprensibles hoy en día hayan sido tergiversadas. Cuando se trata de los muchos detalles, es importante buscar y encontrar la conexión significativa entre ellos y, a su vez, clasificarlos de la manera más correcta posible en el consenso de toda la Biblia. Si, en el curso de la traducción seria, a una u otra expresión se le ha dado tal vez una redacción y un significado que difiere de la intención original de la declaración y, por lo tanto, causa una distorsión más o menos grave del significado, tales artefactos pueden corregirse desde la perspectiva general, desde la visión de conjunto. Por lo tanto, este método también es accesible a todos aquellos que, por no poder leer y comprender el idioma hebreo, no pueden tratar con el texto original, y así se anula esta exclusividad creada por los teólogos, de modo que todos los laicos están incluidos en el esfuerzo por obtener una comprensión correcta y una explicación veraz del mensaje bíblico subyacente.

Perspectivas intuitivas

En lo que respecta al título del capítulo, podemos determinar las épocas en las que el texto bíblico aquí considerado y las fuentes que se hayan adoptado y/o editado en el proceso, así como todas las épocas posteriores, hasta el día de hoy, en las que este mensaje bíblico ha sido y sigue siendo escuchado y leído: Al igual que hoy, la gente en este pasado también percibió innumerables detalles y conexiones de su entorno y su propia esfera corporal con sus sentidos día tras día. Estas percepciones (sensoriales) penetraron en las profundidades de sus almas y estuvieron aquí, debajo de la conciencia, una y otra vez de nuevo y más o menos intensamente, procesadas, relacionadas e interpretadas. Todo esto ocurrió dentro de la omnipresencia de Dios, quien, desde la base del alma humana así como de todas las cosas que la rodean, "golpea" en los hombros de los buscadores e interrogadores, quien quiere ser encontrado, observado, aceptado, temido, amado y quien tal vez se presenta y revela a sí mismo más claramente a las personas individuales.

Sobre la base de esta innumerable información cotidiana y su tratamiento y procesamiento intuitivo, la gente en épocas anteriores también se dio cuenta de que vivía en un mundo lleno de signos y heridas, que los hábitats terrestres contenían riquezas inconmensurables, que se daban todos los requisitos previos para una vida intensiva y rica en especies, heredada de generación en generación, que todo estaba muy bien resuelto y organizado sensatamente y encajaba muy bien. Estas intuiciones dieron lugar una y otra vez a un profundo sentimiento de dependencia y gratitud hacia el misterioso ser que había concebido y creado este mundo en su omnipotencia, que los rodeaba y penetraba, que los sostenía y los llevaba constantemente, que era su primera razón y su meta final. Con todos estos milagros, bendiciones y alegrías de la vida que se pueden experimentar cada día, la gente de antaño también reconoció otra ley fundamental de este mundo: En el marco de cada vida individual, así como para la asociación de cada pueblo, estos buenos regalos, tal como se dan en la vida terrenal, no ofrecían ninguna seguridad final. Ni un solo organismo vivo, aunque estaba admirablemente estructurado de manera muy funcional y sensata y funcionaba de la misma manera, tenía una existencia segura, sino que estaba inevitablemente en un flujo de cambio constante y estaba expuesto a un sufrimiento más o menos drástico y a una decadencia gradual todos los días. Este conocimiento evocaba sentimientos de estar expuesto a las fuerzas de la naturaleza y el miedo en los conocedores. Una parte importante de las percepciones sensoriales y las consiguientes percepciones intuitivas de los hombres de todos los tiempos se refiere al espacio en el que viven, y en particular a la tierra y el cielo con el sol, la luna y las estrellas, así como su significado, a saber, el de la tierra y el sol, para los seres vivos terrestres. La gente de todos los tiempos anteriores también experimentó, al igual que nosotros hoy, cómo el sol salía en el horizonte oriental en la mañana de cada nuevo día, subía más alto en el curso de la mañana en un arco, alcanzaba su cénit al mediodía, y luego se hundía gradualmente para ponerse en el oeste por la tarde. A través de estas observaciones regulares, indudablemente hicieron que la luz y el calor fueran efectos solares significativos, ya que era brillante y cálido durante el día, más oscuro y fresco por la noche. Sintieron los cálidos rayos del sol en sus cuerpos, sintieron su influencia en su ritmo diario y de vida así como en su estado de ánimo y observaron su efecto en las plantas, animales y compañeros.

Por ejemplo, las partes de las plantas que se encontraban por encima del suelo, si por alguna razón estaban cubiertas de tierra, aparecían amarillentas, mientras que las que estaban totalmente expuestas a la luz solar aparecían verdes. Casi todas las plantas verdes extienden sus tallos, ramas y hojas de tal manera que fueron golpeadas lo más directamente posible por la luz del sol, y la mayoría de las flores abrieron sus flores cuando el sol estaba brillando. Bajo la influencia del calor del sol, innumerables insectos pululaban y se movían rápida y animadamente, mientras que en los días frescos eran considerablemente más lentos. Otros animales también expresaron sus funciones vitales más intensamente en una atmósfera correspondiente y expresaron su alegría de vivir aún más claramente, por ejemplo, retozando relajada y exuberantemente o visitando lugares donde dejan que el sol les brille cómodamente. Las formaciones iluminadas por el sol proyectan sombras sobre la superficie de la tierra; era más oscuro y frío en la sombra que a plena luz del sol. Sólo cuando el sol brillaba se formaba la sombra, pero entonces inevitablemente; de esta regularidad la lengua vernácula formó el proverbio: "Donde hay luz, también hay sombra".

En lo que respecta a la intensidad de la radiación solar, los humanos han observado variaciones estacionales rítmicas, con temporadas de sol más fuertes que alternan regularmente con otras más débiles. El crecimiento de las plantas y la vida de los animales se adaptaron a este ritmo estacional. Dependiendo de la ubicación de un biotopo en el globo, el crecimiento de la flora y las actividades de los seres humanos y los animales se promovieron o restringieron en los períodos correspondientes de mayor intensidad solar, mientras que esta influencia se invirtió en períodos de menor irradiación solar: En las zonas templadas y frías, las plantas y los animales descansan en invierno, mientras que en las zonas muy calurosas lo hacen en verano. Así, los observadores aprendieron de primera mano que las criaturas terrestres recibían efectivamente luz y calor del sol, pero que su radiación era a veces demasiado débil para calentar el amargo frío del biotopo en cuestión, mientras que en el peri-den caliente a veces ardía con una intensidad casi insoportable.

La correspondiente adaptación de los organismos se estableció desde el principio: Incluso antes de que comenzaran las estaciones cálidas y frías, los individuos irrazonables hicieron cambios dirigidos y tomaron precauciones sensatas sin poder controlar esto por sí mismos y sin entender por qué reaccionaron de esta manera. Por ejemplo, en latitudes templadas, los mamíferos de la mayoría de las especies cambiaban su pelaje dos veces al año, de modo que en climas extremadamente fríos llevaban un "vestido de invierno" más largo y más denso, que aislaba muy bien el calor corporal contra las temperaturas exteriores a veces heladas, pero cuando hacía mucho calor llevaban un "vestido de verano" corto y menos denso, que permitía que el calor corporal se irradiara más fácilmente. Algunos animales llenaron sus propios depósitos de grasa antes del comienzo del invierno y almacenaron alimentos instintivamente; otros se desplazaron hacia zonas templadas o incluso cálidas, regresando en la primavera; otros entraron en "hibernación", en la que sobrevivieron a las condiciones insoportables en lugares protegidos y de la que se despertaron al comienzo de la siguiente estación templada para continuar su ciclo de vida.

Los representantes de algunas especies de plantas esparcen semillas en el otoño o, en el clima desértico, antes de la estación seca, que sobreviven al siguiente período extremo, con el fin de germinar a principios de la primavera o después de la llegada de las lluvias e iniciar un nuevo ciclo de vegetación. En otras especies de la flora en cuestión, los individuos sobrevivieron después de que sus partes sobre el suelo hubieran muerto debido a las heladas o a la sequía, con sus resistentes estructuras subterráneas de las que se expulsaron de nuevo cuando las condiciones fueron más favorables. En las zonas donde se esperaba una fuerte nevada durante el invierno, los árboles de hoja caduca tiraban sus hojas en el otoño, sobre las cuales la nieve se habría convertido en una carga rompedora porque habría encontrado una amplia superficie sobre la que apoyarse, y que después parecían ramas muertas. Sin embargo, los brotes habían aparecido en sus axilas, de las cuales brotaron nuevos brotes en primavera. De esta manera, el paradisíaco reverdecimiento y florecimiento de una superficie aparentemente muerta de la tierra se repitió cíclicamente en una forma maravillosa.

No todos los días los rayos del sol llegaban a la tierra en toda su intensidad, sino que también había períodos del día o días enteros en los que las nubes - de diversas formas y tamaños- pasaban sobre el firmamento y, por lo tanto, obstaculizaban más o menos el sol. La nubosidad del cielo también fue observada por la gente de todos los tiempos anteriores, por aquellos que no tenían instrumentos de medición sensibles de factores climáticos significativos, incluso con más atención e interés que por nosotros hoy en día, que vivimos en una era en la que la respectiva situación meteorológica general se filma desde satélites, cuyas imágenes son evaluadas por expertos en conjunto con otros datos medidos y publicadas como pronósticos meteorológicos a través de los medios de comunicación. Desde tiempos inmemoriales, se ha reconocido la importancia de las nubes para las precipitaciones más o menos abundantes y, por lo tanto, para el equilibrio hídrico de la tierra, ya que la lluvia que cae sobre el suelo se ha identificado como agua, y siempre ha habido suficientes oportunidades para experimentar su importancia esencial para el crecimiento de las plantas: La flora respectiva necesitaba absolutamente una cantidad suficiente de luz y calor así como humedad para prosperar. Y estos prerrequisitos esenciales siempre se han proporcionado de forma segura en los hábitats más densamente poblados por humanos.

La lluvia que caía del cielo bendecía la tierra una y otra vez con agua vital, pero a veces esta bendición era más corta o más larga en algunas áreas. Y entonces se hizo más o menos claro que la vegetación, al igual que se inhibió cuando el clima frío prevaleció por un tiempo, vaciló en intensidad cuando la capa superior del suelo se secó después de la ausencia de precipitaciones. Durante esos períodos secos, las semillas existentes y/o sembradas no germinaron o germinaron sólo de forma incompleta en zonas no plantadas del suelo, como en tierras de cultivo y lechos de jardín adecuadamente preparados. Por el momento, los exuberantes brotes de color verde intenso y de aspecto jugoso se quedaron atrás en su crecimiento, se aflojaron gradualmente y se amarillentaron, sólo para marchitarse completamente en una sequía extrema. En las culturas jóvenes, que aún no cubrían la tierra con sus hojas o sólo la cubrían de manera muy incompleta, se formaba una corteza dura y agrietada en la superficie del suelo, especialmente si contenía una mayor proporción de arcilla.

La inhibición del crecimiento de las plantas causada por la escasez de agua dio lugar a una escasez de alimentos para los herbívoros dependientes y todos los organismos situados río abajo en la cadena alimentaria, que un número más o menos grande de ellos no pudo sobrevivir o sólo con extrema dificultad. En otras ocasiones, llovió en exceso durante períodos de tiempo inusualmente largos en algunas regiones, lo que provocó la retención de la humedad y el aumento de la podredumbre en el suelo y sobre el terreno, así como el sobrellenado de los cursos de agua y, como resultado, inundaciones más o menos extensas. A veces había verdaderas "tormentas", como tormentas violentas, relámpagos y granizo, que podían causar una destrucción más o menos masiva. Tales condiciones climáticas caprichosas y sus consecuencias significaron un sufrimiento más o menos drástico y a veces la muerte para las criaturas afectadas. Durante tales fases de condiciones climáticas extremas, se anhelaba fervientemente una lluvia abundante o un clima estable y soleado. Cuando la anhelada lluvia cayó realmente sobre la tierra seca, fue una verdadera bendición del cielo, y en pocos días las plantas pudieron recuperar su estado elástico de tensión, volver a estar verdes y prosperar. Dalida canta: "El día en que llegó la lluvia, largamente esperada, ardientemente rogada". Y cuando las tormentas se habían calmado, los daños causados tarde o temprano volvieron a crecer, de modo que la estabilidad del biotopo afectado se mantuvo y la cadena alimenticia dada aquí se aseguró.

Después de la disminución de grandes cantidades de lluvia, una neblina claramente perceptible se elevaba a menudo del suelo empapado a temperaturas cálidas. En tiempo seco, en el frescor de la noche, especialmente en las primeras horas de la mañana, la humedad hasta las gotas de agua visibles llamadas rocío podía asentarse en las plantas y otros objetos; después del amanecer los objetos se secaban. Incluso durante los períodos secos, se registró una humedad más o menos marcada de la capa superior del suelo, porque el suelo producido por la excavación o el cavado resultó ser más oscuro y notablemente más húmedo que el de la superficie. A veces era posible observar cómo los animales literalmente cavaban para obtener agua, y la gente ciertamente lo hacía instintivamente ellos mismos, cuando estaban atormentados por la sed y carecían de una fuente de agua accesible. En los agujeros excavados en el suelo - en lugares favorables - se puede haber formado un charco de agua clara en el fondo, que gradualmente se llenó de nuevo cuando se bebió o se levantó.

Se han encontrado manantiales en algunos lugares de varios biotopos, donde el agua clara bajo presión subía constantemente desde las profundidades y solía fluir como un pequeño arroyo a lo largo de un marcado gradiente en la zona en cuestión. Varios arroyos se unieron para formar cursos de agua más grandes, que a su vez se fusionaron en otros aún más grandes. Los grandes ríos creados de esta manera sólo podían ser cruzados por criaturas terrestres con un esfuerzo más o menos considerable y, por lo tanto, a menudo formaban límites naturales entre "una y otra vez". En algunos lugares, también se habían formado aguas estancadas más o menos extensas, como lagos. Todos los grandes ríos terminaron fluyendo hacia el mar, una enorme y móvil extensión de agua que se extiende hasta el horizonte. Mientras que los manantiales, arroyos, ríos y lagos contenían agua potable, el agua de mar era salada y no potable.

Incluso en el pasado, la gente reconocía claramente que el agua era de importancia esencial para todas las criaturas vivientes de la Tierra y por lo tanto para la vida misma. La dependencia de las plantas de la humedad de la capa superior del suelo en la que estaban ancladas con sus raíces, y la de los animales y los seres humanos del agua potable adecuada, podía observarse y experimentarse todos los días. Todos los organismos conocidos contenían una proporción más o menos elevada de líquido, por ejemplo, jugos, sudor, orina y sangre. En los animales y los humanos, la falta de agua en sus respectivos cuerpos se indicaba por una sensación de sed, que les obligaba sensiblemente a beber agua. A pesar de las temporadas secas más o menos amenazantes y de los tortuosos períodos de sequía, la estabilidad de los respectivos biotopos y la constancia de la vida en ellos se consideraron como indicaciones fiables de que la irregular e imprevisible alternancia experimentada de sol y lluvia, al dar una y otra vez bendiciones y hacer posible una vida más o menos lujuriosa, nunca se había interrumpido de manera decisiva, sino que había demostrado ser sorprendentemente estable y segura a lo largo de períodos de tiempo que, medidos por el corto lapso de existencia de una sola persona, parecían una eternidad.

Los organismos que vivían en la tierra estaban rodeados de aire sobre el suelo donde echaban raíces o se desplazaban. En algunos de los animales observados, los humanos pudieron registrar movimientos respiratorios rítmicos, como lo hicieron en sí mismos. Por inhalación, las personas interesadas aspiraban aire dentro de sí mismas a través de las vías respiratorias, y por exhalación lo expulsaban de nuevo a la atmósfera. La respiración era involuntaria; la influencia arbitraria tenía sus estrechos límites, lo que se hizo evidente cuando la gente trató de contener la respiración, por ejemplo al bucear, y luego se vio obligada a nadar hasta la superficie y volver a respirar debido a la creciente falta de aliento. Sobre la base de estas observaciones y experiencias, fue intuitivamente fácil ver que el aire, tal como se extendía desde el suelo hasta las alturas, era absolutamente necesario para la vida, que muchos organismos absorbían algo de la atmósfera y le liberaban algo, pero que el aire a lo largo de enormes períodos de tiempo no mostraba signos de consumo ni siquiera entre el incontable número de individuos involucrados en este intercambio.

Incluso personas de épocas anteriores percibieron repetidamente de nuevo cómo crecían los seres vivos o partes de ellos, es decir, acumulaban una sustancia específica. Este crecimiento de los organismos y partes de ellos requería necesariamente la absorción de todas las sustancias necesarias para la síntesis de los tejidos en expansión desde el exterior del individuo; esta absorción de sustancias se producía por la proximidad. Muchos animales se alimentaban casi exclusivamente de materia vegetal, otros, como los humanos, elegían alimentos mixtos y otros vivían principalmente de presas y/o carroña. Al observar regularmente estas relaciones, se hizo evidente que las plantas tenían una importancia fundamental para la nutrición de todos los animales y los seres humanos, y que ellas mismas absorbían del suelo en el que estaban arraigadas las sustancias necesarias para su crecimiento. De esta manera, todas las cadenas alimenticias más cortas o más largas, como podían reconocerse en relación con los organismos terrestres, apuntaban en última instancia hacia la tierra, que de esta manera producía los seres vivos, como una madre produce sus hijos. El profeta Toohoolhoolzote del pueblo indio de los Nez Perces dijo durante una negociación entre los representantes de su tribu y los de los Estados Unidos de América: "Una parte de los Nez Perces ha renunciado a su tierra, ... Nosotros nunca hemos hecho eso. La tierra es parte de nuestro cuerpo, y nunca hemos renunciado a la tierra ... Hemos venido de la tierra, y nuestros cuerpos deben volver a la tierra, su madre, ... " (34)

En muchos hábitats de la Tierra los seres humanos encontraron un suministro a menudo sobreabundante de alimentos; diversas especies de plantas comestibles, cuyas hojas, raíces, semillas y/o frutos ofrecían a innumerables animales y seres humanos alimentos tan confiables y en ellos los materiales de construcción, combustibles y sustancias activas que necesitaban, que podían cubrir sus necesidades de mantenimiento y rendimiento, tanto si estaban todavía en crecimiento como si ya estaban completamente desarrolladas. Seres vivos en cantidades inimaginables, algunos de ellos de enorme estatura, necesitaban enormes cantidades de nutrientes día tras día y, como su existencia y vitalidad fueron demostradas de manera impresionante, los encontraron y así demostraron de manera convincente la gran riqueza de la tierra. A partir de la misma oferta, cada individuo construyó su sustancia específica de la especie. Phil Bosmans escribe: "Creí conocerlos hasta que un día vi el milagro. Se pararon con los pies en el mismo suelo, levantaron sus cabezas al mismo aire, al mismo sol y a la misma lluvia. Y el manzano hizo manzanas, y el peral a diez metros de distancia hizo peras. Bastante normal, decía la gente. Pero no podía creer lo que veía. Lo que sacaron del mismo suelo, el mismo aire, el mismo sol y la misma lluvia, un árbol hizo peras y el otro, diez metros más adelante, manzanas. Y son muy diferentes en forma, color, olor y sabor. Nunca había visto tal milagro". (35)

La ingesta de alimentos de animales y humanos estaba regulada por sentimientos de hambre y saciedad, por lo que el hambre impulsaba al organismo respectivo a buscar y tomar alimentos apropiados para la especie, pero la saciedad alcanzada hacía que este impulso se extinguiera. El alimento ingerido se modificaba dentro del sistema digestivo, y en todos los organismos fácilmente observables, además de la absorción de sustancias, se registraba también la liberación de sustancias. Las plantas esparcieron semillas, frutos, hojas y ramas en cantidades a veces grandes sobre la tierra, los animales y los humanos excretaron componentes alimenticios indigeribles y productos de desecho de su metabolismo sobre el suelo, y aquí los organismos terrestres muertos de todo tipo también encontraron su lugar de descanso final. Todos estos materiales orgánicos que yacen en la superficie terrestre no se acumularon allí a lo largo de los años, sino que estuvieron sujetos a una constante conversión y descomposición. Una multitud de seres vivos groseramente perceptibles participaban en estos procesos y se alimentaban de estas sustancias. Pero incluso sin ninguna influencia discernible de plantas y animales, esta "capa roja" (36) estaba sujeta a continuos cambios, lo que llevó al hecho de que de todas estas estructuras orgánicas se formó finalmente una capa de tierra oscura y suelta directamente debajo, en la que las raíces de las plantas ya se ramificaron. Sobre la base de estas observaciones regulares, las personas de épocas anteriores también conocían intuitivamente los ciclos de las sustancias establecidas en la naturaleza. Los cuerpos de todas las criaturas terrestres consistían en sustancias que originalmente habían sido extraídas de la tierra y que eventualmente regresaron al suelo, donde fueron usadas nuevamente para construir otros individuos.

A pesar de la abrumadora riqueza de muchos biotopos terrestres, no permaneció oculto a los observadores que de una misma base alimenticia siempre se abastecían muchos individuos de varios tipos de seres vivos, que de esta manera competían por el espacio y la comida todos los días. Dado que estos bienes terrestres estaban limitados por ley, el número de organismos presentes también estaba limitado naturalmente por las dimensiones del espacio y la cantidad de alimentos disponibles. Dentro de estas condiciones ecológicas, la densidad de población de los respectivos consumidores era de importancia central. La aparición de una población muy densa dio lugar a un abundante suministro de alimentos; Sin embargo, si se superaba un nivel de existencias adecuado, tenía que haber escasez, de modo que muchos individuos, especialmente los que estaban debilitados por alguna razón y se desplazaban fácilmente de los lugares de alimentación, ya no podían llenar sus estómagos y, debido al hambre que esto causaba, así como al creciente número de enemigos y a un mayor riesgo de infección, estaban en peligro y perecieron en mayor número, con lo que la superpoblación quedó efectivamente diezmada, la presión de la competencia disminuyó y la existencia y el bienestar de los supervivientes volvieron a estar más seguros. De esta manera, los períodos de suministro de alimentos abundantes y escasos se alternaron de manera irregular, lo que dio lugar a fluctuaciones naturales constantes en las respectivas densidades de población. Incluso cuando los humanos ya habían empezado a influir en las condiciones naturales en su propio sentido y de acuerdo con sus propias ideas y planes, por ejemplo, cuidando rebaños de especies adecuadas de herbívoros, que utilizaban, como los animales salvajes de caza antes que ellos, y/o plantando cultivos, a los que daban medidas de cuidado que promovían el crecimiento y que trataban de proteger en la medida de lo posible de las influencias nocivas, podían experimentar de manera impresionante las múltiples e impredecibles incertidumbres de su existencia año tras año.

Incluso para la gente de tiempos pasados, los organismos que vivían en sus respectivos hábitats eran de importancia esencial. En parte los usaban como alimento, en la producción de refugios, ropa, armas, artículos de uso diario y joyas, por otro lado estas criaturas mostraban cambios importantes desde el principio debido a sus percepciones sensoriales más finas y reacciones más o menos conspicuas, o también podían representar un peligro cotidiano que había que conocer. Por eso nuestros antepasados observaron la naturaleza que les rodeaba, en la que originalmente todavía estaban integrados sin problemas, mucho más atentos e interesados que nosotros en la era de los desarrollos técnicos y los entornos manipulados artificialmente. De esta manera, nuestros antepasados tenían un amplio conocimiento de las estructuras y funciones de las plantas y animales, así como de la estructura natural de sus respectivos biotopos, basado en la riqueza de sus propias experiencias cotidianas.

Por ejemplo, los coleccionistas y cazadores originales sabían mucho acerca de la ubicación, la reproducción, las características de crecimiento, los períodos de floración, maduración y descanso, la comestibilidad, el sabor y los efectos curativos de muchas plantas, porque esto era vital para ellos, y día tras día tenían muchas oportunidades de verlas, examinarlas, probarlas, comprenderlas y experimentarlas. Los organismos fácilmente observables consistían en varias partes constituidas de manera diferente, que juntas formaban un todo, por lo que la interdependencia de la construcción y la función era inmediatamente aparente; por ejemplo, el corazón de un animal tenía que ser construido de manera diferente a sus pulmones porque tenía que cumplir una tarea diferente dentro del cuerpo. Una parte del cuerpo y un solo órgano no tenían ningún sentido por sí mismos y no podían existir como entidades separadas; más bien, su estructura característica y la eficacia resultante encontraban su explicación concluyente en el contexto de la unidad total a la que estaban conectados.

Estos valores de la experiencia humana, originalmente intuitivos y luego secundariamente también entendidos racionalmente, también son aplicados por Jesús cuando pone la imagen de la vid sobre la mesa: "Yo soy la verdadera vid, y mi Padre es el viñador". ... Como la rama no puede dar fruto por sí misma, sino sólo si permanece en la vid, así también vosotros no podéis dar fruto si no permanecéis en mí. (37) También el apóstol Pablo necesita y presupone esta experiencia cuando escribe: "Porque así como el cuerpo es uno y tiene muchos miembros, pero todos los miembros del cuerpo, aunque sean muchos, son un solo cuerpo, así también sucede con Cristo". ... Incluso el cuerpo no sólo consiste en un miembro, sino en muchos miembros. Si el pie dice: No soy una mano, no pertenezco al cuerpo, entonces sí pertenece al cuerpo. Y cuando la oreja dice: "No soy un ojo. No pertenezco al cuerpo. Sí que pertenece al cuerpo. Si todo el cuerpo fuera ojos, ¿dónde estaría el oído? Si sólo escuchara, ¿dónde estaría su sentido del olfato? Pero ahora Dios ha insertado cada uno de los miembros en el cuerpo de la manera en que fue previsto. Si estuvieran todos juntos sólo un miembro, ¿dónde estaría el cuerpo? Pero así hay muchos miembros y sin embargo sólo un cuerpo. El ojo no puede decir a la mano: no soy como tú. La cabeza no puede decir a los pies: no te necesito. ... Si un miembro sufre por ello, todos los miembros sufren con él; si un miembro es honrado, todos los demás se regocijan con él". (38)

Así como las partes de un cuerpo estaban conectadas entre sí para formar una unidad y tenían que cumplir una cierta tarea en el sentido de la misma, así los organismos mismos eran de nuevo partes de un todo superior, a saber, el biotopo en cuestión. De esta manera, las personas se encontraron en un mundo en el que ellas mismas y todos los seres vivos estaban conectados entre sí y con los factores abióticos de su entorno y del universo, lo que inevitablemente dio lugar a relaciones y dependencias mutuas.

Comer y beber eran fundamentales para las alegrías de la vida. Sin embargo, antes de que se pudiera disfrutar de estos placeres, había que superar las quejas de la adquisición de alimentos, que originalmente consistía en la recolección de alimentos vegetales y la caza de animales salvajes, por lo que los competidores intra e interespecies ejercían una presión más o menos grande. Incluso en tiempos en que la gente ya se dedicaba a la agricultura y la ganadería, la obtención de alimentos a menudo significaba un trabajo pesado y arduo, prolongado y a veces peligroso, durante el cual el sudor corría por la cara y el cuerpo y los huesos dolían. En las zonas sembradas o plantadas por los seres humanos, además de las plantas cultivadas, siempre crecían hierbas silvestres autóctonas, que solían ser más robustas que los brotes y plantas cultivadas y, por lo tanto, amenazaban con sobrecrecer y asfixiarlas. El deshierbe de las "malas hierbas" que era por lo tanto necesario - a menudo todavía en una posición encorvada - demostró una y otra vez ser muy laborioso y a veces doloroso, por ejemplo con ortigas, cardos y espinas. Originalmente, los animales domésticos tenían que ser protegidos contra los fuertes depredadores, que también ponían en peligro a los propios pastores, e incluso cuando se trataba de animales de pezuña agresivos, revoltosos o agitados, sus dueños podían sufrir lesiones más o menos dramáticas.

Aunque las plantas y los animales fueran indiscutiblemente útiles y sensatos, incluso maravillosos, podría suceder una y otra vez que las plantas verdes mostraran a veces decoloración, manchas, revestimientos, perturbaciones del crecimiento, decadencia prematura o marchitamiento, y los animales mostraran síntomas más o menos drásticos de enfermedad, como manchas abiertas en el pelo o las plumas, descargas y/o excreciones conspicuas de los orificios naturales del cuerpo, falta de apetito, emaciación, trastornos del movimiento y similares. Además, las plantas y los animales, que formaban parte de hábitats superiores, representaban por sí mismos pequeños biotopos, en los que los organismos pequeños y muy pequeños encontraban aquí un hogar y alimento. Si estos parásitos alcanzan altas densidades o si el equilibrio entre sus huéspedes y los parásitos se interrumpe temporalmente, esto también podría dar lugar a problemas de salud. En los cultivos y la cría de ganado realizados por el hombre, la amplia propagación de enfermedades en un rodal o en una gran superficie, que causaba graves pérdidas en el rendimiento y la calidad de los productos utilizados para el consumo humano, planteaba una grave amenaza para los medios de vida de los seres humanos. Así, no sólo por los imponderables climáticos y las penurias, sino también por la abundancia de los bienes terrenales, como la base de los alimentos, que fueron creados de esta manera, nunca fueron del todo seguros. Al igual que los organismos de las plantas y los animales, los cuerpos humanos eran funcionales y significativos, incluso maravillosos en estructura y función. Una persona en la plenitud y belleza de su juventud fue capaz de despertar la admiración y la fascinación de sus semejantes. Aunque los humanos demostraron ser muy inferiores a muchos de los animales que competían con ellos en términos de rendimiento físico, reclamaron un cierto estatus de maestro debido a su superioridad mental dentro de sus respectivos hábitats naturales. Pero también estos "señores" de la tierra estaban sujetos a innumerables debilidades, deficiencias, quejas y dolencias. Los síntomas de enfermedad observados en los animales también podrían afectar a los humanos y, como ellos, podrían albergar parásitos en una escala más o menos conspicua.

Como la mayoría de las especies animales fáciles de observar, los humanos tenían dos sexos, macho y hembra. Por una parte, las diferencias entre los dos sexos dieron lugar a atracciones naturales especiales y oportunidades de complementariedad, pero por otra parte, también crearon - a menudo considerables - dificultades en la comprensión mutua, que podrían dar lugar a innumerables conflictos más o menos dramáticos. En la realización de esos conflictos, hombres y mujeres utilizaron los medios y estrategias que se les había enseñado a utilizar en sus propias instituciones y se consideraban superiores, y muy a menudo se trataba de luchas con "armas" desiguales y una evaluación diferente de los resultados. De esta manera, las personas también estaban en una tensión sexual, donde las mujeres tenían cierto poder sobre los hombres y los hombres tenían cierto poder sobre las mujeres. Si esta constante comparación de fuerzas y poder, tal como se practica consciente e inconscientemente por las parejas y en el seno de una sociedad, se desequilibra cuando una persona o los representantes de un mismo sexo obtienen demasiadas ventajas, esto conlleva la tentación del abuso de poder, como la tendencia a hacer valer los propios intereses y a suprimir la visión - a menudo diferente - del sexo opuesto. Los hombres, por su disposición natural, estaban dotados de una mayor fuerza física y, al no ser padres en la misma medida en que las madres eran responsables del cuidado constante de los recién nacidos y los niños pequeños, tenían más tiempo para dedicarse a los asuntos públicos. En muchas naciones aprovecharon esta situación para ocupar posiciones de primacía y dominio en las familias y las redes sociales como algo natural. Por otro lado, las matriarcas eran respetadas en algunos pueblos, por lo que a las mujeres se les concedía un mayor poder.

La tensión sexual entre el hombre y la mujer podía a veces electrificar maravillosamente, fascinar, enriquecer, confirmar, complacer, deleitar, liberar poderes inimaginables, pero a veces también creaba confusión, consumiendo fuego sin sostenibilidad, dependencia, humillación, fatiga, engaño y amarga decepción. De este modo, toda relación heterosexual, cuanto más estrecha era, y en mayor medida aún que la que se establecía entre personas del mismo sexo, estaba determinada por fuerzas tanto atractivas como repulsivas, que buscaban un equilibrio y hacían que el deseo mutuo del hombre y la mujer no se extinguiera ni siquiera por todo tipo de sufrimientos, como la opresión por medio de la dominación.

Al igual que muchos animales, el apareamiento del hombre y la mujer en los humanos sirvió esencialmente para producir descendencia. Cada ser humano había crecido hasta la madurez de nacimiento en el vientre de su madre. La percepción del nuevo ser vivo en su propio cuerpo, cada vez más activo, dependiente y, sin embargo, cada vez más delimitado, esta tarea materna al servicio de la transmisión de la vida, dio a las futuras madres de todos los tiempos muchos momentos de felicidad, de confirmación, de realización y de satisfacción de sus disposiciones y personalidades femeninas, se convirtió en un signo de esperanza para ellas mismas y para los demás. Sin embargo, el desarrollo de un fruto corporal en constante crecimiento causaba inevitablemente molestias a las mujeres embarazadas y, en situaciones estresantes y amenazantes, causaba discapacidad y peligro adicional. Aquí también, algunas esperanzas se frustraron antes de tiempo.

Los nacimientos fueron experimentados de una manera muy especial como eventos maravillosos. Lo que había madurado en el secreto y reclusión del vientre de la madre ahora venía "a la luz del día" y generalmente representaba un milagro generalmente admirado, un niño humano pequeño y completo, en el que, aunque fuera diminuto, "todo estaba allí": dos ojos, dos orejas, una nariz, una boca, dos manos con cinco dedos cada una, una uña en cada dedo, etc. Sin embargo, estos nacimientos, y esto no se aplicaba a los "Señores de la Tierra" de ninguna manera en forma disminuida, sino más bien de manera especial, causaban a las madres un dolor severo y contenían un riesgo para ellas y los niños que no podía ser evaluado con certeza de antemano; durante el curso del nacimiento podían ocurrir complicaciones que ponían en peligro la vida.

Incluso si los bebés humanos dependían incondicionalmente de sus madres y, por regla general, de una familia intacta y de una unidad tribal, eran formas de vida inequívocamente individuales, todos nuevos ejemplares únicos, no idénticos a su madre ni a su padre, equipados con características que sólo se desarrollarían plenamente en el futuro. De esta manera siempre fueron percibidos, más o menos conscientemente, también como portadores de esperanza para sus padres, familias, tribus y pueblos. El cuidado de los lactantes y los niños pequeños (para ellos una base esencial de su vida, para las comunidades humanas antes mencionadas y, de hecho, para toda la humanidad una condición básica de su supervivencia) trajo mucha alegría, confirmación, satisfacción, esperanza y sentimientos sublimes de felicidad, especialmente para las madres, pero también para todos los involucrados, que los ayudaron de alguna manera "con consejos y acciones". Pero esta tarea estaba inevitablemente también relacionada con la responsabilidad, con el cumplimiento de los propios deberes, con grandes esfuerzos de fuerza física y mental, con restricciones de la libertad personal, con preocupaciones y miedos de muchos tipos, con decepciones, a veces incluso con la entrega de la propia vida, porque los bebés y los niños pequeños estaban de manera especial indefensos, por lo que estaban expuestos a muchos peligros para el cuerpo y el alma y por lo tanto necesitaban una supervisión constante y una protección eficaz.

"Los niños se convirtieron en personas", personas que habían sido completamente "aisladas" de sus padres, personas independientes que siguieron su propio camino, se cuidaron a sí mismas y a su vez fundaron nuevas familias en cuyo calor y seguridad los niños volvieron a nacer. Hehaka Sapa o Alce Negro, un indio de la tribu Oglala Sioux, dijo: "La vida del hombre es un círculo - de la infancia a la niñez - y así es con todo en lo que se mueve el poder del mundo. Nuestros tipis eran redondos como los nidos de los pájaros, y siempre se colocaban en un círculo, el anillo de una tribu, un nido de muchos nidos, donde, según la voluntad del Gran Espíritu, nacían nuestros hijos. (39) Los padres de la generación adulta, que tuvieron la fortuna de ver a los hijos de sus hijos, ya habían envejecido. Las personas mayores fueron generalmente aliviadas de la carga principal de la lucha por

la vida y la responsabilidad por los demás, pudieron reclinarse un poco, ganar más distancia de la vida, disfrutar de los pequeños placeres de la vida diaria más conscientemente. Sin embargo, debido a la disminución de su fuerza física y a la belleza menguante, largamente superada por los más jóvenes, pudieron "arrojar a la balanza" el peso de su experiencia y la sabiduría que habían adquirido a lo largo de su vida, en la que se basaba el respeto y la reverencia que se les mostraba. Se les pedía consejo en situaciones difíciles, porque ellos mismos habían experimentado muchas de esas fases; sus conocimientos habían crecido a partir de la experiencia práctica.
Durante un período de tiempo más o menos largo, el envejecimiento de los seres humanos condujo inequívocamente a una disminución de la fuerza, la velocidad, la resistencia, la belleza y el intelecto. Cada vez más arrugas y pérdida de elasticidad de la piel, pérdida y encanecimiento del cabello, lagunas en la dentadura, curvatura de la espalda, movimientos dolorosos, deterioro de la visión, pérdida de audición. Aunque la vida no estuvo en ningún momento permanentemente libre de quejas, las dolencias en la vejez aumentaron notablemente; y así ocurrió que las personas en edad más o menos avanzada se volvieron indefensas y dependientes como los niños pequeños y, por lo tanto, especialmente en tiempos de necesidad, podían convertirse en una carga para sus familias y se exponían a todo tipo de peligros en mayor grado.
Incluso en épocas pasadas, la gente observó un incesante crecimiento y decadencia en sus respectivos biotopos. Dado que el espacio y los alimentos estaban sujetos a una limitación natural en la Tierra, sólo podía existir simultáneamente aquí un número inmanejable, inconmensurable, aunque limitado, de organismos. Si se añadían nuevos individuos, otros tenían que hacer espacio. Uno vivía del otro, "la muerte de un hombre es el pan de otro hombre". Los "gobernantes de la tierra" también estaban fundamentalmente sujetos a estas leyes a pesar de la creciente viabilidad y las maquinaciones. Si los ancianos se habían vuelto muy frágiles y débiles, ellos mismos y sus

parientes tenían que contar con morir pronto. Pero al morir "no ocurrió en secuencia", y la muerte no siempre se anunció de antemano de manera similar; más bien, podía encontrarse con todos los seres vivos todos los días. Para cada ser que vivía en la Tierra se determinó incondicionalmente que tenía que morir de forma segura después de un tiempo de vida más corto o más largo.

Los humanos habían sido creados como hombre y mujer, ambos plenos e iguales, pero claramente diferentes entre sí. Y cada hombre y cada mujer era único, inconfundible, diferente de todas las demás personas en apariencia, forma, expresión facial, gestos, movimientos, voz, mentalidad, carisma, era en cierto modo "un mundo propio". La convivencia de personas en comunidades más o menos extensas contenía ventajas tanto para el individuo como para el grupo. Dentro del colectivo, el individuo encontró protección y seguridad, importantes personas de contacto, alivio y ayuda en algunas partes de su vida cotidiana, numerosas posibilidades y oportunidades de utilizar sus propias habilidades para sus semejantes, lo que le pudo dar reconocimiento, (auto)confirmación y encontrar un significado a un nivel más alto que si hubiera sido un ermitaño. La comunidad se enriqueció con cada nueva persona que acogía a través de dos ojos, dos oídos, dos manos, etc., lo que podía ser útil en cualquier momento: "Cuatro ojos ven más que dos. La contribución de los diferentes talentos, habilidades, puntos de vista y percepciones, especialmente cuando se armonizaron entre sí, fue capaz de crear un poder: "Juntos somos fuertes". "Muchos ahorcados rápidamente ponen fin al trabajo". "Uno para todos y todos para uno".

Pero la coexistencia de las diferentes personas muy a menudo también causó considerables dificultades al provocar malentendidos, fricciones, tensiones, competiciones, rivalidades, conflictos y similares. Dentro de un grupo, cada miembro tenía un espacio a su disposición, tanto literal como figurativamente, que estaba delimitado por los espacios reclamados por sus vecinos. Con estas constelaciones, los cruces de frontera unilaterales o multilaterales difícilmente podían evitarse, y por lo tanto las disputas fronterizas encubiertas o abiertas estaban a la orden del día. Al igual que con los animales sociables, también se estableció un orden de precedencia dentro de las sociedades humanas. En tales escaramuzas, las dificultades interpersonales y la crueldad se aplicaron una y otra vez. También en este caso, las personas que -de una manera u otra- habían asumido una posición de poder se vieron a menudo tentadas a abusar del poder. Otras personas que no podían afirmarse en las disputas más o menos significativas o incluso necesarias o que preferían evitarlas, y también las que eran de alguna manera diferentes y, por lo tanto, no encajaban en la imagen propia del grupo respectivo, a menudo eran tratadas con ignorancia, premutilación, burla y supresión y marginadas. Otros, al notar las peculiaridades y conductas colectivas desde su punto de vista individual, expresaron su desaprobación en formas más o menos provocativas, provocando así la ira de los criticados. De esta manera, los tiempos de paz y los tiempos de discordia se alternaban de manera irregular entre los individuos de una comunidad y entre los diferentes grupos que entraban en contacto entre sí. Incluso nuestros antepasados tuvieron que experimentar que una paz interpersonal duradera y fiable en todos los niveles es difícilmente alcanzable.

Las sociedades humanas suelen estar compuestas por individuos de ambos sexos y de todas las edades: bebés, niños, adolescentes, adultos de mediana edad y adultos mayores. Cada individuo, si no murió antes, pasó por un desarrollo que se extendió en un arco desde el nacimiento hasta la muerte. Este cambio que fluye constantemente no sólo afectaba al cuerpo, sino mucho más a toda la persona. Las personas de todos los tiempos, basándose en sus observaciones cotidianas y en su trato diario, registraron que dentro de las comunidades humanas los niños, especialmente los bebés y los niños pequeños, tenían características especiales. Cada adulto había pasado por esta etapa y había almacenado una amplia gama de información e intuiciones de este tiempo. Sin embargo, aunque todavía eran capaces, incluso a una edad avanzada, de convocar y comunicar de su memoria una amplia gama de recuerdos en forma de imágenes y secuencias acústicas, a menudo con asombrosa certeza y precisión, "como si hubiera ocurrido ayer", ni una sola persona era capaz de poner a disposición de sí misma y de los demás ni siquiera un vago recuerdo del tiempo pasado en el vientre de su madre o de su primera infancia.

Muchos paralelismos con los animales podrían registrarse en los niños pequeños. Al igual que ellos, los que no tenían la capacidad de pensar conceptualmente, ya que es la base de los impulsos mentales y se expresa a través del lenguaje, por lo tanto, al procesar sus percepciones y experiencias cotidianas en sus cerebros, llegaron a percepciones intuitivas pero no racionales. Estaban completamente absortos en sus impresiones sensoriales, sentimientos, instintos e instintos, a los que se entregaban involuntariamente, sin control y sin reflejos, y así vivían sin influencias como eran, abierta y naturalmente auténticos. No evaluaron en el nivel espiritual del pensamiento conceptual, es decir, no con las palabras opuestas "bueno" y "malo/mal". Aceptaron el mundo y su propia vida cotidiana en él tal como era y no intentaron de ninguna manera hacer planes para cambiar estas condiciones y procesos dados. Se mostraron en todos los aspectos, incluyendo la desnudez y la sexualidad, completamente naturales e imparciales, no afectados por la vergüenza, viviendo el presente sin preocuparse por el mañana. Debido a que no reflexionaron sobre ello en el nivel espiritual del pensamiento conceptual, su bienestar mental fuera de las amenazas reales no se vio afectado en absoluto por la ley de hierro de su mortalidad. No llamaron a su propia persona "yo" y revelaron ingenuidad e inocencia a través de cada mirada de sus ojos. Como no se oponían ni se rebelaban de ninguna manera contra el plan que subyace en este mundo, se integraron sin problemas en la creación, una con su hábitat terrestre, el universo y su Creador.

Los seres humanos adultos mostraron muchas similitudes, correspondencias y semejanzas en sus estructuras y funciones físicas, instintos, impulsos e intuiciones en comparación con los animales y los niños pequeños, pero sin embargo mostraron diferencias claramente decisivas con todos los demás seres vivos de la Tierra. Los adultos también hicieron un uso sustancial del lenguaje para la comprensión mutua, ya que indica la capacidad de pensar conceptualmente, pensaron en algunas de sus percepciones y experiencias en forma de conceptos o palabras, pudieron comprender una pequeña parte de su conocimiento principalmente intuitivo de manera secundaria y racional, de modo que ahora también llegaron a ser racionalmente comprensibles, obtuvieron una cantidad limitada de perspicacia, comprensión y sabiduría y, en consecuencia, pudieron comprender algunas causas y entender y explicar algunas conexiones. Habían tomado conciencia en el nivel espiritual del pensamiento conceptual, se habían hecho cada vez más conscientes de sí mismos y de algunos de los procesos a los que estaban expuestos o que podrían verse afectados en este mundo desde su primera infancia; sus ojos se habían "abierto" de muchas maneras, de modo que se veían a sí mismos y al mundo en el que se encontraban viviendo de una forma diferente a como lo hacían cuando eran niños pequeños.

Los adultos habían aprendido, hasta cierto punto, a influir en algunas de sus acciones originalmente instintivas e intuitivas a través de su voluntad, interviniendo así activamente desde su mente en su propia esfera corporal y, por tanto, también en su entorno. Por lo tanto, no estaban todavía estrictamente obligados a aceptar las circunstancias dadas, sino que ganaron cierta libertad (esto se llama "libre albedrío") para cambiar algunos estados y procesos en una medida más o menos considerable, lo que condujo a las posibilidades de "progreso" humano que se pueden experimentar hoy en día. Fueron capaces de idear y llevar a cabo planes racionales, y luego crear obras que superaban con creces lo que los animales podían hacer, y así cambiar "la faz de la tierra", la superficie de la tierra y su forma de vivir en ella, hasta un punto que nunca hubiera sido posible para los organismos no humanos. Las obras realizadas por los seres humanos, que se mostraban y miraban con notable orgullo, se producían así sobre la base de las capacidades espirituales, que daban a los así dotados una cierta similitud con el omnisapiente, todopoderoso, omnicomprensivo, grande, misterioso, espiritual, que había planeado y creado este maravilloso mundo, en el que los hombres reflejados se encontraban viviendo, es decir, en el cielo y la tierra, en el cielo sol, la luna y las estrellas, en la tierra agua, plantas, animales y personas.

Aunque los humanos eran similares a Dios en este sentido, no podían pasar por alto y ocultar sus debilidades y limitaciones. A pesar de lo maravilloso que era el cuerpo humano, y aunque daba lugar a un orgullo justificado y a una sana autoestima, los humanos adultos habían perdido la libertad de su infancia en lo que respecta a sus órganos sexuales, que son al mismo tiempo también órganos excretores, y mostraban claros sentimientos de vergüenza. En un clima templado podrían haber caminado desnudos, pero no lo hicieron, al menos se hicieron delantales para esconder sus genitales de los ojos de los demás. Estos sentimientos de vergüenza no podían reconocerse en los animales y en los niños pequeños, porque sólo surgían después de que se realizaran evaluaciones en el nivel espiritual cada vez más accesible del pensamiento conceptual: La mayoría de las partes y funciones de su cuerpo fueron afirmadas por los adultos sin vacilación, y no se avergonzaban cuando otros miraban estas partes de su cuerpo y revelaban así, sin decirlo necesariamente, posiblemente sin siquiera formularlo en sus pensamientos, el juicio: "Estas partes de mi cuerpo son buenas y hermosas. Por otra parte, el ocultamiento de aquellas regiones del cuerpo que estaban relacionadas con la excreción y la sexualidad y que posiblemente podían causar repugnancia, indicaba que la gente había llegado a la evaluación (no necesariamente pronunciada, ni siquiera pensada) con respecto a estos órganos: "Estas partes de mi cuerpo son sucias, antihigiénicas, asociadas con tendencias prohibidas, malignas, malas.

Así como los adultos tenían dificultades para gustar y afirmar todas las partes y funciones de sus cuerpos, sí, así como ellos, a diferencia de los animales y los niños pequeños, podían incluso llegar a rechazar, negar, sí, odiar sus cuerpos y sus movimientos, lo mismo ocurría con todo su entorno. Por más que las personas capaces de hacerlo evaluaron en el nivel espiritual de su pensamiento conceptual, era evidente que, además de las muchas condiciones encontradas en sus respectivos biotopos, que admiraban, afirmaban y disfrutaban con gratitud, también se encontraban constantemente con aquellas que no les gustaban, que querían del mundo y de sus vidas, que llamaban "malas", por ejemplo, erupciones volcánicas, terremotos, avalanchas, huracanes, inundaciones, Tormentas eléctricas, heladas amargas, calor abrasador, moscas, mosquitos, piojos, pulgas, gusanos intestinales, malezas que crecen dentro de los cultivos de plantas establecidas y cultivadas, como espinas y cardos, plagas en plantas y animales así como en cepas, la competencia por la comida y el espacio, las dificultades e incertidumbres de la adquisición diaria de alimentos, las innumerables dolencias y enfermedades, su propia mortalidad y la de aquellos que los amaban y necesitaban, etc., etc., etc.
Cuando los niños pequeños aprendían el lenguaje, era siempre un proceso gradual, que comenzaba con la articulación más o menos comprensible de unas pocas palabras y que, en el caso normal, llevaba a la perfección, al menos en la medida en que la persona en cuestión disponía de un rico vocabulario del que se servía para expresarse mediante frases completas. Durante este desarrollo se observó una etapa en la que los niños aprendieron a usar correctamente el pronombre personal I. Al principio, cuando hablaban de su propia persona, nombraban a los Na-men con los que se dirigían sus personas de referencia, luego pasaban a decir "yo". Este período de tiempo se llama hoy en día la fase de auto-descubrimiento. (40) Puesto que el ego respectivo se convierte así en el objeto del pensamiento conceptual, requiere una definición y por lo tanto también una identificación: ¿Quién o qué soy?

Y: ¿Quién o qué no soy? Y: ¿Quién o qué quiero ser? Y: ¿Quién o qué no quiero ser? A través de este proceso, el joven concreto alcanzó una creciente conciencia de sí mismo. Durante la mencionada fase de descubrimiento del ego, los niños venían regularmente a probar y demostrar su ego, que ahora encontraban gradualmente, también a través de sus propios planes y su aplicación, así como a través de la desobediencia; por eso se solía hablar de la "fase de desafío". (40) Mientras que antes se colocaban en lugares y se guiaban por los responsables de los mismos, a partir de ahora se esfuerzan cada vez más y con mayor intensidad por determinar sus propias vidas. De esta manera, el ego, al registrar y enfatizar más o menos claramente aquello en lo que difería, se caracterizó por la demarcación y desarrolló una dinámica propia enormemente fuerte, que a menudo mostraba rasgos ominosos que no se veían en las plantas, los animales y los niños pequeños.

Entre otras cosas, esta dinámica del ego también tuvo una gran influencia en las evaluaciones a las que una persona llegó en el nivel espiritual de su pensamiento conceptual, de modo que éstas fueron inequívocamente subjetivas. Muy a menudo, diferentes personas juzgan el mismo hecho de manera muy diferente, a veces incluso contradictoria, especialmente si los evaluadores son competidores serios. Lo que una persona llamaba "bueno" podía considerarse "malo" desde el punto de vista de la otra, porque toda persona consciente del yo estaba expuesta a la tentación y a la conveniencia de llamar "bueno" a lo que parecía beneficioso, útil y perjudicial, perjudicial. Si una persona consciente de la posibilidad de su muerte inminente, difícilmente podría aprobar esta amenaza. Pero si pensó que su serio competidor por el espacio, la comida y otros bienes terrestres de naturaleza material e idealista podría morir pronto, rápida y fácilmente encontró en esta muerte consecuencias beneficiosas para su propia existencia y bienestar. En el seno de una familia, de un grupo, de una tribu o de un pueblo, era necesario que el individuo adaptara una parte decisiva de sus evaluaciones subjetivas al juicio generalmente aceptado aquí. También se le aceptó y aceptó en la

Comunidad en la medida en que lo consiguió, o comprometiéndose públicamente a estos criterios de evaluación oficiales. Las colectividades humanas mostraron muchas características de los individuos conscientes de sí mismos, especialmente la de la demarcación de otros grupos, en el sentido de que se desarrolló o se exigió una conciencia más o menos fuerte de sí mismos. Por esta razón, el concepto de sujeto humano puede aplicarse de manera adecuada tanto a un ser humano individual como a una asociación humana particular.

La dinámica del ego de los humanos adultos también influyó en su planificación. Pero debido a que los planes de los diversos sujetos humanos eran a veces contradictorios, más o menos violentos, incluso amenazantes, surgieron tensiones interpersonales. Y debido a que los autoconscientes y los conscientes, desde sus respectivos puntos de vista subjetivos, no podían aprobar todas las realidades de este mundo, comenzaron a planear lo que parecía ser mejor que lo que se da actualmente de acuerdo con sus propias normas de valor. También de esta manera se encontraron en un campo de tensión dentro del cual el originalmente creado y las reglas y regularidades aplicables en él, y por lo tanto el creador y el legislador, y dentro del cual la voluntad del respectivo sujeto humano, que a menudo se desviaba de esto, por lo que, al menos teóricamente, también podían surgir solidaridades que abarcaran a toda la humanidad, representaba el polo que se oponía. Dentro de este campo de tensión, voces seductoras actuaban sobre el yo consciente, por lo que estas voces venían en parte desde el exterior, por ejemplo cuando los compañeros trataban de influenciarlos, y en parte desde el interior, por ejemplo en forma de pensamientos.

Si los hombres también poseían asombrosas habilidades espirituales, que los hacían aparecer como diminutas imágenes del espíritu creador y los elevaban claramente por encima de todos los demás organismos terrestres, todavía conocían intuitivamente sus estrechos límites, por ejemplo, los de sus sobre-, percepciones y percepciones, y porque el Misterioso Ser Supremo, que cada uno de ellos observaba y adoraba, representaba una dimensión muy diferente que era inalcanzable para ellos, y era intuitivamente claro para ellos que sólo este Dios vive de eternidad en eternidad y es capaz del conocimiento integral del bien y del mal. Cuando la gente se topó repetidamente con los estrechos límites de su dimensión terrenal, sintió un rastro de la inimaginable grandeza de Dios, el Eterno, Omnipresente, Omnisapiente, Todopoderoso, Todo-Amante. Al juzgar las circunstancias del mundo como "malas", automáticamente se pelearon con Él, porque es responsable de estas adversidades de la existencia, y le criticaron -directa o indirectamente, abierta o secretamente, consciente o inconscientemente-, le reprocharon, le acusaron, le subordinaron, porque impuso o permitió el sufrimiento, la malicia, y llegaron a la convicción de que habían creado mejores y más justas bases y condiciones en su lugar.

Durante el registro de los estrechos límites de la existencia terrenal, parecía más que nada deseable para la Conciencia del Yo sobrepasar estos límites, para penetrar y avanzar en el propio reino de Dios, para obtener habilidades y poderes divinos, para obtener más perspicacia, conocimiento, comprensión, sabiduría y poder de lo que corresponde al nivel humano, tiene derecho y es posible. La dinámica del ego tuvo así el efecto de que el sujeto humano concretamente consciente de sí mismo, ya sea individual o colectivo, a menudo no pedía a Dios, sus directrices, su plan, su voluntad cuando se trataba de sus propios deseos, intereses, metas, planes, sí, a veces se enfrentaba a Dios, se oponía a Él, se convirtió en su adversario, no actuó según sus valores sino según los suyos propios, no obedeció a su voluntad sino que se la metió en la cabeza, no le dio toda la gloria sino que trató de obtener la mayor gloria posible para sí mismo, deseando así ser como Dios mismo. Dentro de sus sociedades, la gente observó cómo, por ejemplo, los padres daban a conocer los mandamientos a sus hijos o los superiores a sus súbditos y los imponían, cómo la desobediencia y las transgresiones se producían una y otra vez, cómo los respectivos desobedientes y transgresores conocían más o menos exactamente su mala conducta y cómo las autoridades responsables, cuando "atrapaban" a los transgresores, reaccionaban con medidas punitivas más o menos severas. A veces también aprendieron que y cómo los competidores de alto rango que trataban seria y promisoriamente de expulsarlos de sus posiciones, o bien eran inofensivos o eran eliminados o hacían que los eliminaran.

En el curso del desarrollo, que se inicia con la fase de descubrimiento del ego, las personas también llegaron a veces de manera más o menos opresiva a la realización intuitiva de que, a diferencia de las plantas, los animales y los niños pequeños, ya no vivían en armonía con la naturaleza y su creador, que se habían dividido con ella y con Él, que estaban aquí y allá o quién sabe dónde, desobedeció, se rebeló contra Dios, lo desafió, se balanceó para ser sus competidores, al hacerlo y por lo tanto una y otra vez causó daño y destrucción en su creación, por ejemplo en el equilibrio de la naturaleza y en la coexistencia interhumana, en resumen, que se habían hecho culpables. Debido a que también experimentaron repetida e impresionantemente de nuevo que y cómo se produjeron casos más o menos drásticos de penurias en este mundo creado por Dios, que podían golpear al individuo así como al grupo de manera más o menos sorprendente, el temor a Él surgió en ellos al proyectar las reacciones humanas, especialmente la del castigo de los malhechores, sobre Dios. Y al reflexionar, en la medida en que habían recibido información al respecto, sobre el desempeño de la vida de otros organismos así como la suya propia en el nivel espiritual de su pensamiento conceptual, obtuvieron, de manera más o menos clara y profunda, una visión de los enredos culpables, y también reconocieron racionalmente que se habían cargado con la culpa.

De esta manera, en su relación con el poder sobrenatural reconocido por la Conciencia I, los tiempos de paz alternaban irregularmente con los tiempos de discordia, por lo que la gente asumía que esta dinámica era mutua, que Dios también estaba a veces en desacuerdo con los seres que había creado a su imagen (41). Incluso las personas de las primeras culturas sentían que esta discordia ocasional entre el hombre y Dios era característica de las personas adultas, y que ser humano en esta tierra, tal como lo experimentaban, era inseparable de perder la inocencia de la primera infancia al crecer, y a veces de entrar en discordia con el Creador de este mundo. Esta toma de conciencia, ya sea intuitiva o racional, podría ser muy dolorosa y hacer surgir el ardiente deseo de reconciliación, de una paz renovada.

La "imagen" bíblica del paraíso y la caída del hombre

La historia bíblica tratada aquí ha sido registrada y transmitida por escrito. El diseño de un texto, es decir, el encadenamiento significativo de palabras, cada una de las cuales tiene un significado particular inherente o atribuido a ella, es inequívocamente un proceso de pensamiento conceptual, que sólo puede ser llevado a cabo por personas cuyo desarrollo cerebral ha progresado tanto que pueden entender y articular el lenguaje. Pero incluso con estas personas mentalmente dotadas, como en el caso de los animales y los niños pequeños, los procesos de pensamiento inconscientes siguen teniendo lugar en forma activa, que por lo general constituyen la base de la que se extraen conclusiones racionales. Fue posible formular el texto bíblico en un tiempo relativamente corto de hasta dos horas; los contenidos mencionados aquí, sin embargo, inequívocamente apuntan a largas discusiones espirituales en el período previo a esta versión escrita.

Los procesos de pensamiento comienzan con la afluencia o la recopilación de percepciones (sensoriales) y luego continúan con el procesamiento principalmente inconsciente de esta información, que tarde o temprano da lugar a la cognición intuitiva. En esta circunstancia se basan las dos preguntas que he planteado anteriormente al comienzo de una investigación científica de los dos capítulos de la génesis mencionados. Dado que muchos de los objetos percibidos y abordados han permanecido fundamental y esencialmente iguales a lo largo de los períodos de tiempo pasados, es posible en efecto, desde la perspectiva actual, dar muchos ejemplos, véanse los párrafos 17) a 31), en particular en respuesta a la cuestión de las percepciones sensoriales que el autor había recibido en el período previo a su publicación con respecto a los elementos narrativos individuales.

Si el autor (como tal los eruditos han identificado a J, cuyo texto R probablemente dejó como tal /14) nos dice, por ejemplo, que el Señor Dios creó un jardín en el Edén, en el este, e hizo crecer toda clase de árboles de la tierra, tentadores de mirar y con frutos deliciosos (20), entonces al menos las realidades nombradas con las palabras tierra, jardín, árboles y frutos son conocidas por la mayoría de los oyentes y lectores por su propia experiencia, Mientras que en épocas anteriores, cuando la nutrición humana era todavía en gran medida autosuficiente, se daban regularmente experiencias directas, al menos en las sociedades establecidas, la información mediante visitas, trueques, fotografías y material didáctico era y es importante para los pueblos nómadas y en las ciudades de hoy en día. Todos los ejemplos mencionados, véanse los párrafos 17 a 31, tienen en común que los contenidos abordados podrían y pueden ser percibidos, directa o indirectamente, por J, así como por sus contemporáneos y sus antepasados, que tal vez ya conocían la misma tradición o una similar en forma escrita u oral, así como por la mayoría de los oyentes y lectores de todos los tiempos.

Es evidente que J, cuando formuló el mensaje en palabras, tenía que permanecer en el horizonte de su propia percepción, imaginación y expresión, y tenía que asegurarse de que la historia que estaba contando era comprensible para los que se dirigía. En efecto, lo ha conseguido muy bien, pues la historia del paraíso y de la caída del hombre, en lo que se refiere al lugar y a los acontecimientos descritos, puede ser fácilmente comprendida por innumerables oyentes y/o lectores, que difieren, por ejemplo, en cuanto a su sexo, edad, profesión, entorno geográfico y período de tiempo en que viven. No obstante, los elementos narrativos individuales son más o menos impresionantes para los diferentes destinatarios, dependiendo de sus biografías y experiencias personales. Si, por ejemplo, en el relato se mencionan las quejas de embarazo y los dolores de parto dolorosos, es evidente que, como aquí también se menciona a la mujer en el texto bíblico, los oyentes y/o lectores, y entre ellos especialmente las madres, pueden establecer una relación más estrecha y directa con estas circunstancias. Incluso las personas que no conocen y no llegan a conocer estas adversidades especiales, ya que se imponen a las mujeres embarazadas, por su propia experiencia, pueden, si estos procesos naturales, por ejemplo dentro de una tienda nómada o en el entorno doméstico, no están completamente protegidos de otra vida familiar y social, comprender mejor lo que se quiere decir que aquellos en cuya sociedad los nacimientos sólo tienen lugar en las salas de parto de las clínicas y hospitales.

Y cuando, por ejemplo, se dice que el suelo del campo está maldito (42) y luego produce espinas y cardos (30), y que un ser humano tiene que comer su pan con esfuerzo (28) y con el sudor de su cara (31), entonces, por supuesto, los oyentes y/o lectores que, en forma de trabajo manual original, cultivan un jardín ellos mismos, cultivan los campos, se dedican a la producción del pan, saben mucho mejor lo que todo esto significa, como los que compran sus alimentos exclusivamente en tiendas. Pero incluso ellos pueden entender por su propia experiencia que los medios de intercambio o pago tienen que ser recaudados para comprar bienes, que a su vez tienen que ser obtenidos a través de un trabajo laborioso. Ya sea que se conozca por experiencia personal o sobre la base de habladurías, analogías y similares de manera más o menos impresionante, es evidente que J ha escrito una historia que, a lo largo de los largos períodos de tiempo en que ha sido escuchada y/o leída por innumerables personas, presenta una serie de elementos basados en percepciones sensoriales que el autor había adquirido en el período previo a su publicación y que pueden ser fácilmente comprendidos por otros, como el editor y los innumerables oyentes y/o lectores, en cualquier momento. ¿Pero qué hay del curso de toda la narración?

Esto comienza con "el tiempo en que Dios, que hizo al Señor, hizo la tierra y el cielo" (43) y, en lo que respecta al segundo capítulo sobre el Gnosticismo, también se denomina segundo relato de la Creación, que difiere de la "imagen" bíblica de la obra divina de seis días tal como se presenta en el primer capítulo del mismo libro, en particular en que Adán, el ser humano, es creado antes que las plantas y los animales. Sin embargo, el orden del cielo y la tierra o la tierra y el cielo, el agua, las plantas, los animales es el mismo, y en el caso de J, también, el hombre sólo está completo después de que ya hay animales, a través de la creación de la mujer como unidad reproductiva. Así que R no ha podido decidirse por una de las dos versiones, P o J, al resumir las fuentes en las que ha trabajado, sino que ha puesto ambas junto a la otra. De esta manera indica que no le molestaron las diferencias en las ideas descritas, y que no esperaba ninguna dificultad de las abordadas por el texto. Por lo tanto, puede decirse que estas diferencias no excedieron en absoluto su límite de tolerancia, y que asumió la misma tolerancia para los oyentes y/o lectores de su época.

Los autores, por lo tanto, sabían que no estaban presentes en estos acontecimientos del principio, de los que informaban, y que tampoco podían recurrir a los informes de los hombres, que habrían observado estos acontecimientos, y exactamente lo mismo también el editor sabía y sabe lo mismo que los destinatarios de todos los tiempos. Por consiguiente, debía y debe quedar claro para todos ellos que nosotros, las personas pensantes, al preguntarnos sobre la fuente de este mundo en el que nos encontramos viviendo, y por lo tanto también sobre la fuente de la vida y nuestra propia existencia, estamos tratando en nuestra mente con un misterio que nunca seremos capaces de comprender y explicar plenamente. Pero como, no obstante, dependemos de ideas y formas de expresión cuando nos esforzamos por comprender y explicar lo inimaginable e inenarrable, tales ideas y formas de expresión deben encontrarse lo más apropiadas posible. En esta difícil empresa, puede suceder que diferentes personas hagan comprensible una y la misma verdad misteriosa de diferentes maneras. Esto también es válido teniendo en cuenta las revelaciones divinas, porque también éstas, en la medida en que se transmiten con palabras, sólo están disponibles a través del cerebro humano y, por lo tanto, necesitan sus

capacidades como requisito previo y, por lo tanto, para que sean fructíferas, tienen que funcionar dentro del poder del pensamiento humano.
Siempre que se habla de creación, incluso en el caso de representaciones más o menos descaradamente divergentes, el acuerdo es por definición que se supone un comienzo para lo creado, cuya causa debe verse decisivamente en un acto espiritual, por ejemplo en un plan, lo que a su vez presupone comprensión, conocimiento, sabiduría. (Véase también: "Entonces Dios dijo: El agua está repleta de seres vivos", capítulo "La finalidad y el significado de las obras humanas y de la naturaleza"). El mensaje esencial, que tanto la P como la J transmiten con sus respectivas versiones, como puede leerse en los dos primeros capítulos del Génesis, es: El Dios, ya sea llamado Elohim o Yahvé, que es respetado y adorado entre nuestro pueblo, es el Creador de este mundo, del cielo y la tierra, el sol, la luna y las estrellas en el cielo, y el agua, las plantas, los animales y las personas en la tierra. Las diferencias entre las dos versiones se refieren a las nociones de cómo el Creador ha realizado su obra, y saber esto con precisión no es, como conocer el tiempo, esencial para nuestra vida concreta en este mundo, por lo que esto es apropiado con respecto a las diferencias de descripción en la tolerancia de hecho.
"Pero lo que más les disgustaba del cristianismo era su naturaleza incondicional y la intolerancia asociada a él. La tolerancia de otras formas de convicción y prácticas religiosas era algo natural para la mayoría de las tribus. Pero eso es exactamente lo que los cristianos no estaban preparados para hacer. Y si los cristianos consideraban la palabra de la Biblia como una revelación de las enseñanzas de Dios y la voluntad divina, esto también era difícil de entender para los indios. En el siglo XVIII el inglés William Henry vivió como prisionero con los iroqueses. Le contó a sus parientes adoptivos rojos sobre la creación del mundo en siete días. Entonces un joven indio tomó la palabra. Dijo: "Tu libro (la Biblia) no te lo dice todo". Me doy cuenta de que sabemos algunas cosas que tú no sabes. Si tu Dios creó las cosas en tu

país en seis días, no fue así en el país indio, porque algunas cosas fueron creadas mucho más tarde. Luego contó la historia de la creación de los iroqueses como prueba. Enrique respondió que la Biblia era más creíble porque en ella la tradición se registraba por escrito, mientras que la tradición india sólo se transmitía oralmente. Para el jefe de los iroqueses este argumento no tenía ningún poder de persuasión. Respondió: "Eres casi tan grosero como cuando viniste a nosotros". Obviamente fuiste mal educado en tu juventud, no aprendiste la decencia adecuada. Te hemos perdonado una vez; fue un error de tus maestros. ¿Pero por qué no has mejorado después de haber podido observar cómo comportarte correctamente durante tanto tiempo? Siempre he escuchado sus historias sin contradecirlas. ¿Por qué no crees en mis historias ahora?" (44)

En los dos relatos bíblicos de la creación, tal como se conocían en los reinos del sur y del norte de Israel, y como R los ha yuxtapuesto, aunque difieren en su descripción, aparte del mensaje de que el Dios que se respeta en los pueblos interesados creó el mundo, se aborda de manera unánime y más o menos clara un segundo tema que tiene gran importancia, si no central, en el contexto de los tres primeros capítulos del Génesis y de la Biblia en su conjunto: P ha entretejido la frase recurrente "Y vio Dios que era bueno" (45) en su informe y, después de describir la finalización de la divina Obra de los Seis Días, finalmente la reafirmó con palabras contundentes: "Dios miró todo lo que había hecho: era muy bueno.“ (3) Tomado literalmente, el autor afirma que Dios ha juzgado su propia obra como muy buena, pero no que el hombre esté de acuerdo con este juicio. En el caso de J, no se puede encontrar una evaluación explícita. Sin embargo, su mensaje sobre esto (3) está en total acuerdo con la escritura sacerdotal (P), ya que él, al presentar al oyente y/o lector el jardín plantado por Dios en el Edén, en el cual Adán y Eva fueron inicialmente permitidos vivir, sujeto sólo a un único mandamiento, dice en términos explícitos: "Dios ha hecho todo esto muy bien. Esta declaración se vuelve retrospectiva cuando J nos dice que Yahvé maldijo la tierra por el bien de la humanidad con sus discursos de castigo, y que de esta manera sacó a relucir las adversidades de la vida, y las confirma y en parte las concreta. Esta tensión entre un buen comienzo y la confrontación del hombre con el mal/mal en el respectivo tiempo presente aparece con P sólo en un indicio de sugerencia, a saber, cuando deja que Dios hable al hombre: "Por medio de la presente os entrego todas las plantas de toda la tierra que dan semillas, y todos los árboles con frutos que contienen semillas. Los usarás como alimento. A todas las bestias del campo, a todos los pájaros del cielo, a todo lo que se mueve en la tierra, a todo lo que tiene aliento de vida, les doy a todas las plantas verdes como alimento". (8) Entre las líneas de estos versos brilla la siguiente afirmación: Queridos oyentes y lectores, cuando experimenten en su entorno actual que y cómo los humanos cazamos y matamos animales para comer su carne, y cómo la ley de comer y ser comido también se aplica en el reino animal, entonces consideren: Dios no estableció su creación de esta manera; esto sólo se desarrolló más tarde. Tanto P como J querían estar de acuerdo con su versión del Informe de la Creación de que el Dios adorado por su pueblo había creado el mundo y que su trabajo había tenido éxito. Teniendo en cuenta su propia experiencia de vida, su fe en aquellos que escuchan este mensaje desafía la siguiente pregunta: Si Dios ha hecho realmente bueno el mundo, entonces ¿por qué hay en él condiciones tan malas, como problemas de embarazo, dolorosos dolores de parto, conflictos entre hombres y mujeres, trabajo duro para la vida diaria, espinas y cardos, enfermedad y muerte, sufrimiento en varias formas? Sin que esto se formule explícitamente, se ofrece una respuesta a esta pregunta en los tres primeros capítulos del Génesis, ya que R los ha puesto uno al lado del otro. Muchas religiones han tratado de responder a las preguntas sobre el origen del mal/mal en el mundo asumiendo al menos dos dioses, uno de los cuales creó el bien y el otro el mal/mal y lo causó una y otra vez. Como ejemplo, se menciona aquí la historia de la creación de los Tasaday, un pequeño pueblo originario del sur de Filipinas: "Allí donde el ojo de la luz, el sol, y el dios de la oscuridad, la luna, habitan, allí donde la luz plateada del día triunfa para siempre sobre los terrenos oscuros del bosque, vive el Señor de todas las cosas, Mata Awa. Tiene dos hijos, y crearon para él el primer humano, Fangul, y todas las demás criaturas del bosque. El único niño estaba bien. Trajo las flores y los pájaros. Pero el otro era malvado y cruel. Trajo las serpientes, los relámpagos y los truenos". (46)

Los autores del libro bíblico del Génesis creían en el Dios de sus padres, el Único, el Creador de todas las cosas. Debido a que Él es el Único y este Único ha creado todas las cosas de este mundo, también las malas condiciones, tal como las encontramos los humanos en el mundo, tuvieron que ser rastreadas de alguna manera hacia Él, hacia su voluntad, hacia su palabra, hacia su trabajo. ¿Pero cómo? Esta difícil cuestión provocó procesos de pensamiento en los escritores durante largos períodos de tiempo, que fueron principalmente inconscientes y condujeron a percepciones intuitivas, ya que dieron forma a la historia bíblica del paraíso y la caída del hombre, que se estructura de la siguiente manera: Dios demostró ser bueno plantando en el Edén, en el este, un jardín tan maravilloso, que ofrecía todas las condiciones para una vida en abundancia, y colocando allí al ser humano que creó de forma igualmente maravillosa. (20) Sin embargo, un día, este buen Dios se hizo malo, como nos dice J, y llamó, haciéndose malo al maldecir la tierra por el hombre (42), y causó todas estas adversidades de nuestra vida terrenal, con las que los humanos lo encontramos tan difícil y que todavía no existían en la buena creación de Dios al principio (47), expulsó a Adán y a Eva del paraíso e hizo que los querubines y la espada ardiente de las llamas finalmente bloquearan su camino de regreso allí (48).

Pero ¿cómo pudo suceder, según la descripción del autor bíblico, que el buen Creador un día se volviera tan malvado y, después, creara cosas malas e infligiera así tanto sufrimiento a los que eran capaces de hacerlo? Ya durante la narración del Paraíso, el autor incorporó a su representación pictórica elementos que preparan e insinúan la respuesta a esta pregunta: "El Señor

Dios hizo crecer de la tierra toda clase de árboles, tentadores de mirar y con frutos deliciosos, pero en medio del jardín el árbol de la vida y el árbol del conocimiento del bien y del mal. (49) Los oyentes y/o lectores pueden percibir desde el principio que estos dos árboles situados en el centro del jardín son de particular importancia. Esta intuición se confirma un poco más tarde: "Entonces el Señor Dios ordenó al hombre: De todos los árboles del jardín puedes comer, pero del árbol de la ciencia del bien y del mal no puedes comer, porque en cuanto comas de él, morirás". (11) Incluso en estos versos, los oyentes y/o lectores sensibles ya pueden adivinar aproximadamente lo que sucederá en lo siguiente: Adán y Eva, como los frutos prohibidos les parecían demasiado tentadores, no pudieron resistir mucho tiempo la tentación de actuar contra este mandamiento divino, por lo que se aferraron al árbol del conocimiento del bien y del mal y comieron de su fruto.
Sin formular explícitamente la pregunta de cómo el mal llegó a la buena creación de Dios, J, de nuevo en forma implícita, ofrece la siguiente respuesta con su narrativa pictórica: Tanto el bien como el mal en el mundo han sido causados por Dios; Él es el Creador de todas las cosas. Después de haber creado el mundo perfectamente bien en el principio, se enojó un día porque los progenitores humanos desobedecieron el único mandamiento que les había dado, que era fácil de obedecer debido a la abundante abundancia de frutos y la perfecta base de la vida como se da en el Jardín del Edén. Según esta explicación, la ira divina y las consecuencias que de ella se derivan para los seres humanos y toda la tierra, a saber, adversidades tales como quejas por embarazo, dolorosos dolores de parto, espinas y cardos en los cultivos de plantas, trabajo sudorífico, mortalidad de todo ser viviente, sufrimiento en múltiples formas (47), claramente atribuible a la culpa de Adán y Eva, a quienes se les permitió vivir en el Paraíso y obviamente se aprovecharon de esta divina bondad y gracia y por lo tanto ya no la merecían. Al describir la ira castigadora de Dios de una manera humanamente comprensible y por lo tanto plausible, J justificó al Creador. Si en el ser humano concreto, cuando

se enfrenta - activa y/o pasivamente - al sufrimiento, a las lamentaciones, a los reproches, sí, al odio contra Dios, que es responsable de todo en el mundo, entonces la narración del Paraíso y de la Caída del Hombre, concebida de esta manera, es capaz de derivar estos malos impulsos humanos del Creador a Adán y a Eva, porque ellos fueron, después de todo, los que, por su maldad, "nos trajeron la sopa" que tiene que ser "acuchillada" en la actualidad.

Pero no siempre fue fácil para los oyentes y/o lectores de tiempos anteriores, que todavía estaban muy dispuestos a entender el texto bíblico en el sentido literal, seguir esta justificación de Dios como J lo ha construido, sin contradicción y crítica, porque: Cuando se enojó con la desobediencia humana y maldijo la tierra, ¿no pensó este Dios justo en los animales capaces de sufrir, que son sus criaturas amadas, pero que son completamente inocentes? ¿Y no se comportó también muy injustamente porque, al castigar a Adán y Eva por su desobediencia y presunción, hizo sufrir a todas las generaciones siguientes? ¿Y no reaccionó completamente exagerada, demasiado dura y cruelmente a este -hasta entonces- único asalto humano, que después de todo podría haber sido un "desliz", que, después de que la gente "abriera los ojos" (50), no se repetiría tan fácilmente? ¿No crees que la gente merece una oportunidad en el paraíso después de todo?

Obviamente, al escribir esta historia bíblica, J ha dado gran importancia a la secuencia de las prohibiciones, su desprecio y el castigo que se basa en ellas. Cuando pregunto sobre las percepciones sensoriales que había recibido en el período previo a su publicación, encuentro que a menudo había observado y experimentado repetidamente esta secuencia, por ejemplo cuando los niños no obedecían las órdenes de sus padres, y los miembros del pueblo violaban las leyes que aquí se dan a conocer. En tales casos, los autores a menudo mostraron exuberancia, ignorancia, falta de respeto, y las autoridades tristeza, insultos o ira más o menos claramente. A veces podía suceder que las personas reaccionaran con una ira flagrante cuando notaran violaciones de las órdenes que se habían formulado a sí mismas o de las que tenían que controlar. En este estado de ánimo, a menudo se cortaban, ya no se preguntaban exactamente lo que era correcto y justo, lo que era razonable y las circunstancias atenuantes, entonces no podían controlarse, entonces hablaban o gritaban y actuaban de una manera que no lo hubieran hecho en un estado de ánimo tranquilo y benevolente. La expresión de la ira y los arrebatos de cólera en tal o cual forma han sido probablemente experimentados por todas las personas, tanto activa como pasivamente, en sí mismas y en personas de referencia importantes, y han tenido así la oportunidad de mostrar comprensión por este estado mental tenso, a veces incluso explosivo. El autor probablemente procedió de este entendimiento cuando describió la reacción divina a la desobediencia practicada por Adán y Eva y a su presunción de manera tan humana, y presumiblemente presupuso precisamente este entendimiento entre los oyentes y lectores, por lo que presumiblemente procedió, sin decirlo, de la base de juicio generalmente aceptada de que Dios no se deja llevar en situaciones correspondientes a los afectos e injusticias habituales en nuestra humanidad, sino que es y siempre permanece justo de manera inviolable.

Con la narración bíblica del paraíso y la caída de la humanidad, se transmite la siguiente afirmación, aunque implícitamente, pero de forma clara e inequívoca: Dios dio al hombre un solo mandamiento, pero Adán y Eva lo desobedecieron y lo transgredieron, por lo que los castigó trayendo posteriormente cosas malas, es decir, cosas que estaban llenas de sufrimiento, a su creación, que hasta entonces había sido perfectamente buena. El autor estaba familiarizado con este punto de vista por toda su educación y convicción religiosa. Porque seguía una religión de la ley que mostraba la obediencia a los mandamientos divinos como el camino decisivo de la salvación: "Si obráis según mis estatutos, guardáis mis mandamientos y los obedecéis, os daré la lluvia a su debido tiempo; la cosecha da su fruto, y el árbol del campo da su fruto, la temporada de la trilla con vosotros se extiende a la vendimia y la vendimia a la siembra. Comes hasta hartarte de pan y vives seguro en tu país. ... Pero si no me escucháis y no obedecéis todos estos mandamientos, si desobedecéis mis estatutos, si detestáis mis reglamentos, si rompéis mi pacto al no obedecer ninguno de mis mandamientos, entonces esto es lo que os haré: Te ofrezco contra la prisa, el consumo y la fiebre, que hacen que los ojos fallen y sofocan el aliento. Siembras tus semillas en vano; tus enemigos las devorarán. ... Su fuerza se agota en vano, su tierra ya no produce una cosecha, y los árboles de la tierra ya no dan frutos. ..." (51)

El único mandamiento que Dios dio al hombre en el Paraíso se refería a un árbol en medio del jardín. Algunos relatos de esta historia bíblica se sostienen como si hubiera sido un manzano. Pero en el texto del Génesis dice literalmente: "Entonces el Señor Dios ordenó al hombre: De todos los árboles del jardín puedes comer, pero del árbol de la ciencia del bien y del mal no puedes comer, porque en cuanto comas de él, morirás". (11) J, cuando escribió su narración, dio un significado especial a dos árboles en medio del jardín, a saber, el árbol de la vida y el árbol del conocimiento del bien y del mal. (17) En este elemento figurativo, a saber, el jardín con los árboles que crecen en él, del que cuelgan deliciosos frutos, se pueden comprender fácilmente las correspondientes percepciones sensoriales. Se puede ciertamente suponer que el autor tenía en mente árboles reales, como el manzano, el peral, el ciruelo, el albaricoque y otros similares, tal como fueron plantados y cultivados en su tierra natal, pero entendió e imaginó estos dos árboles especiales (esto puede derivarse de los nombres con los que los llamó) en un sentido figurado. Esto se hace aún más claro cuando deja que Dios diga hacia el final de la historia: "He aquí que el hombre se ha hecho como nosotros; reconoce el bien y el mal". Que no extienda su mano, ni siquiera del árbol de la vida, y coma de él y viva para siempre!" (33)

En primer lugar, la percepción y el conocimiento intuitivo de la incorporación se procesan aquí, fácilmente comprensibles: Al comer una fruta, las sustancias y fuerzas presentes en ella se transfieren a la persona que la come y la digiere, en el caso descrito la capacidad de reconocer el bien y el mal, y en segundo lugar, esas relaciones de propiedad humana, como a menudo se observaron y experimentaron repetidamente: Por ejemplo, un jardín delimitado por, digamos, un seto o una valla, se consideraba propiedad de una persona o familia, y todas las personas no autorizadas tenían prohibido entrar o incluso cosechar frutos a menos que hubieran recibido permiso expreso del propietario. El término árbol de la vida se especifica en el versículo citado (33): Árbol de la vida eterna. Con respecto a la vida, el autor, al tratar con plantas, animales y personas, incluido él mismo, tenía innumerables percepciones sensoriales día tras día. Debido a esta rica experiencia, le quedó claro que la vida de cada individuo comenzó una vez y ha estado corriendo hacia su fin desde entonces. Así que cuando habló de la vida eterna, esta es inequívocamente una cualidad que no se debe a ningún ser viviente terrenal, sino que caracteriza sólo a Dios. Siguiendo la representación pictórica del escritor se puede decir: El fruto de este árbol es y sigue siendo propiedad exclusiva de Dios; Él es el dueño del jardín y, aunque había permitido expresamente que la gente viviera en su jardín y se alimentara de los frutos de todos los árboles plantados en él, no les había permitido vivir en el jardín excepto los dos nombrados, que están situados en medio del jardín. Esto expresa, aunque sólo sea en sentido figurado, de manera clara e inequívoca, que Dios mismo tiene un derecho exclusivo sobre estos dos árboles y sus frutos, lo que a su vez puede y debe ser interpretado de la siguiente manera: Sólo Dios es capaz de la vida eterna y el conocimiento del bien y el mal.

Si J, al contar el Jardín del Edén, creó un "cuadro" con sus palabras, entonces las relaciones de propiedad brillan entre las líneas en la medida en que Dios prohibió a la gente, a la que había dado todas las condiciones para la vida en este Pa-radies, comer del único árbol, y, después de haber ignorado esta prohibición, los expulsó de su propiedad para que no llegaran también (o ya no) al segundo árbol. Visto bajo esta luz, el centro del jardín, donde crecen los dos árboles mencionados por su nombre, marca el terreno divino, que Adán y Eva tuvieron que respetar y por lo tanto no se les permitió entrar, y muestra a Dios inequívocamente que los frutos que maduran allí son su propiedad personal, en la que no quiere conceder a la gente - esta distancia debe mantenerse - ninguna participación. La mala conducta de la que eran culpables los progenitores humanos con su invasión del territorio divino consistía, por lo tanto, no sólo en desobedecer sino también en quitar los bienes divinos, es decir, en robar.

Pero que la iniquidad tal como fue cometida en esta Caída del Hombre va más allá se expresa en el siguiente versículo: "Más bien, Dios sabe que tan pronto como comas de ella, tus ojos se abrirán; serás como Dios y conocerás el bien y el mal. (52) La mayor tentación fue que Adán y Eva comieran de sus frutos y así encarnaran su capacidad de ser como Dios mismo. Sin embargo, Dios no toleró este esfuerzo, como muestra la historia bíblica, pero insistió inflexiblemente en la inviolabilidad y en la preservación de los bienes personales que aún le quedaban, a saber, el árbol de la vida. Si el narrador formuló su texto de tal manera que Dios expulsó a los progenitores humanos del paraíso después de su sacrílego y presuntuosa invasión y les bloqueó el regreso allí finalmente (48), también se expresan las percepciones sensoriales, ya que están disponibles de muchas y diversas maneras en el contacto interpersonal. Aquí, la gente a menudo trata de eliminar a los competidores y rivales emergentes con todo tipo de medios y estrategias durante el mayor tiempo posible, sobre todo si todavía ocupan altos cargos. Estos versos también transmiten el mensaje de que en relación con la vida se mantiene la distancia entre Dios y el hombre: Dios vive eternamente, el hombre en su cuerpo terrenal, por otro lado, sólo un pequeño lapso de tiempo desde el nacimiento hasta la muerte.

Según la descripción del autor bíblico, los progenitores humanos, sin embargo, habían logrado imbuirse de la capacidad divina de reconocer el bien y el mal a través de su asalto prohibido. Esta representación debe basarse en las percepciones sensoriales que han informado al escritor que el hombre es realmente capaz de reconocer el bien y el mal. La cuestión de lo que J. había percibido cuando llegó al mencionado diagnóstico de talento humano, la pospondré por el momento para retomarla más tarde. Con la respuesta a esta pregunta se tendría que resolver el enigma que se plantea en el texto del Génesis con la frase "árbol del conocimiento del bien y del mal". La historia bíblica del paraíso y la caída del hombre puede causar enojo en los oyentes y lectores hacia Adán y Eva. Porque si éstos hubieran obedecido obedientemente el mandamiento divino, habrían permanecido en el Paraíso, y también las generaciones humanas que les siguieron, incluyendo las de los respectivos oyentes y/o lectores, habrían podido vivir allí, no se habrían enfrentado a estas adversidades que han existido en el mundo desde la caída del hombre y la maldición pronunciada por Dios por esa razón, no habrían tenido que sufrir de tantas maneras, no habrían sido expuestos a una muerte segura. Estas acusaciones que surgen en el oyente y/o lector concreto a la dirección de nuestros progenitores se ven mitigadas por el hecho de que la serpiente seductora se ha incorporado a la historia. (53) Sus poderes de seducción eran tan grandes y efectivos que quienes los escuchaban y/o leían sobre ellos tenían que admitir que ellos mismos no podían resistir esta tentación. La serpiente, que era "más astuta" (en la Biblia de los pastores: "más astuta") "que todas las bestias del campo, que el Señor Dios había hecho", atrajo a Adán y Eva, por cualquier razón y con cualquier intención, con la perspectiva de que alcanzarían esta misma capacidad divina disfrutando de los frutos que Dios reclamaba celosamente para sí mismo, ellos, que eran después de todos los seres humanos, es decir, seres terrenales, serían después como Dios. (52) Y lo que el hombre no siente también en sí mismo es el deseo de trascender su propia dimensión terrenal, a la que está ligado por el orden de la creación, para alcanzar las alturas celestiales y llegar a ser como Dios - omnisciente, todopoderoso, perfecto, santo, interminablemente vivo. Esta estructura narrativa puede ser utilizada para deducir una proporción considerable de la agresión que los oyentes y/o lectores sienten hacia sus progenitores hacia este astuto animal seductor. Cuando J inserta una serpiente parlante en su historia, nuevamente le da a la gente a la que se dirige un difícil acertijo, porque: ¿A quién o qué se refiere con eso? ¿Un animal de verdad? ¿Un objeto que dirige a este animal y habla a través de él o fuera de él? ¿O es que la serpiente, como tal no está realmente involucrada en el evento en absoluto, sólo sirve como una máscara diseñada por un escritor, cuya tarea es precisamente camuflar la realidad que tiene lugar allí más allá del reconocimiento? Pero también aquí dejo temporalmente de lado las preguntas sobre las percepciones de significado del autor que le han sido transmitidas en relación con este enigmático elemento pictórico y que podrían contribuir sustancialmente a aclarar la interpretación.

Quienquiera o lo que sea que actúe en o por medio de la serpiente, quienquiera o lo que sea que esté escondido en o detrás de ella: Como se dice que y cómo ella trata de influir en Adán y Eva, surge una enorme tensión. (53) (Según la redacción del texto bíblico, este astuto animal se dirige a la mujer. Por la estructura de la historia elegida de esta manera, creo que está claro que fue escrita por un hombre. Estrictamente hablando, dirige los reproches que genera en los destinatarios con la estructura narrativa que ha diseñado, en primer lugar a Eva, por la que Adán se entrega casi voluntariamente a ella y por lo tanto parece estar excusado, y de ella a la enigmática serpiente, de la que nadie sabe realmente quién o qué es :-) Esta tensión emergente se deriva de la pregunta: ¿Estarán los progenitores humanos sujetos a las artes seductoras de la serpiente? Y, si es así, ¿realmente serán como Dios que reconoce el bien y el mal? J ha formulado ahora su narración de tal manera que responde afirmativamente a estas dos preguntas: "Entonces la mujer vio que sería delicioso comer del árbol, que el árbol era un festín para los ojos y la sedujo para que se volviera sabia. Ella tomó de su fruto y comió; también le dio a su marido que estaba con ella, y él también comió. (33) "Entonces el Señor Dios dijo: 'He aquí que el hombre ha llegado a ser como nosotros; conoce el bien y el mal. (33) La gente que oye y lee puede pensar: "¡Qué hermoso! El hombre se ha vuelto como Dios adquiriendo, aunque de manera prohibida, la capacidad de reconocer el bien y el mal (pero: ¿qué significa esto exactamente?). "Sin embargo, la estructura narrativa ha sido elegida de manera que, a pesar de esta respuesta positiva, no hay una verdadera alegría, porque Dios no ha soportado la desobediencia humana y la malvada presunción que conlleva, ha reaccionado con sus duros castigos (47) y ahora está en proceso de explicar por qué expulsará posteriormente a Adán y Eva del Jardín del Edén y bloqueará definitivamente su regreso allí (48).

La narración bíblica del paraíso y la caída del hombre se caracteriza esencialmente por una ruptura que es causada por la ejecución de la desobediencia humana, es decir, por la adquisición no autorizada de la capacidad divina de reconocer el bien y el mal, y se manifiesta en un cambio distinto que distingue el después del antes de manera irreversible: Después de la Caída, el mundo es diferente que antes. Esta representación pictórica sirve casi para responder a la pregunta, planteada abierta o secretamente, directa o indirectamente, consciente o inconscientemente, sobre el origen del mal/mal en la buena creación de Dios: Dios mismo ha causado posteriormente el mal/mal en su, hasta ese momento, perfecta buena creación, cuando y porque los progenitores humanos transgredieron el único mandamiento que les había impuesto en el paraíso y alcanzaron un fruto que reclamó para sí. Dicho cambio irreversible se refería, en primer lugar, a la condición mental de los progenitores humanos, y este cambio se basaba en un impulso propio, ya que se puso en marcha con la adquisición del conocimiento del bien y del mal, que parecía tan tentador, y en segundo lugar las condiciones de vida, ya que son significativas para los hombres, y este cambio fue causado por Dios. Contrariamente a la respuesta tan positivamente formulada de que el hombre se ha vuelto casi como Dios, ha adquirido al menos una habilidad divina, dicha grieta muestra un giro en una dirección ominosa.

Porque probablemente cada oyente y/o lector lamenta profundamente el curso que toma la historia, a saber, que el Creador, debido a la desobediencia humana, su presunción sacrílega, excede el nivel terrenal asignado y debido a ellos en el orden de la creación, de querer invadir su territorio y su propiedad y de ponerse en pie de igualdad con él, se vio obligado justificadamente a no tolerar esto, sino a actuar con toda coherencia y severidad y a reprender al hombre rechazándolo de una vez por todas en el marco que se le había determinado, es decir, el terrenal. Una de las medidas más duras que tomó Dios fue maldecir la tierra por el hombre (42), causando así todas las adversidades (47) que se pueden resumir bajo el término "sufrimiento", cuyo origen y significado nos preguntamos. Como ejemplo representativo, el texto bíblico da ejemplos que tanto J como los destinatarios de su discurso de diversas épocas conocieron y conocen más o menos auténticamente desde su propia visión y experiencia: Las quejas del embarazo y los dolorosos dolores de parto (27), los conflictos entre el hombre y la mujer (27), las espinas y los cardos (30), las dificultades de la adquisición diaria de alimentos (29, 31), la mortalidad humana (29).

De acuerdo con la historia bíblica, el desarrollo favorable prometido por la serpiente Adán y Eva no ocurrió cuando comieron los frutos que eran tan deliciosos y deseables. Como había dicho el astuto seductor, sus ojos se abrieron, pero de una manera diferente y con consecuencias diferentes a las que habían deseado e imaginado. Lo que los progenitores humanos, que habían esperado conocimiento, perspicacia y sabiduría del disfrute de los frutos reservados sólo para Dios, reconocieron primero no fueron hechos, causas, conexiones, potencial de felicidad, ni fueron principios de bien y mal moral, sino que ahora registraron por primera vez que estaban desnudos. (50)
Esta toma de conciencia no fue provocada por el hecho de que el clima en el

Jardín del Edén se hubiera vuelto más áspero, sino más bien por el hecho de que Adán y Eva habían "abierto los ojos" después de comer el fruto prohibido, lo que significaba que a partir de ahora miraban a sus órganos sexuales de manera diferente a como lo hacían antes. (54, 50) Esta visión diferente les resultaba de alguna manera incómoda, y ahora se avergonzaban de estas partes de su cuerpo, por qué y por qué tejían delantales de hojas de higuera para cubrir esta región de los ojos de su pareja, que sin embargo era muy conocida y familiar.

Y en sus almas apareció otro movimiento, que no habían conocido hasta entonces: Sabiendo que se habían vuelto desobedientes a Dios y habían transgredido su mandamiento de manera impía, el temor a Él ahora se elevó en ellos, y se escondieron cuando escucharon sus pasos (55) para evitar la confrontación con Él y su reacción. La diferencia más significativa en el consenso de toda la Biblia entre el antes y el después, ya que es causada por la caída del hombre, consiste en la perturbación duradera del hasta ahora tan buen entendimiento entre Dios y el hombre. En el Jardín del Edén, Dios estaba palpablemente presente; caminó y habló con Adán y Eva. J dice implícitamente por medio del texto que ha formulado que hasta el momento en que los progenitores humanos, con su rebelión contra el orden de la creación, causaron la dramática ruptura descrita, no hubo nubosidad o incluso interrupción alguna en la relación armoniosa entre el Creador y la criatura; Afirma explícitamente que Dios reacciona a la provocación humana con sus discursos y medidas punitivas, que la paz original se ve perturbada de forma duradera por la culpa humana, y que ya no se puede realizar un retorno al paraíso de origen, porque su entrada está bloqueada por los querubines y la espada ardiente (48).

La respuesta que el autor en cuestión y, refiriéndose a él, el editor, ofrecen con este relato bíblico a nuestras preguntas sobre el por qué y el por qué de las malas instituciones, en fin del sufrimiento más o menos dramático, en la buena creación de Dios, no es creíble de esta forma para las personas que se orientan hacia las ciencias naturales, pues, como ya se ha explicado, las ciencias naturales han demostrado de forma irrefutable, que incluso los primeros seres humanos en la tierra se enfrentaron a las adversidades de la vida, como se mencionan en el texto bíblico como ejemplos, por ejemplo, con la competencia por el alimento y el espacio, conflictos interpersonales, innumerables peligros, quejas, enfermedades, sufrimientos y muerte, y que, en consecuencia, la historia bíblica del paraíso y la caída del hombre es refutada en su sentido literal en la medida en que los acontecimientos descritos allí no tuvieron lugar tal como se presentan. Pero, ¿este fundamento mental deja algún significado en el mensaje bíblico ofrecido en el segundo y tercer capítulo del Génesis?

Para responder a esta pregunta, es útil recordar que el autor formuló su texto de manera menos racional, sino desde lo más profundo de su alma, es decir, esencialmente intuitiva. Si queremos averiguar lo que dijo en ese momento, no basta con investigar lo que el escritor captó y dispuso en su narración con su propio intelecto, sino que es aún más necesario preguntarse qué percepciones intuitivas e impulsos de afirmación subyacen a los elementos individuales de la narración que diseñó pictóricamente y que fluyeron en el texto, sin que el propio escritor pueda explicarlo adecuadamente. Lo que es seguro es que no estuvo presente en los comienzos de la humanidad, de los cuales nos dice, que no podía recurrir a ninguna tradición humana de esa época, y que por lo tanto sabía exactamente que era libre de dar forma a su narración. Era muy consciente del carácter pictórico de su historia, pero no podía explicar de forma realista los detalles de la "imagen" que había diseñado.

Incluso los legos interesados en una traducción del texto original hebreo a sus respectivas lenguas maternas pueden acceder a las afirmaciones básicas de este mismo mensaje bíblico a través de las preguntas sobre las percepciones sensoriales que el autor ha tenido en el amplio campo de su publicación con respecto a los elementos narrativos individuales, por ejemplo (17) a (31), y sobre las percepciones intuitivas que resultaron del procesamiento inconsciente de esta información, por ejemplo (33). Aparte de los dos difíciles acertijos ya descritos como tales, como los planteados por el autor bíblico con la formulación Árbol del conocimiento del bien y del mal y con la serpiente insertada en el curso de la historia, como se puede leer en el texto, surge un problema que al principio parece difícilmente solucionable: Hay toda una serie de elementos en su narración, para los cuales se pueden identificar más o menos rápida y fácilmente las percepciones sensoriales y el conocimiento intuitivo correspondientes, pero éstos deben haber sido adquiridos y adquiridos durante la vida del autor, en todo caso no pueden haber venido de los primeros tiempos de la humanidad. Por consiguiente, hay que comprobar si J pudo observar la historia que se contó a sí mismo. En un himno dice: "Adán y Eva, eso es lo que somos, y el paraíso está aquí. ...si tienes ojos, mira cómo el árbol se encuentra en el medio. ... Si tienes oídos, entonces escucha cómo la serpiente nos hechiza. ...“ (56) ¿Puede J haber observado una historia que ha tenido lugar y está teniendo lugar tanto en los tiempos primitivos de la humanidad como en su propia vida y en la de todos los oyentes y lectores? Si es así, entonces el que se esfuerza por comprender y explicar, como se menciona en el himno citado, se enfrenta a la tarea de investigar atenta y honestamente en su respectivo tiempo presente. Además, si se quieren abordar las dificultades descritas anteriormente, es necesario seguir tratando las características básicas de los procesos de pensamiento humanos para comprender lo que ocurre en ellos cuando las percepciones, los impulsos y las percepciones intuitivas principalmente inconscientes se comprenden racionalmente y son conscientes.

La conciencia controlada inconscientemente

También los laicos que no reciben enseñanza de profesores universitarios y que no se ocupan de literatura especializada encuentran cada día, por ejemplo en conversaciones interpersonales, en los medios de comunicación, en libros de otras disciplinas, muchas sugerencias para sus discusiones intelectuales personales con las más diversas cuestiones, así también las que conciernen a la religión. En un libro de naturopatía (57) leí la historia médica de una joven que sufría de parálisis en la cabeza, la espalda y la pierna derecha. Dado que esos síntomas suelen presentarse como resultado de ciertos tumores cerebrales, la paciente fue operada en un hospital universitario, pero sin ningún hallazgo anormal, y luego trasladada a un hospital de su ciudad natal, donde se la consideró incurable y siempre tuvo que estar acostada en la cama, y el personal de enfermería tuvo que tratarla con mucho cuidado. El médico jefe a cargo pidió al autor del libro en cuestión, en ese momento todavía un joven que comenzaba su carrera, que se ocupara más de la mujer paralizada. El nuevo médico asistente, que estaba muy interesado en la naturopatía y que había aprendido a utilizar la técnica de la hipnosis durante sus estudios, poniendo a la paciente repetidamente en un sueño profundo hipnótico y luego tratándola con una combinación de susurros curativos y la administración de estímulos eléctricos más fuertes, logró en realidad, después de un período considerable de tiempo, que la pierna derecha, que había estado paralizada durante dos años, recuperara y mantuviera la movilidad. Debido a que esto fue exitoso, el curandero encontró que su vaga sospecha inicial confirmaba que los signos obvios de parálisis eran posiblemente debidos a la histeria y por lo tanto a los deseos inconscientes de enfermedad. Con tales patrones de enfermedad, las alteraciones de las funciones corporales son inducidas deliberadamente desde las profundidades inconscientes del alma humana, ya que son tan similares a las de las enfermedades orgánicas que a menudo es imposible hacer una distinción.

Así que el ambicioso joven utilizó los mismos métodos que habían restaurado la movilidad de la pierna derecha al lado derecho para tratar de superar la parálisis de la cabeza y el cuello, y después de repetidos y persistentes esfuerzos lo logró, que la paciente pudo mover la cabeza libremente durante unas horas después de que él le dijera bajo hipnosis, porque había descubierto que era muy religiosa, que sospechaba que tenía una intención inconsciente de enfermarse y que por lo tanto estaba pecando contra Dios. Sin embargo, como la parálisis de la cabeza ya se había vuelto a pronunciar al día siguiente y los esfuerzos ulteriores del médico, que le exigieron mucha fuerza, no produjeron ninguna mejora del estado de la enfermedad, recurrió a un método de violencia, asumiendo todo el riesgo: ordenó a dos enfermeras que colocaran a la paciente, que había sido puesta en un sueño profundo hipnótico, en una bañera vacía de tal manera que su cabeza y la parte superior de su cuerpo se apoyaran en el fondo de la bañera, pero la parte inferior de sus piernas se extendiera más allá del borde de la misma. Luego cerró el desagüe y dejó que el agua caliente fluyera hasta que la cara del paralítico estuviera completamente bajo el nivel del agua. Y realmente: ante el peligro de ahogarse, la mujer paralizada levantó la cabeza y la parte superior del cuerpo fuera del agua por sí misma. Al día siguiente, sin embargo, sólo la cabeza, pero no la espalda, se movía, por lo que la mujer postrada en la cama no podía enderezarse. Al repetir regularmente el procedimiento descrito, los síntomas de parálisis se redujeron en siete semanas hasta tal punto que la mujer pudo dar cortos paseos por su cuenta. Cuando en esta forma comenzó a surgir una curación que no se había creído posible, se produjo un amargo revés: La paciente se quejaba ahora de insensibilidad de la piel de todo su cuerpo, dolores de cabeza y mucho miedo. Este desarrollo confirmó al médico en su suposición de que realmente había un interés inconsciente en el mantenimiento del proceso de la enfermedad, que ahora trataba de evadir los métodos de curación utilizados hasta ahora. De esta manera, todos los esfuerzos mencionados se asemejaban a una lucha

persistente y feroz entre dos oponentes, ninguno de los cuales estaba dispuesto a ceder: Por un lado, el autor del mencionado libro de naturopatía, que perdió diez libras de peso debido a estos enormes esfuerzos, luchó por la curación de la joven y un importante éxito al principio de su carrera médica. ¿Pero quién se opuso a él y a sus objetivos terapéuticos?
Después de que el cuadro clínico se modificara en la forma representada y escapara así a la influencia del ambicioso y compasivo médico, al principio no se obtuvieron más éxitos en el tratamiento. Una noche el curandero recordó lo que la Biblia nos dice sobre los demonios. Como científico, no creía en la existencia de espíritus malignos que pueden enfermar a la gente, sino que veía a los "demonios" como fuerzas malignas del alma humana, que de alguna manera se separan y aíslan y, de manera similar al caso de la enfermedad descrita anteriormente, son capaces de causar síntomas patológicos en el propio cuerpo desde profundidades inconscientes. Esa noche, cuando el médico trató de influir en el paciente en un sueño profundo e hipnótico, actuó como si se enfrentara a un demonio: "Con una voz de mando llamé directamente al demonio, el supuesto alborotador del alma del paciente, y le ordené que se enfrentara a mí y respondiera a mis preguntas. Cuán grande fue mi consternación cuando el Demonio se puso a mi disposición; se quejó de que me había puesto en su camino y declaró que quería continuar la lucha conmigo. Me dijo que se sentía muy incómodo cuando empecé el tratamiento hipnótico porque al principio tenía miedo de que pudiera localizarlo. Lo que ningún otro médico ha podido lograr hasta ahora, yo lo he logrado finalmente con mi persistente consistencia. Le pregunté al demonio si era él quien había enfermado al paciente y estaba interesado en la continuación de la enfermedad. No dudó ni un momento en responder afirmativamente a esta pregunta. Sí, él, el demonio y alborotador, sólo él había hecho enfermar a la joven y lucharía sin descanso por la continuación de la enfermedad, sí, ni siquiera descansaría hasta que hubiera asesinado al paciente. ...

Finalmente le pregunté al demonio qué razón tenía para enfermar a esta joven, exponerla a una operación que amenazaba su vida y finalmente querer asesinarla. El demonio no vaciló con su respuesta. Me dijo en términos inequívocos que quería asesinar a la chica para castigar al padre de la paciente. - ¿Qué hizo el padre para ser castigado con el asesinato de su hijo? La respuesta no debía retrasarse. El padre, me dijo el demonio, se había casado por segunda vez después del nacimiento del paciente y ahora estaba a punto de entrar en un tercer matrimonio. Así había humillado a su hija mayor y, por así decirlo, la había empujado fuera de la casa. Su tarea habría sido renunciar a un segundo o por lo menos un tercer matrimonio y dejar que su casa fuera dirigida por su hija mayor. Presenté todos los pensamientos que la moral y la religión me habían enseñado, pero todo lo que encontré fue una risa diabólica. La mitad de las noches luché con el demonio. Su dureza y rigidez era la de una roca de granito". (57)
Como no se pudo lograr un mayor progreso en la curación a través de estos esfuerzos, el doctor ofreció al demonio una tregua algún tiempo después: Quería suspender sus intentos de terapia hipnótica durante una semana, y a cambio el demonio debía dejar al paciente en paz durante este tiempo. "Cuando los tres médicos y las dos enfermeras entramos en la pequeña y aislada habitación del hospital a la mañana siguiente durante nuestras rondas, encontramos a una persona completamente cambiada, redimida, bendecida y feliz. El paciente vitoreaba, saltaba, bailaba ante nuestros ojos; casi nunca he experimentado una transformación similar de una persona. La hasta entonces enferma, indefensa y débil persona comenzó inmediatamente a trabajar, se hizo útil en el hospital y derramó su dicha sobre los otros cien pacientes del hospital. "(57) Pero ya al tercer día el Demonio rompió la tregua acordada, y la joven se quejó de que la torpeza de la piel, los dolores de cabeza y el miedo comenzaban a volver. Bajo hipnosis el demonio admitió que no podía soportar ver a la chica tan sana y que no haría tales arreglos en el futuro. En su resistencia, el doctor recurrió a una última medida

desesperada: durante una profunda hipnosis, le dijo a la paciente que ahora la despertaría y conduciría al espíritu maligno escondido en su subconsciente a su conciencia.

Cuando realmente lo hizo, y la joven reconoció el espíritu atormentador que se escondía en ella, del que no tenía ni idea, actuó como una loca, llena de un pánico insano. Este comportamiento causó un gran temor en el médico de perder el control, lo que le llevó a poner al paciente inmediatamente de nuevo en un sueño hipnótico y a alejar al Demonio de su alma profunda. "En ese momento, cuando permití que el demonio desapareciera de nuevo del reino del brillo de la conciencia en el subconsciente del alma profunda, perdí la batalla. Hoy me doy cuenta de que habría tenido que hacer que el paciente se enterara del demonio cada día de nuevo, hasta que quizás hubiéramos sido capaces de dominarlo con nuestras fuerzas combinadas. Todas las conversaciones y discusiones posteriores que tuve con el demonio en muchos cientos de horas no le hicieron ceder. La piel de la paciente permanecía insensible, sufría de ansiedad y dolores de cabeza". (57) Como sus fuerzas parecían estar completamente agotadas y no sabía qué hacer, el médico pidió ayuda a un psicoanalista, pero al cabo de dos años no pudo curarse con sus métodos. Por lo menos la joven pudo tomar un trabajo después de su alta del hospital y se mantuvo en forma para el trabajo.

Cuando se piensa en la enorme fuerza del instinto de autopreservación y en las estrategias imaginativas con las que las personas persiguen su bienestar, parece plausible suponer que una potencia extranjera ha tomado el control de la situación cuando se lee este caso histórico, que puede verse como una ruina escenificada de una vida joven. Pero si el médico del informe se imagina ahora enfrentándose a un demonio, dirigiéndose a él, y que en realidad responde en lenguaje humano, ¿la voz de quién se escuchará entonces? También está claro para el lego: la paciente misma habla; la voz del demonio es suya. Como explicación de esto se podría asumir que un espíritu maligno ha utilizado las estructuras de habla humana mencionadas anteriormente para este propósito. Esto también corresponde a la verdad en la medida en que la joven, mientras habla, se encuentra en la fase más profunda de la hipnosis, es decir, está casi dormida, y no es consciente de las palabras que salen de ella y de su significado. Por eso cuando despierta de la hipnosis no recuerda lo que dijo antes el médico y ella misma.

Cuando el médico cuenta que le preguntó al demonio qué razón tenía para hacer enfermar a la joven, y el demonio respondió que lo hacía para castigar a su padre porque se había comportado mal en la forma descrita, incluso el lego puede hacerse a la idea de que el demonio es la propia mujer, o que la propia mujer es el demonio, y que por lo tanto, por increíble que parezca, quiere y escenifica su propia enfermedad y destrucción. Porque cuando "el demonio" hace sus acusaciones contra el padre, no da razones morales, ni muestra solidaridad o compasión por su difunta esposa, la madre del paciente, sino que sólo hace argumentos relativos a la hija, la niña enferma, de una manera que el lector sensible puede entender: El padre no cumplió con los deseos personales, intereses, expectativas, incluso las demandas de su hija. El enfrentamiento lingüístico entre el médico y el paciente hipnotizado expresa exactamente su punto de vista, no el de una autoridad superhumana objetiva o una identidad extranjera. La hija había deseado que el padre, cuyo amor y atención había tenido todo para ella, no tuviera que compartir con otra persona, quizás incluso, supuesta o realmente, alejarse de él. El padre no tomó estas condiciones, presumiblemente no habladas, de su hija en absoluto o en todo caso no seriamente y reclamó el derecho de moldear su vida según sus propias ideas. La decepción o incluso la amargura que surgió porque sus propios deseos y planes de vida no se habían cumplido, esta supuesta humillación, la sintió la muchacha como un doloroso trauma por el que culpó a su padre, la hizo enfadar, despertó en él sentimientos de venganza y la llevó al objetivo de ahora a su vez herir a su padre, castigándolo.

Así que la hija pensó en cómo podría herir a su padre tanto como él supuestamente la había herido, y encontró un remedio cuasi-Sa-dista y masoquista: El hombre al que acusó probablemente se vería profundamente afectado si tuviera que ver eso y lo mucho que su hija tenía que sufrir por una enfermedad grave. En estos primeros deseos e indicios de enfermedad, probablemente estaba todavía en primer plano la esperanza de que el padre, si tenía que experimentarla tan enferma e indefensa, se vería inducido a dejar a su esposa y dedicarse enteramente a su hija, es decir, a someterse a sus condiciones. Cuando este cálculo no funcionó, la muchacha aumentó sus sentimientos de venganza y, por lo tanto, su deseo de enfermedad, lo que condujo al cuadro patológico descrito anteriormente.
Más tarde, cuando el médico influyó en el paciente con su estrategia de tratamiento, el paciente una vez, aunque sea por poco tiempo, se dejó influenciar y guiar por el argumento de que pecó contra Dios a través de las intenciones de su enfermedad. En este punto el autor dice que la mujer era muy cristiana en su actitud. De esto se desprende que la muchacha, cuando registró los primeros pensamientos de venganza con ella misma, entró en un conflicto interior: Por un lado no logró renunciar a sus propios sueños egoístas, a saber, tener el amor de su padre todo para ella, y entender y aceptar con sensibilidad la situación de su vida. Por otra parte, juzgaba las intenciones, ya que se hacían efectivas una y otra vez en sí mismas e insistía en la acusación y el castigo del presunto malhechor, sobre todo si se orientaba a las enseñanzas morales cristianas, como el mal, por lo que tampoco era capaz de elaborar su propio problema de manera realista y de aclararlo y representarlo ante las personas de referencia. Por consiguiente, la joven se esforzaba por alcanzar estos objetivos, que, al considerarlos malvados, en realidad debería haber abandonado, desde las profundidades del inconsciente. Lo increíblemente consistente y duro que procedió fue también demostrado por la enorme resistencia, a la que siempre se opuso desde las profundidades inconscientes (por lo tanto de manera demoníaca),

a todas las artes curativas del médico, y por el desgaste de la fuerza, que ella le exigió.

Incluso el lego que se ocupa de psicología a lo sumo en la medida en que registra y trata de comprender sus propios movimientos mentales y los de sus semejantes una y otra vez más o menos atentamente y posiblemente sigue las contribuciones correspondientes tal como se ofrecen en los medios de comunicación, la historia médica aquí descrita muestra, en el contexto aquí considerado, que pueden surgir en el hombre trenes de pensamiento de enorme importancia y alcance, que el propio pensador no conoce en absoluto, pero que, por muy asombroso que esto sea, pueden sin embargo ser extremadamente determinados y eficaces, por lo que hay que decirlo: En tales casos el hombre mismo no sabe lo que está haciendo intencionalmente, es decir, con intención. Ahora bien, el ejemplo descrito fue un caso extremo flagrante, que afortunadamente se observa raramente. No obstante, incluso en la medicina moderna, que, a pesar de todos sus amplios conocimientos y las consiguientes tendencias a la especialización, suele correr el riesgo de perder de vista la totalidad del ser humano, la estrecha e inextricable interdependencia psicosomática del ser humano se reconoce y tiene cada vez más en cuenta. En principio, muchos médicos progresistas están de acuerdo con el hecho de que a menudo los conflictos emocionales ocultos, es decir, inconscientes, se han proyectado en el nivel físico de muchos pacientes y han causado y siguen causando quejas y síntomas de enfermedad en sistemas de órganos individuales o en todo el cuerpo. Y tales quejas psicosomáticas no son de ninguna manera fenómenos raros.

En su libro "Krankheit als Weg" (58) los autores quieren ver estos principios de patogénesis aplicados a todos los síntomas sin excepción. Aunque este punto de vista, en mi opinión, sobrestima la indudable influencia del alma en el cuerpo, ignora por completo las causas reales de otros tipos de enfermedades y es difícil de probar en el caso de las enfermedades animales y vegetales, algunas de sus afirmaciones me parecen dignas de consideración y convincentes. En la parte I ("Requisitos teóricos para entender la enfermedad y la curación") dicen algo así como las consecuencias de esto: Los humanos estamos equipados con una conciencia bipolar. Por esta razón no somos capaces de reconocer muchos objetos de nuestra percepción como pertenecientes al mismo grupo, sino que a menudo experimentamos dos aspectos opuestos de la misma realidad más o menos retrasados. Ilustran esta tesis con un dibujo, que muestra un perfil negro a la derecha y a la izquierda, por el que se miran, y el espacio blanco entre ellos tiene la forma de un jarrón. El observador no logra percibir las dos caras y el jarrón al mismo tiempo, sino que, alternativamente, o bien aparecen dos caras de aspecto sobre un fondo blanco, en el que no se registra la forma de un jarrón, o bien un jarrón blanco sobre un fondo negro, en el que la forma de los perfiles faciales permanece sin reconocer.

La existencia está decisivamente conformada por fuerzas que tienen direcciones opuestas y están en un estado de equilibrio de fluidos, es decir, pierden su equilibrio una y otra vez y se reequilibran. Sobre esta base, se pronuncian múltiples campos de tensión, que son causados y mantenidos por las fuerzas opuestas. Los dos polos opuestos, ya que marcan las distancias extremas dentro de tales campos de tensión, entre los cuales se produce a menudo un vaivén rítmico más o menos completo de ida y vuelta, están necesariamente unidos, de modo que la destrucción de un polo haría desaparecer toda la unidad. Por ejemplo, la corriente eléctrica fluye en un conductor adecuado sólo si hay un voltaje efectivo entre el ánodo y el cátodo. Si, por ejemplo, el polo negativo se inactiva o se desconecta del cable conductor, el flujo de corriente cesa inmediatamente. Nuestra respiración funciona esencialmente como una alternancia rítmica de inhalación y exhalación; si se permitiera la inspiración o la expiración, toda la función se paralizaría. La integridad de las cosas incluye todas sus partes. Los opuestos se complementan entre sí para formar el todo completo, la unidad. Cada ser humano también representa tal unidad, que contiene en sí mismo todos los principios del mundo que lo rodea, del cual es una parte inseparable: Todo lo que está fuera de nosotros también está dentro de nosotros.

El conflicto y los problemas internos de nuestro ser humano consisten también en el hecho de que no podemos realizar los opuestos (más amplios: posibilidades) contenidos en nosotros al mismo tiempo y, por lo tanto, nos enfrentamos una y otra vez a decisiones (a favor y en contra), y que seguimos evaluándonos a nosotros mismos, a nuestros semejantes y al mundo que nos rodea, y, en función de estas evaluaciones, sólo queremos identificarnos con una parte de las numerosas y múltiples cualidades que están invertidas en nosotros y que nos hacen ser lo que somos. Esta mentalidad lleva al hecho de que en nuestra conciencia promovemos y por lo tanto vivimos los rasgos que hemos afirmado, pero bloqueamos los que hemos objetado. Me viene a la mente el siguiente ejemplo: Un excelente medio de comunicación interpersonal, si lo dominan todos los participantes, es el lenguaje. En esta empresa (a menudo difícil), es ahora imposible que un orador escuche atentamente las palabras de sus semejantes al mismo tiempo; más bien, ambas actividades, a saber, hablar y escuchar, deben llevarse a cabo en una alternancia más o menos equilibrada. Es muy posible afirmar influencias controladoras. Si, por ejemplo, una persona ha llegado a la conclusión de que la persona que puede dedicar mucho tiempo a sus aportaciones en las conversaciones, es decir, que sabe contar, comunicar, aconsejar, ordenar, tiene más importancia y un rango más alto que otra persona que sólo habla brevemente, pero que la escucha atenta es muy extenuante y exige moderación, entonces, naturalmente, se ve fácilmente tentada a promover su elocuencia, pero a descuidar el don de la escucha. Por otra parte, es una persona que está convencida de que escuchando atentamente puede aprender muchas cosas interesantes y valiosas, desarrollar una mejor comprensión de sus semejantes y, dándoles la oportunidad de "hablar", más o menos directamente, "derramar su corazón", puede hacer un servicio, a veces incluso necesario, mientras escucha, si "balancea los discursos" con demasiada ligereza, transmite experiencias y conocimientos que a veces pueden ser utilizados en su contra por los competidores, también difunde errores, revela debilidades e intimidades, toca tabúes, entonces llamará más la atención sobre las palabras de sus interlocutores, pero "restringirá" el discurso que sale de sí mismo en términos de tiempo y contenido. Es fácil comprender que una persona no utiliza su potencial inherente de comprensión interpersonal cuando habla o guarda silencio de manera extrema, cuando abre o cierra sus oídos a sus semejantes.

Los autores de dicho libro (58) escriben además que todo lo que no queremos ser y no vivir, que no queremos incluir en nuestra identificación consciente, nunca puede ser realmente eliminado, pero aún así nos pertenece inseparablemente. El fenómeno de la ceguera de sí mismo, sin embargo, nos lleva a ver los rasgos que rechazamos, aunque nos pertenecen, no en nosotros mismos, sino en nuestra contraparte. La totalidad de las características reprimidas forman nuestra sombra. La sombra nos hace imperfectos y desastrosos, porque es realmente una parte de nosotros mismos, pero como tal no es reconocida y aceptada, porque presiona para la realización, pero se le impide. Debido a que tal bloqueo no puede tener éxito completamente, la sombra se manifiesta en cualquier caso. Si esto no sucede en el nivel de conciencia, entonces este objetivo se logra a través del cuerpo, es decir, a través de síntomas análogos de enfermedad. Si, por ejemplo, en la vida de una persona han surgido situaciones de conflicto graves, pero que no quiere vivir según sus impulsos agresivos internos porque posiblemente reacciona con ansiedad, tiene que mostrar consideración o quiere cultivar y transmitir la imagen que tiene de sí misma una persona pacífica, entonces sucede a menudo que precisamente estos conflictos evitados se realizan a nivel corporal en forma de una infección. Tal infección se caracteriza por una feroz batalla entre las propias defensas del cuerpo y los microbios que han penetrado en él, por lo que ni siquiera la persona más pacífica es capaz de escapar de esta batalla, es decir, es llevada a integrar lo que rechaza en su

conciencia en la ejecución de su vida, encontrando así la totalidad y en este sentido la perfección y la salvación.
Aunque sólo puedo seguir este modelo explicativo con restricciones, en el contexto considerado aquí, en el que están en juego los procesos del pensamiento humano, de él se derivan algunos aspectos realistas que me ayudan, como lego en la materia, a comprender mejor lo que está sucediendo. Algunas formas de expresión lingüística análogas son confirmadas por la medicina moderna. Por ejemplo, se dice que alguien "se ha comido la ira dentro de sí mismo" y ha contraído así una úlcera de estómago, o que el estrés constante puede causar hipertensión en los afectados. Incluso el lego, al leer tales explicaciones, se dará cuenta de que en estos sufrimientos psicosomáticos son esenciales los procesos en el fondo del alma humana, que permanecen en gran parte o completamente ocultos a la persona respectiva, por lo que la persona pensante tiene a menudo interés en ocultar de sí misma algunos de los impulsos e intenciones que surgen en ella.
En los medios de comunicación se publican repetidamente artículos sobre temas psicológicos, en los que se suele utilizar el término subconsciente. La preposición que figura a continuación suele indicar una referencia espacial y, en una extensión vertical, significa una posición más baja que la utilizada para la comparación. Cualquiera que tenga conocimientos previos de anatomía, por ejemplo de las lecciones de biología, encontrará rápidamente una analogía con el cerebro cuando el par de opuestos se aplica a los procesos de pensamiento de un nivel superior a uno inferior. La corteza cerebral se encuentra en la superficie y el tronco cerebral, es decir, el intercerebro, el mesencéfalo y la médula oblonga, marcan las regiones más profundas. Si ahora queda claro que el pensamiento conceptual tiene lugar principalmente en la corteza, entonces la transferencia correspondiente puede derivarse en la siguiente idea, tal como la he construido en aras de una mejor comprensibilidad: En ella comparo el alma con un lago profundo, del que nadie sabe dónde se encuentra, y en el que nadan un número

inconmensurable de seres. Este lago tiene una triple estratificación gruesa, y aquí, desde la superficie hasta la profundidad, hay una zona clara o qué-clara, una zona gris y una zona negra. En la parte superior está el nivel del agua, que está iluminado por la luz del día y por lo tanto es fácil de ver; todo lo que flota aquí puede ser visto claramente por el observador. Los rayos solares que caen sobre la superficie del lago penetran en el agua hasta cierto punto, pero no son capaces de iluminarla en la misma medida que el nivel del agua, sino que están cada vez más amortiguados, de modo que los objetos que están presentes en esta capa sólo pueden ser vistos por el observador de manera poco clara y sombría. Ninguna luz llega a las mayores profundidades del lago, por lo que no se puede ver nada aquí. Desde esta negra profundidad, el lago también se alimenta sustancialmente de la constante afluencia.

Aunque la estratificación así representada se basa en la naturaleza de la propagación de la luz y, por lo tanto, es constante, los objetos que flotan en el lago se caracterizan por movimientos extremadamente vivos y una enorme dinámica, de modo que cambian frecuente y diversamente de zona según las posibles direcciones. Los objetos que flotan en la superficie del agua, por ejemplo, pueden hundirse en la capa gris o negra, y los que flotan en la única zona gris moderadamente iluminada o incluso en las profundidades más finas pueden sumergirse hasta el nivel del agua, donde se hacen visibles. En el contexto actual es de gran importancia que los movimientos descritos no sólo estén determinados por las leyes de la profundidad del agua y por la dinámica inherente de las criaturas que nadan aquí, sino que la superficie del lago esté más bien constantemente controlada desde la profundidad. Los controles ocultos son capaces de evitar que los objetos salgan a la superficie y de hundirlos. Estas barreras se pueden trasladar, por ejemplo, a la imaginación pictórica de una red, en la que su tamaño de malla clasifica los objetos flotantes que la golpean desde arriba o desde abajo según su tamaño, permitiendo el paso de los más pequeños y reteniendo los más grandes. Esta transferencia se hace aún más precisa si se asume que el tamaño de la malla en cuestión no es rígido sino variable. A veces puede ocurrir que los nadadores de profundidad, cuyo paso no está realmente permitido por las autoridades de vigilancia, empujen hacia arriba con tal fuerza debido a la dinámica de sus huevos que ya no sea posible apartarlos de los ojos del observador. Sin embargo, en esos casos, las instancias de control siguen teniendo la opción de enmascarar esos objetos emergentes para que no puedan ser identificados. Si, por ejemplo, una serpiente de agua saliera a la superficie, podría ser disfrazada en la frontera en cuestión para que pareciera una trucha.

Si ahora transfiero esta imagen del lago profundo de tres capas a la psique humana, entonces las zonas mencionadas allí corresponden aquí a la conciencia, subconsciente e inconsciencia. Así como el lago es alimentado por un flujo constante de una fuente ubicada en las profundidades de la tierra, innumerables percepciones sensoriales, datos medidos, sentimientos, premoniciones y similares fluyen constantemente hacia el alma humana desde el inconsciente. Los animados y variados movimientos de los seres y objetos que nadan en el lago se corresponden con la dinámica de los elementos psíquicos inconscientes y conscientes. Aquí también, las zonas se cambian frecuentemente de muchas maneras en ambas direcciones, de modo que las percepciones e intuiciones que vienen de las profundidades pueden ser olvidadas conscientemente, y a la inversa, los contenidos de la conciencia pueden ser olvidados. Y aquí, también, los mecanismos de control están presentes, y de manera inconsciente: Los humanos controlamos nuestra propia conciencia desde el inconsciente, es decir, hasta cierto punto tenemos la posibilidad de tomar parte en la decisión de lo que somos conscientes y cómo nos hacemos conscientes de ello, para dar forma activamente a nuestra conciencia de alguna manera. Algunos de los contenidos ya racionalmente agarrados son empujados al inconsciente, y se impide que el inconsciente se vuelva consciente. Y aquí también, a veces ocurre que los procesos de pensamiento inconscientes, que intuitivamente se evalúan como desagradables, inapropiados, contraproducentes, indeseables, amenazan con avanzar hacia la conciencia con tal violencia que esto ya no puede evitarse por completo. En tales casos, las autoridades de control o los censores antes mencionados pueden realizar una mascarada para que la imaginación consciente, que ya no se puede impedir, sólo se produzca de forma encriptada y enigmática. Interpretar tales sueños, imágenes, símbolos, ambigüedades de manera realista suele ser muy difícil, de modo que la verdad subyacente muy a menudo no se reconoce como tal.

Si asumimos una estratificación simplificada del alma humana en superficie y profundidad, en primer plano y fondo, y en percepciones racionales e intuitivas, entonces la profundidad, el fondo y la intuición son primarios, superficie, primer plano y la conciencia secundaria. Nuestro reconocimiento y acciones diarias están basadas en la intuición. En nuestro cuerpo, innumerables receptores, sensores y células sensoriales diferentes están constantemente recogiendo un aluvión de datos de intensidad más o menos intensa, traduciéndolos en excitaciones nerviosas y liberaciones de dinero caliente, enviándolos a través de todo el cuerpo o partes del mismo, incluyendo el sistema nervioso central, y respondiendo de muchas maneras diferentes. Todos estos procesos sirven al ser vivo individual para actuar y reaccionar de acuerdo con su programa interior, tal como está establecido en él y en su respectivo entorno, y para integrarse lo más armoniosamente posible en la comunidad respectiva. La gran mayoría de estos procesos tienen lugar debajo de la mente consciente, en las profundidades inconscientes de nuestras almas, donde a lo sumo generan sentimientos más o menos perceptibles y registrados. La base estructural para ello está formada por todas las células del cuerpo, pero sobre todo por las glándulas endocrinas, los nervios periféricos y las partes más profundas del sistema nervioso central, es decir, la médula espinal, el tronco cerebral, el cerebelo y los dos hemisferios cerebrales situados debajo de la corteza. Que estos mecanismos inconscientes son realmente confiables se demuestra, por ejemplo, por la seguridad y los impresionantes éxitos con los que los animales llevan a cabo sus vidas, y por el hecho de que nosotros también, como personas racionales, nos esforzamos por encontrar soluciones en situaciones difíciles o incluso amenazantes de forma menos racional que de forma predominante o incluso exclusivamente intuitiva, y a menudo las encontramos. (58)

Dentro de este proceso el sistema nervioso es de gran importancia, por lo que, en lo que respecta a la consideración de la superficie y la profundidad, del consciente y del inconsciente, es notable que en principio se distingan vías ascendentes y descendentes, por lo que las primeras llegan más o menos lejos, y sólo los impulsos que llegan a la corteza cerebral son accesibles a la percepción, el procesamiento y el tratamiento conscientes. Estos constituyen sólo una muy pequeña parte de la totalidad de todos los procesos nerviosos. Tomar conciencia de los procesos inconscientes dentro del propio cuerpo y dentro de la propia alma, así como tomar conciencia de los contenidos inconscientes y preconcebidos del pensamiento equivale a cruzar una frontera, y en esta frontera, todavía en su lado inconsciente, hay, sin que yo, como lego en la materia, pueda comprenderlos y explicarlos, las mencionadas barreras, instancias de control, filtros, censores. Todo lo que ha llegado a la superficie desde las profundidades ha pasado a través de estos dispositivos y por lo tanto, como siempre, está influenciado. Los puntos de control mencionados están orientados, por ejemplo, a las imágenes individuales y colectivas de Dios, el mundo, los seres humanos y el yo, a los miedos, deseos, intereses y planes de vida.

Así que hay percepciones e ideas que desencadenan miedos en las personas. Estos sentimientos de ansiedad suelen provocar un aumento de la tensión de todos los sentidos y la movilización de fuerzas, lo que se asemeja a una reacción de alarma, que también es muy útil en caso de peligro real, porque las posibilidades de supervivencia mejoran. A veces, surgen temores más o menos fuertes de amenazas imaginarias o de aquellas contra las que tanto el individuo como el grupo y todo un pueblo son impotentes e indefensos. Por ejemplo, el conocimiento de la existencia de un enorme arsenal de armas nucleares en manos de las potencias militares causará temor en muchas personas. Sin embargo, las reacciones causadas automáticamente por esto no son de ninguna manera capaces de servir a su propósito original, sino que llevan a una depresión más o menos notable o a una ira indefinida sobre un estado, sobre la política, sobre la humanidad. Dado que los sentimientos de ansiedad se perciben como muy desagradables, normalmente tratamos de prevenirlos en la medida de lo posible o de disolverlos rápidamente. Una estrategia para contrarrestar los desencadenantes del miedo es también evitar que la información correspondiente se vuelva consciente o, si ya se ha registrado conscientemente, suprimirla de la conciencia. Y exactamente esta es una de las funciones de las mencionadas instancias de control inconsciente de nuestra conciencia.

Es posible que estos filtros estén inconscientemente más ajustados para las percepciones, las percepciones, los argumentos que desencadenan, confirman y refuerzan los temores, y más ampliamente para los que generan, apoyan y refuerzan la esperanza, la confianza, la confianza, el coraje. Si esto no es suficiente para superar o suprimir los miedos emergentes, pueden ser enmascarados, de modo que se hagan perceptibles en la conciencia, pero no son tan fácilmente reconocibles como tales. Ejemplos de ello serían las imágenes de sueños nocturnos, los trastornos psicosomáticos, los esfuerzos exagerados por protegerse contra los riesgos percibidos conscientemente. Observando más de cerca, se puede ver a menudo que la gente afirma no tener miedo de esto o aquello, pero su carisma, acciones y palabras traicionan este mismo miedo. La cuestión de la mejor o correcta estrategia, como en todas las áreas, no puede ser respondida de manera general. Más bien, siempre se trata de individuos concretos en situaciones concretas, de modo que, según la situación, hay que hacer y responder preguntas y respuestas, buscar y encontrar. Al reprimir los propios miedos, a menudo es posible prevenir los calambres desproporcionados, la parálisis, el nerviosismo, la agresividad, la resignación y la depresión. Sin embargo, por otra parte, esos miedos reprimidos a veces funcionan sin ser reconocidos desde las profundidades inconscientes en las que se han hundido, con una dinámica tal que causan perturbaciones de mayor magnitud y de naturaleza inexplicable, que son casi imposibles de influenciar. Y entonces podría ser muy sanador esforzarse por ser consciente de estos miedos, permitir que se permitan y tratarlos racionalmente en este nivel.

También hay percepciones e ideas que despiertan un fuerte interés en las personas. A menudo se convierten en una motivación casi abrumadora para adquirir realmente los objetos en cuestión por sí mismos. Cuando tales motivos se hacen efectivos, suele comenzar inmediatamente un sondeo del delantal correspondiente, es decir, un examen de si los deseos despertados pueden realizarse y en qué medida, si se pueden reconocer las superposiciones con otros objetivos y en qué medida, si deben esperarse choques con la visión del mundo, los mandamientos, la imagen de sí mismo, la reputación, los amigos y los enemigos y con qué consecuencias. Todos estos procesos de pensamiento son principalmente intuitivos, es decir, que inicialmente tienen lugar por debajo del nivel de conciencia. La conciencia de los conflictos resultantes, los enfoques de las soluciones, los objetivos, sus dimensiones y sus formas está a su vez controlada por estas barreras fronterizas inconscientes.

Es posible que una persona desde el exterior de un jardín bien cercado vea un árbol frutal con frutas deliciosas en él, y en esta vista se sienta atormentada por fuertes deseos de comer de ese mismo árbol. Pero como tiene que admitir que la valla del jardín parece insuperable durante la prueba en cuestión, piensa para sí mismo: "¡Oh, qué diablos! Cuando pienso en ello, no estoy de humor para la fruta". O: "Las frutas que compras en el supermercado son baratas y saben igual de deliciosas". Los europeos que emigraron a América del Norte se encontraron repetidamente con un trozo de tierra fértil que, puesto que ellos mismos estaban acostumbrados a ganarse la vida con la agricultura y la ganadería, les parecía un medio de vida seguro y por lo tanto extremadamente deseable, o con recursos minerales que consideraban como fuentes de gran riqueza y por lo tanto como motivos de prosperidad y descuido. Como regla, estos deseos se convirtieron en irresistibles fuerzas motrices para tomar posesión de la tierra. Cuando se examinó el delantal en cuestión, normalmente resultó que el paisaje en cuestión ya estaba poblado por humanos y se utilizaba a su manera. Como los inmigrantes mencionados querían ser considerados honestos, justos, pacíficos y amorosos en su comprensión de Dios y su imagen de sí mismos, los deseos despertados en ellos desencadenaron un conflicto interno entre dos corrientes opuestas. Por un lado, fueron impulsados con poder a tomar posesión de la codiciada tierra, por otro lado, sabían muy bien que al oprimir, expulsar y asesinar a los indígenas que encontraban, estaban haciendo el mal, violando masivamente los mandamientos que conocían, mostrando un comportamiento que podría considerarse malvado.

Por lo tanto, ocultos en lo profundo de sus almas, buscaron maneras de lograr sus objetivos sin violar los mandamientos divinos y por lo tanto sin provocar el castigo divino y sin dañar la imagen positiva que habían creado de sí mismos. Siguiendo un patrón recurrente, enviaron comisiones compuestas por representantes de la política, el ejército y las iglesias a las respectivas tribus para negociar la adquisición de tierras. La historia de este enfoque corresponde a una larga lista de mentiras, fraudes e incumplimientos de contrato (34, 39), que evidentemente no impidió que los civilizados, al tratar de llegar a un acuerdo pacífico a su discreción, se atribuyeran acciones correctas y lícitas. Esta actitud se arraigó con mayor facilidad en sus mentes porque veían en los indios salvajes inferiores, hacia los cuales una política como la que era común entre las naciones civilizadas debe ser considerada como condescendencia. Al envidiar a los legítimos propietarios, que les parecían extraños e incomprensibles debido a las notables diferencias de apariencia, idioma, costumbres y cultura, crearon muy rápida e imprudentemente imágenes enemigas de ellos, en las que los indígenas que se encontraban en el camino de sus propios objetivos eran atraídos como personas malvadas, contra las que incluso estrategias ilegales y brutales parecían justificadas.

Si por enemigo entiendo a alguien que me causa un sufrimiento evitable, que trata de empujarme al límite, de expulsarme, de destruirme, es decir, que amenaza mi existencia, entonces debo ver en los europeos que invadieron territorio extranjero para tomar posesión de él por sí mismos, incluso si lucharon y a veces tuvieron que luchar por un nuevo medio de vida, enemigos de los pueblos que viven allí. A veces este hecho distorsionaba completamente la visión de los intrusos, por lo que dichas instancias de control inconsciente de sus respectivas conciencias eran constantemente efectivas, por ejemplo impidiendo el registro consciente de su propia hostilidad y malicia y presentando rápidamente justificaciones de su propia mala conducta, mientras que al mismo tiempo se tenían en cuenta y se realizaba un seguimiento de todos los delitos presuntos y reales que se describían como enemigos. En su relación mutua, los americanos, tanto por parte de la política oficial como por parte de los colonos que vivían en las zonas fronterizas, fueron capaces de provocar a los indios con palabras y hechos y de maniobrarles en situaciones en las que estos "salvajes" obviamente tenían que ser juzgados y condenados como injustos, agresivos, crueles, malvados. Ellos mismos, que tan hábilmente habían diseñado esto, en su propia estimación habían mantenido la apariencia de su "borrón y cuenta nueva", ahora supuestamente habían sido forzados a la defensiva o a un aprieto y tenían que defenderse o tomar medidas consistentes. Estos resultaron ser tan radicales y violentos que los habitantes locales fueron expulsados de sus hogares o asesinados.

Debido a los mecanismos de control inconscientes de su conciencia, los conquistadores continuaron pensando en sí mismos como justos, pacíficos, buenos, pero los indios que habían matado o desplazado eran inferiores, atrasados, crueles, malvados, de modo que ellos mismos tenían que actuar como habían actuado, que servían a una "buena" causa, que estaban destinados por Dios - hablaron, un poco más cautelosamente, también por la Providencia - a tomar posesión de esta tierra, cuyos habitantes debían ser enseñados el justo castigo que merecían por su forma de vida pagana. De esta manera, persiguieron sus objetivos egoístas por medios inhumanos y los alcanzaron de tal manera que en la superficie parecía como si los injustos y maltratados fueran los injustos y malvados.

Cuando las personas se hablan entre sí, inconscientemente prestan mucha atención al posible curso de la conversación. Si tienen la sensación de que el contenido desagradable de las declaraciones podría ser objeto de un ataque o articulado de manera incontrolada, por ejemplo, las que les asustan, les despiertan a la autocrítica, les acusan, que sacan a la luz verdades negativas y duras o zonas de su propia sombra, lo que desencadenaría conflictos abiertos, entonces uno, varios o todos los interlocutores suelen decidir hacerlo, para interrumpir la conversación unos pasos de pensamiento antes del que no quieren oír o para bloquear la dirección de la discusión, por ejemplo, no entendiendo correctamente las declaraciones o transformándolas de tal manera que parezcan más agradables, más aceptables, o postulando medias verdades o falsedades. También es un hecho bien conocido que las personas que desean o se supone que transmiten historias, narraciones, mensajes, suelen influir en su contenido de manera subjetiva, lo que conlleva el peligro de distorsiones más o menos graves del significado. Estas "coloraciones" individuales también se aplican con la ayuda de los mecanismos de control inconsciente de nuestra conciencia. Las razones de esas desviaciones y cambios pueden ser, por ejemplo, la ambición, la necesidad de reconocimiento, la protección del orador y/o de las personas a las que se dirige la palabra "redondeando los bordes afilados", es decir, suavizando las declaraciones tan duras que son capaces de causar decepción, temor, resignación, desesperación, evitar el conflicto, proteger a la propia persona de los ataques de ira.

En el contexto de una interpretación contemporánea de la narrativa bíblica del paraíso y la caída del hombre, el concepto del mensaje es de particular importancia. Este texto, que J escribió hace tanto tiempo, contiene esencialmente un mensaje divino para nosotros los seres humanos, respuestas que Dios nos envía a través del mediador pertinente a nuestras profundas preguntas. Por esta razón el esfuerzo por entender y explicar no es tanto lo que este escriba quería decir en ese momento, sino que lo más importante es lo que se suponía que debía decir como mensajero de Dios. Si ya en el curso de la conversación interpersonal cotidiana se producen una y otra vez muchas distorsiones, proyecciones, malentendidos y errores, ¿cuánto más se puede esperar que tales errores de percepción y de traducción cuando el misterioso Dios, que para nosotros los seres humanos representa una dimensión completamente diferente, que por lo tanto no somos capaces de entender, comprender, conocer, pero en el mejor de los casos sólo para adivinar de una manera oscura y rudimentaria, hablar con la gente para comunicarles la verdad, que excede con mucho, mucho, mucho nuestra capacidad espiritual. Y si nosotros los seres humanos inconscientemente controlamos e influenciamos toda la información, movimientos y procesos de pensamiento antes de que asciendan a nuestra conciencia, entonces este mecanismo también debe se r aceptado y tenido en cuenta al tratar con los impulsos y mensajes divinos.

La toma de conciencia de los procesos inconscientes dentro del propio cuerpo y dentro de la propia alma, es decir, también de los contenidos de pensamiento inconscientes y preconceptuales, así como de los impulsos divinos de manifestación, equivale, como ya se ha mencionado, a cruzar una frontera. Y es en esta misma frontera donde los mencionados cuerpos de control inconscientes, filtros, censores son efectivos, por lo que pueden elegir básicamente dos tendencias opuestas, a saber, promover u obstaculizar, facilitar u obstaculizar, afirmar o negar, allanar el camino o crear resistencia contra el paso. De esta manera, el flujo de cruce de fronteras está constantemente influenciado inconscientemente, por lo que se introducen e introducen desviaciones entre las cogniciones racionales e intuitivas, entre las cogniciones formuladas conceptualmente y las concebidas pre-conceptualmente, entre los contenidos conscientes e inconscientes. Una vez que este mecanismo se conoce fundamentalmente, debe tenerse en cuenta para comprender y explicar los procesos de pensamiento humano y las formulaciones lingüísticas basadas en ellos. Así pues, el enfoque científico que se presenta aquí (la ciencia comienza con una pregunta científica y un concepto de trabajo científico) conduce a las dos primeras preguntas, a saber: 1. sobre las percepciones (sensoriales) que el autor había recibido en el período previo a su publicación con respecto a los elementos individuales de la narración, y 2. sobre las percepciones de los elementos de la narración. después de las intuiciones que se pueden discernir en su texto, ahora la tercera y, en su consecuencia, la cuarta: 3 ¿Qué resistencia se hace aparente en nosotros los seres humanos cuando tales intuiciones llegan a los límites de nuestra conciencia y se utilizan allí para dar forma a nuestras imágenes de nosotros mismos, de los seres humanos, del mundo y de Dios? ¿Qué desviaciones introdujo e introdujo el autor (J) cuando procesó los contenidos relevantes del pensamiento para transmitir el mensaje divino subyacente? 4) ¿Cómo deben ser comprendidas correctamente estas desviaciones, introducidas por las instancias de control inconscientes en la frontera de la conciencia del autor bíblico, y corregidas de vuelta a las intuiciones originales, a las que también pertenecen los impulsos de revelación divina?

Si, de acuerdo con el enfoque científico presentado aquí, como también es adecuado para los laicos, uno se esfuerza por interpretar con veracidad la historia bíblica del Paraíso y de la Caída del Hombre, entonces surge una dificultad considerable por el hecho de que J, en la medida en que cuenta los comienzos de la humanidad, no podía recurrir a percepciones e informes directos, que, en consecuencia, la interpretación sobre esta base sólo puede tener éxito de manera seria si se hace comprensible y se puede demostrar que este relato bíblico, tal como se alude en el himno citado (56), es intemporal en la medida en que ha sucedido, está sucediendo y sucederá tanto en los mencionados tiempos primitivos como en el tiempo del escriba Yahvé y de todos los oyentes y lectores. La canción en cuestión también alude a los mecanismos de control inconsciente de nuestra conciencia humana: "Si tienes ojos, entonces mira, ... Si tienes oídos, entonces escucha, ...". Al formular este texto, quedó claro que al menos el noventa por ciento de los invitados a cantar y reflexionar tienen órganos visuales y auditivos que funcionan normalmente. Con esta elección de palabras se señala más bien que los humanos podemos "cerrar" los ojos y los oídos, aunque estén fisiológicamente preparados y activos, a partir de cualquier información.

Todo esto exige que quienes se esfuerzan por comprender y explicar investiguen, en presencia de su respectiva vida cotidiana, si y cómo la historia bíblica puede ser observada y experimentada de manera comprensible, por lo que la persona que percibe y piensa debe también controlarse a sí misma, si y hasta qué punto cierra sus ojos y oídos a algunas percepciones y mensajes, qué puntos de vista prefiere, cuáles bloquea y por qué lo hace en cada caso. Dado que se trata de mecanismos inconscientes que también persiguen una intención, es decir, que están orientados a un objetivo, y por lo tanto están sujetos al fenómeno de la autoceguera, este autocontrol es muy problemático desde el principio. Sin embargo, en lo que respecta a la interpretación veraz deseada, puede resultar enormemente fructífera, especialmente si al mismo tiempo se observan y examinan también los semejantes y se reconocen las sorprendentes solidaridades interpersonales que se expresan en ella, que las personas más diversas, con referencia a los elementos individuales de la narración bíblica, plantean resistencias de manera comparable al respectivo desarrollo de la conciencia, porque entonces, precisamente por esta solidaridad humana general, es plausiblemente posible sacar conclusiones sobre los procesos de pensamiento que precedieron a la redacción del texto bíblico.

Aquellos que han logrado descubrir y abandonar la resistencia que ellos mismos han construido inconscientemente contra el mensaje divino, y permitir la realización que han bloqueado de antemano, y que ahora representan sus hallazgos a otros, deben contar con esto desde el principio, que las personas a las que se dirigen de esta manera los enfrenten con la misma resistencia y tácticas defensivas que tuvieron que superar antes con ellos mismos, que se conviertan en una molestia, y que sean tratados con renuencia o incluso hostilidad, llamados locos o locas, expulsados, perseguidos, expulsados o incluso asesinados. Muchos profetas del Antiguo Testamento, por ejemplo, tuvieron que soportar el destino basado en este impulso, y Jesús tampoco se libró de esto: "La verdadera luz que ilumina a todo hombre vino al mundo. Estaba en el mundo, y el mundo se convirtió a través de él, pero el mundo no lo reconoció. Vino a los suyos, pero los suyos no lo recibieron". (59) O en otro lugar: "Muchos de sus discípulos que le escuchaban decían: Lo que dice es insoportable. ¿Quién puede escuchar esto? ... y muchos discípulos se retiraron y ya no caminaron con él." (60) Sí, lo sufrió cuando fue inocentemente condenado a muerte y crucificado, de manera extremadamente amarga y agonizante. Y advirtió a sus discípulos: "Pero antes de que todo esto ocurra, seréis arrestados y perseguidos. Serás entregado a los tribunales de las sinagogas por mi nombre, arrojado a la cárcel y llevado ante reyes y gobernadores. Entonces podrá ser testigo. Tomad la firme decisión de no cuidaros antes de vuestra defensa; porque os daré las palabras y la sabiduría para que todos vuestros adversarios no puedan oponerse a ella y no puedan decir nada en su contra. Incluso vuestros padres y hermanos, vuestros parientes y amigos os entregarán, y algunos de vosotros seréis asesinados. Y todos os odiaréis por mi nombre". (61)

El hecho de que los humanos controlemos inconscientemente nuestra conciencia no es censurable en sí mismo, sino que, como todas las instituciones de la creación divina, debe describirse fundamentalmente como algo con mucho propósito y sentido, que debe afirmarse, aceptarse y llevarse a cabo en la forma en que funciona, pero sólo fundamentalmente; en los casos individuales concretos no pueden excluirse las cuestiones críticas, porque la cuestión del bien y el mal también es muy difícil de responder al respecto. Las construcciones teóricas del pensamiento, como las visiones del mundo, que la gente ha adoptado en parte, en parte ha ayudado a conformar y en parte se ha construido a sí misma, han sido moldeadas de alguna forma por los mecanismos inconscientes mencionados anteriormente y se defienden constantemente contra las influencias perturbadoras con su ayuda. Esto tiene mucho sentido, porque se han tomado decisiones sobre cuestiones fundamentales que, al igual que las plantillas, pueden aplicarse a experiencias cotidianas concretas y luego hacer innecesarias las discusiones repetitivas, agotadoras y a veces extenuantes de estas cuestiones, y porque las imágenes individuales de sí mismo, el hombre, el mundo y Dios a menudo contienen enormes potenciales para liberar y otorgar nuevos poderes del nivel espiritual una y otra vez, de modo que una persona, si su actitud básica, la línea de su vida, se ve seriamente sacudida, puede caer en una profunda crisis. De esto se puede ver que estos mecanismos inconscientes sirven al principio de la conservación innumerables veces. Esto también se aplica al "pensamiento positivo" que se aconseja tan a menudo hoy en día, en el que se utilizan los mismos casos inconscientes, pero posiblemente también se buscan conscientemente efectos de aprendizaje, que más tarde son efectivos como, de nuevo inconscientes, automatismos. Por otra parte, hay muchas desventajas y riesgos si la convicción de que una persona ha llegado a la evaluación de las percepciones (sensoriales) que fluyen hacia ella con la ayuda de los filtros y censores límite antes mencionados se ve demasiado influida por los deseos, se ve obligada a apretar demasiado el "corsé" de una visión del mundo demasiado limitada y se desvía considerablemente de la realidad. En estos casos, será ciertamente muy beneficioso descubrir precisamente estas auto-realizaciones y alinear mejor la visión subjetiva con la realidad objetiva.

A veces estas barreras fronterizas inconscientes de nuestra conciencia también sirven para la prevención de conflictos, es decir, la prevención de peleas (peleadas con palabras, puños y/o armas). Dado que estos conflictos tan abiertamente abordados suelen dejar daños difíciles de reparar, tiene mucho sentido que la gente trate inconscientemente de evitarlos. En algunos casos, sin embargo, tales estrategias de evasión se utilizan también para establecer y mantener relaciones deshonestas y tensas, y los enfrentamientos directos, poco o nada inhibidos, conducen en cada caso a una búsqueda rápida e inflexible de la verdad, al alivio de una situación difícil de soportar para todos o incluso sólo para algunos de los oponentes implicados, y por lo tanto a una paz más estable.

Si ahora, en un esfuerzo por encontrar una interpretación veraz de la narración bíblica del paraíso y la caída de los pecados del hombre, debemos preguntarnos cómo este texto ha sido influenciado y moldeado por los mecanismos de control inconsciente de la conciencia humana, como también fueron efectivos en J cuando puso este mensaje en palabras, entonces bien podemos comenzar a descubrir el contenido cuyo ocultamiento o enmascaramiento tenía perfecto sentido. Porque, como se puede ver en los ejemplos dados por innumerables creyentes, estos capítulos del Génesis pueden ciertamente ofrecer una respuesta satisfactoria a nuestras preguntas sobre el origen de las malas condiciones (como un resumen de todo lo que causa sufrimiento en aquellos que son capaces de ello), que el Creador causó estas adversidades de la vida irlandesa sólo después del hecho, por lo que la culpa recae en los progenitores humanos, porque desobedecieron el único mandamiento que les había impuesto, invadieron su territorio y comieron del fruto que le pertenecía sólo a Él, y así buscaron inicuamente ser como Dios.

Con esta presentación Dios - esto era inevitable para J, y esto es de fundamental y central importancia en el mensaje que transmite - se hace responsable de lo bueno y lo malo en su creación, pero al mismo tiempo también lo justifica, de modo que las personas a las que se dirige son capaces de vivir bien con el Dios presentado de esta manera y están llamadas a ser obedientes a sus mandamientos, en los que básicamente sin restricción se ve un consejo que vale la pena seguir.

Por lo tanto, debe haber buenas razones antes de comenzar a sacudir el mensaje bíblico entendido de esta manera. En una época y una cultura en la que la mentalidad de muchas personas está científicamente formada y orientada, tales condiciones existen en la medida en que la visión del mundo, tal como se basa en las investigaciones que le conciernen, muestra de manera comprensible que el mundo y las condiciones de vida terrestre en él nunca han cambiado en la forma en que se presenta en el texto del Génesis considerado aquí, que más bien la vida en esta tierra ya estaba inevitablemente conectada con el sufrimiento para los primeros organismos receptivos a ella, por lo tanto también para los progenitores humanos. Esto refuta el mensaje bíblico en el sentido que se acaba de describir, es decir, que Dios sólo posteriormente introdujo las cosas mencionadas en su hasta ahora buena creación. Pero quien esté firmemente convencido de que el mensaje divino ofrecido en el texto en cuestión transmite la verdad, está naturalmente motivado a buscarlo intensamente. Teniendo en cuenta el fenómeno del control inconsciente de la conciencia humana, debe examinarse en qué forma los capítulos 2 y 3 del libro del Génesis están influenciados por esto, y el mensaje así transmitido, después de que su significado previsto ha sido corregido de nuevo a las percepciones e intuiciones (sensoriales) subyacentes, a las que pertenecen también los impulsos de revelación divina, aparece entonces. En este esfuerzo me dirijo ahora al enigmático elemento narrativo que se representa pictóricamente en el árbol del conocimiento del bien y del mal (11, 33).

El conocimiento del bien y del mal

Más arriba, en "Acceso a las declaraciones fundamentales de los tres primeros capítulos del Génesis", ya se ha señalado que al comparar los autores de esos textos y los israelitas de su época por una parte con nosotros, personas de las actuales culturas de orientación e influencia científica, por otra parte, se pueden discernir no sólo diferencias (en parte evidentes) sino también muchas similitudes. Por ello, en lo que respecta a las preguntas y ofertas de respuestas que aquí se abordan, puede ser muy fructífero, en primer lugar, realizar investigaciones en el presente para ver si, en qué medida y con qué coherencia los resultados obtenidos aquí, debido al evidente paralelismo, la congruencia, la intemporalidad, se aplican como lo hacen hoy, como lo hacían entonces, como lo hacen ahora. "¡Si tienes ojos, mira cómo el árbol se encuentra en el medio!" (56) ¿Qué podríamos ver que, plausiblemente comprensible, muestre una referencia al árbol del conocimiento del bien y del mal, como J nos lo ha presentado pictóricamente en la historia bíblica del paraíso y la caída del hombre?

Cada día que vivimos, en el que nos percibimos a nosotros mismos, a nuestro entorno y a una pequeña parte del mundo con nuestros sentidos, nos metemos en conflictos internos con las más diversas preguntas, a las que, con mayor o menor urgencia, buscamos verdaderas respuestas, en las que observamos a nuestros semejantes y a otras criaturas, intercambiamos vibraciones, fuerzas, impulsos, intuiciones, pensamientos, palabras y el contacto físico con ellos, lo experimentamos: En este mundo, en el que nos encontramos viviendo, hay muchas realidades que disfrutamos, que nos maravillamos y admiramos, que afirmamos con todo nuestro corazón. Muchos de los ideales registrados en el capítulo "Un paraíso según nuestros deseos humanos", como serían fácilmente aceptados por nosotros, existen de hecho, aunque con las limitaciones y limitaciones conocidas.

Pero esto es, como sabemos por experiencia, sólo "una cara de la moneda", porque los déficits mencionados en el mismo capítulo, por ejemplo, tal como la realidad los muestra de manera sobria en comparación con nuestros deseos, son innegablemente muy realistas. Dedicamos gran parte de nuestras actividades precisamente a aquellas circunstancias que no nos gustan tanto en y sobre el mundo, que deseamos sacar del mundo y de nuestras vidas, que nos resultan más o menos difíciles de soportar. Y cuando miramos a nuestros semejantes y hablamos con ellos, entonces se muestra que se sienten de la misma manera sobre esto. Nuestro lamento diario ni siquiera se trata necesariamente de grandes dificultades y sufrimiento difícil de soportar, no, comienza con el hecho de que el clima parece malo, que estamos plagados de un resfriado o dolor de cabeza, que el destino significa mejor con los demás que con nosotros, que ha habido algunos problemas en la convivencia humana, que ...

"Un día no es el otro". Así que experimentamos momentos en los que queremos abrazar a todo el mundo con un sentimiento de felicidad, sentir la paz dentro y la paz fuera, el amor dentro y el amor fuera de una manera muy intensiva. Tal vez el sol se ríe de nosotros desde el cielo azul claro y despejado, el aire es brillante, claro y puro, permite vistas despejadas de un paisaje impresionantemente hermoso, tenemos tiempo para el cuidado beneficioso del cuerpo y la relajación o podemos desahogarnos en los deportes y juegos, Si hay golosinas para comer y beber, nuestra vida nos parece absolutamente segura, nos sentimos despreocupados, seguros, hermosos, fuertes, valiosos, cantamos canciones felices, damos y recibimos tiernas "caricias", sentimos muy íntimamente que amamos y somos amados, estamos en armonía, paz y uno con el mundo y Dios. Como maravillosa, hermosa y buena gente puede experimentar por ejemplo el comienzo de un nuevo día ("Es de día, el rayo de la mañana del sol despierta a todas las criaturas. Los pájaros del alegre coro temprano saludan al rastro de luz. Canta y aclama por todas partes, despertando al bosque y a la pradera"/ 62), la puesta de sol, el cansancio y el sueño ("Cuando el crepúsculo silencioso cae en la hierba ondulante y el humo deriva hacia el infinito, el viento del oeste silba una canción solitaria. Escuchen el resoplido de los caballos muy claro y cercano, y en el río un lucio hambriento chasquea. - Prepara la silla de montar para dormir. Y las estrellas ya se reflejan en la línea de agua. Cierra los ojos ahora y duérmete. Estás tan cansado como una piedra que se hunde. Mañana por la mañana el viaje se adentra en la pradera gris, en el interminable tren nos dirigimos al norte. El rocío en blanco borra los sueños de nosotros. Cuando en el norte se acerquen las brillantes cordilleras, me pararé a cantar en el estribo para ver las montañas, los montes. ¡Pero cállate y vete a dormir! Y la hierba que sopla te canta suavemente una extraña canción cuando el humo se dirige al infinito"/ 62), el desenfrenado despertar de la naturaleza en primavera, el esplendor de las flores ("O hol-de Lust in Maien, como todo florece de nuevo, puedes deleitar mi corazón y mi mente." / 63), el comportamiento alegre de los animales ("Oh, dame un hogar, donde el búfalo deambula, donde el ciervo y el antílope juegan..." / 64), agua deliciosa y clara para beber o para la higiene personal, comidas festivas, una ocupación significativa, música y baile ("Beim Kronenwirt, da ist heut Jubel und Tanz, heidi deldei dideldum. Hoy Kathrin lleva su corona sagrada, Heidi deldei dideldum. La música que suena, y se aclama y cruje, las albóndigas que se cocinan al vapor, el anfitrión de la corona se ríe. Ha, ha, heididel, hahaha-ha, heididel, hahaha, hahaha, heididel, hahaha, ha, heideldum."/ 65), la paz y la relajación, las alegrías del amor entre el hombre y la mujer ("Sí, sí, tan azul, azul, azul la genciana florece cuando nos encontramos de nuevo en el alpenglow. Empezó con sus labios rojos, que nunca podré olvidar. En la primera cabaña nos sentamos juntos, en la segunda cabaña comimos juntos, en la tercera cabaña la besé, nadie sabe lo que pasó después" (Heino), el feliz nacimiento de un niño, la fuerte cohesión de una familia, la experiencia de la armonía con otros seres vivos, el uso exitoso de las propias habilidades y poderes en beneficio de los demás.

Representante de las innumerables alegrías, signos y maravillas de la vida, aquí hay una, y esta es afortunadamente la regla, el nacimiento, después del cual la madre y el niño están bien. Este evento siempre causa un reverente asombro incluso entre nosotros, la gente moderna, iluminada y desilusionada. Hoy en día sabemos que cada recién nacido nace de una sola célula, el óvulo fertilizado, también llamado cigoto. Durante el embarazo, el núcleo celular del cigoto desarrolló el fruto maduro, que consiste en miles de millones y miles de millones de células, de acuerdo con las instrucciones hereditarias dadas por el núcleo celular del cigoto a través de procesos sensibles de división, diferenciación y crecimiento. El hecho de que este abrumador número de divisiones celulares requeridas no suele dar lugar a un error, sino que suele dar lugar a un niño completo y sano, en el que, aunque diminuto, se pronuncian todas las partes, como dos ojos, dos orejas, nariz, boca, dos manos con cinco dedos cada una, incluidas las uñas, es siempre un milagro incomprensible, especialmente para aquellos que han esperado este alegre acontecimiento con muchas esperanzas. Por regla general, el recién nacido es ahora cariñosa y sacrificadamente cuidado y alimentado, cuidado y custodiado, protegido y protegido por su madre, que también está en sintonía horaria con esta tarea, por lo que es apoyado de manera más o menos eficaz y tangible por su marido, el padre del niño, y posiblemente por los miembros de la familia, así como por los miembros de la comunidad en la que vive la familia. A partir de esta base, el nuevo habitante de la tierra puede ahora crecer hasta que ya no necesite a su madre y a su padre y pueda seguir su "propio camino" de forma independiente.

Cuando las personas que, intuitivamente y quizás también racionalmente justificadas, han decidido creer en la existencia de un Ser Superior, en estos momentos brillantes de sus vidas, persiguen la cuestión del comienzo de toda esta felicidad, de estas circunstancias admirables, de estos buenos dones, entonces la fe "cae" en sus regazos, surge como una conclusión natural, lógica, entonces su confianza en este Espíritu Creador es casi ilimitada, entonces sienten, piensan y dicen muy fácilmente desde su corazón: "Dios ha hecho realmente todo muy bien", "pequeños milagros y maravillas siguen ocurriendo", cantan con firme convicción y fervor, por ejemplo: "Gran Dios, te alabamos; Señor, alabamos tu fuerza. Ante ti la tierra se inclina y admira tus obras". (56)

Aunque la mayoría de los días parecen estar de alguna manera "mezclados", también hay momentos y fases más oscuros de nuestra vida, además de los más helénicos, en los que nos gustaría golpear la pelota con el nudo, escondernos o desear alejarnos de la existencia. Tal vez el cielo está completamente cubierto por una cubierta de nubes gris oscuro, el aire está nublado y frío, el paisaje y los objetos han perdido su claro contorno para nuestros ojos, y aunque no sentimos ninguna motivación correcta para hacerlo, hay que hacer un trabajo incómodo y molesto, Si muchas cosas fallan al principio, nuestro estado de ánimo es malo, estamos plagados de quejas, los objetivos parecen alejarse repentinamente, nosotros mismos nos vemos arrojados hacia atrás, "se elimina toda la claridad", las esperanzas se hacen añicos, se acumulan los malentendidos y las disputas. Generalmente se considera que las dificultades naturales que ocurren en los hábitats humanos son desagradables, deprimentes, amenazantes y malas, como los terremotos, avalanchas, tormentas violentas, inundaciones, noches heladas en otoño y primavera cuando los cultivos se dañan considerablemente, períodos de sequía o humedad, escasez de agua potable y alimentos, el hecho de que innumerables personas en el mundo mueren de hambre y de hambre, Las plagas, las epidemias, la aparición de discapacidades físicas y mentales, las enfermedades de diversa índole, el hecho de que los enfermos viajan en gran número a los curanderos y numerosos hospitales y clínicas están totalmente ocupados en todo momento, la fragilidad de la vejez, la legalidad de la muerte, la envidia, la infidelidad, las peleas, el odio en las relaciones interpersonales, que la historia de la humanidad está marcada por las lágrimas y la sangre, en resumen: Sufriendo en las más diversas dimensiones y formas.

Como ejemplo de los muchos sufrimientos con los que la vida está inevitablemente conectada para aquellos en esta tierra que son capaces de ello, debe mencionarse el ejemplo de una seria complicación de nacimiento, por lo que afortunadamente no es la regla sino la excepción. Un niño sano y maduro ha crecido milagrosamente a partir de un germen microscópicamente pequeño en el útero, la preparación e inducción del parto se ha llevado a cabo de forma práctica y sensata, el útero está completamente abierto y las contracciones han comenzado. Ahora que el fruto tiene que ser presionado desde el abdomen a través del anillo óseo de la pelvis, resulta que es demasiado grande para esto o tiene una posición, ubicación o postura incorrecta. La madre presiona valientemente hasta que la fuerza y la resistencia son suficientes, pero desafortunadamente sin éxito. Con una duración cada vez mayor, sucumbe gradualmente hasta el agotamiento total, y finalmente el niño en su vientre muere. Las bacterias suben y penetran en el útero, que fue sellado a prueba de gérmenes durante el embarazo pero se abrió durante el nacimiento, causando una infección. La absorción de sustancias putrefactas, toxinas bacterianas y células bacterianas en el torrente sanguíneo y el organismo maternos causa sepsis y, por lo tanto, un cuadro clínico amenazador. Sin la posibilidad de ayuda, la madre también está condenada a una muerte segura en tal situación. En el caso de los animales que se ven afectados por este destino en la naturaleza, este sufrimiento suele acortarse y terminar por el hecho de que son fácilmente capturados por los carnívoros, que de este modo obtienen alimento cómodamente y, si el animal de presa en cuestión tiene una predisposición hereditaria a los partos pesados, sirven a la selección natural, por lo que se evita sensatamente una acumulación de tales ocurrencias.

Cuando las personas que han elegido, intuitiva y posiblemente también racionalmente, creer en la existencia de Dios, en tales momentos y fases oscuras de sus vidas, persiguen real y honestamente las preguntas sobre el principio, el por qué y el por qué de todas estas adversidades y sufrimientos, entonces inevitablemente surge un conflicto, un conflicto con Aquel que hizo todas estas cosas malas, que es responsable de ellas. En la película "Steiner - La Cruz de Hierro", por ejemplo, el guión hace que Steiner diga, ante los horrores de la guerra, "Si hay un Dios, debe ser un sádico".

Precisamente esta tensión entre la alegría y el sufrimiento, entre la alabanza y el lamento, entre la confirmación y el rechazo, entre el sí y el no, tal como se encuentra entre las personas que viven en nuestra época y tal como se describe en lo anterior mediante ejemplos, existía en la misma medida también entre los autores de los tres primeros capítulos del Génesis y entre las personas a las que dirigían principalmente su mensaje. Y este hecho es, en el Informe de la Creación a lo sumo de manera sugerente (8), pero en la narrativa del Paraíso y la Caída del Hombre es claramente para ser leído entre líneas. Las impresiones sensoriales recogidas en los momentos y fases más brillantes de su vida y las percepciones intuitivas resultantes, como las mencionadas aquí: En esta tierra y en esta vida todo apunta a otras realidades que ya estaban allí antes, porque nada puede salir de sí mismo o de la nada, el principio es válido sin restricciones, según el cual ningún efecto sin causa (natural o sobrenatural) debe ser entendido y explicado, todo tiene un sentido, una razón, un por qué y un propósito, por lo que existe y es de tal manera que todo encaja bien, está bien establecida, estas impresiones sensoriales y percepciones intuitivas, en cuya formación también intervino el procesamiento inconsciente de las revelaciones e impulsos divinos, constituyeron la base de la "imagen" bíblica de la obra de seis días de Dios y la representación del jardín trazado por Yahvé en el Edén, en el que el pueblo creado por Él vivió primero y encontró todos los requisitos previos para una existencia feliz, contenta y perfecta.

Las percepciones de los momentos y fases más oscuras de la vida, tal como J las sintió y las procesó intuitivamente, se han incorporado a la narrativa de la Caída del Hombre, lo que no significa que el escritor haya reconocido y controlado racionalmente todo esto. Entre las observaciones y experiencias que se utilizaron fundamentalmente aquí se encuentran Serpientes que se arrastran sobre sus estómagos y "comen polvo todos los días de su vida" (26), la práctica humana de matar a tales reptiles mediante patadas deliberadas sobre sus cabezas, por lo que no siempre fue posible evitar que el animal cayera de antemano una mordedura en el talón humano (132), quejas por embarazo y dolorosos dolores de parto (27), desarmonías y conflictos entre el hombre y la mujer, por lo que en muchos casos los hombres sabían cómo controlar a sus esposas debido a su superioridad física, su mentalidad más racional y su menor implicación en el cuidado de los niños, y las mujeres, a pesar de las muchas desventajas que les suponía vivir con un hombre, anhelaban una contraparte masculina (27), fenómeno natural por el que el sexo femenino ejerce un fuerte efecto irritante sobre el masculino, que las mujeres suelen reforzar activamente, y que los hombres, al pasar por alto su propia participación activa en este acontecimiento, interpretan rápida y fácilmente como una seducción (33), los trabajos de la agricultura (28), como la labranza y la cosecha, que continuaron y a menudo se manifestaron en los granos aptos para el almacenamiento y la molienda y en los destinados a la elaboración de pan, que hicieron sudar los rostros de los que trabajaban con ellos (31), el crecimiento de espinas y cardos en los cultivos plantados y cultivados por los agricultores (30), las muertes, la ley de hierro de la mortalidad a la que todo ser terrenal está ineludiblemente sujeto, la descomposición de los cadáveres, el retorno de todas las sustancias orgánicas en descomposición a la tierra de la que proceden. (29)

Cuando investigo la cuestión de las percepciones sensoriales que J. había adquirido en el período previo a su publicación con respecto al enigmático elemento narrativo tal como se representa en el árbol del conocimiento del bien y del mal, entonces he encontrado respuestas bastante plausibles en las observaciones y experiencias agradables o lamentables antes mencionadas, tal como las recogemos en nuestro tiempo de manera correspondiente. Esto, a su vez, permite comprender el concepto de maldad: en nuestro uso lingüístico no utilizamos esta palabra en y para la evaluación de las cosas y procesos, sino en y para la evaluación de los animales, las personas, los espíritus y los dioses. Obviamente esta palabra tiene una clara referencia a las emociones y a la calidad espiritual. Un et-wa animal "malvado" muestra una postura característica, expresiones faciales y posiblemente vocalizaciones, a las que una persona "malvada" puede añadir una actitud moral correspondiente y que puede ser reconocida especialmente por la intención de causar destrucción y sufrimiento. Los ejemplos descritos hasta ahora, por ser significativos en relación con el imprevisible y cambiante curso de la vida y mostrar en parte una clara referencia al texto bíblico, no entran en esta intención de la declaración, aunque el ser humano esté involucrado, como por ejemplo en quejas de embarazo, dolores de parto, trabajo que induce al sudor para la adquisición de alimentos, pero pertenecen inequívocamente a las circunstancias que se encuentran al pensar en las personas en sus hábitats naturales así como con ellos mismos, y para los cuales usamos la palabra mal en nuestro uso del lenguaje: El hecho de que los embarazos se asocien a tales dolores y riesgos, que los nacimientos se asocien a tales dolores y riesgos, que vivir requiera tanto esfuerzo que... que se impongan innumerables y múltiples sufrimientos a quienes son capaces de hacerlo, debe ser juzgado como malo, como una mala institución, un hecho.

Con este juicio, por supuesto, se burla, critica, acusa a quien ha establecido, dado, creado este mal, y por lo tanto a su creador. La creación del cielo y la tierra, el sol, la luna y las estrellas, y en la tierra del agua, las plantas, los animales y los seres humanos no ha sido observada por ningún ser humano, por lo que ninguna percepción sensorial puede basarse en esto. Pero lo que los hombres pueden ver y examinar, hoy como entonces, entonces como ahora, en gran número y en las más diferentes copias y diseños, son obras planificadas y producidas por los hombres, y estas experiencias les permiten tener un examen espiritual de la naturaleza de la creación en general. Cuando se miran y se utilizan obras malas, surge automáticamente la pregunta de por qué, por ejemplo, el artesano o la fábrica en cuestión ha producido algo así. Hay tres posibles respuestas: Se debe a la imposibilidad de evitar los defectos en cuestión, o a la incapacidad o malicia de los planificadores y/o trabajadores afectados. Al usar la palabra malicia aquí, se ha abordado un punto de intersección entre los dos términos "malo" y "malvado": Las obras malignas pueden señalar a un Creador malvado: Es posible que los seres vivos de la tierra que son capaces de hacer esto estén expuestos a todo tipo de sufrimiento porque el Ser Supremo responsable de esto es malvado.

Cuando se trata de este enfoque, es fácil comprender que, como se ha mencionado anteriormente, la existencia de dioses "buenos" y "malos" se asume y se enseña en algunas religiones (Ejemplo: 46). No es de ninguna manera considerado monstruoso o incluso tabú por los respectivos maestros de la fe llamar malvados a los poderes sobrenaturales reconocidos y venerados por ellos; Más bien se les considera como soberanos muy superiores, que deben ser reconocidos y aceptados por nosotros los seres terrenales tal como son, buscando maneras de llevarse bien con los demás y encontrando siempre deseable apaciguar a los dioses "malvados" para que se abstengan o se abstengan de hacer malas obras y malas acciones de las que los hombres sufrirían.

La Biblia no aboga por tal división de causas y responsabilidades, sino que la declaración básica es que Dios, el Único, es el Creador de todas las cosas, tanto de las "buenas" como de las "malas". En cuanto a los tres primeros capítulos del Génesis, que tienen como tema principal el de la creación y el principio del mundo, P, que escribe la "imagen" bíblica de la obra de Dios de seis días, J, que escribe la del Paraíso y la Caída, y R, que ha reunido estos dos textos diferentes en la forma tradicional, o mejor dicho, los ha puesto uno tras otro, están totalmente de acuerdo. En el Génesis 1 no se dice con una sola palabra que el Creador también produjo malas obras, pero en relación con esto y de manera apenas perceptible, sólo se pueden encontrar dos indicios: En su informe, P se desvió claramente de sus percepciones y experiencias sensoriales en el sentido de que ocultó los hechos de la caza de presas y el sacrificio de animales domésticos y, sin dar una explicación de ellos, los separó de la misión de la creación. (8) De esto se desprende que juzgó que estas mismas instituciones eran "malas", que al menos tuvo dificultades para aprobarlas y atribuirlas al plan de Dios. En segundo lugar, la repetida formulación "Dios vio que era bueno" (45, 3) es llamativa en este contexto en la medida en que no dice: "Era y es bueno en la forma en que el Creador lo dispuso, lo dio y lo creó".

En contraste con esto, J dice inequívocamente en Génesis 2 y 3 que Yahvé produjo las instituciones "buenas" y "malas", pero estas últimas, con la razón dada, sólo más tarde. También este escritor no pudo evitar sacar conclusiones en sus pensamientos de las obras al Creador, por ejemplo según el lema: Si la obra es buena, entonces su Creador también es bueno y capaz; pero si la obra es mala, entonces su Creador es incapaz o malo. Ahora bien, puesto que Yahvé ha producido obras buenas y malas, debe, según este punto de vista, ser bueno y malo, por lo que, según el juicio humano, difícilmente se puede considerar que ambas cualidades opuestas sean posibles al mismo tiempo. Y de hecho, la historia bíblica del Paraíso y la Caída del Hombre también está estructurada de tal manera que el Señor Dios primero formó al hombre del barro de la tierra y lo convirtió en un ser vivo, luego estableció un jardín en el Edén, para lo cual permitió que crecieran las plantas (llamadas árboles), colocó a Adán en él y finalmente también creó a los animales y a Eva. Todas estas fueron buenas obras sin excepción; y si el mundo hubiera permanecido como un paraíso, o si se hubiera permitido a los hombres habitar permanentemente en este Jardín del Edén, todo habría sido tan bueno como Yahvé lo había dispuesto en el principio.

En el tercer capítulo del libro del Génesis J nos dice entonces que Yahvé había insertado malas obras en su hasta ahora buena creación en un punto del tiempo que no se especifica más. En esta etapa, de acuerdo con la lógica explicada anteriormente, debe haber sido malvado. Aunque el escritor no lo diga explícitamente, esta conclusión puede derivarse de manera plausible de la secuencia de la publicación de un mandamiento, el incumplimiento del mismo y el castigo. Esta secuencia puede experimentarse, hoy como entonces, luego como ahora, de muchas y variadas maneras en la coexistencia humana, por lo que cada persona, tanto en sí misma como en los demás seres humanos, puede observar que los que sufren ultrajes, así como los que los castigan, a menudo son capturados e impulsados por una cierta malicia, malicia en el sentido de ira, cólera, furia, irritabilidad, reproche, humor agresivo. Con la "imagen" mencionada, se ofrece entonces a los oyentes y lectores la explicación de que en el momento en que insertó las malas obras en su hasta entonces buena creación, Dios estaba efectivamente irritado, enojado, iracundo, en este sentido por lo tanto malvado, y esto es porque los progenitores humanos habían transgredido de manera inicua el único mandamiento que les había impuesto, que en el feliz entorno del Jardín del Edén habría sido en realidad fácil de obedecer, y se habían esforzado por ser como Él mismo. A este respecto, la narración de la Caída del Hombre puede entenderse como una "obertura" no sólo de todo el texto escrito por J, sino también de grandes partes del Antiguo Testamento, en la medida en que se supone y se declara que los malos acontecimientos están relacionados con la función de castigo divino por los pecados humanos, que se escenifican para la educación de los pecadores, con el fin de llevarlos al arrepentimiento por el camino recto, que han dejado.
La investigación científica ha refutado la tesis que J. planteó en el relato de la Caída del Hombre, a saber, que las malas condiciones sólo se habrían insertado en la creación, hasta ahora perfectamente buena, en un momento posterior, cuando los hombres ya habían vivido en el paraíso durante un

período no especificado, porque han demostrado de manera comprensible que los primeros hombres que existieron en la tierra ya tuvieron que sufrir adversidades, como ya se ha mencionado repetidamente. Viendo que no se pueden encontrar percepciones sensoriales que pudieran haber informado al escritor bíblico sobre tal intervención posterior del Creador en el mundo creado por Él, ni sobre sus sentimientos, estas representaciones, tal como se pueden leer en la historia de la Caída del Hombre, deben ser vistas con un ojo particularmente crítico. Después de la tercera pregunta del enfoque científico que se muestra aquí, también llego al fenómeno de la conciencia controlada inconscientemente. ¿Por qué estos mecanismos J, cuando observó y experimentó condiciones de creación buenas y malas, le llevaron a asumir e indicar diferentes tiempos para su creación, aunque no tenía información sobre ellos?

La respuesta a esta pregunta es, en mi opinión, obvia: Incluso en el mediador del mensaje bíblico, cuando se enfrentaba al sufrimiento, la crítica de éste y las quejas contra el Creador surgían automáticamente en las profundidades de su alma, es decir, todavía por debajo del nivel de conciencia, y precisamente estos movimientos y trenes de pensamiento pre-conceptualmente manifestados se clasificaban como problemáticos en las mencionadas barreras fronterizas y por lo tanto no se dejaban pasar como tales. Sin embargo, en su conciencia no había alternativa para que J creyera en el Único, el Creador de todas las cosas, tanto buenas como malas, y, como se muestra claramente en el curso posterior de su texto, hizo un dibujo de Yahvé, según el cual, como un ser humano, también expresaba estados de ánimo y cambios de humor, entre otros, la ira y el enojo. En general, sin embargo, estaba firmemente convencido o quería estar convencido de que Dios es bueno. ¿Pero cómo y por qué pudo haber sucedido que el Creador, si es bueno, haya producido malas obras? A esta pregunta el escritor, al formular su narración del paraíso y la caída del hombre de una manera que no fue apoyada por sus percepciones (sensoriales) e intuitivas, ofrece la

siguiente respuesta: El buen Creador, en algún momento en que Adán y Eva ya habían vivido un período no especificado en el Jardín del Edén, produjo malas obras en su creación hasta entonces perfectamente buena, porque se había vuelto malvado, malvado en el sentido de irritado, enfadado, enojado con los progenitores humanos. El mensaje bíblico así transmitido dice entre líneas El mal humor de Dios fue justificado en ese momento; Dios, cuando se hizo malo en ese momento y por lo tanto insertó malas obras en su, hasta entonces, creación perfectamente buena, permaneció justo, ya que esto corresponde inmutablemente a su naturaleza. Cuando se ha reconocido esta intención de la declaración, la función del relato bíblico aquí considerado también es comprensible y explicable: es servir a la justificación del Creador, es decir, a su justificación en vista de la crítica humana más o menos justificada y de las (An) quejas (teodicea).
Pero, ¿cómo se justifica esta justificación de Yahvé en el texto bíblico? A través de la sacrílega invasión de Adán y Eva en el árbol del conocimiento del bien y del mal, que Dios reclamó para sí mismo, en su territorio, ya que lo había prohibido estrictamente desde el principio por medio del único mandamiento que impuso a los hombres. (11, 33) Por lo tanto, esta ofensa humana también puede ser llamada desobediencia. En alguna parte leí que un chorro de agua que se separa de allí se llamaba un sonido, y que la palabra pecado se deriva de este término. De acuerdo con esto, el pecado es todo acto, discurso o movimiento del hombre por el cual se aleja de Dios. Cuando Adán y Eva violaron el mandamiento divino, pecaron por primera vez; por eso también hablamos de la "Caída", en la que la segunda parte de esta palabra compuesta expresa un claro deterioro de la situación humana. Desde ese momento, cuando Adán y Eva pecaron por primera vez, la relación entre Dios y el hombre, el hombre y Dios, vista desde la perspectiva de cómo J la toma y la media, y como brilla claramente en grandes partes del Antiguo Testamento, se caracteriza precisamente por esta secuencia de proclamación de los mandamientos divinos, el pecado humano y el castigo divino. (51)

Pero, ¿qué percepciones sensoriales se pueden identificar en términos concretos con respecto al mandamiento divino (11) formulado en el texto bíblico y la transgresión del mismo (33)? Aunque la secuencia mencionada anteriormente se pudo observar en principio en el contexto de la coexistencia humana en innumerables ocasiones en los ejemplos más variados, en los que, por ejemplo, los niños se habían vuelto desobedientes a sus padres, o los miembros del pueblo violaban las leyes promulgadas por el rey y su aparato de gobierno, la respuesta debe ser, sin embargo, que el autor bíblico de los primeros tiempos de la humanidad no tenía ninguna tradición: Ninguno.
En la primera parte del capítulo en el que he trabajado aquí, he partido naturalmente de la base de que nosotros, los seres humanos que vivimos en la actualidad, al afirmar de todo corazón -es decir, al aprobar- algunos de los hechos de la creación, al tiempo que deseamos que otros salgan de nuestra existencia, los criticamos en consecuencia y los juzgamos como "malos", encontramos este mismo juicio y práctica de juicio en nuestro propio país. Sin embargo, las repetidas percepciones de esta misma capacidad humana están ahora en la raíz de la frase "árbol del conocimiento del bien y del mal", que es tan importante en el texto bíblico, pero no menos enigmática, ya que así como observamos y experimentamos los seres humanos de hoy, también lo hicieron los de entonces, que los seres humanos poseen la mencionada capacidad de juzgarla y hacer sus respectivas evaluaciones de ella. Con su narración pictórica, el escritor bíblico lo afirma ahora al respecto: "Si los seres humanos encontramos en nosotros la capacidad de reconocer y distinguir el bien del mal, es porque nuestros progenitores la asimilaron ilegalmente cuando, mientras aún se les permitía vivir en el Jardín del Edén, comían este fruto, que Dios reclamaba exclusivamente para sí. La respuesta a esta pregunta también debe ser No se puede discernir ninguna información de este tipo para esta descripción, según la cual el hombre habría llegado a su juicio y a la consiguiente práctica de la evaluación de manera prohibida. Así, la justificación de Dios buscada por J en esta forma se encuentra "sobre

las piernas temblorosas" desde el principio. Y el enfoque científico descrito anteriormente, que se basa en la cuestión de tales percepciones (sensoriales), tampoco me ayuda realmente a entender y explicar el mensaje bíblico. ¿O se pueden encontrar otras pistas que puedan ser explotadas de esta manera?
Hoy, como entonces, como entonces, los seres humanos recogen y reúnen un aluvión de datos a través de sus sentidos, que, tras su procesamiento intuitivo, llevan a la conclusión de que el hombre se esfuerza con enorme celo y ambición por la perspicacia, la cognición, la comprensión, el conocimiento y muestra un orgullo inconfundible por esta potencia espiritual, sobre cuya base se cree muy superior a todos los demás seres que viven en la Tierra. Ese hombre siente una tentación mágica de cruzar fronteras, especialmente el horizonte terrenal, detrás del cual se extiende el celestial, y donde su anhelo culmina en el presunto deseo de ser como el mismo Dios. Que las personas compiten entre sí por la validez y el poder, y en sus esfuerzos por alcanzar la mayor importancia posible y ocupar altos cargos, a veces de manera dura, también utilizan métodos y estrategias astutos, injustos, engañosos y violentos para "deshacerse" de oponentes obstinados y peligrosos. Si se considera esto, queda claro que una persona, al controlar inconscientemente su conciencia, está en contra de todas las tendencias con las que el mencionado orgullo es supuestamente o realmente golpeado o incluso roto, a través de las cuales el anhelo mencionado se expone como una ilusión y por medio de las cuales los impulsos malignos mencionados podrían ser descubiertos, y que J se involucró así en tocar una "patata caliente" cuando buscaba una respuesta verdadera a la pregunta sobre el origen y el significado de las malas condiciones de la buena creación de Yahvé en presencia de Dios que se le reveló. En la estructura posterior del libro que tenemos a mano, todavía hay que especificar en qué consistió exactamente esta explosividad para J, y cómo trató de superar o evitar los diversos obstáculos y abismos que aparecieron ante él.

Así, no se pueden discernir percepciones sensoriales en base a las cuales J pudiera haber llegado a la conclusión intuitiva de que el hombre había llegado ilegalmente a su capacidad de reconocer el bien y el mal. Pero que ese hombre posea este juicio estaba más allá de toda duda para el escriba. Lo expresa con especial claridad cuando hace decir a Dios en la expulsión de Adán y Eva del Paraíso: "He aquí que el hombre se ha hecho como nosotros; reconoce el bien y el mal". (33) ¿Qué información está y estaba disponible ahora, entonces, entonces y ahora sobre esta potencia espiritual del Homo sapiens?

El mencionado "conocimiento del bien y del mal", tal como se revela en las acciones humanas, ha tenido enormes consecuencias. Personas de innumerables generaciones han intentado con sus respectivas posibilidades de influir en la naturaleza y, por tanto, en la creación divina sobre la base de y según su sistema de valores, conformar su entorno según sus deseos en la medida en que esto pudiera realizarse, eliminar o al menos moderar las cosas "malas", "mejorar" las condiciones de vida de los humanos en la tierra. Hoy en día, experimentamos que esta influencia en los biotopos terrestres es muy efectiva y significativa, porque muchas cosas se han vuelto factibles debido a los logros técnicos, que han influido claramente en el aspecto de la superficie terrestre y en el modo de vida de las personas y, en comparación con los orígenes, lo han cambiado considerablemente. En las culturas modernas, la totalidad de estas posibilidades y medidas se denomina regularmente "progreso". Esta forma de expresión sugiere la hipótesis de un progreso, es decir, una mejora constante de la situación inicial, y por lo tanto un buen desarrollo. (Una lectura alternativa, sin embargo, sería interpretar "ido" en el sentido de "lejos", lo que significaría De esta manera, la humanidad se aleja, de modo que desaparece de la tierra y por lo tanto del mundo).

Por otro lado, el movimiento más sorprendente y fuerte que podemos registrar entre la gente en esta era de la tecnología y en las civilizaciones modernas es un movimiento medioambiental. Ha surgido de la creciente comprensión de que la intervención masiva en la creación, como se ha hecho cada vez más posible debido a los logros humanos, conlleva peligros que son difíciles de calcular y controlar, que las "mejoras" a través del "progreso" han causado a su vez muchos males que no eran originalmente lamentables, que no debemos seguir tratando a la naturaleza de esta manera durante mucho tiempo, como lo hemos hecho y continuamos haciéndolo, porque nosotros, que nos vemos y nos comportamos como dueños de la tierra, no podemos existir en el aire, sino que estamos enraizados en la tierra, somos cada uno parte de ella y sólo ocupamos un lugar entre muchos en sus ecosistemas, que todavía funcionan bien al principio, están precisamente equilibrados y se reequilibran constantemente, y que son el requisito previo indispensable para toda la vida en este maravilloso planeta. Al tratar este ejemplo del movimiento ambientalista, se hace claro y evidente un fenómeno que puede y podría confirmarse una y otra vez, hoy como era entonces, luego como es ahora: Las percepciones (sensoriales) que fluyen hacia nosotros cada día en relación con la capacidad humana de reconocer el bien y el mal/mal permiten sólo una conclusión: Se trata, ante todo, de un ejercicio relativo y subjetivo, lo que se desprende del hecho de que diferentes sujetos, tanto individuales como colectivos, pueden evaluar los mismos hechos de maneras muy diferentes, a veces incluso contradictorias, y que el mismo sujeto, al cambiar de posición y, por tanto, de perspectiva a lo largo del tiempo, también puede llegar a juicios diferentes, a veces contradictorios, como los ha sostenido anteriormente. Si las evaluaciones son unánimes, no pueden ser todas correctas, y si se revisan y corrigen, queda claro que están cargadas de incertidumbre, lo que puede describirse acertadamente con el conocido dicho "Errare huma-num est, errar es humano". J tuvo que llegar a la misma conclusión al procesar intuitivamente la información que recibió sobre el juicio humano. Por lo tanto, cabe señalar que cuando afirmó que el hombre es capaz de reconocer el bien y el mal, como Dios (33), fue descaradamente diferente de su experiencia.

Como ejemplos de la relatividad y subjetividad de las evaluaciones humanas, pueden mencionarse algunas descripciones de las tensiones entre los indios norteamericanos y los europeos que inmigran a su país. La gente civilizada la acogió y se atribuyó considerables ventajas por el hecho de que y cuando pudieron "hacer frente a la naturaleza" debido a sus logros "progresistas", pudieron conquistarla aquí y allá. Debido a que las personas que encontraron en el continente extranjero todavía vivían en gran parte en armonía con su entorno natural y practicaban constantemente para soportar sus dificultades y escapadas, los blancos se sentían superiores a ellos. Pero también los propios indios aceptaron con gusto y gratitud algunos regalos de la cultura europea, como el azúcar, la tela, la ferretería y los rifles. También sucedió que valoraban las habilidades de los médicos blancos más que las artes de sus propios curanderos. Como dice un informe... A principios de marzo, llegó un mensajero de Spottet Tail que le dijo al coronel Maynadier que... Pie de Flota, la hija de Spottet Tail, está muy enferma y espera que el médico de los soldados la recupere. (34)

Sin embargo, los indios juzgaron siempre que la forma en que el hombre blanco trataba a la naturaleza era malvada. Así, Heinmot Too-yalaket, Jefe Joseph, Jefe de los Nez Perces, dijo: "Estábamos listos para dejar todo como el Gran Espíritu lo creó. No lo eran, pero cambiaron los ríos y las montañas cuando no les convenía." (34) Y el jefe de los Cuervos Oso-Dientes instó: "Padres, padres, padres, escuchadme bien. Recuerda a tus jóvenes de las Montañas Bighorn. Han invadido nuestra tierra; han destruido los árboles que crecían y la hierba verde; han incendiado nuestra tierra. Padres, vuestros jóvenes han arrasado la tierra y han matado mis animales, el alce, el ciervo, el antílope, mi búfalo. No los matan para comérselos, los dejan tirados y se pudren. Padres, ¿qué diríais si fuera a vuestra tierra y matara a vuestros animales? "Si no me equivoco..." (34)

Aún hoy, muchos nativos americanos no se han adaptado al modo de vida de los americanos o al menos les resulta difícil hacerlo, pero critican muy duramente su actitud. Esto también es evidente en una carta que un grupo de Hopis envió al entonces Presidente de los Estados Unidos: "... En su falta de comprensión de las formas de la naturaleza el hombre blanco ha profanado la faz de la Madre Tierra. La avanzada capacidad tecnológica del hombre blanco se produjo porque no tuvo en cuenta el camino del alma y el comportamiento de todas las criaturas vivientes. La avaricia del hombre blanco por las posesiones materiales y el poder le ha cegado al dolor que ha infligido a la Madre Tierra en su búsqueda de lo que él llama recursos naturales. ... Hoy en día la tierra sagrada donde viven los Hopis está siendo profanada por hombres que buscan carbón y agua en nuestra tierra y suelo para proporcionar más energía a las ciudades del hombre blanco. Esta actividad debe ser detenida, porque si los blancos continúan tratando la tierra de esta manera, nuestra Madre Naturaleza resistirá de una manera que causará sufrimiento a casi todas las personas - y el fin de una forma de vida a la que estaban acostumbrados. El Gran Espíritu dijo que no debemos permitir que esto suceda, como nuestros antepasados habían predicho. El Gran Espíritu dijo que no se atacara la tierra y que no se destruyeran los seres vivos. El Gran Espíritu Massau'u dijo que el hombre debe vivir en armonía y recibir una buena y limpia tierra para todos los niños que están por venir. ...“ (39)

A partir de estas citas es muy claro ver cómo personas diferentes, incluso contradictorias, juzgan la misma cosa. Lo que algunos aprueban y lo que, según su interpretación, hacen por orden del Creador ("Sed fecundos y multiplicaos, poblad la tierra, sometedla y señoread sobre los peces del mar, sobre los pájaros del cielo y sobre todos los animales que se mueven en la tierra"). / 66), juzgue a los demás como malvados y como una violación de

la voluntad divina. Tales diferencias y contrastes de puntos de vista, evaluaciones, convicciones, doctrinas y también teorías y tesis científicas humanas pueden y podrían encontrarse todos los días, hoy como entonces, luego como ahora. Incluso hoy en día, la gente todavía tiene que comer su pan "con el sudor de sus caras". Sin embargo, esta secreción de las glándulas cutáneas en cuestión ya no necesita fluir tan abundantemente, porque todo el trabajo, desde la siembra de las semillas hasta el corte del pan horneado, puede facilitarse considerablemente con ayudas técnicas y químicas, de modo que la fuerza física de las personas que trabajan con ella ya no está estresada y desgastada en la misma medida que lo estaba con nuestros antepasados. Aunque las comodidades así proporcionadas se consideran muy agradables, es evidente que todas estas simplificaciones del trabajo también han traído consigo desventajas y han causado deterioro en otras áreas.
Hoy en día, debido a las creaciones humanas secundarias, una parte de la humanidad tiene a su disposición muchos buenos regalos con los que muchas generaciones anteriores sólo podían soñar. Por ejemplo, en el acaudalado Occidente, innumerables personas se alimentan los 365 días del año y, además, todos los días se alimenta a los animales con toneladas de buenos alimentos o se depositan en la basura, nadie necesita beber agua pura del grifo, y los supermercados ofrecen productos de todo el mundo en cualquier momento, de modo que quienes lo deseen pueden incluso comer fresas frescas importadas de algún país soleado en el profundo invierno. Los armarios están llenos, los apartamentos son amplios y luminosos, sin gran esfuerzo de calefacción, equipados con agua corriente caliente y fría, cómodos y lujosamente amueblados. En caso de problemas de salud, se dispone de una gran selección de especialistas cualificados que, gracias a los medios y métodos médicos modernos, ofrecen altas posibilidades de éxito y, por tanto, un alto grado de seguridad. Todos estos buenos regalos, como se proporcionan a las personas que se benefician de ellos, han sido comprados a un gran costo. Casi todos los días leemos, oímos y/o vemos noticias

aterradoras sobre los problemas ambientales que se han conjurado para mantener o incluso aumentar la prosperidad descrita. Por ejemplo, se habla de lixiviación del suelo, empobrecimiento de la capa superior del suelo con Hu-mus, peligro de erosión, hundimiento del nivel de las aguas subterráneas, contaminación del suelo, el agua, el aire y los alimentos con productos químicos, explotación de los recursos naturales, sobrepesca de los mares, extinción de especies, superpoblación humana, enfermedades de la civilización, efecto invernadero, agujeros en la capa de ozono, calentamiento global y similares.

Todos estos son claros indicios de la relatividad, subjetividad, limitaciones estrechas y falibilidad de la cognición humana, en las que se basan el juicio humano y la práctica de la evaluación humana, ya que también eran fundamentalmente conocidos por el escritor del texto bíblico sobre innumerables percepciones y experiencias sensoriales y como deberían en realidad dar lugar a un gran escepticismo, sobre la cuestión de si los seres humanos somos realmente, como Dios, capaces de reconocer de forma fiable lo que es bueno y lo que es malo/malo, si, para permanecer en la imagen bíblica, hemos comido realmente de la fruta que pertenece sólo a Dios. Y automáticamente surge la pregunta de por qué J, al dejar hablar a Yahvé en su historia, se volvió como él (33) de esta manera tan obvia, desviándose de su información y conocimiento intuitivo, ya que reconoce el bien y el mal.

Verdaderos paraísos terrenales

En nuestro lenguaje a veces usamos el término paraíso también para tales espacios vitales, que no corresponden a nuestros deseos, en los que encontramos no sólo la plenitud de la vida, la belleza sublime, el sustento seguro, el bienestar, sino también las dificultades naturales, la lucha por la existencia, la escasez, la necesidad, el peligro, la muerte.
No es ciertamente una casualidad que el autor bíblico haya descrito el paraíso que Yahvé creó y en el que colocó al hombre para que lo cultivara y lo guardara (67) como un jardín. (19) "Un jardín es un reflejo terrenal del paraíso perdido. Encierra un pequeño y pacífico mundo de coloridas flores y fragantes hierbas, de huertas y árboles frutales. Aquí, en un espacio limitado, la gente puede realizar sus sueños de vivir con la naturaleza: encuentran seguridad detrás de los setos protectores, pueden descansar y dejar libre su instinto de juego. Las flores y los árboles sacian su sed de belleza natural; con las ensaladas y las manzanas de su propio cultivo trae a su mesa delicias saludables. En el legendario Jardín del Edén la gente, los animales y las plantas vivían en una armonía ininterrumpida. Después de la expulsión, las llamas del resentimiento y la enemistad ardieron en todo el mundo. La unión original se convirtió en una feroz oposición. Se dejó a nuestro siglo llevar esta incesante guerra a los jardines. El uso general del lenguaje deja claro lo que está sucediendo: Las plantas y los animales se dividen en beneficiosos y perjudiciales. Las malas hierbas y los piojos deben ser "controlados" y "erradicados". Las coles blancas en el huerto y las margaritas en el césped son "destruidas", los hongos son "matados" radicalmente. Se llama protección de plantas. Pero es una tremenda carnicería, una máquina asesina sin igual que golpea a pestes e inocentes por igual. Sin embargo, los miles de millones de víctimas de los insecticidas, fungicidas y herbicidas suelen ser tan pequeños que nadie ve -o tiene que ver- su agonía... Esta muerte silenciosa y en gran parte invisible puede haber contribuido a que la lucha

química contra las plagas se llevara a cabo con tanta convicción y tranquilidad durante varios decenios. En medio, sentimos las consecuencias de la tragedia oculta: suelos destruidos, aguas subterráneas contaminadas, cultivos vulnerables, fruta de mala calidad y nuevas razas de plagas más fuertes y resistentes que nunca. (36)

En invierno, los jardines yacen en gran parte muertos; sólo algunas plantas resistentes a la helada, como el canónigo, la col rizada, el puerro, por ejemplo, muestran su verdor, pueden incluso ser cosechadas cuando el suelo no está congelado con dureza, y así enriquecen las comidas con productos frescos de nuestro propio cultivo incluso en la temporada de frío. Pero ya en febrero, a menudo a través de un manto de nieve, aparecen las primeras salpicaduras de color en forma de gotas de nieve en flor, invernantes y crocantes, que se consideran como presagios de la próxima primavera e indican de manera impresionante que bajo la nieve y la escarcha todavía hay vida en el suelo del jardín. Siguen los narcisos, jacintos, violetas, prímulas y tulipanes, que cada vez más suenan en primavera y nos alegran con sus brillantes colores. A finales de abril/principios de mayo, los árboles frutales florecen y por lo tanto representan una fiesta para los ojos cada año, y la gente canta con alegría: "Ha llegado mayo, los árboles están brotando". Cada árbol frutal, que hasta hace poco parecía ser una rama muerta, ahora, cuando el sol gana notablemente fuerza, produce en pocos días una abundancia de flores, un verdadero esplendor, y en los días cálidos se oye el zumbido polifónico de las abejas ocupadas en el huerto, que, despertando también de su torpeza, recogen diligentemente el néctar de las flores y al mismo tiempo sirven a la polinización necesaria.

Después de eso el jardín se vuelve verde de nuevo a la fuerza, y cada año hay que contener de nuevo la rapidez con la que todo esto sucede. Las primeras hojas de las patatas acaban de aparecer en el suelo, luego hay que apilarlas, y pronto su fuerte follaje cubre el suelo de modo que las hileras ya no son visibles. A nuestro alrededor, observamos el exuberante crecimiento de las plantas en muchas tonalidades de verde, entre ellas, en número creciente, las coloridas manchas, manchas o incluso alfombras de florecientes flores de verano y un aquí y ahora omnipresente "arrastrarse y huir" de innumerables especies de animales, por lo que la vista de mariposas bellamente dibujadas y los conciertos gratuitos de pájaros siempre nos dan un nuevo placer. Si los jardines y los campos han desplegado todo su esplendor de esta manera cada año, se les llama justificadamente paraísos y, junto con muchos otros factores, son la base de nuestra alegría de vivir y nuestra confianza en la naturaleza. Además, ahora, durante el período de vegetación, nos proporcionan muchos buenos regalos para nuestra nutrición diaria. Los espárragos verdes y blancos ya pueden ser picados a principios de la primavera, e incluso la primera lechuga del campo pronto aterrizará en la mesa del almuerzo, cuando las plantas en el invernadero o bajo el papel de aluminio se hayan adelantado. Con la cosecha de la fresa comienza realmente el tiempo de la cosecha y nos ofrece muchos y variados tesoros hasta el próximo invierno.

Cualquiera que trabaje en un huerto o en un campo siempre siente su conexión con la tierra de una manera muy vívida, impresionante e intensiva. Las plantas que crecen aquí extraen importantes nutrientes del suelo, en el que se ramifican sus raíces, que utilizan para acumular las sustancias específicas que necesitan. Estas sustancias vegetales sirven a su vez como alimento para los humanos y animales, de modo que las moléculas originalmente extraídas de la tierra pueden ser incorporadas a estos cuerpos. Por el contrario, los excrementos de animales y humanos se utilizan como fertilizante, lo que a su vez proporciona nutrientes a los cultivos. Si se observa esto regularmente, se puede ver el carácter circular de estos procesos intuitiva y racionalmente muy claramente. A través de la mineralización de todos los componentes orgánicos muertos, es decir, los que se originan en las plantas, los animales y los seres humanos, estos se ponen a disposición de las plantas. Estas reacciones, aunque no tan bien investigadas y comprendidas, eran exactamente las mismas en el momento en que J escribió su texto como lo son hoy en día, y la gente de entonces las interpretó correctamente. Cuando leemos en la historia del otoño cómo Yahvé le dice a Adán: "...hasta que vuelvas a la tierra; de ella eres tomado. Porque polvo eres, al polvo volverás." (29), entonces esta afirmación es todavía fácilmente comprensible hoy en día, aunque en nuestra era moderna de especialización, tecnología e higiene, muy pocas personas todavía perciben estos procesos naturales tan directamente como antes.

Esto también se aplica a otras palabras del autor bíblico, de las que se desprende claramente que el escritor en su narración utilizó experiencias o al menos observaciones de la jardinería y el trabajo de campo. Entre los excrementos humanos que se reintroducen en el ciclo de la materia a través de la tierra, están las muchas gotas de sudor que, especialmente en el calor del verano, bajan de su cara durante la actividad extenuante: "Con el sudor de tu cara comerás tu pan". (31) Son signos de las penurias bajo las cuales el hombre debe obtener su alimento diario: "Con las penurias comerás de él todos los días de tu vida. (28) Los jardineros y los agricultores pasan mucho tiempo fuera de los edificios al aire libre, que a menudo se percibe como muy agradable, suministrando y liberando energías, proporcionando estímulos naturales a los que estamos acostumbrados desde tiempos inmemoriales, y ofreciendo así numerosas posibilidades de buscar y encontrar la armonía con el corredor respectivo, que a su vez está incrustado en el paisaje nativo y en el gigantesco marco cósmico que lo abarca. Dado que las personas empleadas en estas profesiones tienen que lidiar esencialmente con las condiciones naturales, el éxito de sus esfuerzos nunca es predecible; más bien, siempre hay una nueva variedad, excitación y aventura, de manera que las personas en esta área también sienten muy intensamente eso y cómo oscilan irregularmente entre la esperanza y el miedo.

Los jardineros y los agricultores se ven obligados automáticamente a vigilar de cerca el clima, el suelo, los cultivos de plantas y el ganado que cultivan y a reaccionar de la manera más adecuada y satisfactoria posible a la información así obtenida, que indica cambios más o menos uniformes, pero a veces también abruptos. Haciendo esto día tras día, año tras año, pueden aprender mucho de un concepto dado y de los seres vivos que no están equipados con la capacidad de hablar, escribir y leer, ni con la razón y el libre albedrío, tienen la posibilidad de obtener conocimientos fundamentales sobre la vida en esta tierra una y otra vez, una pequeña parte de la cual ellos mismos son, y para lidiar con la que tiene tan maravillosamente, pero a veces también dura, naturaleza arreglada, siempre se enfrentan a la elección de cómo hacer oscilar las corrientes opuestas de cambio y salida, reorientación y adaptación, conducción y subordinación. El trabajo que realizan exige la totalidad del empleado, requiere el uso de su fuerza mental y física, manteniendo así su aptitud general, a menudo provoca un delicioso olvido de sí mismo a través de la concentración necesaria en el trabajo en cuestión, y en muchos días conduce a un cansancio natural por la noche y a un sueño profundo por la noche, así como a un agradable sentido de propósito y satisfacción cuando el empleado ha logrado objetivos razonables que aseguran su sustento.

Pero aquellos que trabajan de manera tan variada y significativa en el aire fresco de un entorno natural también están expuestos a muchas tensiones y presiones. Por ejemplo, el heno y los cereales deben cosecharse y llevarse bajo el calor abrasador del sol, y algunos trabajos, especialmente en otoño, no deben posponerse ni siquiera en tiempo frío y húmedo porque se pueden esperar heladas, que destruirían los frutos sensibles o retrasarían la siembra prevista por un período indefinido, Si el trabajo ocupa todo su tiempo, dejando poco espacio para la ociosidad bien cuidada, los pasatiempos, las fiestas, otras actividades con la familia, los amigos o dentro de la comunidad de la aldea, algunas actividades se asocian inevitablemente con un gran esfuerzo, inconvenientes y duración. Las personas que han ejercido estas profesiones a lo largo de su vida están marcadas por esto: Su piel bronceada ha perdido su elasticidad, muestra muchas arrugas y líneas; hoy en día también hay un mayor riesgo de cáncer de piel. Sus espaldas suelen mostrar una clara curvatura, su marcha es rígida y sus movimientos van acompañados de un dolor a veces más fuerte o más moderado. Debido al alto desgaste causado por el trabajo, los signos de envejecimiento aparecen relativamente pronto.

En sus jardines y en sus campos, la gente generalmente quiere que sólo crezcan y florezcan unas pocas especies de plantas, a saber, principalmente las que utilizan como alimento o pienso o disfrutan de otras maneras, y éstas deben presentar una apariencia lo más ordenada, lujosa e impecable posible. Al comienzo de un jardín o campo de vegetación, como se cuida con esta intención, el jardinero o agricultor prepara cuidadosamente la tierra vegetal en la parcela designada. Esto se hace mediante la excavación o el arado, por lo que la superficie, que por lo general sigue estando más o menos densamente cubierta de plantas, se gira hacia abajo en las profundidades, y las capas inferiores del suelo, que no contienen partes verdes de plantas, se giran hacia arriba. Por otra parte, algunos tratan de mantener la estratificación natural del suelo aflojando la capa superior de la superficie y eliminando todas las plantas y otros objetos perturbadores aún presentes. De esta manera aparece una superficie marrón más o menos homogénea, que se prepara delante de las semillas deseadas, en forma de cubos amplios, en filas o montones, dispersos o colocados, o se plantan brotes jóvenes, con migajas finas en la superficie. Después de estas operaciones, los lechos y campos en cuestión presentan un cuadro limpio y ordenado desde nuestro punto de vista humano, y aquellos a quienes se les ha confiado el cuidado de estas áreas se ahorran muchos esfuerzos, aunque estos cultivos permanezcan tan puros como antes. Sin embargo, en realidad, en este suelo tan cuidadosamente cultivado, a menudo ya antes de la germinación de la semilla y aparentemente bastante desordenado, innumerables plántulas de muchas otras plantas, que no están de acuerdo con nuestro deseo humano y el

pensamiento de uso, pero que desde el principio se dirigen hacia el objetivo de cubrir toda la superficie del suelo adecuado de la forma más completa posible y con gran biodiversidad.
Estas plantas de crecimiento indeseado (por lo tanto llamadas "no" hierbas) suelen ser nativas de los biotopos en cuestión, es decir, han vivido allí durante siglos y por lo tanto están bien adaptadas a las condiciones existentes. Por otra parte, las plantas cultivadas suelen proceder de otras regiones y/o han sido influenciadas por la selección humana de tal manera que producen rendimientos significativamente más altos, pero por otra parte reaccionan de manera mucho más sensible a cualquier tipo de estrés y requieren muchas medidas de cuidado. Como en todas partes en los ecosistemas terrestres, la dura ley de la competencia por los alimentos y el espacio se aplica en los jardines y campos, aquí principalmente como competencia entre las plantas por los nutrientes del suelo, el aire y la luz solar. Sin una intervención humana selectiva, las plantas silvestres serían tan superiores a las cultivadas que las constreñirían, sobrecrecerían o desplazarían completamente, lo que provocaría pérdidas considerables o incluso el fracaso total de las plantas cultivadas, lo que a su vez provocaría hambruna en las personas. Por lo tanto, si hay que obtener cosechas abundantes, los jardineros y agricultores se ven obligados a azadonar o arrancar estas hierbas silvestres, que germinan una y otra vez, por lo menos hasta que el cultivo respectivo ha "ganado claramente la mano" y ya no se ve perjudicado por el diferente sotobosque o sobrecrecimiento.
"Así de maldito es el suelo por tu culpa. Comerás de él con dificultad todos los días de tu vida. "Él te dará espinas y cardos... (42, 28, 30) En condiciones de crecimiento favorables, como un clima cálido y húmedo y una pronunciada fermentación en el suelo, y con otras cargas de trabajo al mismo tiempo, difícilmente se puede evitar que las "malas hierbas" también "crezcan sobre las orejas del jardinero" de vez en cuando. Entre el crecimiento silvestre que luego debe ser desplazado hacia afuera también

hay plantas de este tipo que son particularmente desagradables porque causan dolor a las manos humanas por medio de espinas (brotes de mora, rosa de perro, espino), espinas (cardos) o pelos urticantes (ortigas), o porque sus raíces son tan profundas (cardos, algas, dientes de león) o se ramifican tan abundantemente (grama) que difícilmente pueden estar completamente expuestas, pero se rompen cuando llega el tren y pronto brotan de nuevo de los restos atascados. Esto puede ser un problema importante, especialmente en los cultivos perennes, porque las raíces del cultivo y/o las plantas ornamentales no deben estar demasiado dañadas, de modo que la zona infestada no tenga que ser arada o desenterrada, y sólo es necesario un prolongado, repetido y persistente arrancamiento de las "malas hierbas" para evitar que formen estructuras sobre el suelo que sólo son capaces de realizar la fotosíntesis. Como esta tarea es difícil de realizar cuando la carga de trabajo es alta, la persona encargada de esta tarea (también se podría decir: la persona agobiada por ella), cuando ve que ya no es "amo" de este crecimiento descontrolado, puede tener la impresión de que su pedazo de tierra está maldito.

Los jardines y los campos no sólo son el hogar de las plantas; innumerables animales también viven aquí, ya sea de forma temporal o permanente, y todos los organismos y microbios presentes entran en una variedad de interacciones y dependen unos de otros y de los factores inanimados de estos biotopos. Las existencias aisladas no existen en la naturaleza y tampoco son posibles en las condiciones planificadas y gestionadas por los humanos, por lo que sería poco realista considerar sólo las plantas cultivadas allí al mirar un lecho o un campo. Algunos representantes del reino animal se hacen suficientemente evidentes a los que trabajan con los cultivos en ocasiones de todos modos, porque entre estos organismos hetrópicos, que por lo tanto dependen de las fuentes de alimentos orgánicos, hay algunos que no conocen las reivindicaciones de propiedad y el rendimiento laboral de los respectivos jardineros y agricultores y no los respetan de ninguna manera. También ellos, siguiendo obedientemente sus instintos, buscan el alimento apropiado en los "reinos" "controlados" por los humanos y lo llevan donde pueden, sin pedir permiso y sin ser conscientes de ninguna ofensa. Por ejemplo, los jabalíes, cuando invaden repetidamente los campos en grandes grupos, causan una verdadera devastación, que a veces resulta en pérdidas difíciles de soportar, los mirlos y estorninos consiguen grajillas y picotean fresas y cerezas, los ratones de campo causan daños considerables en las camas de ensalada de zanahorias, patatas y escarolas, Las palomas silvestres comen plantas vegetales aún más vigorosas hasta las venas de las hojas, las orugas del escarabajo blanco del repollo y del escarabajo de la patata logran resultados correspondientes en sus plantas huéspedes en el caso de una infestación masiva, las babosas no permiten que surjan semillas, las colonias de piojos de las hojas reajustan claramente las plantas jóvenes durante el crecimiento y posiblemente transmiten patógenos. También de esta manera, precisamente en estas profesiones, el esfuerzo humano está marcado por una cierta inseguridad, porque los cultivos están en peligro hasta el día en que son traídos, lo que a veces puede ser una fuente de gran preocupación.

Estos hechos indican claramente que al llamar a los jardines paraísos, hemos hecho grandes concesiones a nuestros deseos humanos o estamos dispuestos a aceptar la realidad tal como es. Cuando la autora citada al principio de este capítulo llama al jardín "un pequeño mundo pacífico" (36), entonces utiliza esta formulación para pasar por alto una serie de regularidades que en realidad no son pacíficas en absoluto y que, por lo tanto, no deberían producirse en un paraíso como el que deseamos los seres humanos. En los verdaderos paraísos terrenales de los jardines y campos, todos los seres que viven allí tienen que luchar por su existencia y bienestar a diario, por lo que cada día, sí, casi cada momento puede convertirse en el último para cada uno de ellos. Aquí hay una implacable competencia por el espacio y el alimento según las leyes del hierro; si no hay misericordia en la constelación con la

que sólo uno de los dos pueda desarrollarse suficientemente o incluso sobrevivir, hay "la muerte de un hombre por el pan de otro hombre".
Sin embargo, la preservación a largo plazo del biotopo respectivo ordenado por los humanos es un ejemplo impresionante: Siguiendo obedientemente estas directrices eternas, uno viviendo del otro, y el más fuerte afirmándose sin piedad contra el más débil, cumplen una tarea esencial en el mantenimiento de los estados de equilibrio que fluyen constantemente en los sistemas superiores del equilibrio natural, en cuyas redes ellos mismos están incluidos, y a menudo resultan muy útiles para los jardineros y agricultores con su actividad "maligna" (porque destruyen seres vivos) y son aprobados por ellos, porque destruyen muchas "plagas", con lo que vuelven a regular sus existencias y por lo tanto practican la protección natural de las plantas de forma gratuita. Por ejemplo, el jabalí y el ciervo rojo han llegado a ser tan frecuentes en Europa Central porque sus enemigos naturales, como el lobo, el oso pardo y el lince, han sido exterminados y, por lo tanto, el hombre tiene que intervenir a través de la caza, aunque esto no tiene éxito en todas partes, especialmente en lo que respecta a los jabalíes, Para alcanzar y mantener las densidades de población adaptadas, las aves y los mamíferos de presa se alimentan de innumerables ratones, las aves insectívoras devoran grandes cantidades de pollos adultos y sus crías, y engordan a las orugas de gaviota y de crisantemos verdes con pulgones. Por lo tanto, dentro de este proceso, el objetivo no es la protección incondicional del ser vivo individual, sino más bien mantener los equilibrios, ya que éstos se equilibran automáticamente entre todos los organismos que participan en las redes pertinentes, o, en caso de perturbaciones, restablecerlas o establecer otras nuevas.
Incluso las a menudo tan molestas malas hierbas tienen a menudo propiedades favorables. En la horticultura orgánica, se suele recurrir a cultivos mixtos; el objetivo es cultivar por lo menos dos especies de cultivos en cada lecho, de ser posible, siguiendo el ejemplo de la naturaleza, en la que muchas especies de plantas siempre crecen juntas y con otras en el tiempo y

el espacio por metro cuadrado de superficie de suelo. Quien lo intente debe conocer las relaciones de vecindad de las plantas que tiene a su cargo, es decir, si ejercen influencias favorables o desfavorables entre sí, si se promueven o inhiben mutuamente. Cuando las malas hierbas se toleran en cantidades controladas después de que los cultivos cultivados han "ganado la mano", se han convertido incluso en cultivos mono-mezclados. Otro método, que se copia de la naturaleza, en el que el suelo descubierto no se produce si el suelo es suficientemente fértil, y que se recomienda a menudo en la jardinería orgánica, consiste en colocar una capa de mantillo de material orgánico en descomposición en los espacios entre las plantas, porque esta cubierta protege la capa superior del suelo de la deshidratación excesiva durante el calor prolongado y del lavado durante las fuertes lluvias, y también suprime la germinación de nuevas malas hierbas. Dado que algunas hierbas silvestres se desarrollan menos en altura pero se extienden más como una superficie en el suelo, ejercen efectos similares a los de una capa de mantillo de este tipo, aunque no proporcionan nutrientes vegetales sino que los reclaman para sí mismos. Además, muchas de las malas hierbas contienen ingredientes activos que las hacen valiosas como vegetales o como especias para la preparación de alimentos (por ejemplo, ortiga, jabalí, milenrama, artemisa, acedera), en la protección biológica de las plantas (por ejemplo, ortiga, cola de caballo, helecho de lluvia) y/o para la prevención y el tratamiento de enfermedades en los seres humanos y los animales (por ejemplo, ribwort y plátano, ortiga, hierba de San Juan).

También esta consideración debería causar un sano escepticismo en nosotros pensando en nuestra capacidad de reconocer el bien y el mal/mal, porque obviamente en los jardines y campos también tales instalaciones naturales, sobre las cuales estamos permanentemente molestos, mientras que repetidamente nos preocupamos y nos inquietamos, son muy útiles y sensatos, posiblemente incluso útiles y curativos en el contexto de los ecosistemas superiores y para ocasiones especiales. Afortunadamente para nosotros, el Creador sabía mucho, mucho mejor que nosotros sobre el ser y el vivir, y creó el mundo y los espacios vitales terrestres en él de tal manera que todo funcionó ininterrumpidamente durante miles de millones de años sin que Él tuviera que intervenir mucho. Planificó y realizó los seres vivos de la Tierra de tal manera que se desarrollaron en la variedad más rica posible de especies y formas, que no existen ni pueden existir aisladas unas de otras, sino que están todas conectadas con las condiciones abióticas de sus respectivos biotopos y entre sí por redes de malla fina a un conjunto superior y de esta manera unas de otras, dependen de todo el ecosistema terrestre y de los factores cósmicos influyentes, en particular del sol y sus rayos, y se extienden por grandes áreas de la tierra en esta rica diversidad, llenándolas así de vida.

A partir de este concepto espiritual, tal como el Creador lo ha tomado como base, el del hombre que cultiva plantas y cría ganado se desvía en la medida en que la diversidad de especies es indeseable, y en nuestra época de tecnología altamente desarrollada, se disponen enormes superficies de monocultivos de manera compatible con la máquina, dentro de las cuales, con la excepción de las respectivas especies de plantas cultivadas, todas las demás se destruyen por medio de herbicidas químicos. Por consiguiente, nos complacería que la tierra, al menos en grandes superficies, produjera exclusivamente plantas útiles, de modo que cualquier control de las malas hierbas fuera superfluo, y que los encargados de esta tarea se ahorraran muchos problemas y riesgos ("maza química"). Sin embargo, si todos los ecosistemas irlandeses se convirtieran a este propósito deseado por el hombre, esta medida resultaría en un empobrecimiento radical de las especies (tendrían que ceder todo tipo de seres vivos que no nos parecen útiles o incluso perjudiciales para nosotros los humanos, cuyo significado no podemos o no queremos entender tan fácilmente), lo que sería extremadamente peligroso para el equilibrio ecológico que es la base esencial de toda la existencia humana en esta tierra. Y si los organismos vivos se hubieran establecido y alineado de acuerdo con estas normas humanas desde el principio, de modo que el Creador hubiera traído a la existencia exclusivamente tales seres vivos, como los llamamos útiles, entonces no habrían sobrevivido, si hubiera habido algún comienzo en absoluto, porque habrían necesitado un desarrollo, que habría estado en una "vía estrecha", ya que habría estado tan unilateralmente alineado en beneficio de la humanidad venidera, no habría llevado a la meta, si grandes áreas de la tierra hubieran permanecido sin vegetación, lo que a su vez habría conducido a un aumento de los desiertos, si el suelo hubiera sido agotado por las especies vegetales que se encontraban solas en cada caso debido a la falta de rotación de cultivos mucho antes de la intervención humana, y si en estas condiciones no se hubiera dado vida a ningún ser humano aquí. De esto se puede ver que nosotros los humanos, ya que, como J era muy consciente, sólo tenemos muy limitadas visiones, percepciones y puntos de vista, a menudo llegamos a juicios distorsionados y poco realistas y, sobre esta base, deseamos condiciones que serían muy ominosas para nosotros en la realidad. Los seres humanos no somos en absoluto soberanamente superiores al planeta que habitamos; más bien, aunque nos distinguimos por nuestras facultades mentales y, por tanto, estamos predestinados a un cierto estado de dominio, no podemos existir de forma independiente, pero exigimos muchos requisitos y condiciones diferentes en los que somos fundamentalmente incapaces o apenas capaces de influir, y representamos un tipo de organismo vivo entre otros. Nuestra existencia terrestre depende fundamental y esencialmente del funcionamiento de ecosistemas bien equilibrados que se reequilibran constantemente; no podemos vivir en un planeta estéril como la Luna o Marte. Por lo tanto, tanto el individuo como la especie individual necesitan el todo, también aquellas partes de él con las que no tienen ninguna o casi ninguna relación directa. Sin embargo, algunas especies son de particular importancia para nosotros los humanos porque nos proporcionan materiales importantes para la alimentación, la ropa y los productos básicos, porque competimos con ellos por la comida y el espacio, o porque pueden llegar a ser peligrosas para nosotros. Dentro de esta red de relaciones interespecíficas, el uso de nuestra mente humana nos ha llevado a menudo a utilizar tácticas de codo despiadado, y como resultado hemos pasado ahora a enfoques enormemente radiales, ya que muchas cosas se han hecho factibles en el curso del desarrollo técnico, que desequilibran la estructura natural a nivel mundial de manera sensible y sostenible y causan efectos incalculables en lugares inesperados a través de las redes existentes, lo que crea el peligro de que los seres humanos destruyamos la base esencial de nuestra existencia en la Tierra para nosotros mismos y para muchos otros tipos de organismos.

En los primeros tiempos del desarrollo humano, nuestros antepasados aún no podían intervenir en la naturaleza con los medios a su disposición, por lo que tuvieron que adaptarse, integrarse y subordinarse a las circunstancias dadas. Tales hábitats, que no están o sólo están ligeramente influenciados por los seres humanos, apenas se encuentran en nuestro planeta hoy en día; también se llaman paraísos en el lenguaje humano, en un sentido mucho más apropiado que el de los jardines, aunque las personas que viven aquí no encuentran unas condiciones tan deseables como las descritas para el Jardín del Edén bíblico. El profesor Heinrich Harrer escribe en el prólogo de su libro "Abenteuerreisen zu vergessenen Völkern" (68) (subtítulo: "Los últimos paraísos de la humanidad"): "Paisajes de virginidad paradisíaca, poblados por personas que viven al borde de la civilización en un mundo todavía intacto, libre de las limitaciones de nuestra 'meritocracia'. ... El encuentro con los pueblos en el borde de "nuestro" mundo es una aventura de un tipo especial. Lo que aprendemos sobre ellos contribuye a una mejor comprensión de nuestro propio desarrollo". Y en el resumen de este trabajo dice: "Y muestra por qué muchos de los 'últimos paraísos' de nuestros días están amenazados por el turismo masivo y las enfermedades de la

civilización, la construcción de carreteras y la búsqueda de recursos minerales, la falta de comprensión y la codicia.
Aunque las personas que viven en estos hábitats más o menos conservados, que todavía están muy determinados por la autorregulación original, están expuestos a todo tipo de dificultades de diversa índole y, de acuerdo con nuestras normas, sólo son capaces de satisfacer modestas necesidades de vida, y nosotros, los habitantes de la Tierra que estamos bajo la influencia de diversas civilizaciones, tenemos acceso a muchos de nuestros logros "progresistas", por ejemplo, agua corriente fría y caliente, así como habitaciones calefaccionadas sin humo dentro de apartamentos cómodamente amueblados, atención médica y medidas de higiene modernas, muchas delicias y alimentos de lujo, ayudas técnicas y electrónicas, ni siquiera quieren darse por vencidos por un corto tiempo y pueden imaginar que hemos perdido el conocimiento y las habilidades para vivir y sobrevivir en un desierto y por lo tanto estarían condenados allí, a veces sentimos un anhelo de liberación de todas las limitaciones,
Si preguntamos acerca de los comienzos de la humanidad en la Tierra, entonces encontramos con estos pueblos, como todavía se pueden encontrar hoy en día en los últimos refugios, condiciones y circunstancias similares a las que pudieron haber existido en la época de los primeros hombres. Esto es especialmente cierto para el marco natural de su existencia. Sin embargo, en lo que respecta a la conducta cotidiana de la vida, hay que tener en cuenta que los pueblos primitivos de hoy en día siempre tienen a su disposición un número menor o mayor de rasgos culturales, como los que todavía no han sido producidos y utilizados por los pueblos primitivos, pero que sólo fueron diseñados en el curso de una fase de desarrollo más larga. Los orígenes de la humanidad están, como la investigación científica ha demostrado de forma creíble, enraizados en el reino animal. Por lo tanto, para los primeros individuos del nuevo género "Homo" = "hombre", que se habían desarrollado a partir de ancestros simios en el curso de la evolución de acuerdo con la

voluntad y el plan de Dios, deben asumirse acuerdos de gran alcance con los animales. Como éstos, eran completamente sin fisuras, sin la más mínima brecha o contradicción, partes del hábitat en el que habían sido creados o en el que se encontraban, completamente integrados en la naturaleza de su entorno, uno con él, en armonía con el plan subyacente y el orden resultante, óptimamente adaptado a las condiciones dadas, sujetos a los intereses de todo el ecosistema sin ningún tipo de peros, no tenían a su disposición ninguna o, al principio, sólo capacidades y posibilidades insignificantes para cambiar los factores que encontraban en gran medida; si se acercaban al mundo y a sí mismos en él tal y como eran, disfrutaban de los placeres sin restricciones y, entregados a su destino, soportaban los sufrimientos de su vida individual y comunitaria.

La investigación científica ha demostrado con la misma credibilidad que los preceptos de vida de los pueblos primitivos no eran en absoluto paraísos según nuestros deseos humanos, sino más bien aquellos en el sentido de los últimos refugios de los pueblos primitivos individuales más pequeños, que todavía se encuentran hoy en día y que en gran medida no han sido tocados por las influencias de la civilización. Aquí, las mismas leyes naturales eran y siguen siendo válidas, como se puede ver básicamente en los jardines y campos: Todos los organismos vivos tienen que luchar diariamente por su existencia y por su bienestar, tienen que afirmarse y afirmarse en una competencia más o menos dura por la comida y el espacio, tienen que soportar las adversidades imprevisibles del clima y del tiempo, tienen que comer algunos para vivir y pueden ser comidos por otros, están sujetos a la ley de hierro de la mortalidad, según la cual tienen que morir para servir de base a un nuevo desarrollo, y por lo tanto tienen casi constantemente, incluso durante el sueño, para estar en guardia, porque toda falta de atención y todo error puede costar la vida, y sobre la base de este concepto espiritual, según el cual la naturaleza funciona, y que da a los seres vivos innumerables y múltiples momentos de felicidad todos los días de una manera maravillosa, por otra parte, están expuestos a múltiples peligros, amenazas, dificultades, quejas, contra los que básicamente no son capaces de defenderse más allá de su resistencia inherente (también un factor de felicidad). En los paraísos originales del comienzo de la humanidad todos estos sufrimientos tenían la misma extensión, la misma validez y el mismo significado para los humanos y los animales.

Estos resultados de la investigación refutan la afirmación, tal como se formula claramente en el relato bíblico del Paraíso y la Caída del Hombre, a saber, que Dios insertó las cosas malas en su, hasta ahora, buena creación sólo después, y esta circunstancia sigue siendo al principio un misterio y una dificultad considerable en el intento de comprender y explicar el mensaje en cuestión de acuerdo con el enfoque científico que aquí se tiene en cuenta. Las consideraciones del capítulo anterior han demostrado también que un gran escepticismo es también apropiado cuando J afirma que el hombre es, aunque de manera prohibida, como Dios le permite reconocer el bien y el mal (33), porque el narrador tenía a su disposición innumerables informaciones que le habían informado sobre la relatividad, la subjetividad, las estrechas limitaciones y la falibilidad de los juicios humanos. Pero si los valores humanos deben ser cuestionados, también lo deben ser aquellos que han sido claramente expresados en la historia bíblica aquí considerada. Muchas de las instituciones que a menudo lamentamos y tememos los seres humanos, como se mencionan como ejemplos en el tercer capítulo del libro bíblico del Génesis y que se atribuyen básicamente a la maldición divina causada por Adán y Eva por medio de la desobediencia y la presunción, se evalúan como útiles, significativas y necesarias dentro de una rama de la ciencia relativamente joven, la ecología, cuya tarea autoimpuesta consiste en la descripción de las interrelaciones de los organismos con su entorno animado e inanimado (69). Esta intención de la declaración ya se puede encontrar en títulos como "Competencia - la fuerza modeladora", "Enemigos

- bueno a largo plazo", "Parásitos y enfermedades - ¿maldades necesarias? (70)

Los seres humanos, al igual que en el primer capítulo de este libro, deseamos una existencia sin carencias, sin competencia, sin enemigos, sin peligros, sin quejas, sin parásitos, sin enfermedades, sin muerte, en definitiva, sin sufrimiento. Por otra parte, todas estas condiciones indeseables son necesariamente factores, ya que están legalmente presentes en todos los biotopos terrestres. Cada uno de estos ecosistemas proporciona la base necesaria para la supervivencia de un número limitado de organismos, aunque uno vasto y rico. Aquí, todos los lugares son dados a las más diversas criaturas, de modo que los individuos recién llegados sólo pueden existir bajo la condición de que los lugares correspondientes estén disponibles. En el contexto de este hecho, la institución de la muerte si-chere, que es probablemente la más difícil de aceptar por nosotros las personas pensantes en todas las circunstancias deplorables, tiene su necesidad y significado razonablemente comprensible. Porque si los innumerables seres vivos que poblaron este planeta durante el enorme período de tiempo en que aún no había seres humanos aquí no hubieran muerto, para hacer sitio de esta manera a sus respectivos descendientes y para suministrar con sus sustancias en descomposición el material necesario para el surgimiento de individuos y especies siempre nuevos, entonces ni un solo ser humano habría podido vivir en un paraíso terrenal, y si nuestros antepasados no hubieran muerto, no habría lugar en la tierra para nosotros hoy.

Dentro de los biotopos terrestres, las densidades de población alcanzadas por los organismos vivos son de importancia central. Como se puede imaginar fácilmente, un aumento incontrolado de individuos que compiten por los mismos medios de vida, tanto dentro de una misma especie como entre especies, llevaría inevitablemente a un agotamiento completo de la oferta disponible en un futuro previsible y, en consecuencia, ninguna de las criaturas que dependen de ella podría sobrevivir. Si pensamos, por ejemplo, en una manada de bisontes en la pradera (los relatos de testigos oculares del siglo XIX, como se menciona repetidamente en los medios de comunicación, nos informan de que los búfalos estaban a veces dispersos por esta vasta y plana pradera hasta donde alcanza la vista), nos llevan a la conclusión de que la tierra es inmensamente rica, con una enorme cantidad de pastos y hierbas que vuelven a crecer constantemente durante la temporada de crecimiento, para alimentar a todos estos animales, que en estado adulto pesan entre 600 y 1000 Kg. cada uno, día tras día, y por otro lado podemos deducir fácilmente que si los bisontes se multiplicaran sin control y aumentaran así sus rebaños, en algún momento se alcanzaría un estado en el que incluso la base alimenticia más rica y exuberante sería destruida y todos los organismos que viven de las mismas plantas pasarían hambre. Cuando las miramos, la función y el propósito de tales instituciones, como aquellas de las que nos quejamos a menudo, como los carnívoros, los parásitos y las enfermedades, se nos hace evidente, y desde este punto de vista podemos entonces también aprobar estas "malas" condiciones en la medida en que vemos que sirven al propósito, los estados de equilibrio fluyentes, ya que desde tiempos eternos se han ido reequilibrando una y otra vez dentro del equilibrio de la naturaleza, y así preservar los hábitats interrelacionados y en ellos las especies y los pueblos en suficiente diversidad, básicamente la vida en la tierra, y que por lo tanto son inevitables, indispensables, necesarios en el sentido más verdadero de la palabra.

El conocimiento de estas conexiones naturales no es en absoluto una ganancia en el pensamiento de los pueblos progresistas, que se interesan por los conocimientos adquiridos y presentados en el marco de la ecología, sino que también era propiedad de los pueblos primitivos cuyos miembros no sabían leer ni escribir ni realizaban investigaciones científicas, y formaba la actitud básica de estos pueblos basada en todas sus percepciones sensoriales y en toda su experiencia vital. "Los blancos trajeron del mundo occidental la idea de que el hombre es superior a todas las demás formas de vida, es decir, a los animales, las plantas, la tierra y los minerales que contiene. Podía disponer de todo lo que había en el mundo a voluntad. El valor que tenía un animal, una planta o un mineral se determinaba en función de si el hombre podía beneficiarse o no de él. ... Pero según la creencia india, el hombre es sólo una parte del universo, en el que todas las partes están conectadas e interactúan entre sí. Ninguna parte es más importante que las otras. Por lo tanto, el hombre debe tener cuidado de no perturbar el equilibrio armonioso. ... Pasó mucho tiempo antes de que los blancos empezaran a pensar seriamente en tales reproches. Era simplemente inconcebible para ellos que los indios pudieran entender más sobre una vida significativa que ellos. Tal vez sea la tragedia del hombre occidental que se detuvo muy tarde en su búsqueda de progreso para tomar nota de esta verdad fundamental a la que los indios siempre se orientaron." (44)

Si observamos los verdaderos paraísos terrenales, llegamos por tanto a la conclusión, y esto confirma el escepticismo ya expresado hacia nuestro conocimiento humano del bien y del mal/mal, de que dentro de estos hábitats las instalaciones "malas" también tienen su propósito, son útiles e indispensables en el marco general, y que su ausencia tendría consecuencias desastrosas. En estas consideraciones, también deben tenerse en cuenta las estrechas limitaciones de nuestra sobre-, comprensión y perspectiva humanas, lo que a su vez significa que no somos capaces de encontrar, comprender, explicar y afirmar la función y el significado en todas las circunstancias naturales, por ejemplo en el caso de las que son particularmente dolorosas y no son exhaustivas y generalizadas, de modo que el hecho de no encontrar razones para la existencia no debe tomarse como prueba en su contra. Lógicamente, la conveniencia y el sentido apuntan a un concepto espiritual, un plan, a la creación, y si prestamos atención a una de las religiones del judaísmo, el cristianismo y el islam, que apuntan al Único que creó el cielo y la tierra, entonces reconocemos en Él, creyendo, al inventor de los ecosistemas terrestres con todas sus partes interrelacionadas.

Y cuando dice en la historia bíblica del trabajo de seis días de Dios: "Dios miró todo lo que había hecho: era muy bueno. (3), según este punto de vista, esto realmente se refiere a todo lo que se puede encontrar en la creación de Dios, en la naturaleza.

Entonces sus ojos se abrieron.

La historia bíblica del paraíso y de la caída del hombre describe inequívocamente una ruptura que distingue entre el principio y el fin, el antes y el después, de una manera que no puede ser revertida, y por lo tanto es irrevocable, irreversible e irreversible. Este punto de inflexión se encuentra en esa fase del evento al que Adán y Eva, seducidos por la serpiente, desobedeciendo el mandato divino, toman y comen del árbol del conocimiento del bien y del mal. Como consecuencia de este pecado de desobediencia y de la presunción de alcanzar lo que está reservado sólo a Dios, se produce un cambio significativo, que probablemente lamenten todos los oyentes y lectores, y que por lo tanto se describe acertadamente con el término "Caída".

Este claro cambio, como se muestra en el relato bíblico, por un lado, después y a través del consumo del fruto prohibido, afecta directamente a los desobedientes desde el interior (50, 55), y por otro lado, insertando desde el exterior, es decir, a través de los castigos divinos (47), las cosas malas en la, hasta entonces, perfectamente buena creación, su entorno terrenal, ofreciendo así una respuesta a la pregunta de su origen y procedencia. La irreversibilidad de este evento trascendental se expresa claramente cuando Yahvé expulsa a los progenitores humanos del Paraíso y pone su entrada bajo estricta vigilancia. (48) Como ya se ha dicho repetidamente, desde nuestro actual punto de vista científicamente fundamentado debemos contradecir el texto bíblico en el que se afirma que las adversidades como las quejas por embarazo, los dolorosos dolores de parto, la tensión entre el hombre y la mujer, las espinas y los cardos, los esfuerzos que inducen al sudor para adquirir el alimento diario, la legítima mortalidad, sólo se crearon durante la vida de los primeros seres humanos sobre la tierra. ¿Esta contradicción se aplica ahora también a los cambios que tienen lugar en Adán y Eva según el relato bíblico?

J dijo, como todavía podemos leer hoy, que los primeros pueblos del Paraíso fueron seducidos a desobedecer a su Creador por la astuta serpiente, violaron el único mandamiento que les había dado, y comieron de los frutos del árbol del conocimiento del bien y del mal, reservado sólo para Dios. La seductora bestia había prometido a los habitantes del Jardín del Edén que cuando comieran de este árbol sus ojos se abrirían y serían como Dios, que reconoce el bien y el mal. El cambio decisivo de Adán y Eva, que se describe después de su asalto sacrílego, es entonces realmente el siguiente: "Entonces ambos ojos se abrieron, y reconocieron que ..." (50) Cuando se habla aquí de la apertura de los ojos, no significa que los órganos visuales de nuestros antepasados estuvieran cerrados hasta entonces, de manera que no pudieran cumplir su tarea; más bien, es evidente que estas actuaciones sensoriales funcionaron correcta y maravillosamente desde el principio, y que las personas, así como los representantes de muchas especies animales, siempre han podido ver todo lo que era importante para su rutina diaria. Por lo tanto, este dicho no debe entenderse literalmente, sino en sentido figurado.
Al ilustrar que en medio del Paraíso había dos árboles de importancia excepcional, a saber, el árbol de la vida y el árbol del conocimiento del bien y del mal (17), y que Yahvé había prohibido a Adán y Eva, bajo la amenaza del castigo más severo, comer de sus frutos especiales (11), porque éstos, como pueden pensar los oyentes y los lectores de manera complementaria, están destinados a Él mismo, dijo en lenguaje llano: Sólo Dios vive eternamente y sólo Él es capaz de saber absolutamente lo que es bueno y lo que es malo. Esto significa, como corresponde a todas nuestras percepciones y experiencias sensoriales, entonces como ahora, ahora como entonces, lógicamente, que nosotros los humanos no vivimos para siempre ni somos capaces del conocimiento absoluto del bien y del mal/mal. Sin embargo, en contra de esta conclusión obvia, J continúa en su historia, como es bien sabido, que los progenitores humanos habían después de todo comido del árbol del conocimiento del bien y del mal y por lo tanto, a través de la

desobediencia y la presunción, habían alcanzado esta misma habilidad divina, de la que antes carecían. (53, 33, 50) Y esta "ganancia" ilícita se entiende cuando se dice: "Entonces se abrieron los dos ojos". (50)
Otro pasaje del texto también indica claramente cómo debe entenderse esta frase. Poco antes de la invasión humana del territorio divino, leemos: "Entonces la mujer vio que sería delicioso comer del árbol, que el árbol era un festín para los ojos y la sedujo para que se volviera sabia. (33) La frase "y tentado a hacerse sabio" se reproduce en otra traducción (Herder Bible) con: "y deseable para ganar perspicacia". En lugar de la palabra conocimiento, se han elegido los términos sabio y perspicacia. Con "insight" la relación con "ver" es obvia. Los deseos, intenciones y capacidades humanas descritas de esta manera tienen como objetivo obtener una visión más amplia de los estados y procesos percibidos, profundizar en ellos, poder ver mejor a través de ellos, de manera que las conexiones, los antecedentes y el fondo, las causas, los planes, los objetivos y el significado se hagan evidentes. Aquellos que se han vuelto tan perspicaces, como la gente ha experimentado y está experimentando una y otra vez en innumerables y diversos ejemplos, entonces como ahora, ahora como entonces, adquieren conocimiento, comprensión, sabiduría y sabiduría en una medida limitada. En su texto, J, desviándose de sus percepciones sensoriales y su conocimiento intuitivo, equipara la recién adquirida capacidad cognitiva humana con la invasión prohibida de lo divino hasta tal punto que el hombre, claramente exagerado, parece ser un serio competidor de Yahvé y es visto y tratado como tal por él. Esto puede verse en el pasaje, ya mencionado repetidamente, que se leerá al final del tercer capítulo del Génesis, en el que Dios expulsa a los progenitores humanos del paraíso y dice de antemano (a Sí mismo): "He aquí que el hombre ha llegado a ser como nosotros; reconoce el bien y el mal". Que no extienda su mano, ni siquiera del árbol de la vida, y viva para siempre!" (33) Si se atribuye al hombre la capacidad de adquirir conocimientos y perspicacia, entonces esta afirmación se basa en una gran cantidad de

información y en los procesos de pensamiento resultantes, ya que tenían básica y esencialmente los mismos contenidos y condujeron a los mismos resultados que hoy en día en el momento de la redacción de los tres primeros capítulos del Génesis. En este contexto, la observación comparativa de los animales y los humanos, su comportamiento y su impacto en sus respectivos biotopos es de gran importancia. El hombre, aunque dotado de algunas peculiaridades, como la marcha erguida, corresponde anatómica y biológicamente a una especie de mamífero, y muestra un alto grado de relación con los grandes simios, pero se caracteriza esencialmente por las capacidades mentales antes mencionadas, que no poseen todos los demás seres vivos terrestres, se encuentra, por lo tanto, en la fase más alta de la filogenia, una vez más claramente diferenciada del reino animal, y así, aunque es una parte inseparable del todo y de esta manera conectada con todas las demás partes y dependiente de ellas y de su funcionamiento y armonía sin perturbaciones, asume un cierto estatus de amo entre los organismos vivos de la tierra.

Los poderes espirituales del hombre se expresan fundamentalmente en su pensamiento, que asigna contenidos inequívocamente a términos, que pueden ser articulados de forma audible o escritos de forma legible, con lo que la comprensión interpersonal puede promoverse y ampliarse de forma especial y puede tener éxito, lo que se denomina, por tanto, pensamiento conceptual y justifica la capacidad del lenguaje. Son precisamente estas habilidades las que permiten a los humanos hacer una diferencia sorprendente cuando comparan su propia especie con otras y llegan a la conclusión segura de que las plantas y los animales son incapaces de hablar. Ahora los científicos no están satisfechos con observaciones y explicaciones tan simples como son posibles para cualquiera; quieren ver más profundamente, describir con más precisión, tener una certeza absoluta. "La posesión del lenguaje humano distingue al hombre de los animales. En el lenguaje se deciden todas las posibilidades de ser humano. ...' Si de esta manera la humanidad se define por la capacidad de hablar, esto presupone las dos condiciones siguientes: a) Hay una diferencia fundamental entre el lenguaje humano y los sistemas de comunicación de los animales; b) los primates no humanos no son capaces de aprender el lenguaje humano. (71) Puesto que los representantes del género Homo no salieron de un bastón de tiempo sin ataduras, sino que surgieron de una larga evolución, por la cual descienden de ancestros simios, y tienen una gran similitud genética con los grandes simios, En otras palabras, los gorilas, orangutanes, chimpancés y bonobos que aún viven hoy en día, es evidente que b) algunos investigadores han dudado y siguen dudando de ello, y que se han llevado a cabo elaborados experimentos para demostrar la capacidad lingüística básica de los chimpancés, por ejemplo. "El estado actual del conocimiento puede resumirse en consecuencia de tal manera que la investigación moderna sobre los primates ha confirmado de manera impresionante que los simios son altamente inteligentes y capaces de resolver complejos problemas simbólicos, pero que no pueden adquirir una inteligencia lingüística comparable a la de los humanos. (71) Así, la ciencia ha confirmado lo que innumerables legos dan por sentado, incluso sin grandes experimentos.

Pero ¿cómo llegó Yahvé a decir que Yahvé no le dio a Adán y Eva las habilidades espirituales en cuestión desde el principio, sino que los progenitores humanos sólo las habían adquirido, y esto de una manera prohibida, después de que ya habían vivido en el Jardín del Edén por un tiempo (indeterminado)? Muchas personas probablemente opinan que un ser vivo sólo puede llamarse humano si es poderoso a nivel de un pensamiento conceptual del lenguaje y puede alcanzar el conocimiento y la perspicacia. Pero todos verán a un ser humano sin vacilación y sin duda en un recién nacido o en un discapacitado mental, aunque no muestren los rasgos distintivos que acabamos de mencionar, o los muestren sólo de manera muy incompleta. En una época de análisis genético, sería posible demostrar científicamente con certeza que cada una de estas personas, y en la misma medida también los embriones humanos, pertenecen a la raza humana. El texto bíblico tampoco deja dudas de que el tiempo de la Encarnación se sitúa en el punto en el que dice: "Entonces el Señor Dios formó al hombre de la tierra y sopló en sus narices el aliento de vida. Así el hombre se convirtió en un ser vivo". (10) Y esto ocurrió en un período de tiempo antes de la Caída del Hombre, la fase en la que los ojos de los progenitores humanos se abrieron por primera vez. Según esta representación pictórica, Adán y Eva, aun cuando no reconocían todavía el bien y el mal, innegablemente seres humanos, estaban predestinados a un cierto estatus de amo, lo que se demuestra, entre otras cosas, por el hecho de que Yahvé les confió una tarea administrativa en el Jardín del Edén. (67)

Tanto hoy como entonces, tanto entonces como ahora, los humanos perciben y perciben con sus sentidos diversos tipos de seres vivos dentro de sus respectivos hábitats, normalmente de forma cotidiana, por lo que pueden y han podido reconfirmar repetidamente la diferenciación característica de su propia especie descrita anteriormente. Por otra parte, las personas que vivían en esa época, al menos con la misma frecuencia, regularidad, atención, intensidad y comparación que las de hoy, observaban todos los grupos de edad de su sociedad, como niños, jóvenes, adultos y ancianos. Con esta información multiplicada y de múltiple repetición, cuyos procesos de procesamiento y experiencias (principalmente intuitivas) caen y caen, hoy como entonces, entonces como ahora, se nota una diferencia notable entre los lactantes y los adultos.

Si las facultades mentales mencionadas se utilizaran como criterio para distinguir entre los seres humanos y los animales, probablemente se asignarían a los animales en lugar de a los seres humanos. Cuando los adultos vuelven a su memoria en la medida de lo posible, se nota de manera legal que tal memoria no puede ser activada en relación con la primera vez, es decir, la fase que pasaron en el vientre de su madre, el nacimiento y el primer o segundo año de vida. Cuando se observa y se trata de recién nacidos, es y

fue, hoy como entonces, entonces como ahora, fácilmente reconocible incluso para el lego que aún no pueden hablar. "La investigación sobre la primera infancia abarca el período desde el nacimiento, incluida la fase prenatal, hasta aproximadamente el final del segundo o tercer año de vida. Este período de tiempo se denomina "infancia" en la literatura técnica en inglés. "Infancia", por otro lado, viene del español y significa el tiempo del niño aún sin palabras. Ciertamente, algunos niños hablan a los dos años, pero la mayoría de las investigaciones psicológicas sobre niños de esa edad no requieren la capacidad de hablar. (71)
El pensamiento conceptual y la capacidad lingüística y, sobre esta base, las mencionadas facultades mentales características del Homo sapiens, como la cognición, la perspicacia, el conocimiento, la sabiduría, la inteligencia, la sabiduría, no se desarrollan por lo tanto desde el principio, es decir, no se encuentran ya en el embrión, el recién nacido, el bebé, el niño pequeño; vienen, paralelamente y en mutua dependencia, sólo más tarde, no de un día para otro, sino gradualmente para desplegarse, siendo la base anatómica e histológica que el desarrollo del cerebro hasta ese momento continúa con la misma eficacia. En esta condición de la ontogénesis humana, tal como es y se presentó y presentó al observador más o menos atento, hoy como entonces, luego como ahora, y como es y fue claramente reconocible de manera simbólica en el fenómeno de la capacidad lingüística, surge en el marco de las consideraciones que aquí se hacen, que se basan siempre en la cuestión de las percepciones sensoriales que J. había recibido en el período previo a su publicación con respecto a los elementos narrativos individuales, es por primera vez un punto de referencia serio para comprender y explicar la ruptura entre el antes y el después que es tan consecuente en la historia bíblica: Al principio, el niño pequeño no puede hablar todavía, de lo que se puede concluir que no piensa todavía conceptualmente, sino, como los animales capaces de hacerlo, sólo pre-conceptualmente, que por lo tanto no está todavía dotado de capacidades mentales, ya que son absolutamente

necesarias para la condición previa de este mismo pensamiento conceptual, de la comprensión, de la razón. Más tarde el joven aprendió a hablar, de lo que se puede concluir que ahora piensa en términos de conceptos y sabe cómo utilizar este nivel espiritual en su vida cotidiana.
Si con este desarrollo característico, a medida que el ser humano individual pasa de niño a adulto, se ha encontrado en efecto la fuente de información, de la que J, al formular la historia bíblica del paraíso y de la caída del hombre en presencia de Dios que se le revela, extrajo, entonces el mensaje transmitido de esta manera pictórica es: Como se puede observar de nuevo a este respecto una y otra vez en cada ser humano que viene al mundo, así fue también con la humanidad en su conjunto: Los primeros seres humanos sobre la tierra, los progenitores de todos nosotros, representados en la historia bíblica de Adán y Eva, fueron, en lo que respecta a sus capacidades espirituales, en un principio todavía al nivel de los niños, ya que pertenecen a la etapa que los psicólogos del desarrollo llaman infancia, y sólo después de un período de tiempo no especificado adquirieron aquellas características que pueden considerarse como específicas de la raza humana. El objetivo de desarrollo decisivo, que al mismo tiempo se convierte en el punto de partida de todos los cambios en la tierra motivados por el espíritu humano, está marcado con la formulación: "Se abrieron los dos ojos". ¿Hay ahora más indicaciones en el texto bíblico de esta tesis, a saber, que J, en presencia de Dios que se le revela, sacó conclusiones de los procesos de desarrollo tal como los había observado en los niños a los que tuvieron lugar en los primeros días de la humanidad?
El verso del que se toma la cita que acabamos de citar dice en detalle: "Entonces ambos ojos se abrieron y reconocieron que estaban desnudos. Graparon hojas de higuera y se hicieron un delantal". (50) Antes de la aparición de la serpiente se había señalado: "Tanto Adán como su esposa estaban desnudos, pero no se avergonzaban el uno del otro. (54) En lenguaje llano se afirma aquí que las primeras personas, después de que las

capacidades mentales descritas se hubieran desarrollado por primera vez en ellas, expresaron un sentimiento de vergüenza. También este cambio de antes a después es y fue, hoy como entonces, entonces como ahora, para ser observado en el crecimiento de los niños. A diferencia de los animales, que no muestran ningún cambio en este sentido, el sentimiento de vergüenza se desarrolla en una cierta fase del desarrollo. Esto puede verse, por ejemplo, en el hecho de que ahora evitan actuar completamente desnudos frente a otros, por lo que no tratan todas las partes del cuerpo por igual. Por ejemplo, cuando hace calor o en las piscinas, no les importa permanecer en gran medida desnudos en los espacios públicos de la sociedad, pero aún así se preocupan mucho de que las partes del cuerpo que tienen una relación directa con la excreción y su respectivo sexo permanezcan cubiertas por prendas de vestir como pantalones cortos o trajes de baño. Este comportamiento de los pueblos hasta ahora desarrollados indica claramente que se avergüenzan de las regiones ocultas.

Hay también otros ejemplos que demuestran que las personas no presentan abiertamente todo sobre sí mismas a sus semejantes, sino que tienden a hacerlo, por ejemplo, factores de apariencia externa que no cumplen con los ideales de belleza imperantes, marcas corporales feas congénitas o adquiridas, defectos reales o supuestos, debilidades, insuficiencias, errores, comportamientos inapropiados, etc. no sólo del cuerpo, sino también del alma, si es posible para ocultarlo de los demás o, si esto no tiene éxito, al menos para encubrirlo, con lo que se pueden observar diferentes sensibilidades. Los animales y los niños pequeños aún no están familiarizados con estos problemas, sino que sólo son vistos y experimentados como tales por los adultos. Esto se debe a su experiencia y conocimiento, según los cuales ellos mismos, así como sus compañeros igualmente muy desarrollados, no perciben simplemente las cosas, los seres vivos y las personas sin reflexión, sino que también los evalúan en el nivel espiritual de su pensamiento conceptual, como "buenos" o "malos/malos".

Por lo tanto, cuando son observados por sus pares, esperan que en parte los afirmen, confirmen, alaben y admiren, pero en parte los critiquen, se burlen y los rechacen, por lo que los primeros se registran y aceptan con gusto, pero los segundos duelen. Dado que los animales y los niños pequeños no tienen estas habilidades mentales y por lo tanto no evalúan de esa manera, tampoco esperan tales evaluaciones de los demás. Por lo tanto, los sentimientos de vergüenza no se sienten o expresan normalmente hacia ellos, y ellos mismos no muestran ningún signo comparable de vergüenza. De esto se desprende claramente que estos sentimientos, con las consecuencias expresadas en tales dimensiones, sólo surgen después de que los juicios han aparecido en la propia mente, es decir, racionalmente comprensibles, tales como: "Pero, ¿esto o aquello de mí es feo, sucio, maloliente, inferior, malvado? Y / o: "Esta o esa persona (s) piensa, piensa que esto o aquello es feo sobre mí, ...". Por lo tanto, se trata de interacciones entre ver y ser visto, entre valores y ser evaluado.

Los humanos tenemos un profundo anhelo de ser felices y contentos o de ser felices y contentos una y otra vez. Un importante requisito básico para experimentar realmente momentos de felicidad es que la persona concreta encuentre la autoafirmación, es decir, que en diversas situaciones de su vida sea capaz de pensar, por ejemplo, "Sí, es bueno que esté vivo". Sí, es bueno que yo sea como soy". Esta autoaceptación es tanto más fácil para nosotros cuanto más experimentamos, desde la infancia, donde se sientan las bases de toda nuestra vida, que y cómo somos aceptados y afirmados una y otra vez por muchos signos creíbles del exterior, principalmente por importantes personas de referencia. Un sí sin restricciones en todas las situaciones de la vida probablemente no se da a ningún ser humano y no sería propicio para una autoevaluación realista y un conocimiento preciso de los límites respectivos; por lo tanto, en el curso de su vida, cada uno debe aprender a tratar con simpatía amorosa, atención apreciativa, confirmación, elogio, admiración así como crítica, reprimenda, indiferencia, rechazo, intrigas, hostilidad y a usarlos para sus acciones posteriores de la manera más sensata. Esto se aplica tanto pasiva como activamente, es decir, a las señales que la propia persona recibe de los demás seres humanos y a las que la propia persona envía a los demás seres humanos. También en esta área, dos polos opuestos son necesarios en su mutua complementariedad para la perfección. Dado que las personas desean ahora encontrar la autoafirmación y quieren el reconocimiento de personas de referencia importantes, así como de sus semejantes, tienden a presentarse de la manera más positiva posible a sí mismos y a los demás, para crear y demostrar una imagen que puede calificarse de "buena". En este esfuerzo, es parte de su estrategia presentar o incluso probar sus ventajas, habilidades, fortalezas, virtudes, porque esperan que se les acrediten "puntos positivos", que se les acepte, que se les eleve en la jerarquía humana, que disfruten estando con ellos, que se les alabe, se les respete y se les honre, por otra parte, mejorar, encubrir, exagerar las faltas, deficiencias, debilidades, errores, vicios reales o supuestos, si es posible, porque temen que por estas características se les "acrediten puntos negativos", que se les rebaje en la jerarquía humana, que se les evite, ridiculice, rechace.

La autoevaluación de una persona, especialmente en su infancia, está formada por las normas de juicio que aplican las personas de su entorno y por las que él mismo es juzgado por ellas. Y esto en parte "estampado", en parte una y otra vez la nueva imagen de sí mismo influye a su vez en la autopresentación de la persona en cuestión ante sus semejantes. Lo que la gente muestra de forma voluntaria y abierta en y de sí misma, lo que posiblemente, más o menos claramente, incluso señalan, afirman, llaman "bueno"; lo que la gente encubre en y de sí misma, lo que intenta desviar, lo que intenta corregir y/o encubrir, lo niegan, lo evalúan como "deficiente, inferior, feo, malo/malo", de lo que se avergüenzan. En el contexto considerado aquí, esto también se aplica a la desnudez y la sexualidad. Ahora bien, los órganos reproductores no son partes que desfiguren el cuerpo humano de ninguna manera, que afecten a su armonía, que sean defectuosos en su construcción, o que no tengan ningún sentido en su función; más bien, son tan útiles y significativos, incluso milagrosos, como todas las demás partes del cuerpo, y cuando las personas están excitadas sexualmente, incluso prestan demasiada atención y desean estas regiones normalmente ocultas. Lo que desencadena sentimientos de vergüenza en las personas que han "abierto los ojos", que en consecuencia juzgan los objetos de sus percepciones como "buenos" o "malos/malos", con respecto a las zonas urogenitales y anales que cubren vergonzosamente, está en primer lugar relacionado con las excreciones que se excretan del cuerpo aquí. Estos desechos y productos de desecho, no importa cuán atractivos, bellos, inteligentes, ricos o de alto rango, no se consideran agradables, apetitosos, bellos; más bien, apestan, causan sentimientos de repugnancia y, como sabemos hoy en día, pueden contener y transmitir patógenos. Nada de esto encaja en la imagen positiva que la gente quiere mostrar de sí misma. Además, suele ser difícil para los adolescentes y los adultos afirmar su propia sexualidad y todos los movimientos, impulsos y acciones asociados. Incluso cuando las personas se dejan llevar por la excitación sexual, normalmente siguen estando estrictamente preocupadas por la intimidad y la discreción, sus anhelos, deseos, lujuria y patrones de comportamiento tan motivados y orientados es probable que surjan en áreas familiares y protegidas externamente, pero no en público y ante los espectadores. Aunque a veces estén totalmente locos y pierdan la mayor parte de sus inhibiciones y vergüenza, suelen saber que les seguirá la desilusión, que puede causar vergüenza, molestia, ridículo y hostilidad. Algunas personas se sienten básicamente incómodas, al menos temporalmente y dependiendo de la persona, para hablar con otros sobre su sexualidad, o eso y cuando los seres humanos, que ya hacen distinciones entre "bueno" y "malo/malo", registran su sexualidad, aunque sólo sea de manera indirecta y sugerente; más bien

prefieren tabular esta zona de su cuerpo, su ser y su vida y quieren excluirla en gran medida de su conciencia.
La menstruación mensual de las mujeres, subjetivamente percibida a menudo como desagradable porque suele estar más o menos asociada a quejas, y los espermatozoides masculinos también pertenecen a las excreciones del cuerpo, que normalmente no se consideran exactamente apetitosas y bellas, sino que más bien pueden causar asco y por lo tanto dar lugar a sentimientos de vergüenza. Esto se expresa de manera extrema en la ley del Antiguo Testamento: allí las mencionadas salidas y efusiones se consideraban "inmundas" incluso en personas completamente sanas, y éstas mismas, así como las personas y objetos que tocaban a tales personas todavía en estado de impureza, aunque sólo fuera accidentalmente y sin querer, se consideraban inmundas hasta la noche. Se prescribieron baños y lavados para estos casos. (72) "Inmundo" también puede describirse como sucio, antihigiénico, repugnante. En las sociedades modernas y prósperas, podemos averiguar con regularidad el valor que la gente da a la limpieza con respecto a una apariencia positiva duchándose al menos una vez al día, cambiando de ropa con frecuencia y utilizando fragancias para cubrir los olores corporales. Sin embargo, los sentimientos de vergüenza no sólo se refieren a cuestiones materiales y estructurales. El instinto sexual, que actúa principalmente en las profundidades del alma humana, por ejemplo a través de mecanismos hormonales, provoca a veces lesiones extremadamente dolorosas en las personas que tienen que afrontarlo, activa y/o pasivamente, como sentimientos de soledad, rechazo humillante, explotación de los sentimientos amorosos de otra persona para satisfacción egoísta o chantaje, demostración de superioridad, poder, desprecio, uso de la violencia. Para protegerse de tales traumas, por consideración a los seres queridos, y con vistas a un curso lo más ordenado posible de la vida social, toda persona sexualmente madura se cuidará normalmente de mantener este instinto en el buen camino. Esto a menudo significa luchas internas, en las que la voluntad humana trata de

controlar y dominar "la lujuria carnal". Como los instintos trabajan desde las profundidades invisibles del alma y a menudo no pueden ser suprimidos tan fácilmente, sino que ejercen una influencia considerable, a veces incluso exuberante e indomable sobre la integridad psicosomática de las respectivas personas, con frecuencia y de forma múltiple causan una tensión general, que de vez en cuando también se vuelve perturbadora y gravosa, y a estas fuerzas, precisamente porque a veces controlan a las personas contra su voluntad, se les atribuye a veces un carácter demoníaco. La locura por aquellas partes del cuerpo que normalmente se consideran inmundas y antihigiénicas, y que a menudo se encuentran con disgusto, puede conducir a conflictos de conciencia y ser condenada como "perversa", de modo que los afectados se sienten avergonzados de sus deseos ante el juicio de sus semejantes. Incluso en la vida humana cotidiana, las tensiones sexuales causan muchas turbulencias más o menos conspicuas, que aquí y allá tienen un efecto muy estimulante, pero a veces también bastante estresante, humillante, molesto y vergonzoso.

La historia bíblica del Paraíso y la Caída del Hombre es así, en la medida en que muestra que Adán y Eva, sólo después de haber comido del árbol del conocimiento del bien y del mal, y después de haber adquirido la mencionada capacidad de desarrollar sentimientos de vergüenza, pueden ser claramente reconocidos en la realidad de la vida cotidiana, porque la vergüenza se basa en una evaluación negativa de aquellas características y cualidades de las que la persona en cuestión se avergüenza; si las evaluara positivamente, resultaría el orgullo. Esta conexión puede y podría ser observada y confirmada de manera comprensible, hoy como entonces, luego como ahora, cuando los niños pequeños crecen. Pero la capacidad de juzgar que tiene tales consecuencias requiere la condición previa del pensamiento conceptual, porque precisamente en este nivel se hace la distinción entre "bueno" y "malo/mal", y el juicio que se hace en cada caso desde aquí (anatómico-histórico: el cerebro, cuya corteza cerebral) influye en todo el cuerpo (a través de las vías nerviosas descendentes y sus redes ramificadas en todos los tejidos) y, si es necesario, provoca los sentimientos de vergüenza antes mencionados.

Así que si en la historia bíblica analizada aquí, hay claramente una ruptura entre el principio y el final, entre el antes y el después, y si preguntamos acerca de las percepciones sensoriales que J tuvo en este sentido en el período previo a su publicación, entonces se ha encontrado una respuesta plausible en los procesos de desarrollo descritos, tal como se pueden observar y se observaron hoy y hoy, tal como son hoy y fueron entonces, en el crecimiento de los niños pequeños: No sólo los científicos modernos (psicólogos), sino también los laicos de todos los tiempos, en los que el texto bíblico fue escrito y es recibido, están en condiciones de reconocer con certeza, incluso sin una extensa investigación, que los niños pequeños no hablan todavía al principio, y en consecuencia tampoco piensan todavía conceptualmente que no pueden distinguir todavía entre "bueno" y "malo/mal" en este mismo nivel espiritual, y por consiguiente tampoco conocen todavía ningún sentimiento de vergüenza, que a medida que crecen y cuando su desarrollo es normal, comienzan gradualmente a hablar, a pensar conceptualmente y a juzgar en ese mismo nivel espiritual, lo cual, cuando notan cualidades en sí mismos que ellos y/o los demás juzgan negativamente, les hace sentir vergüenza.

Cuando los niños crecen, las habilidades lingüísticas características de los seres humanos no se desarrollan de la noche a la mañana, sino gradualmente. Es evidente para todo observador interesado que los inicios de este desarrollo no son todavía suficientes para producir capacidades mentales, ya que se pronuncian en una etapa avanzada, por ejemplo para fundamentar la perspicacia, la razón, el juicio. J pudo haber procesado esta observación en el segundo capítulo del Génesis, donde, incluso antes de contar la sacrílega invasión de los progenitores humanos en territorio divino, formuló: "El Señor Dios formó de la tierra todas las bestias del campo y todas las aves del cielo y las condujo al hombre para ver cómo las llamaría. Y como el hombre

llamó a cada ser vivo, así debería llamarse. El hombre dio nombres a todo el ganado, a los pájaros del cielo y a todas las bestias del campo. "(73) Los nombres que los niños pequeños que recién comienzan a hablar articulados suelen ser onomatopeyas, como "bow-wow", "moo cow", o términos muy simplificados como "hotta". Pero incluso si ya utilizan correctamente las palabras perro, vaca, caballo, los niños todavía no son capaces de distinguir inmediatamente entre "bueno" y "malo" sobre la base de su propio pensamiento conceptual, y se necesita un mayor desarrollo.
En el libro bíblico del Deuteronomio se nos cuenta al principio una vez más cómo el pueblo de Israel envió exploradores para explorar la tierra de Canaán, que Dios quiso dar en su posesión, y cómo estos doce hombres regresaron y, al informar que este terreno era inaceptable, sembraron el miedo, y cómo Dios castigó entonces al pueblo, porque no creyeron en sus promesas, imponiéndoles otros cuarenta años de vagabundeo en el desierto: "Y tus pequeños, de los que dices: 'Se convertirán en presa'., y tus hijos, que hoy no saben nada del bien y del mal, vendrán a la tierra. Se lo daré y ellos tomarán posesión de él". (74) La frase "vuestros hijos, que hoy en día todavía no saben nada del bien y del mal" debe entenderse aquí claramente como una indicación de edad. Esto incluye también a los que ya han empezado a hablar, pero que todavía no son capaces de juzgar responsablemente sobre la base de este pensamiento conceptual inicialmente insuficiente. Aunque J no participó en la constitución del Deuteronomio (14), es probable que el autor encargado (Dtr 1 / 14) conociera el texto del Génesis 2 y 3, donde se menciona el "árbol de la ciencia del bien y del mal", y lo interpretara en consecuencia. Sin embargo, si no se dispone de tal interpretación, entonces la edad de los niños formulada de esta manera nos permite al menos concluir claramente a partir de las observaciones correspondientes que, según los estándares humanos, el juicio fiable no se desarrolla todavía en los niños en esta etapa del desarrollo, sino que sólo se adquiere más tarde. Y aquí se trata de la información, y de los hallazgos que se derivan de ella, ya que pueden

ser fácilmente y con seguridad extraídos, obtenidos y comprobados tanto por los escritores bíblicos mencionados anteriormente como por las personas que vivían en ese momento, y también por los laicos de hoy en día.

En este pasaje del Deuteronomio, la indicación de edad mencionada tiene también otro significado y trascendencia: el pasaje en cuestión trata de una mala conducta de algunos de los pueblos en forma de desobediencia y falta de confianza en Dios, ya que Él había dado el encargo de que Israel se apoderara de la tierra y prometió el éxito de esta empresa, siendo el pecado en cuestión seguido de un castigo. De nuestra legislación penal actual, sabemos que los niños todavía no se consideran mayores de edad, por lo que en muchos casos los padres son responsables de sus hijos. Si una persona carece de la razón para distinguir de forma perspicaz y responsable entre "bueno" y "malo/mal", entonces, en consecuencia, no se le puede hacer responsable de su comportamiento. En este contexto, el concepto de culpabilidad debe ser planteado ahora. Cualquiera que cause daño u otro mal y por lo tanto cause sufrimiento a aquellos que son capaces de hacerlo, es decir, cualquiera que, para usar el dicho bíblico, cause maldad/maldad, debe ser culpado por esto. En este sentido, los animales y los niños pequeños también se vuelven culpables. Este es el caso, por ejemplo, cuando un caballo, de buen humor o porque está asustado, golpea y causa un moretón, una herida o incluso un hueso roto a otro, o cuando un niño pequeño lanza o golpea otro objeto duro contra la cabeza.

De acuerdo con nuestro sentido de la justicia, la deuda debe ser pagada, expiada. Para ello se utilizan a menudo los medios de castigo, por lo que su severidad y rigor deben adaptarse a la gravedad de la respectiva culpabilidad, y esta medida se denomina a su vez juicio. Dentro de esta empresa extremadamente difícil, la cuestión de si el culpable es capaz de responder por su mala conducta y en qué medida lo hace es de importancia central y fundamental, si está fundamentalmente cuerdo en absoluto y, en caso afirmativo, si actuó de forma intencionada, negligente o en el calor de la pasión. Sobre esta cuestión, existe ahora un acuerdo general de que los niños que se han hecho culpables en el sentido de que han causado cosas malas no pueden ser considerados responsables y rendir cuentas por esta culpa, precisamente porque todavía no son lo suficientemente razonables para distinguir entre "bueno" y "malo/malo", pero esto no excluye las medidas educativas.

Sin embargo, en el contexto de la adolescencia de los niños, la cuestión de la culpabilidad no sólo debe ser objeto de especial atención en lo que respecta a la edad de responsabilidad penal. En la historia de la Caída del Hombre está retratado en imágenes que Adán y Eva violaron y por lo tanto pecaron contra el único mandamiento que Yahvé les había impuesto en el paraíso. Al hacerlo, se volvieron culpables, y el mal que hicieron fue recompensar a su Creador por todas las cosas maravillosas que les había dado, con el robo de su propiedad y así, más profundamente, con ingratitud y presunción malvada. "Entonces ambos ojos se abrieron y se dieron cuenta de que estaban desnudos. Graparon hojas de higuera y se hicieron un delantal. Cuando escucharon al Señor Dios viniendo en el jardín contra el viento, Adán y Eva se escondieron del Señor Dios bajo los árboles del jardín. El Señor Dios llamó a Adán y le dijo: "¿Dónde estás? Él respondió: Te oí llegar al jardín, y tuve miedo porque estaba desnuda, así que me escondí. Según esta formulación, el temor de Dios que surge en Adán y Eva se justifica con el conocimiento previamente adquirido de que están desnudos, por lo tanto con sus sentimientos de vergüenza, y posiblemente incluso alimentado por la perspicacia relacionada con ello, cuán insuperablemente grande es la diferencia de dimensiones entre Dios y el hombre, creador y criatura, y que el deseo humano de ser como Dios es consecuentemente insatisfactorio, simplemente ridículo, porque no hay impureza alguna en Él, como la desnudez nos revela.

Pero si pregunto sobre las percepciones sensoriales que han fluido en J con respecto al miedo que describe, como los progenitores humanos sintieron primero ante Dios, entonces llego a un fenómeno diferente dentro del marco que se ha establecido en la historia bíblica con la secuencia de dar a conocer un mandamiento, la transgresión del mismo y el castigo: Este temor muestra claramente que Adán y Eva sabían de su maldad. El conocimiento puede definirse como la certeza de una acción apropiada. Los animales también tienen esto, que puede ser admirado y confirmado una y otra vez cuando se ve el éxito que tienen en su vida cotidiana. Pero el conocimiento también puede entenderse como la reserva o el alcance de lo que se ha captado racionalmente, es decir, con la mente, como también se muestra, por ejemplo, en la capacidad de dar respuestas verdaderas a las preguntas. Con esta definición, el don mencionado se caracteriza como un poder espiritual y, por lo tanto, se limita, por supuesto, a los seres humanos, porque sólo ellos poseen el requisito previo indispensable de la razón, es decir, el poder de operar significativa y apropiadamente en el nivel espiritual del pensamiento conceptual, lo cual se demuestra por su capacidad lingüística y puede expresarse y comunicarse a través de ella.

Así que si Adán y Eva saben en la historia bíblica que han violado el mandamiento divino, entonces esto significa que pensamientos de la siguiente clase han aparecido en sus cabezas "Acabamos de hacer lo que Dios nos ha prohibido hacer, desobedeciendo al Creador que nos ha mostrado tanto favor, y hemos tomado su propiedad. La capacidad de pensar en términos permite así a los que son capaces de hacerlo reflexionar sobre sí mismos. Al ser capaces de distinguir entre "bueno" y "malo/mal" en este mismo nivel espiritual, llegan a evaluaciones que conciernen a su propio comportamiento y a su propia persona: "Cuando violamos la prohibición divina, cometimos el mal, fuimos malos. Dado que en el marco mencionado la consecuencia del castigo casi equivale a una determinación, el temor se vuelve plausible como reacción al autoconocimiento adquirido y resulta ser realista en lo siguiente, cuando Yahvé suelta sus discursos punitivos (47) y expulsa a los progenitores humanos del paraíso (48). Este conocimiento de la propia mala conducta también puede ser llamado un sentido de culpa. Dado que esto requiere un nivel correspondientemente avanzado de pensamiento conceptual, todavía no es pronunciado en los niños pequeños, sino que sólo ocurre cuando su capacidad mental aumenta a medida que crecen. Y aquí tenemos de nuevo un aspecto en el que se apoya la tesis de que J ha procesado las percepciones sensoriales en la narración bíblica del paraíso y la caída de la humanidad, como las había recibido al comparar los seres humanos adultos con los niños.

¿Hay alguna otra evidencia de esto en el texto del Génesis? En el segundo capítulo dice: "De todos los árboles del jardín puedes comer, pero del árbol de la ciencia del bien y del mal no puedes comer, porque en cuanto comas de él, morirás". (11) Y en el tercero: "...hasta que vuelvas a la tierra, de la cual has sido tomado. Porque polvo eres, al polvo debes volver". (29) La investigación científica ha demostrado de manera irrefutable que todos los seres vivos de la tierra son mortales, que sin duda morirán, a pesar de todos los imponderables de su existencia, y que se trata de una ley férrea e ineludible, de la que no estaban exentos en absoluto los primeros representantes del género Homo = hombre, que han vivido alguna vez en hábitats terrestres. Así que cualquiera que quiera interpretar esta historia bíblica para significar que Adán y Eva fueron inmortales al principio, y sólo por su sacrílego invasión fueron castigados con la legalidad de la muerte y finalmente puestos en sus límites terrenales, es refutado por estos hallazgos de investigación. También con respecto a esta dificultad, el estudio comparativo de los niños pequeños con los adultos, tal como es hoy como era entonces, tal como era entonces como es ahora, y tal como era entonces como es ahora, puede señalar el camino a seguir, y esta dirección es la misma que la que se ha seguido hasta ahora.

Desde el principio de su existencia, cada ser humano está incondicionalmente sujeto a las leyes naturales de este mundo, que están determinadas por Dios. La diferencia, como lo demuestran claramente los niños pequeños en comparación con los seres humanos adultos, consiste ahora en el hecho de que éstos, mientras el desarrollo de su cerebro no haga posible todavía un pensamiento conceptual, no saben exactamente en este nivel espiritual sobre el hecho de que morirán una vez, y que por consiguiente tampoco se registrarán reacciones de tales procesos de pensamiento sobre su estado mental. Sin embargo, cuando se enfrentan al hecho de la muerte, su alma también puede verse afectada por la tristeza y los temores, que pueden deberse al hecho de que registran las sensaciones correspondientes de importantes cuidadores como ondas que se propagan en el espacio, y son captadas automáticamente por ellos por simpatía y debido a una identificación de gran alcance, y resuenan en consecuencia, o que resuenan, después de la muerte de un ser vivo con el que mantenían una relación estrecha y regular, experimentan su ausencia como una deficiencia dolorosa, aunque en todo ello no son capaces de hacer frente a sus impresiones y experiencias en el nivel espiritual del pensamiento conceptual. El "elternbrief" 22 (40) se refiere a los niños de cinco años y cuarto, es decir, el período preescolar, y menciona que es durante este período cuando se plantean por primera vez las preguntas después de la muerte. Estas preguntas suelen ser desencadenadas por la experiencia de la muerte en las inmediaciones del niño y marcan el comienzo de un enfrentamiento espiritual con la realidad de la muerte. Estos procesos de pensamiento conceptual conducen gradualmente al reconocimiento de las conexiones que son legales en todos los biotopos terrestres, a saber, que todos los seres vivos de la Tierra, por ejemplo, las flores, la lechuga, las plantas de patata y de trigo, las moscas, las mariposas, los pollos, los gatos, los perros, los caballos y también los seres humanos, tienen un principio y un fin. Mediante el procesamiento a largo plazo de las percepciones sensoriales y las explicaciones interpersonales pertinentes, como se hace en forma de procesos de pensamiento registrables, se adquiere un conocimiento que está constantemente presente en la cabeza de las personas adultas y que conduce

a que los pensamientos de muerte aparezcan una y otra vez, que ejercen reacciones wiede-rum en su alma, su habla y sus acciones, por lo que son innegables influencias de estados y procesos físicos de la mente, y suelen causar sentimientos negativos, como aversión, miedo, depresión. Dado que tales recomendaciones son indeseables, a menudo se evitan, lo que conduce a la supresión y al tabú de los muertos tanto en el pensamiento personal como en las discusiones interpersonales, así como en toda la presentación de los espacios públicos frecuentemente visitados.
Los adultos que tienen conocimiento de las consecuencias de la muerte pueden incluir este evento final en su planificación. Por lo general, los animales sólo matan cuando están genéticamente predispuestos a agarrar presas vivas, cuando están impulsados por el hambre, cuando necesitan comida o cuando se producen heridas peligrosas en peleas durante las cuales ninguno de sus rivales está preparado para despejar el campo. Por otra parte, los adultos a veces toman la decisión de matar a individuos competidores, "perjudiciales" y gravosos que se interponen en el camino de sus propios objetivos, porque saben que está a punto de llegar una solución radical y definitiva a lo que experimentan como un problema más o menos importante. En comparación con los competidores interespecíficos, que se clasifican como "plagas", esta estrategia se considera estándar en las culturas modernas; sin embargo, también sucede una y otra vez que se aplica interiormente, para luego ser llamada asesinato. Los adultos, por otro lado, son capaces de posponer su propia muerte luchando contra las enfermedades y los procesos de envejecimiento, porque han adquirido conocimientos sobre los factores que conducen a la muerte y son capaces de hacerlo con los medios a su disposición.

Cuando se trata de la historia bíblica del paraíso y la caída del hombre, surge pronto un difícil acertijo, si se parte de la cuestión de las percepciones sensoriales que J. había recibido en el período previo a su publicación con respecto a los elementos narrativos individuales: ¿Cómo debe entenderse y explicarse que este autor informe con tal convicción de un tiempo y de unos acontecimientos en los que él mismo no vivió durante mucho tiempo y sobre los que no pudo recabar ninguna información de los testigos? ¿Y cómo llegó a describir específicamente esta ruptura entre el principio y el fin, entre el antes y el después, que es tan característica de esta historia bíblica, cuando no pudo evaluar ninguna percepción sensorial de la misma? Como el análisis del texto muestra ahora claramente que J, en su narrativa, ha procesado e incorporado observaciones de los procesos de desarrollo que deben elevarse a la condición de adulto, incluso por parte de los legos, cuando los niños pequeños crecen hasta convertirse en adultos, se hace evidente una solución a este difícil acertijo: Del hecho de que J, como autor de la historia bíblica del paraíso y la caída del hombre, atribuyera precisamente estos cambios observados en los niños a Adán y Eva como progenitores humanos, se desprende que vio los orígenes de la humanidad representados en los niños pequeños de las sociedades humanas, por lo que resulta la siguiente clasificación: Adán y Eva corresponden a los primeros seres humanos que vivieron en la tierra en la época anterior a la Caída, y su descripción está marcada por las observaciones que J había hecho de los niños pequeños. En el tiempo que siguió a la Caída, Adán y Eva muestran la mentalidad y el comportamiento de las personas adultas tal como los conocía el autor bíblico, incluyendo su propia personalidad, y en la que registró las diferencias mencionadas anteriormente en relación con los niños pequeños. Así pues, el texto bíblico afirma que en sus comienzos la humanidad se desarrolló durante un período de tiempo que no se especifica con mayor precisión, de manera similar a como lo hacen todavía los niños pequeños de las generaciones siguientes, y esta afirmación, en lo que respecta a los cambios descritos en el texto bíblico, no es refutada por los resultados de la investigación científica.

Entre los cambios mencionados, de acuerdo con la intención de la declaración, tal como queda claro en la historia bíblica pictórica, la adquisición del "conocimiento del bien y del mal" (33), es decir, la capacidad de juzgar, tiene un serio significado, porque esto, en el marco de un impulso propio de gran alcance, se convierte en la condición previa para el desarrollo ulterior. Esta capacidad, a su vez, está estrechamente relacionada con la que se expresa en las siguientes palabras: "Entonces ambos abrieron los ojos y reconocieron que...". (50), que también marca la mencionada grieta entre el principio y el final, entre el antes y el después. Este giro de la frase denota una etapa de desarrollo mental en la que la capacidad de pensar conceptualmente, expresada claramente en el grado de capacidad de hablar, alcanza y cruza un umbral a partir del cual se ponen en marcha procesos irreversibles. "Entonces se abrieron los dos ojos" debe entenderse y explicarse como una expresión pictórica del hecho de que en el hombre, en el nivel espiritual del pensamiento conceptual, surge una conciencia. A medida que las personas empiezan a distinguir entre "bueno" y "malo" sobre esta base tan racional, se hacen conscientes de su desnudez y sexualidad, de los motivos y consecuencias de sus sentimientos, pensamientos, palabras y acciones, así como de su mortalidad, de modo que se sienten avergonzados, se acusan y sienten remordimientos, conocen la regularidad de la muerte, y todos estos contenidos de la conciencia tienen tales efectos sobre la integridad del individuo, que consiste en un entrelazamiento psicosomático, se despliegan como se presentan en este relato bíblico como dolorosos y lamentables y por lo tanto hay que calificarlos de desastrosos, porque en él se describe que después del acontecimiento mencionado, la "Caída", las condiciones de existencia de los progenitores humanos empeoraron considerablemente, porque Yahvé maldijo la tierra por su causa (42), los expulsó del paraíso y les bloqueó el camino de regreso para siempre (48).
En el período previo a su publicación, J había percibido así con sus sentidos los procesos de desarrollo antes mencionados, como ocurren regularmente

cuando los niños pequeños crecen, los procesó en percepciones intuitivas e incorporó todo esto en la formulación de su narrativa. Pero ¿cómo llegó a afirmar que Yahvé sólo había incorporado posteriormente las cosas "malas", como los problemas del embarazo, los dolores de parto dolorosos, los conflictos entre el hombre y la mujer, las dificultades de la adquisición de alimentos cotidianos, la muerte segura (47), en su, hasta entonces, creación perfectamente buena? En realidad no hay ninguna prueba que sugiera que el autor bíblico tuviera acceso a la información que podría haberlo llevado a hacer esta afirmación, y podría haberla confirmado y fundamentado. Pero como se ha puesto de manifiesto en el ejemplo de la mortalidad legal, el cambio descrito no consiste objetivamente en el hecho de que el hombre era inicialmente inmortal y sólo más tarde se le habría impuesto la carga de una muerte segura, sino subjetivamente en el hecho de que el hombre, como en la ontogénesis y también en la filogenia, no sabe al principio que debe morir con seguridad, pero más tarde lo hará, si el nivel espiritual del pensamiento conceptual está a su disposición en grado suficiente para este propósito, y si se da cuenta de la inevitable y férrea legalidad de la muerte, es obvio examinar si este enfoque puede aplicarse a todas las instituciones "malas" (47) producidas por los discursos criminales divinos, y si resulta ser revelador a este respecto.
Si esto se transfiere así, entonces se aplica lo siguiente: El cambio del entorno humano (47) que se describe en el relato de la "Caída del Hombre", incluida la expulsión del paraíso (48), no consistió y no consiste objetivamente en el hecho de que las cosas "malas" mencionadas, que también se pueden resumir bajo el término de sufrimiento, no habría estado presente al principio y se habría insertado en el mundo y en la vida de los que son capaces de sufrir sólo más tarde, pero subjetivamente en el hecho de que en el curso del desarrollo espiritual mencionado anteriormente, el hombre se hace consciente de sí mismo y de muchas circunstancias que encuentra en su entorno, y luego las evalúa como "buenas" o "malas/malas". Según el análisis

de la narración bíblica del Paraíso y la Caída del Hombre, que se ha llevado a cabo de esta manera, es por lo tanto de gran importancia ver y notar que en el proceso que J había observado, y que condujo al rechazo de la humanidad en el principio y descrito como la "Caída del Hombre", no fue el mundo el que cambió, sino que un cambio tuvo lugar en Adán y Eva.

Otra característica específica

desarrollo humano

En cuanto a los cambios que tuvieron lugar en Adán y Eva, el consumo del fruto prohibido, con el que encarnaron la capacidad de reconocer el bien y el mal, tiene, como ya se ha dicho, un significado especialmente grave. Este fruto, que en realidad estaba reservado sólo para Dios, tuvo el efecto de que los ojos de los progenitores humanos se "abrieron" y reconocieron que estaban desnudos, que eran culpables, que tenían que sufrir y morir, de modo que el asalto prohibido al árbol del conocimiento del bien y del mal fue la base y el detonante del desarrollo desastroso posterior. Como se desprende del capítulo "El conocimiento del bien y del mal", el elemento narrativo pictórico y enigmático de dicho árbol, que en realidad pertenece sólo a Dios, debe entenderse y explicarse como un medio de juicio y una práctica de evaluación. Según la historia bíblica del paraíso y la caída del hombre, después de vivir en el Jardín del Edén durante un período de tiempo no especificado, los progenitores humanos invadieron ilegalmente el territorio divino, recogieron y comieron el fruto de este fruto, asimilando así dicho poder. Si pregunto sobre las percepciones sensoriales que J. había recibido en el período previo a su publicación, entonces vuelvo a las observaciones comparativas de plantas, animales y seres humanos, tal como son y fueron posibles y múltiples en innumerables ocasiones y de muchas maneras diferentes en e l presente y en épocas anteriores.

El comportamiento de los animales indica regularmente que siempre son capaces de distinguir y elegir dentro de sus instintos y, con suficiente desarrollo del cerebro, dentro de su pensamiento preconceptual: Reaccionan a algunas señales, factores internos y externos con un comportamiento alegre, algunos objetos de su percepción sensorial que les gusta visitar, algunas cualidades de gusto y sentimiento que les gustan y disfrutan, otras las dejan intactas, las evitan, las hacen sólo por necesidad, responden con miedo. También aquí los niños pequeños se parecen mucho a los animales, y también aquí la diferencia decisiva que tienen los seres humanos adultos en comparación con ellos, y el punto de inflexión del desarrollo específicamente humano, está marcado por el versículo de la Biblia "Y fueron abiertos los dos ojos" (50). Los adultos no sólo juzgan de acuerdo a estos patrones inconscientes, como es el caso de los organismos de pensamiento pre-conceptual, sino, más allá de eso, en el nivel mental de su pensamiento conceptual, lo que significa concretamente que los pensamientos evaluativos aparecen en sus cabezas, tales como "Esto es bello, maravilloso, majestuoso, fuerte, incluso, agradable, útil, decidido, sensato, bueno, pero eso es feo, repugnante, débil, estéril, estéril, dañino, duro, cruel, sin sentido, malo." Y de estas valoraciones, tal como las hace la mente humana cada día, emanan efectos que, hoy como entonces, luego como ahora, y también para los legos sin más preámbulos, indican y muestran claramente la diferencia con los animales y los niños pequeños.

Por ejemplo, los ratones no juzgan los especímenes que perciben por el gran número de sus enemigos, aunque se sientan agudamente amenazados por ellos y por lo tanto sientan miedo, como "mal" dentro de un pensamiento conceptual y la existencia de criaturas tan peligrosas como "mal". Tampoco piensan, porque no se les da esta capacidad, en un nivel tan racional, en cómo pueden lograr "mejoras" y, por lo tanto, "progresos" constantes en las características tradicionales heredadas, los mecanismos, las estrategias de autopreservación y conservación de especies, de hacer frente a la vida, la resistencia, el camuflaje, las precauciones de seguridad y similares. Tampoco hay ninguna señal en su comportamiento y expresión de que se quejarían de su destino de ser un ratón en este mundo. Más bien, las pautas de comportamiento que son tan pronunciadas en ellas deben interpretarse de manera que todo lo que hacen de manera tan significativa, por ejemplo, la alta tasa de reproducción, el modo de vida en gran parte oculto en pasajes subterráneos y/o escondites en la superficie, los sentidos finos, la atención constante, los movimientos ágiles, les sucede, por así decirlo, que siguen incondicionalmente un programa interno por el cual se fijan en una parte considerable de sus acciones y reacciones y se ven impedidos de algunas posibilidades de comportamiento por inhibiciones. En este sentido, indican que de esta manera, es decir, instintivamente y de forma instintiva, aceptan todas las condiciones previas naturales tal como son, y en su vida cotidiana utilizan sus potenciales igualmente dados para la autopreservación y la supervivencia de las especies y disfrutan de las fases en las que se sienten bien, sin reflexionar y evaluarlas en un nivel espiritual de pensamiento conceptual y sin intervenir de forma correctiva según las evaluaciones respectivas.

A este respecto, las personas adultas muestran ahora diferencias sorprendentes, porque indican claramente, mediante su capacidad lingüística y su comportamiento, que sus ojos se han "abierto", es decir, que han adquirido percepciones, conocimientos, cogniciones, conocimientos en un grado limitado, de los que pueden formular racionalmente conceptos dentro de sus procesos de pensamiento, pensamiento, hablado, escrito y formulado, para procesarlos, almacenarlos, recordarlos y evaluarlos una y otra vez, de manera que también puedan tratarlos fuera de las situaciones respectivas en las que las percepciones sensoriales originales fluyeron a ellos, en retrospectiva, es decir, a propósito, con estas palabras y por lo tanto con las realidades y principios así descritos, sólo espiritualmente. Cuando se le preguntó cuál es la principal diferencia entre chimpancés y humanos, la conocida experta Jane Goodall respondió: "Por supuesto, el lenguaje hablado. Los chimpancés carecen de la capacidad de hablar del pasado, así como de hablar del futuro y hacer planes. "(75) Y esta cualidad del debate espiritual, que las plantas y los animales no son capaces de realizar porque no han progresado más allá de la etapa del pensamiento preconceptual en términos de la historia del desarrollo, y cuyos resultados ejercen una gran influencia sobre las acciones de los hombres en este mundo. También en este aspecto los niños pequeños se parecen de nuevo a los animales; pero los seres humanos adultos, a diferencia de todos los demás seres vivos terrestres, no sólo están controlados por fijaciones e inhibiciones, impulsos e instintos, sino también esencialmente por tales impulsos espirituales.

Sobre esta característica, tal como se le da a la especie de Homo sapiens, innumerables y múltiples informaciones pueden y podrían ser obtenidas por medio de los sentidos humanos, hoy como entonces, luego como ahora, y todos los signos y efectos del desarrollo cultural son de especial importancia. Nuestros actuales hábitats se caracterizan esencialmente por la intervención humana, que ha cambiado y dado forma enormemente al aspecto y la composición de la superficie terrestre. Estas influencias obvias, profundas y duraderas no habrían sido traídas y llevadas por las plantas, los animales y los niños pequeños, porque el objetivo de la cultura se debe básica y esencialmente a la calidad recién descrita de la confrontación espiritual con la creación divina, ya que requiere la condición previa del pensamiento conceptual, que sólo se da con las personas que son capaces de ello. Dentro de este evento, el "conocimiento del bien y del mal", la facultad humana de distinguir entre el "bien" y el "mal/mal" en dicho nivel mental, es de fundamental importancia y propósito. Por ejemplo, si la gente juzga que las "malas hierbas" (en los jardines y campos) son "malas", y si también tiene la idea de que estas plantas silvestres pueden controlarse arrancándolas, azotándolas o aplicando venenos de manera más o menos selectiva, y al mismo tiempo protegiendo y cuidando las plantas "buenas", entonces pondrá en práctica estos hallazgos y al hacerlo creará un desarrollo cultural.

También el juicio, tal y como se lleva a cabo característicamente cada día por los seres humanos en el nivel espiritual de su pensamiento conceptual, se desarrollará y se ha desarrollado en el curso del desarrollo de cada ser humano desde el niño hasta el adulto, hoy como entonces, luego como ahora, y en principio, es el mismo hoy como lo fue en ese momento, cuando J vivía, observaba diariamente su entorno y procesaba y pensaba sobre estas percepciones, incluso más intuitivamente que racionalmente, por lo que también recibía impulsos de revelación divina, permaneciendo misterioso y misterioso y por lo tanto invitando a una interpretación. Este proceso de desarrollo específicamente humano de la ontogénesis también apunta, en lo que respecta a la capacidad de distinguir entre "bueno" y "malo/malo", a la formación gradual de la práctica de valoración llevada a cabo por los humanos dentro de la evolución desde los primeros representantes del nuevo género Homo = humano, que emergieron del reino animal según el plan de Dios, y que se caracterizaron por una constelación genética correspondiente, hasta la especie de Homo sapiens. Como ya se ha mencionado, es precisamente la adquisición del "conocimiento del bien y del mal", que a su vez requiere la condición previa de un pensamiento conceptual suficientemente desarrollado, lo que tiene un significado fundamental y desencadenante con respecto a todos los demás cambios, tal como tienen lugar en y sobre Adán y Eva en la historia bíblica del paraíso y la caída del hombre, a saber, con respecto al surgimiento de sentimientos de vergüenza, la conciencia de haberse convertido en culpable y la confrontación consciente con el sufrimiento y la muerte.

Al tratar la cuestión de las percepciones sensoriales que J. había recibido en el período previo a su publicación con respecto al "conocimiento del bien y del mal" humano, es decir, su práctica de la evaluación y su capacidad de juzgar, se nota ahora que el autor bíblico, al equiparar esta capacidad humana con la divina ("Entonces dijo Dios: He aquí que el hombre se ha hecho semejante a nosotros; reconoce el bien y el mal. "/33), se desviaba descaradamente de la información así obtenida, ya que no podía pasar por alto la relatividad, subjetividad, limitación y falibilidad de las evaluaciones humanas debido a innumerables ejemplos, a veces flagrantes. Más bien se le informó de manera muy realista por medio de sus sentidos que las visiones generales, los conocimientos y las percepciones posibles para el hombre eran en cualquier caso demasiado diminutas, y las evaluaciones obtenidas de estos estrechos campos de visión estaban demasiado influenciadas por los respectivos puntos de vista del observador y, por lo tanto, demasiado a menudo afligidas por errores para que el hombre pudiera competir en este sentido con Dios, cuyo conocimiento es omniabarcante, omnipresente, absoluto y verdadero. Cuántas veces sucede y ha sucedido hoy como entonces, entonces como ahora, que diferentes sujetos humanos, por lo que tal individuo pero también un colectivo puede ser, juzgan un mismo objeto de manera diferente, sí, a veces en oposición a otro, y ese mismo sujeto, después de haber cambiado de posición, llega a un juicio diferente, sí, posiblemente contradictorio sobre los mismos hechos que antes desde una posición y situación diferentes. Así, los padres, aunque alguna vez fueron pequeños, ven las mismas cuestiones educativas de manera más estricta que sus hijos; los competidores ven de su lado el derecho y la elección de medios para llegar a los bienes que están siendo cortejados; los vendedores valoran un bien más que los compradores; la persona rica, saciada y lujosamente mimada establece normas más laxas que los pobres, hambrientos, desposeídos, etc., con respecto a la justicia en la distribución de los bienes irlandeses.

La tercera cuestión del enfoque científico que se sugiere aquí tiene por objeto esas incoherencias, ya que se encuentran claramente entre la información y las percepciones intuitivas que se obtienen de ella, por una parte, y las reflexiones conscientes, por otra: ¿Qué resistencia se hace evidente en nosotros los seres humanos cuando esas intuiciones aparecen en los límites de nuestra conciencia y se utilizan allí para formar nuestras imágenes de nosotros mismos, de los seres humanos, del mundo y de Dios? ¿Qué desviaciones inconscientes ha planteado e introducido el respectivo autor, cuando ha utilizado contenidos relevantes del pensamiento para transmitir el mensaje divino subyacente? A este respecto, se ha hecho evidente que las observaciones de J y las percepciones intuitivas del desarrollo de la práctica

de la valoración humana se derivaron de ellas al crecer de niños pequeños, que todavía no distinguen entre "bueno" y "malo/malo", a adultos, que articulan juicios a este respecto cada día en pensamientos y declaraciones, influyó inconscientemente en la historia bíblica que formuló poniendo el conocimiento humano relativo y subjetivo, que está afligido por juicios erróneos, ilusiones y errores, a la par con el conocimiento divino absoluto, objetivo y siempre verdadero. ¿Por qué pudo haber hecho esto y qué crees que usó como guía en esta manipulación?
Después de un cierto procesamiento de su información, las personas desarrollan una visión del mundo en sí mismas y dentro de ellas ciertas imágenes de sí mismas, de las personas y de Dios. Una vez que se han decidido, intuitivamente y posiblemente también racionalmente justificado, básicamente por uno dentro del espectro de las diferentes posibilidades, a menudo tratan de integrar todas las demás percepciones sensoriales, que fluyen a las profundidades de sus almas, desde allí posiblemente ascienden a la frontera de la conciencia y se hacen accesibles para su interpretación, en la visión del mundo existente. Durante este suceso, que, después de ponerse en marcha, no se detiene por el resto de sus vidas, absorben información que puede ser fácilmente puesta en armonía con su fe y así lo confirman una y otra vez de nuevo. Pero también se enfrentan a experiencias que contradicen la visión del mundo que han diseñado y por lo tanto pueden dar lugar a dudas. Estos últimos suelen ser bloqueados inconscientemente para proteger y preservar la fe una vez encontrada y luego a menudo se demuestra que son útiles, y también para evitar en la medida de lo posible los conflictos internos difíciles, y por lo tanto tienen que ser muy masivos, claros y convincentes antes de que puedan poner en peligro o incluso destruir una visión del mundo consolidada. Con el propósito de protección mencionado, durante los diálogos interpersonales, a veces también se muestra una fuerte oposición a las verdaderas ideas cuando son justificadamente contrarias a una opinión generalmente aceptada. Por ejemplo, la gente en épocas anteriores, al

interpretar comprensiblemente sus percepciones sensoriales de esta manera, asumió que la tierra era un disco alrededor del cual el sol rota cada veinticuatro horas. Cuando astrónomos como Nicolaus Copernicus, Johannes Kepler y Galileo Galilei publicaron por primera vez su convicción, como lo habían derivado de manera confiable de los cálculos, de que la tierra tiene la forma de un globo y rota una vez alrededor del sol y una vez al día sobre su propio eje, fueron apasionadamente opuestos. (76)
Dentro de las visiones del mundo humano, las respectivas imágenes del hombre y de Dios muestran una sensibilidad especial. Las imágenes del hombre, es decir, la auto-representación generalmente humana, la visión del hombre del hombre como tal, del ser humano, están sujetas a la tentación de ser controladas, moldeadas y falsificadas por el objetivo inconsciente de una evaluación más positiva, por ejemplo, esforzándose por subrayar las capacidades, virtudes, logros e importancia humanas de la manera más impresionante posible, y son imágenes que las personas hacen de Dios, siempre, y cuanto más precisamente se elaboran, está afligido por errores, porque Él es el misterioso y completamente diferente, que por consiguiente es tan diferente de nosotros y por lo tanto inimaginable y no puede ser comprendido y explicado de manera comprensiva y penetrante, y las imágenes de Dios también una y otra vez entran en colisión con la respectiva autocomprensión humana y las correspondientes auto-representaciones, por lo que Dios en la vista humana es a menudo y manifiestamente circuncidado, estilizado, moldeado a favor del hombre, pero a veces también equipado con las debilidades y vicios humanos por proyecciones. Esta circunstancia, que debe registrarse regularmente en los hábitos humanos, también debe tenerse en cuenta al observar críticamente el texto bíblico en el que se basa, y ya ofrece un importante punto de partida para ver y explicar los motivos que han hecho que J ponga la capacidad cognitiva humana en pie de igualdad con la capacidad divina y atribuya a Dios el temor de la competencia humana.

Si queremos comprender las palabras humanas de manera sensible, crítica y honesta, no sólo debemos prestar atención a lo que ha cambiado, tanto desde el punto de vista lingüístico como de las percepciones y percepciones subyacentes, el cómo y el por qué, sino que también puede ser de no menor importancia lo que, aunque el orador tenga suficiente información, se oculta u omite al hablar. La historia bíblica del paraíso y la caída del hombre es inequívocamente una representación pictórica, por lo que desde el principio cabe esperar una mayor necesidad de interpretación de tales formulaciones, que han de entenderse en sentido figurado o tienen un carácter codificado y, por tanto, enigmático. Si procedemos según el enfoque científico recomendado aquí, en el que los elementos narrativos esenciales del texto bíblico analizado se remontan al hecho de que J miró las plantas, los animales, los niños pequeños y los seres humanos adultos de manera comparativa, y en particular captó intuitivamente los cambios que observó en el crecimiento de los niños pequeños y, al confrontarlos con los correspondientes impulsos divinos de la revelación, les permitió fluir en la formulación de su historia, entonces debe ser conspicuo dentro de este esfuerzo que se haya mencionado hasta ahora una característica humana más del desarrollo (como tal, siguiendo el texto bíblico): Adquisición de pensamiento conceptual y aptitudes lingüísticas y, sobre esta misma base, de aptitudes mentales, como la perspicacia, la cognición, la sabiduría, el conocimiento, la conciencia y, con especial énfasis, el juicio, es decir, la práctica de evaluar objetos de percepción, por la que el sujeto que percibe y partes de sí mismo también pueden funcionar como objetos, como "buenos" o "malos/malos", y, como resultado de estas evaluaciones en un cierto impulso propio, sentimientos de vergüenza y culpa, de burla y acusaciones, de angustia emocional, preocupación y lamento, tal como surgen del conocimiento de la desnudez y la sexualidad, de los defectos físicos y emocionales, de la culpa, de la ley del sufrimiento y la muerte,) debe notarse, por lo tanto, que otra característica del desarrollo humano descrito tan acertadamente, que es de suma importancia, incluso central, en el marco religioso correctamente reconocido y reproducido por J, no puede encontrarse tan fácilmente. Este enfoque del escritor bíblico indica claramente que él mismo era muy sensible a este tema y/o esperaba una mayor sensibilidad de los oyentes y lectores de su historia. Precisamente por ello debemos dedicar especial atención y sinceridad a esta característica del desarrollo humano, que en principio no se encuentra aún en el texto bíblico, si realmente queremos acercarnos a las intenciones reales del Jahwist y más aún a los mensajes divinos en los que se basan, en nuestra época y cultura de formas de pensar moldeadas por las ciencias naturales.

La característica mencionada del desarrollo específicamente humano, que no se encuentra en la historia bíblica del Paraíso y la Caída del Hombre en un examen superficial, es la conciencia del yo. El "yo" es gramaticalmente como "tú, él, ella, eso" en el singular y "nosotros, tú, ellos" en el plural como pronombre personal; estos pronombres sirven para designar lingüísticamente las identidades, la totalidad de todas las cualidades y/o características reales que tienen los seres o cosas vivas en el singular o el plural. Cuando se ha reconocido y nombrado la identidad de una persona, en particular la suma de todas las características y rasgos por los que difiere, más o menos claramente, de todas las demás, se ha captado su singularidad y unicidad. Las definiciones anteriores de conocimiento pueden aplicarse a este fenómeno.

Si el conocimiento se entiende como una certeza en la acción apropiada, entonces puede asumirse que los animales (más desarrollados) conocen la identidad de otros organismos así como la suya propia. Incluso sin extensos experimentos, los legos son capaces de observar fácilmente y con seguridad y de concluir de esto que, por ejemplo, los perros domésticos conocen "sus" humanos así como los animales y objetos del entorno en el que viven exactamente y los distinguen entre sí, por lo que su extraordinario sentido del olfato juega un excelente papel, y que, por ejemplo, incluso dentro de una manada de ganado productivo todos los animales son capaces de identificarse de forma completamente natural, por ejemplo sobre la base de las características específicas de su físico, el color o patrón de su pelo o plumas, su voz, su olor corporal. De manera particularmente impresionante, esto se hace evidente inmediatamente después del nacimiento, cuando la relación madre-hijo es tan efectiva que ambos pueden encontrarse entre cientos de niños. En este contexto, es obvio que estos talentosos animales también conocen su propia voz y olor. Las marcas olfativas, tal como se establecen, observan y respetan para marcar sus propios distritos, son indicadores significativos de la capacidad de los animales para distinguir y asignar correctamente los rasgos característicos.

Si el conocimiento se entiende como la capacidad de dar respuestas verdaderas a las preguntas, entonces la capacidad de hablar es un requisito previo indispensable para ello, y si la conciencia se define como un reflejo racional de lo que se percibe, entonces la conciencia de identidad sólo puede pronunciarse en personas que, debido a su nivel de desarrollo, ya poseen la razón = ratio, lo cual es absolutamente necesario para el nivel intelectual del pensamiento conceptual. El profesor Oerter escribe: "La conciencia de sí mismo se desarrolla sucesivamente. Una etapa importante es el reconocimiento en el espejo con cerca de 1 ½ a 2 años. "Durante el curso de un examen, la madre cepilla discretamente la nariz del niño y aplica un punto de color a la nariz o a la barbilla. Un espejo en la habitación da la posibilidad de que el niño reconozca este punto. El criterio para el autorreconocimiento es si el niño se refiere al punto en la imagen del espejo, trata de borrar el punto o hace caras en el espejo para disfrutar de este ingrediente. "(71) La prensa ha informado de sensacionales alegaciones de experimentos en este sentido, con la sensacional afirmación de que la conciencia de sí mismo también se ha demostrado en representantes de algunas especies animales, como los grandes simios y los delfines.

Incluso en la patología animal, aunque estos pacientes no son capaces de reflexionar racionalmente, se habla de perturbaciones de la conciencia, ya que pueden manifestarse, por ejemplo, en estados de excitación llamativos o en benevolencia, somnolencia o coma. Incluso los profanos, sin haber realizado y evaluado extensos experimentos, pueden sacar la conclusión, a partir de sus observaciones y conocimientos de su físico solamente, de que entre la innumerable y diversa información que los animales recogen cada día a través de sus sentidos, también hay información sobre su propio organismo, porque su sistema nervioso también está tejido en todos los tejidos de su cuerpo en forma de red y contiene vías ascendentes, a través de las cuales los respectivos datos medidos, al ser recogidos de forma continua y automática por innumerables sensores, se transmiten a la médula espinal y al cerebro, por lo que los procesos que tienen lugar en la corteza cerebral probablemente sólo pueden describirse como percepciones (en los casos descritos aquí como autopercepciones). Y si, por ejemplo, un gato huele una marca olfativa que ha puesto en marcha, que está entonces fuera de su cuerpo, y, al interpretarla como un punto límite de su propio distrito, se refiere a sí mismo, lo mismo se aplica.

Incluso si se formula que un niño se reconoce en el espejo, "sí mismo" está gramaticalmente relacionado con el niño: Pronombre reflexivo, que indica que el niño ha percibido su propia identidad. En el título de la contribución que se acaba de citar, "Reconocerse a sí mismo en el espejo", es precisamente esta identidad la que se describe con los términos "propio yo". En el proceso de identificación aquí descrito, la información obtenida a través de los órganos visuales es innovadora, de modo que, en las condiciones adecuadas (luz, capacidad visual), los rasgos característicos y las características del aspecto exterior, en este caso especialmente del rostro, son inherentes al valor expresivo decisivo, y, en el caso del reconocimiento, se registra la concordancia con la imagen conocida (lo que presupone un contacto previo con un espejo o superficies reflectantes), pero al mismo tiempo, y precisamente por esta razón, la desviación causada por el punto pintado también es notable. La etapa de desarrollo de los niños en la que adquieren la capacidad en cuestión se encuentra en la última fase del período conocido como infancia, cuando los investigadores psicológicos no presuponen todavía la capacidad de hablar (71), es decir, antes de los dos años de edad. A medida que un niño aprende más y más palabras nuevas, mejora sus habilidades lingüísticas. A la edad de 24 meses debería tener un vocabulario de 50 términos.

Los niños pequeños que ya han empezado a hablar no usan pronombres personales al principio, lo que también se aplica a su propia persona. Así que cuando hablan de sí mismos, utilizan su nombre de pila, la palabra con la que son "llamados" por sus personas de referencia. Sólo en el curso de su desarrollo se aprende el uso correcto de los pronombres personales y, por consiguiente, la "I" también se utiliza para designar la propia identidad. Esta etapa se llama la "fase de auto-descubrimiento". (40) En el experimento de espejo descrito anteriormente, los psicólogos del desarrollo (o, si se realiza con animales, los científicos del comportamiento) evalúan las reacciones de los respectivos sujetos de prueba, por lo que la articulación de las palabras no es importante. El significado de los resultados de las investigaciones mencionadas anteriormente puede considerarse bastante seguro en una etapa posterior del desarrollo, cuando el niño respectivo, que se ve en el espejo o en una fotografía, se señala a sí mismo y da su nombre. Sin embargo, de acuerdo con mi sentimiento y comprensión del lenguaje, el término yo - conciencia sólo puede aplicarse correctamente a una persona cuando ésta, dentro de su reflexión consciente en el nivel espiritual del pensamiento conceptual, utiliza el pronombre personal yo y sus formas de declinación para su propia identidad - mi, yo, yo - de acuerdo con el significado. En el experimento de espejo descrito, la conciencia del ego en este sentido sólo se demuestra cuando la persona de prueba respectiva dice: "Ese soy yo. "En etapas anteriores y filogenéticas del desarrollo, por lo tanto, independientemente de un espejo, sólo se puede hablar de auto-percepción o, sobre la base de una imagen en el espejo, de auto-conocimiento intuitivo o, a lo sumo, de conciencia de identidad.

¿Es esta definición de la conciencia del yo y su observancia sólo un juego de palabras, o el uso análogo del "yo" en el nivel espiritual del pensamiento conceptual realmente trae consigo influencias, ya que son significativas en el texto bíblico analizado aquí? Ya durante la educación (lingüística) de los niños se nota que los encargados de esta tarea tienen que librar muchas batallas para superar sus vacilaciones en las frases, ya que las formulan por su propia voluntad, un prefijo permanente y la mención excesivamente frecuente de este pronombre personal. Por ejemplo, la referencia provocativa: "Yo y el burro. "Con esta formulación pictórica se puede aclarar que en el orden en que se elige en la sintaxis respectiva, se expresa también, por supuesto, una clasificación, de modo que el orador, sin tener las más mínimas reservas, pone a su propia persona en primer lugar, y que la persona a la que se dirige puede posiblemente sentirse retrasada y degradada (a un "burro") por este tipo de construcción de la frase, o que el orden formulado de las filas y por lo tanto del rango parece estar justificado en relación con un burro literal, pero no en un sentido interpersonal. Una exhortación frecuentemente usada con la misma intención es: "Yo, yo y yo otra vez, y entonces los otros no vendrán por mucho tiempo. "O, sin concluir la frase, se habla de la "pequeña palabra I", que se puede completar con "una palabra tan pequeña, pero detrás de ella hay una enorme dinámica". En estos esfuerzos educativos, sin embargo, no se trata sólo de hablar formalmente, sino aún más de la actitud interior, que se expresa en esto, verificable de oído.

Dentro de las comunidades humanas, tanto pequeñas como grandes, cada individuo tiene un espacio, tanto literal como figurativamente, cuyas dimensiones están determinadas por las "áreas" ocupadas por sus vecinos. Como el niño sigue estando completamente desamparado y, por tanto, completamente dependiente del cuidado de sus padres y familiares, estas

personas de referencia se encargan temporalmente también de la demarcación y, si es necesario, de la defensa del distrito personal, que conceden al nuevo ciudadano de la tierra. Con el fin de aclarar los límites, la gente suele tener disputas más o menos feroces casi a diario, por lo que probablemente cada uno se cuida mejor a sí mismo y lucha con el mayor esfuerzo. Es comprensible que un niño pueda hacer muy poco por falta de fuerza y otras posibilidades y por lo tanto tiene que someterse casi sin restricciones a lo que determinen la madre, el padre, los hermanos y hermanas y los parientes más cercanos y se expone a lo que piensan de él y a cómo lo evalúan. En este contexto, no hay que olvidar que el niño pequeño en su singularidad y sobre todo en su alteridad no se percibe y reconoce suficientemente, sino que se clasifica automáticamente y se trata completamente según la forma en que se ve y se presenta, de acuerdo con las necesidades y objetivos de sus padres y/o familia.
Esta práctica tiene ventajas y desventajas para el ser en crecimiento. La comunidad familiar y social en la que nació y en la que vive actualmente le ofrece un amplio apoyo y una protección eficaz, sin la cual y sin la cual no podría existir, y la identificación natural con los mismos o similares orígenes, características, hábitos y tradiciones crea un sentimiento duradero de pertenencia, cercanía, seguridad y protección, que evita la triste soledad a largo plazo. Sin embargo, a largo plazo, el niño ya no se contenta con ser una parte subordinada y en gran medida controlable de su familia respectiva y ser tratado como tal, sino que exige el reconocimiento de su individualidad, lucha, incluso contra sus vecinos, Se esfuerza por alcanzar el mejor rango posible dentro de la comunidad en cuestión y se esfuerza por lograr el más amplio y extenso desarrollo propio posible, por lo que naturalmente siempre causa ofensa y, a veces dolorosamente, tiene que experimentar que está limitado por todos lados, y que incluso los seres queridos cercanos a él no permiten la expansión deseada por él sin luchar. Dentro de estas disputas y peleas, las declaraciones verbales también tienen un gran valor expresivo,

por lo que la frase "quiero" se escucha muy a menudo. Esta formulación proviene inequívocamente de la conciencia del ego, y todos los que están familiarizados con ella, tanto activos como pasivos, saben que a menudo debe interpretarse como una expresión de la mayor dinámica del ego y a veces también como una declaración de guerra. Además, en lo que respecta a la preparación permanente y el uso demasiado frecuente de un "quiero", los educadores suelen trabajar para abandonar el hábito. De esta manera, se anima a los niños a una edad temprana a controlar, circunscribir, moderar y encajar en un tejido social las fuerzas motrices que provienen del ego, que cada vez más encuentran.

Dado que las tendencias antes mencionadas de poner el ego en primer lugar y de expandir el espacio, que llama "mío", tanto en el sentido literal como en el figurado y también a través de luchas contra los más cercanos y los más lejanos, ya están presentes y surten efecto automáticamente con la fase de descubrimiento del ego, según la cual están presentes tan pronto, los observadores podrían tener la idea de que esta estrategia es la correcta, Ha descendido del reino animal, como un remanente bajo, por así decirlo, y sería cada vez más descartado o al menos refinado en el curso de la educación y maduración individual y tradicional de la humanidad, de modo que en el futuro, como sería evidente en un paraíso de nuestros deseos humanos, se lograría una coexistencia armoniosa entre todos los individuos y pueblos. Y, en efecto, se puede observar regularmente que los organismos irrazonables, que no tienen conciencia del ego y, por lo tanto, no están impulsados por él, no se detienen en modo alguno en los intereses de la autopreservación y la supervivencia de las especies, no se imponen ningún tipo de circuncisión a sí mismos, sino que más bien emplean sin compromiso los poderes inherentes a ellos para este fin, y que también se preocupan por su bienestar en la medida de sus posibilidades, por lo que, si pueden hacerlo, ejercen naturalmente el derecho del más fuerte, mientras que las personas adultas, es

decir, las que tienen conciencia de sí mismas, suelen producir gestos y acciones sorprendentes de renuncia, consideración, asistencia.
En la teoría del desarrollo, como dijo Jean Piaget, se habla del egocentrismo del niño. "Utiliza el término egocentrismo de muchas maneras, por ejemplo, también para describir la incapacidad de ponerse en el papel de otro, de adoptar el punto de vista de otro o de tomar la propia visión actual (percepción u opinión) como una de varias posibilidades. Un niño de esta edad no tiene dudas de que el entrevistador ha entendido lo que dice, no pregunta. No sabe que la otra persona puede no entender y ver las cosas de la manera que lo hace. Por lo tanto, no ve ninguna razón para justificar y fundamentar sus opiniones. Este egocentrismo comunicativo se supera mediante el desarrollo de competencias para asumir perspectivas *y funciones*. El niño se vuelve cada vez más capaz de reconocer la perspectiva de los demás y de ajustar sus acciones y su habla a la capacidad de los demás para comunicarse. "(71) Los resultados de estas investigaciones plantean cuestiones similares a las que ya se han tratado al principio de este libro en relación con el concepto de paraíso: ¿Se dieron las condiciones ideales en los orígenes, o el hombre se fijó (o más bien: se fijó) el objetivo de realizar los ideales sobre la base de condiciones completamente probadas por su mejora sucesiva? ¿Está el hombre originalmente, es decir, actualmente el primer representante del nuevo género Homo, en el que todavía no se ha pronunciado la conciencia del ego, y, en consecuencia, del niño pequeño, en un estado de perfección o debe esforzarse por alcanzarlo en una larga secuencia generacional o en el curso de su vida personal primero o por acercarse lo más posible a él?
Como sea que uno quiera responder a estas preguntas, una cosa es clara: El mensaje, tal como se ofrece y se transmite en y con la historia bíblica del Paraíso y la Caída del Hombre, no permite una interpretación según la cual las cosas posteriores serían una mejora de los comienzos, según la cual el desarrollo como se describe en Adán y Eva podría llamarse agradable, pues

la historia termina con la expulsión definitiva de los progenitores humanos del Jardín del Edén (48), exponiendo así como una ilusión el deseo de transformar el entorno terrestre en un paraíso según nuestros deseos humanos en el futuro, para lo cual en primer lugar serían necesarias y fundamentales innumerables y múltiples correcciones de las mentalidades humanas. Incluso si hoy, durante algunas discusiones, se oye decir que tal o cual debilidad, males, motivos básicos, atrocidades ya no deberían existir entre los pueblos del siglo XXI, puedo, pensando en lo que he oído y leído sobre la historia humana, y lo que los humanos, como individuos y como colectivos más o menos extensos, estamos haciendo en la actualidad en la tierra, y al no dejar de interpretar los signos de nuestro tiempo, ya que están marcados por los cambios culturales que la humanidad ha creado y sigue creando, a un ritmo rápido en el último siglo, no en términos de un paraíso irlandés que se acerca, sino más bien en términos de una catástrofe mundial, sólo puedo llegar a la única conclusión de que este mensaje bíblico es verdadero. Pero, ¿en qué consiste "el problema del hombre", cuando el hombre ha ganado tanto potencial "bueno" en relación con el animal del que se ha desarrollado y el adulto en relación con el niño pequeño que una vez fue?

La respuesta a esta pregunta puede encontrarse si se analiza más detenidamente la secuencia de anuncio de una prohibición, su desatención y su castigo, como J. subrayó tan claramente en la libre disposición de su narración (11, 33, 47). Como se ha explicado anteriormente, hay indicaciones comprensibles de que el texto bíblico contiene percepciones sensoriales e intuitivas de su autor, que se remontan a los procesos de desarrollo que tienen lugar hoy en día como entonces, luego como ahora, cuando los niños pequeños crecen, y al hacerlo adquieren capacidades espirituales al aprender a hablar y a pensar en términos de conceptos. En esta representación pictórica, el punto en el tiempo, que no se especifica en detalle, en el que Adán y Eva con su invasión prohibida incorporaron el, en realidad divino, "conocimiento del bien y del mal" (33), el significado de un umbral llega a un punto: Hasta este momento, los comienzos de una habilidad lingüística, la extensión del vocabulario disponible y, por tanto, la capacidad mental no eran todavía lo suficientemente eficaces como para desencadenar la cadena de acontecimientos, ya que posteriormente se puso en marcha de la manera desastrosa descrita.

Este mensaje afirma en lenguaje llano que el hombre sólo se convirtió y se convierte en un problema a partir del momento en que, por parte del desarrollo de su cerebro, fue y es capaz de evaluar los objetos de su percepción, incluida su propia identidad o partes de ella, como "buenos" o "malos/malos" en el nivel mental del pensamiento conceptual. Esta práctica, como describe la historia bíblica de manera sensible, impresionante y precisa, lleva y conduce a sentimientos de vergüenza y culpa, a la depresión, preocupaciones y lamentos, ya que surgen del conocimiento de la propia desnudez y sexualidad, de la propia mala conducta, de la inevitabilidad del sufrimiento y de la legalidad de la muerte. Como esta forma de conocimiento y conciencia no se pronuncia en organismos irracionales, como los animales y los niños pequeños, no se les carga con sus desafortunadas consecuencias; su imparcialidad y ligereza de corazón no pueden ser enturbiadas desde un nivel espiritual, como es el caso de los seres humanos más desarrollados. Visto desde este punto de vista, el mandamiento divino, que parece ser una limitación celosa, puede entenderse como una advertencia de que la gente se perjudicaría a sí misma si no obedeciera dicha orden, dicho consejo.

Si ahora la fase de encontrarse a sí mismo es una característica tan conspicua y trascendental del desarrollo específicamente humano, debería esperarse que se mencione en la historia bíblica del paraíso y la caída del pecado de acuerdo con su significado. En referencia a los cambios ya mencionados, que tienen lugar en y sobre Adán y Eva y que se describen en el texto bíblico de manera pictórica pero, como se ha demostrado, muy realista, cabe preguntarse si la adquisición del "conocimiento del bien y del mal" (33), tal como lo aplican los seres humanos en su mentalidad y en la forma en que viven su vida después de que el nivel espiritual del pensamiento conceptual esté a su disposición en grado suficiente para este fin, tiene también el efecto de un umbral con respecto a la conciencia emergente del yo. Cuando pienso en lo que se ha dicho sobre el término sombreado en el contexto de la conciencia inconscientemente controlada, puedo ver claramente este efecto. "Pero todo lo que *no queremos* ser, todo lo que *no queremos* encontrar en nosotros mismos, todo lo que *no queremos* vivir, todo lo que *no* queremos dejar entrar en nuestra identificación, forma nuestra sombra. Porque el rechazo de la mitad de las posibilidades no las hace desaparecer, sino que sólo las destierra de la identificación del ego o de la superconciencia. "" (58) La palabra conciencia del ego significa que quienes están equipados con ella utilizan correctamente el correspondiente pronombre personal en todas sus formas de declinación dentro de su pensamiento conceptual y cuando se expresan por medio de su capacidad lingüística, que por consiguiente significan su propia persona, es decir, su propia identidad, por "yo". Sin embargo, precisamente esta intención de la declaración debe ser vista con escepticismo, porque el conocimiento consciente es muy limitado y también es manipulado debido a los mecanismos de control inconscientes mencionados anteriormente. Las manipulaciones pueden aplicarse e introducirse, por ejemplo, impidiendo que la información que fluye del propio cuerpo tome conciencia o, secundariamente, suprimiéndola de nuevo después de tomar conciencia, o no evaluándola conscientemente según normas realistas, sino persiguiendo un propósito específico. Si entendemos que los humanos vivimos en muchos aspectos en una tensión entre dos polos opuestos, entonces se hace evidente que desde el momento en que empezamos a evaluar estos polos en el nivel espiritual de nuestro pensamiento conceptual, los impulsos que los controlan se hacen efectivos desde allí.

Esta bipolaridad y las evaluaciones correspondientes se expresan lingüísticamente de manera inequívoca mediante el uso frecuente de pares de palabras con significados opuestos. Si bien, por ejemplo, "alto" y "bajo", "temprano" y "tardío", "por encima" y "por debajo" no transmiten, o apenas perceptiblemente, un juicio de valor desde el principio y sin una referencia más estrecha a un contexto concreto, esto es bastante obvio en el caso de "honesto" y "deshonesto" ("deshonesto"), "misericordioso" y "despiadado", "bueno" y "malo". Así, estos juicios se convierten en normas espirituales, en las que el poder de fijar la dirección es inherente. Porque hay una clara diferencia entre la identidad de la propia persona como la totalidad de todas sus cualidades y características reales y la respectiva identificación del ego de esta conciencia del ego concreta, por lo que esta diferencia es causada por un lado por la limitación del conocimiento de sí mismo, pero por otro lado también por dichas manipulaciones, que conducen al hecho de que mediante la respectiva identificación del ego se diseña una imagen que se desvía más o menos descaradamente de la identidad. De la definición de la sombra se desprende claramente que en el cuadro así diseñado, las propiedades y características evaluadas negativamente no se tienen en cuenta o se tienen en menor medida.

En este contexto, el concepto de resistencia, tal como se incorpora a la tercera pregunta del enfoque científico sugerido aquí, también es de gran importancia: ¿Qué resistencia se hace perceptible cuando las percepciones e intuiciones relevantes (sensoriales) aparecen en los límites de nuestra conciencia y se utilizan allí para dar forma a la conciencia del yo, es decir, la imagen que la persona respectiva quiere decir cuando dice "yo", o que describe cuando se pregunta: "¿Quién soy yo? Es fácil comprender que los filtros de límites inconscientes, que son efectivos en los límites de nuestra conciencia y que aplican y aplican la plantilla de valores "bueno" o "malo" durante su actividad, se establecen mucho más amplios para la información que hace que el ego aparezca en una luz favorable, y mucho más estrechos para los que podrían nublar este cuadro agradable.

El uso en forma de plantilla del sistema de valores bipolares de "bueno" o "malo/malo" no sólo tiene una influencia considerable en el statu quo, sino que también tiene tal efecto en el futuro que la persona respectiva crea no sólo un "embellecimiento", sino también una imagen ideal de su propia identidad cuando la llama "yo". Esta imagen ideal o, más moderadamente, más rigurosa, se convierte ahora al mismo tiempo en una meta: "¡Así es como quiero ser, o más rigurosamente, quiero ser (en un futuro cercano o lejano)! "El profesor Oerter continúa en la ya citada carta (77) sobre la conciencia de sí mismo: "En la adolescencia, la propia identidad se convierte en un tema central. "Con esto lleva a cabo lo que había dicho antes, que la conciencia del ego se desarrolla sucesivamente, lo que lleva tiempo. Si dicha etapa del desarrollo del niño se denomina "fase de descubrimiento del ego", también implica un tiempo de búsqueda, que puede dirigirse tanto a lo que está presente como a un objetivo apropiado. Sin embargo, si se ha apuntado a una meta ya definida, el término construcción del ego sería más apropiado. Aquí se expresa el hecho de que las Mentes Conscientes trabajan en sí mismas para ser realmente quienes quieren ser en un futuro cercano o lejano.
El término I-conciencia se aplica, en sentido estricto, sólo a los individuos dotados de ella, pero puede aplicarse, sin embargo, de manera significativa a los sujetos humanos en general, por lo que además de los individuos se incluyen también colectivos más o menos extensos, por ejemplo, colectivos que comprenden una sola pareja así como la totalidad de la humanidad, pero entonces la forma plural, es decir, nosotros-conciencia, sería precisa. Con respecto a esta característica tan humana, las personas conscientes del yo sienten mucha sensibilidad y construyen inconscientemente, a veces, una resistencia masiva a alguna información, que tienen que clasificar cuando utilizan el pronombre personal "yo". Según la tercera pregunta del enfoque científico que he recomendado, es precisamente esa resistencia la que debe tenerse en cuenta al analizar el texto bíblico aquí considerado. Es posible que J haya recibido información, incluso información, sobre su propia identidad

y la de sus oyentes y lectores, así como la de la humanidad, de la propia humanidad, y haya llegado a percepciones intuitivas, ya que parecían tan "malas" en las instancias de control inconsciente de su conciencia que se clasificaron como incompatibles con la conciencia del ego humano encontrada y construida, que no se incluyeron en la identificación del ego, que J postuló inconscientemente: "¡No quiero ser así! ¡Y nadie quiere ser así! Y nadie quiere que el hombre sea así ("malvado/malvado")! "Y tal vez se encuentre en ello una razón para que el autor bíblico, que había observado y descrito el desarrollo de los niños que crecían de manera tan realista e impresionante, no presente la característica llamativa y trascendental de la conciencia humana del yo, que no está presente al principio sino que se desarrolla gradualmente a partir de cierta edad, tan claramente como lo hizo con respecto al conocimiento de la desnudez, la culpa, el sufrimiento y la muerte.

El profesor H. W. Schmidt, de la Universidad de Bonn, me señaló durante una conversación que ya en el segundo capítulo del Génesis la autoconciencia humana se expresa claramente cuando dice: "Esto es al fin hueso de mi pierna y carne de mi carne. "(25) En mi opinión, no todos los elementos de la "imagen" bíblica que se trata aquí tienen que ser transpuestos uno a uno en la realidad de nuestra vida. Así, por ejemplo, es posible que esta cita exprese simplemente un reconocimiento aún instintivo e intuitivo, preconceptual, es decir, inconsciente de la especial unión del hombre y la mujer. Unos pocos versículos antes, después de que Dios había traído a Adán "todas las bestias del campo y todas las aves del cielo" (24), "para ver cómo las llamaría" (24), formuló: "Pero no encontró ninguna ayuda que correspondiera al hombre. "(73) En este sentido, el citado dicho de Adán (25) sólo puede significar que él encontró y aceptó en Eva precisamente esta ayuda que le correspondía, que el hombre y la mujer pertenecen juntos de manera muy especial como representantes de una misma especie y como una unidad reproductiva esencial, y que él mismo también reconoce e instintivamente lleva a cabo esto. Pero si en este pasaje J realmente procesó las percepciones sensoriales, tal como las había recibido con respecto al descubrimiento del ego en los niños y la dinámica del ego resultante de él, de la que emana permanentemente una influencia tan enorme en la vida posterior, entonces ésta es una etapa tan temprana del desarrollo sucesivo de la conciencia del ego, en la que todavía no se ha alcanzado el umbral en el que se ponen en marcha las consecuencias malsanas descritas más tarde. Y, en efecto, la percepción y la perspicacia, tal como se puede atribuir a las niñas y los niños en la infancia, incluso en un momento en que no surgen sentimientos de vergüenza, de que son de la misma "pierna y carne", es decir, de la misma especie y difieren en este sentido de los animales, no tienen ningún problema.

La Serpiente

En la historia bíblica, el umbral mencionado fue alcanzado y cruzado cuando Adán y Eva encarnaron el "conocimiento del bien y del mal". (33) En el diseño de su narrativa pictórica, J ha puesto esto en primer plano en cuanto a la secuencia de anuncio de un mandamiento de no comer dicha fruta, (11) la violación de la misma (33) y el castigo (47). Cuando se le pregunta por la información que se le ha dado sobre esta secuencia, y por la intuición que ha adquirido al procesarla, se deduce que el autor bíblico conocía muy bien esta secuencia en principio, pero que no podía saber nada sobre estos mismos eventos en el Jardín del Edén, que describió tan concretamente, ya que él mismo no había estado allí, no tenía informes de testigos oculares a su disposición, y no era capaz de captar o retratar al misterioso Dios en la forma en que tan confiadamente lo presentó. Ya que en la narración bíblica del Paraíso y la Caída del Hombre hay tantos paralelos con el desarrollo de los niños, que tiene lugar y se lleva a cabo hoy como lo hizo entonces, como lo hace entonces y ahora, de acuerdo con el mismo patrón en principio, que se puede encontrar y probar de manera plausible, no es difícil atribuir la descripción de dicha secuencia de anuncio de un mandamiento, violación del mismo y castigo a las percepciones sensoriales y a sus resultados de procesamiento intuitivo, ya que son y fueron fácilmente posibles en la vida familiar, vistos desde dentro o desde fuera de ella.

Desde la fase de auto-descubrimiento, se hace importante que el niño sea percibido y reconocido en su independencia e individualidad. Para ello, utiliza dos estrategias: Por una parte, con su comportamiento pone de relieve características en base a las cuales es real o supuestamente excelente o incluso distinguible de los demás y recibe atención, identificación, reconocimiento y elogios de sus personas de referencia. Por otra parte, el niño sabe, sobre todo cuando los miembros de la familia, por muchas razones posibles, no registran estas demostraciones del ego emergente, no reaccionan notablemente a ellas, no "gritan" en los "puntos positivos" deseados, y encuentran y aplican otros métodos más claros, más eficaces y más profundamente efectivos, por ejemplo, los de la desobediencia. Al violar de manera más o menos demostrativa las normas, órdenes y mandamientos aplicables, se pone en marcha un camino que lleva a sus personas de referencia a tomar conciencia intensamente de ello y a ocuparse notablemente de ello, es decir, a ocuparse de ello. Sin embargo, este comportamiento tiene la desventaja para el alumno desobediente de que los padres suelen reaccionar con enojo ante el desafío del niño (la fase de autodescubrimiento solía llamarse la fase de desafío) en el sentido de estar enojados, hablar a gran volumen, regañar y a veces recurrir al castigo, para afirmarse, para salvaguardar el orden familiar del que son responsables y para advertir a sus hijos que deben aprender a controlarse en algunos aspectos, a imponerse restricciones a sí mismos, para encajar lo más armoniosamente posible en la comunidad humana que encuentran.

En este comportamiento de los niños, es claramente evidente un efecto que emana de la conciencia del ego y representa un elemento regular de la dinámica del ego: El de la demarcación. Esto se lleva a cabo en primer lugar contra otros, por lo que la desobediencia y el desafío son medios eficaces de demostración efectiva. Sin embargo, en la ocupación mental con la sombra, tal como se ha definido anteriormente, se puede ver que una persona, al decir "yo", incluso se distingue de su propia identidad, porque no quiere integrar en la ejecución de su vida algunas de las cualidades y características que sin duda están realmente presentes en ella, como la pereza, la descaro, la fanfarronería, o incluso la agitación, la cobardía y la modestia, no tenerlas en sí mismo. En esta última formulación, "sí mismo" corresponde a un pronombre reflexivo, pero también tiene un carácter expresivo retro-referencial. Sin embargo, también se suele hablar del yo de una persona, con lo que se quiere decir su identidad real, de modo que el yo y la identidad de una persona tienen un significado sinónimo. Esto significa: La conciencia del yo quiere excluir componentes de sí misma, de su yo. En este sentido, el autodescubrimiento conduce automáticamente a la pérdida del yo, y exige el autodescubrimiento de la liberación del ego, es decir, adaptar imágenes agradables y halagadoras, pero falsas, del yo a la realidad y, por lo tanto, corregirlas de manera dolorosa. El término autorrealización no significa, literalmente, una afirmación de lo que una persona dice "quiero", sino una integración apropiada de la totalidad humana, es decir, de todos los elementos pertenecientes a la identidad respectiva, en la ejecución de la vida. En la palabra pérdida del yo se alude claramente a la ominosidad del desarrollo puesto en marcha por el hallazgo del yo.

Por otra parte, y esto puede parecer paradójico, la dinámica del ego está orientada hacia una expansión finalmente ilimitada del espacio, tiempo, tamaño, significado, conocimiento, poder, honor, respectivamente, deseados, por lo que la reivindicación de los competidores existentes apenas se tiene en cuenta, si es que se tiene en cuenta. Los obstáculos que se interponen en el camino de esta empresa se experimentan como las limitaciones de este mundo y como tales son restrictivos, molestos, frustrantes, deplorables. Pero como el yo del hombre está diseñado para integrarse armoniosamente en los espacios vitales terrenales dados, el ego se impulsa a sí mismo dinámicamente en desarmonía, lo que a su vez tiene una tendencia desastrosa. Esta dirección de la fuerza motriz procedente de la conciencia del ego con su propia dinámica, a saber, la de la expansión deseada, puede observarse regularmente en el desarrollo ontogénico del hombre, por ejemplo desde la fase de adulto joven, cuando hay luchas de competencia por las reivindicaciones de liderazgo también entre los padres y sus hijos, en las que estos últimos quieren sustituir a los primeros, pero los segundos quieren preservar el orden de precedencia original.

La intención delimitadora que proviene de la conciencia del yo, sin embargo, se vuelve, como ya se mencionó, no sólo efectiva hacia la propia identidad, sino, aún más, hacia los demás. Quien dice "yo" automáticamente dibuja un círculo alrededor de sí mismo, que separa entre el interior y el exterior, entre "yo" y "no yo". Esta menta-lidad también puede expresarse en el desafío infantil, en la desobediencia demostrativa y provocadora. Al desobedecer las órdenes de sus padres, el niño experimenta por sí mismo y al mismo tiempo deja claro a los demás que no está absorbido por la familia, sino que tiene su propia identidad, que también incluye su propia voluntad, sus propios objetivos: "¡No soy todo lo que crees que debería ser! ¡No siempre quiero lo que tú quieres! "

Cuando pregunto sobre las percepciones sensoriales que J. había recibido con respecto a la secuencia de anuncio de un mandamiento, la violación del mismo y el castigo, que puso en primer plano de su relato marco, y sobre las percepciones intuitivas que adquirió durante el procesamiento inconsciente de esta información, llego precisamente a estos procesos de desarrollo de los niños, en los que no podían pasarse por alto las desastrosas consecuencias antes mencionadas de la emergente conciencia del yo y la dinámica del yo que resultaba de ella. Con toda probabilidad, el autor bíblico no operó en el nivel espiritual de su pensamiento conceptual con palabras como conciencia del ego y pérdida del yo, sino que con certeza, como se evidencia claramente en la conocida estructura de su texto, observó y registró todos estos cambios, tal como ocurren cuando los niños pequeños crecen, y los interpretó intuitivamente de la misma manera en que los expresó en su historia pictórica, atribuyéndolos a Adán y Eva. En lenguaje llano, el mensaje que transmite es, por lo tanto, en primer lugar: Así como los niños pequeños, cuando crecen, aprenden gradualmente a pensar y hablar conceptualmente, y una conciencia del ego se desarrolla sucesivamente en este nivel espiritual, este fue también el caso de las primeras personas que vivieron en la tierra, todos nuestros progenitores.

Pero este mensaje tiene una intención de declaración decisiva, fundamental y direccional por el hecho de que se presenta en el contexto religioso familiar, por lo que, en lo que respecta a la secuencia del mandamiento, la transgresión y el castigo, no es difícil ver que Dios está representado en el papel de los padres, y Adán y Eva en el de los niños pequeños. Como la religión puede identificarse como la fuerza fundamental y esencial de la intención de la declaración, surgen automáticamente dificultades para las consideraciones científicas, porque la religión siempre significa misterio, no prueba algo que los seres humanos no podemos entender y no podemos comprender por métodos científicos, que sólo podemos adivinar por las huellas y, como somos seres espiritualmente dotados, podemos traducirnos al nivel estrechamente limitado de nuestra imaginación y nuestra mente, por lo que debemos ser conscientes del hecho de que los errores de traducción son inevitables. Y si Yavé incluye tan naturalmente a Yavé en su historia, entonces, aparte del hecho de que el autor bíblico en la época de la que nos habla está lejos de estar vivo, y tampoco ha podido hacer ningún informe al respecto, sigue estando claro que no fue capaz de reconocer a Dios directamente con sus cinco sentidos. Esto también es cierto en lo que respecta a los impulsos de revelación divina, que deben entenderse como "percepciones relacionadas con el sujeto" (78), pero no como información que pueda obtenerse y probarse de manera objetivable a través de los cinco sentidos. El problema de las religiones de la revelación consiste siempre en la persona o personas que median en las respectivas revelaciones, porque el mensaje divino debe ser asumido, procesado y trabajado por su cerebro y transferido a su baja capacidad de comprensión, su respectiva imaginación y calidad de imaginación, por lo que las distorsiones, deficiencias y errores son inevitables y las manipulaciones inconscientes se introducen fácilmente. El criterio decisivo de la indistinción entre la revelación divina y las desviaciones y falsificaciones de la misma, ya sea consciente o inconscientemente, introducidas o puestas en escena por los seres humanos, es la prueba de la veracidad, que, sin embargo, a menudo sólo puede ser probada más tarde (en una vida humana y/o en la historia de la humanidad), pero también nunca en este mundo y en esta vida, con respecto a muchos mensajes religiosos. Así que las afirmaciones que J ha formulado sobre el Señor Dios no son científicamente apoyadas en el camino que se ha tomado aquí, que siempre comienza con la cuestión de las percepciones sensoriales relevantes en cada elemento narrativo.

Como todos nosotros, J utilizó sus cinco sentidos para obtener información exclusivamente sobre los objetos de este mundo en el que nos encontramos viviendo, es decir, sobre el cielo y la tierra, sobre el sol, la luna y las estrellas del cielo y sobre el agua, las plantas, los animales y los seres humanos (incluida la persona que percibe, que como sujeto es también, por tanto, objeto de su propia percepción) en la tierra. A estas alturas, en virtud de sus capacidades espirituales, los perceptores llegan al punto de llamar a lo que lingüísticamente llaman mundo, universo, medio ambiente, naturaleza, creación, naturalmente dan testimonio de que, por ejemplo, debido a la utilidad y el sentido, son capaces de llamar a lo que llaman "creación", como son reconocibles en las cosas directamente observadas, han encontrado rastros en base a los cuales, por lo tanto indirectamente, concluyen en un poder espiritual sobrenatural lleno de misterio, del cual primero sólo reconocieron que es la causa original, el originador de la creación, por lo tanto, en la imaginación de una persona, creador. A medida que el hombre, en el curso de un mayor desarrollo del cerebro, alcanza una conciencia en el cada vez más amplio nivel espiritual de captación del pensamiento, automáticamente trata con la creación y el creador, con "Dios y el mundo", por lo que preguntas como "¿Quién es Dios? ¿Qué quiere Dios? ¿Cuál es su plan? " será de vital importancia.

Al analizar el texto bíblico, entonces, se puede mostrar plausiblemente que J atribuyó a Adán y Eva los cambios que había registrado en la observación de los niños en crecimiento, específicamente también su esfuerzo por diferenciarse de los demás al encontrar y construir su ego, y mostrar esto en parte también por el desafío, por la desobediencia demostrativa y provocadora. Con la representación pictórica según la cual los progenitores humanos han demostrado ser desobedientes al mandamiento divino, J señala en lenguaje llano la demarcación que la Mente Consciente de I hace hacia Dios. Y al poner en la boca de la serpiente las palabras "te harás como Dios" (52), el autor bíblico señala también la tendencia del hombre a extender lo más posible la frontera trazada alrededor del ego, por lo que lo máximo sería ser como Dios; esta última intención se da, por ejemplo, cuando con la vigilancia total y el control de la omnipresencia y con la creciente viabilidad se pretende que la omnipotencia sea aún más fuerte en el colectivo humano que en el individuo.

Ahora bien, dado que en el análisis del texto bíblico se pueden demostrar con certeza determinadas percepciones sensoriales que afectan a los seres humanos y, lo que es de particular importancia a este respecto, los procesos de desarrollo que tienen lugar en los niños, mientras que esto no es posible en relación con Dios, la posición humana tal como se describe con Adán y Eva puede comprobarse y comprenderse, pero el relato de Yahvé debe examinarse críticamente, especialmente a la luz de la tercera cuestión del enfoque científico que recomiendo: ¿Qué manipulaciones ha aplicado J inconscientemente e introducido a la imagen de Dios que ha diseñado y presentado? Pero primero me dirijo al problema humano más accesible, como se alude claramente en la historia bíblica.

La desobediencia humana al mandato divino también se llama pecado. En alguna parte leí que esta palabra puede derivarse de "Sund", que significa un brazo de agua que separa la tierra de la tierra. En este sentido, el pecado puede entenderse como una acción en la que y a través de la cual la respectiva Mente Consciente del Yo se distingue de Dios: "No sigo tu mandamiento, sino mis propias inclinaciones, intereses, planes! "Con la idea de separación, sin embargo, también se puede hacer comprensible un proceso en el que se crean dos partes a partir de una unidad original, lo que se puede llamar división. La pérdida de la unidad original se expresa de manera impresionante en la narración bíblica en el hecho de que Adán y Eva son expulsados del Paraíso, por lo que la obstrucción final del camino de regreso es particularmente lamentable, incluso frustrante.

Como ya se ha mencionado, la adquisición del "conocimiento del bien y del mal" tiene también el significado de un umbral con respecto al desarrollo de la conciencia del yo, porque la respectiva identificación del yo completada o rechazada presupone una distinción. Esto se aplica de manera trascendental también a la demarcación que la conciencia del yo lleva a cabo dentro del marco religioso dado hacia el Ser Supremo. Dado que las percepciones sensoriales directas no pueden obtenerse de Dios, el juicio humano, como es significativo dentro de la historia bíblica, debe basarse en la información que se obtiene diariamente sobre el mundo, el medio ambiente y la naturaleza, porque tan pronto como un ser humano ve, entiende, reconoce y describe estas condiciones como creación, ya no puede separar la creación del Creador: Sin causa no hay efecto, sin razón no hay estructura, sin poder espiritual no hay propósito y significado, sin creador no hay creación. La comprensión de estas conexiones es una expresión de las habilidades mentales y requiere un pensamiento conceptual en una etapa avanzada.

Tan pronto como un ser humano en el nivel espiritual de su pensamiento conceptual juzga partes de la creación como "buenas", otras sin embargo como "malas/malas", de esta mentalidad resulta automáticamente la confirmación y el elogio resp. la crítica y (la acusación) hacia el Creador. Incluso intuitivamente, se puede reconocer claramente en muchas circunstancias, las razones por las que están ahí y por las que son como son, y se puede comprender que las partes individuales encajan armoniosamente en un todo durante un tiempo inimaginable. La canción de la muerte de los kiowas es: "Oh sol, te quedarás para siempre, pero nosotros los Kaitsenko debemos morir. Oh, Tierra, serás para siempre, pero nosotros los Kaitsen-ko debemos morir. "(34) Por consiguiente, el creyente puede asumir que el Creador, antes de comenzar su obra, ponderó los pros y los contras, sopesó

cuidadosamente lo bueno y lo malo, resolvió las dificultades y los dilemas, desarrolló un plan bien pensado y se identificó plenamente con su obra.
En que una persona ahora juzga en el nivel espiritual de su pensamiento conceptual: Pero si esto o aquello en la creación es desagradable, adverso, duro, cruel, injusto, mal establecido, automáticamente se separa del Creador, que ha creado todo esto bien considerado, y esta separación se hace primero sobre la base o en base a las normas de valor aplicadas. Este fenómeno confirma la enorme importancia del "conocimiento del bien y del mal", así como las observaciones que J. registra y las conclusiones intuitivas que ha sacado de ellas, y al mismo tiempo el mensaje bíblico dentro del cual la adquisición de esta misma capacidad espiritual corresponde a alcanzar y cruzar un umbral. Aunque J no formuló definitivamente como P: "Dios miró todo lo que había hecho: era muy bueno. "(3), sin embargo, ha transmitido esta misma declaración pictóricamente con la descripción del jardín establecido por Yahvé en el Edén. La conciencia del ego que critica y (acusa) mide el valor de un objeto de su percepción, por lo que la propia persona también puede convertirse en un objeto, es decir, diferente del Creador, que dio a luz justamente este hecho o institución dados; mientras que Dios había visto que era bueno, el hombre se queja de que era "malo".
Y al formular en el nivel espiritual de su pensamiento conceptual: "Yo quiero" y así definir automáticamente una meta, el ser humano se distancia explícitamente del Creador en todos aquellos casos en que se opone a su voluntad y su plan. Cuando la voluntad divina, el orden establecido por el Creador y el plan diseñado y realizado por Él se resumen en un texto legal, se aplica lo siguiente: Al violar estas órdenes, mandamientos, leyes, es decir, al pecar, una persona se aleja de Dios, muestra claramente la mentalidad: "¡No quiero lo que tú quieres! Puesto que la voluntad del sujeto humano consciente del yo, por la que se puede significar tanto un individuo como un colectivo humano, por lo que en este último caso se habla más exactamente de "nosotros-conciencia", tiene por objeto extender sucesivamente el límite

dibujado por él en un círculo alrededor de la imagen del yo o de la imagen del nosotros, al final, en igualdad con el más alto, se eleva ridículamente para competir con los competidores del creador, compitiendo con el honor que se le debe. En esta forma de trazar límites, como se lleva a cabo dinámicamente con el desarrollo de una conciencia del yo, se expresa inequívocamente una discordia entre el hombre y Dios, y en esto en un grado especial la ominosidad del desarrollo específicamente humano.

Esta enorme significación, que es el umbral de la capacidad mental humana para reconocer "el bien y el mal", también se evidencia claramente en los cambios que la humanidad ha introducido en sus espacios vitales terrenales, y que han avanzado a un ritmo acelerado en el último siglo con el desarrollo técnico, porque indican que eliminando permanentemente el "mal" o al menos moderándolo, por el contrario, se promueve el "bien", se introducen "mejoras" orientadas al objetivo de crear secundariamente un paraíso según nuestros deseos humanos. Este fenómeno da lugar a la grave y difícil pregunta de si el hombre, con este objetivo, está cumpliendo su misión de crear o si con ello trata de superar al Creador de manera presuntuosa y sacrílega.

Con la cuestión de las percepciones sensoriales que J. había adquirido en el período previo a su publicación con respecto a los elementos narrativos individuales, llego así a los procesos de desarrollo que pueden y han sido observados en la adolescencia de los niños y adolescentes tanto hoy como entonces, entonces y ahora. En el texto de la Biblia se mencionan más o menos claramente: La expresión del lenguaje (24), que debe entenderse como una forma de expresión del pensamiento conceptual, y a este nivel la adquisición del "conocimiento del bien y del mal" (33), una capacidad de juicio y la práctica de la evaluación basada en él, por lo que esta capacidad mental representa un umbral, después de lo cual se inicia una serie de consecuencias, a saber, el conocimiento de la propia desnudez y sexualidad y por lo tanto la vergüenza (50), de la propia culpa y por lo tanto el remordimiento (55), de la ley del sufrimiento y la muerte (47) y por lo tanto la crítica y (la acusación).

Al llegar a la comprensión de las causas y conexiones en el nivel espiritual de su pensamiento conceptual y al reconocer con fe la naturaleza como creación, el hombre entra automáticamente en una relación con el misterioso Creador, a quien no es capaz de reconocer directamente con sus cinco sentidos. Y al juzgar los objetos percibidos como "buenos" o "malos/malos", la confirmación y el elogio o la crítica y la acusación surgen en su mente y en su alma, por lo que estos últimos impulsos señalan inequívocamente o anuncian definitivamente una discordia más o menos dramática hacia el Creador. Y tan pronto como el hombre juzga partes de la creación como "malvadas/malvadas", indica claramente con este juicio que se desvía en sus normas de valor de las del Creador, que se ha apartado de Él, al menos en este aspecto. Y tan pronto como el hombre interviene en la creación en el sentido de una "mejora", está tentado de competir con el Creador, de ignorar su voluntad y su plan, pero de hacer cumplir su propia voluntad y sus planes, de desatender y violar sus órdenes y leyes, pero de formular y adherirse a sus propias leyes.

J sólo menciona estas tendencias del hombre a delimitarse a sí mismo y a expandir los límites que ha trazado hasta donde sea posible, es decir, a inflarse a sí mismo, ya que surgen dinámicamente de la conciencia del ego, en el sentido de que nos dice que los progenitores humanos, por el incentivo de ser como Dios, transgredieron su mandamiento (53), y deja completamente sin mencionar los efectos tan llamativos de la dinámica del ego y la discordia que surge con la práctica de la evaluación en el alma humana hacia el Creador. Y al equiparar el "conocimiento del bien y del mal" humano con el divino (33), se desvía descaradamente de su información, que le enseñó inequívocamente que las evaluaciones humanas son relativas, subjetivas y a menudo erróneas.

Siempre que J habla de Yahvé de manera tan segura y evidente, queda claro dentro de un enfoque científico, en el que las percepciones sensoriales que subyacen a la descripción respectiva se preguntan primero, que sólo un conocimiento indirecto de Dios puede estar disponible, como tiene que llevarse a cabo en el nivel de la fe al contemplar la naturaleza, por lo que debido a la abrumadora belleza, el orden, la permanencia inimaginable, la conveniencia y el sentido, el plan, la voluntad, la inteligencia, la ilimitada y absoluta sobre-, la perspicacia y la comprensión, el poder espiritual, la creación, el creador se concluye. Por esta razón, importantes pasajes de la historia bíblica del paraíso y la caída del hombre no están respaldados por la información pertinente y por lo tanto deben ser sometidos a un examen particularmente crítico. Por ejemplo, no hay evidencia alguna de que el hombre, en contra de la voluntad de Dios, hubiera alcanzado habilidades espirituales tales como "conocimiento del bien y del mal", perspicacia, conocimiento, conciencia del yo; además, el hombre no hubiera tenido ningún poder para hacerlo. Más bien, estos rasgos y talentos humanos característicos deben ser vistos, entendidos y explicados como parte de la creación tal como se ha realizado según el plan del Creador. Tampoco podemos encontrar ninguna percepción sensorial que pueda y pueda informarnos hoy como entonces, entonces y ahora, que Dios impone castigos por los pecados humanos, que sólo posteriormente, es decir, después de la "caída del pecado" humano, insertó las facilidades "malas" en su, hasta entonces, perfectamente buena creación, que habría expulsado a los antepasados de los hombres del paraíso, por ejemplo por miedo o celos a causa de la competencia humana, y habría bloqueado su camino de regreso. Por otra parte, una vez que se ha leído en la expresión pictórica, la descripción de los cambios que tienen lugar en y con Adán y Eva se formula de manera muy realista en comparación con los que se observan regularmente en el desarrollo de los niños pequeños en adultos. No obstante, también se pueden identificar algunas anomalías a este respecto: Al equiparar el "conocimiento del bien y del mal" humano con el divino (33), J se desvió de manera sorprendente de su información, que le señaló inequívocamente que las visiones generales, percepciones y entendimientos humanamente posibles son muy limitadas, y las valoraciones que se hacen sobre esta base son relativas, subjetivas y erróneas porque, como dice el refrán, es humano equivocarse, que en todo caso el hombre nunca y nunca es capaz de dar a luz la creación divina y por lo tanto no puede juzgarla con justicia. Dado que el mensaje que transmite sólo puede desplegar su plena expresividad dentro del marco religioso existente, y esto a su vez es inherente a la indicación de la importancia central del hecho de que la desarmonía, la discordia y la división surgieron entre Dios y el hombre al perturbar el estado originalmente dado de armonía, paz y unidad, es extremadamente asombroso, que el autor bíblico, cuando había reconocido con tanta certeza y descrito tan impresionantemente la interpretación umbral de la práctica de la evaluación humana, resumió la discordia tal como se encuentra en el alma humana debido a la crítica y acusación por algunas de las instituciones de la creación divina ("demasiado fría, demasiado caliente, demasiado húmeda, demasiado seca, desagradable, adversa, dolorosa, dura, cruel: doloroso") se crea y se hace efectivo, completamente sin mencionarlo.

Y puesto que, como ya he dicho, ha descrito los cambios que pueden observarse regularmente cuando los niños pequeños se convierten en adultos, aunque de manera pictórica, pero muy realista, es además muy sorprendente que no haya incluido la inconfundible dinámica del ego, tal como resulta del desarrollo de una conciencia del ego, más claramente en su narración, sino sólo dentro del pasaje en el que Adán y Eva violan el mandamiento divino de ser como Dios. Cuando se trata de la conciencia del ego humano, hay que llegar a la conclusión de que las mencionadas tendencias del hombre a delimitarse a sí mismo y a extender los límites así trazados en la medida de lo posible pueden explicarse únicamente por esta característica específicamente humana, es decir, por esta fuerza motriz, que es efectiva desde el nivel espiritual que se ha convertido en la propiedad del hombre en el curso de su desarrollo. En vista de esto, es aún más sorprendente que J, en quien cuenta cómo Adán y Eva, por desobediencia a Dios, se delimitaron y, al consumir el fruto prohibido, se esforzaron de manera sacrílega por ser como Dios, haya construido en una figura enigmática que, desde el exterior, habló seductoramente a los progenitores humanos y los sedujo a esta misma división y a este arrogante esfuerzo de expansión: La serpiente de la que se dice en el texto bíblico que era "más astuta" (en la Biblia de los pastores: "más astuta") "que todas las bestias del campo que el Señor Dios había hecho" (53), y de la que nadie sabe realmente quién o qué es, o quién o qué se esconde en ella o detrás de ella.

Cualquiera que sea la interpretación de esta serpiente que habla con Adán y Eva, una cosa es clara: en la historia así formulada, representa al seductor primario que incitó a los progenitores humanos a desobedecer el mandamiento divino, oponiéndose así a Dios y en cierto sentido compitiendo con Él. Debido a sus (astutos) susurros también puede ser condenada como la principal adversaria de Dios. Ella es inequívocamente la creadora de todo el mal que posteriormente le ocurre a la humanidad. Todos los animales que pueden ser observados en la tierra se distinguen por el hecho de que están incondicionalmente sujetos al significado global de la existencia, en particular al objetivo de mantener la vida en los ecosistemas intactos, aceptan las condiciones dadas de su existencia tal como son, y viven tal como se establecen, es decir, siempre obedecen las órdenes y leyes de su Creador, y por lo tanto no se rebelan ni resisten de ninguna manera. Esto se aplica sin restricción a todos los tipos de serpientes. Dado que J poseía sólo estos conocimientos intuitivos, contradiría toda su experiencia de vida si hubiera querido atribuir a un animal, una serpiente para ser entendida literalmente, que procedió con una determinación tan refinada hacia Yahvé. De esto se deduce que la serpiente que actúa en la narración de la Caída del Hombre tiene la función de camuflarse, de disfrazarse. ¿Quién o qué debería ser

irreconocible por qué? ¿Y por qué y cómo puede el autor bíblico haber elegido esta criatura en particular para este disfraz?
Ya de la pura observación de la naturaleza, aunque se hiciera sólo de manera amateur y superficial, podrían surgir motivos para que J sólo eligiera la serpiente para la mencionada intención de la declaración. Cuando él, exagerando o por ignorancia, en su narración deja que Yahvé le hable a la serpiente: "Sobre tu vientre te arrastrarás y comerás polvo todos los días de tu vida" (47), tal vez un criterio ya esté implícito en esta formulación: En el período previo a su publicación, se había preguntado repetidamente por qué el Creador había asignado una forma de existencia tan menor a esta especie de animal, y cuando "pintó" su mensaje, llegó a la conclusión de que Adán y Eva habían sido incitados por una voz seductora a invadir los frutos del árbol que se encontraba en medio del Jardín, que estaban reservados sólo para Dios, con el fin de obtener el conocimiento del bien y del mal, a la conocida explicación pictórica, dentro de la cual la serpiente tiene precisamente esta función de seductor primario, porque, así conjeturó quizás el autor bíblico, una forma de tallo original de esta especie de reptil, posiblemente todavía viviendo en los árboles, debe haber cometido algo muy malo y por lo tanto debe haber sido castigada con la deplorable forma de vida descrita por él, tal como se impuso entonces a todas las siguientes generaciones de serpientes. En las serpientes se pueden observar dos características más que son muy adecuadas para la mascarada mencionada anteriormente dentro de la dirección de expresión prevista en el texto bíblico, a saber, su lengua bífida y la ausencia de cualquier expresión facial en su rostro. El conocimiento sobre la lengua de dos puntas podría ser fácilmente utilizado dentro de los valores humanos existentes para describir una falsedad, a saber, que alguien, quien, a partir de un cierto objetivo, habla astutamente de manera diferente a lo que piensa; de la misma manera el conocimiento sobre la ausencia de cualquier expresión facial en el rostro de la serpiente también puede causar una asociación con procedimientos

extremadamente astutos, en los que la intención maligna interior no es reconocible en el exterior.

Al formular su narración en el nivel racional, J no comprendió que controlaba inconscientemente su conciencia y que, debido a estos mecanismos, no permitía que la voz seductora que realmente habla a la gente, sobre la cual estaba muy bien informado a través de innumerables percepciones sensoriales y que había reconocido intuitivamente, tomara conciencia. En el control inconsciente de las cogniciones intuitivas que empujan al límite de la conciencia debe haber encontrado resistencia, sobre la base de la cual tenía miedo de "mirar la verdad a los ojos" y de llamar al seductor primario definitivamente por su nombre, y por lo tanto lo "disfrazó", enmascaró o disfrazó en su representación pictórica como una serpiente, de modo que tanto él mismo como sus oyentes y lectores se salvaron de una confrontación directa. Si los intérpretes, en sus esfuerzos por interpretar esta misma representación, buscan desenmascarar y exponer a la enigmática serpiente, deben estar preparados para hacer un desagradable y doloroso descubrimiento.

A través de la educación religiosa hemos escuchado que (entre otros) en la fe cristiana juega un papel importante un adversario de Dios, que se llama el diablo o Satanás y que se considera un ser espiritual, a saber, un ángel que fue creado por Dios pero que abusó de su libertad para rebelarse contra su creador, para disputarle el rango más alto, por lo que es confrontado por el arcángel Miguel con la pregunta "¿Quién es como Dios? "Desde entonces ha estado haciendo sus maldades en la tierra y, al tratar de ganar almas humanas para sí mismo, quiere causar a Dios daño y problemas dondequiera que pueda. Este poder maligno sobrenatural, que se presenta al hombre religioso allí, es realmente aterrador. Pero este miedo no ha sido capaz de evitar que la gente trate conscientemente con el diablo durante siglos. A través de tales disputas he llegado a la conclusión de que Satanás es una máscara bajo la máscara, que si al desenmascarar la serpiente el diablo se hace visible,

entonces en realidad una máscara se revela de nuevo. Está claro que no hay percepciones sensoriales inmediatas que puedan ser atrapadas por este espíritu maligno. Además, no es Dios, por lo que no tiene ningún poder creativo, y por lo tanto no puede ser considerado responsable de las "malas" condiciones que encontramos en el mundo; por eso, incluso frente al diablo, las críticas y quejas de las personas que son capaces de distinguir "el bien y el mal/mal" siguen estando dirigidas contra Dios. Dentro de esta interpretación de la Biblia, sin embargo, hay en primer lugar un importante argumento, que hace superfluas todas las consideraciones y discusiones posteriores, de que J no habla de Satanás ni en la historia de la Caída del Hombre ni en los siguientes textos que los exegetas han rastreado hasta él.
Sin embargo, de acuerdo con el camino que hasta ahora se ha seguido y señalado en el contexto de este libro, lo que es decisivo para mí es esto: los cambios ominosos que ocurrieron en y sobre los progenitores humanos después de la historia bíblica, algunos de los cuales se han hecho evidentes y son tan similares a los que se pueden observar y se observaron tanto hoy como entonces, entonces y ahora, cuando los niños pequeños están creciendo, no necesitan ningún diablo o demonio como su originador, sino que pueden explicarse únicamente por los efectos dinámicos de la conciencia humana del yo. Por lo tanto, sólo tengo una interpretación posible: La serpiente que actúa en la narración de la Caída del Hombre debe ser interpretada como la conciencia del ego humano y la dinámica del ego que resulta de ella, ya que se han desarrollado y se están desarrollando filogenéticamente. Y de hecho, la influencia de la serpiente, tal como la describe J, consiste exactamente en la misma forma en que automáticamente parte de la conciencia del yo, es decir, en separarse de Dios al mismo tiempo, lo que se hace evidente en el ejemplo de desobediencia, e inflarse, lo que se expresa en el deseo de ser como Él. (53)
Sin duda, el "conocimiento del bien y del mal" juega un papel clave en la historia bíblica del paraíso y la caída del hombre. Este punto de vista del

autor bíblico resulta ser asombrosamente realista cuando se examina, ya que, como se ha dicho anteriormente, la expresión del juicio humano actúa en muchos aspectos como un umbral, tras cuyo paso se ponen en marcha consecuencias ominosas. Dentro del marco religioso conocido, sin embargo, en este umbral también se realiza una primera demarcación de la respectiva Conciencia del Yo hacia el Creador y, si se formula lingüísticamente: "¡Eso es desagradable, adverso, duro, cruel, mal dispuesto! ", racionalmente tangible. Como ahora, dentro de la historia bíblica, la serpiente entra en acción para seducir a Adán y Eva a la invasión prohibida del "árbol del conocimiento del bien y del mal" (53), hay que preguntarse qué influencia ejerce la conciencia del yo en la práctica de la evaluación humana. Cuando se reconoce con confianza y fe que el Creador ha fundado bien su obra, desde la parte individual más pequeña hasta el gran contexto, se hace evidente que la persona que juzga aplica normas de valor diferentes a las del Creador. ¿Cómo se pueden describir en principio estas diferencias?

Tanto hoy como entonces, tanto entonces como ahora, llama la atención que diferentes sujetos humanos (tanto como tales individuos como colectivos más o menos extensos pueden ser entendidos) evalúen a menudo los mismos objetos de su percepción de manera diferente, posiblemente incluso en oposición, y que un mismo sujeto humano cambie a menudo un juicio sobre las mismas circunstancias y circunstancias después de un cambio de posición, a veces en la dirección opuesta. De este hecho se desprende claramente que los juicios humanos son subjetivos y relativos, es decir, vinculados al sujeto que juzga y a su respectivo lugar y punto de vista. Si se considera el respectivo punto de vista humano, entonces desde la pequeñez y la corta vida del ser humano sigue su estrecha limitación. Se dice repetidamente que alguien es incapaz de ver más allá del "borde de su pequeño mundo", o que el mar no cabe en el "dedal" de la percepción y la comprensión humanas. En la época de la escuela de manejo, mi instructor de manejo me dijo que estaba estacionado en América como soldado. Allí, en una región de altos acantilados casi verticales, notó enormes pinturas que, estando cerca, no podían ser pasadas por alto. De la misma manera, nosotros, como personas que juzgan, nos preocupamos por la creación divina: nos paramos cerca de la "cara de la roca" y, por lo tanto, vemos sólo una pequeña sección de toda la obra, pero hacemos nuestros juicios de acuerdo con este cuadro incompleto.

Aunque las percepciones sensoriales inmediatas no pueden ser alcanzadas por el Creador, si el mundo es reconocido como creación, es claro que para completar este trabajo, que se manifiesta con una permanencia tan inimaginable de propósito y significado, Él debe ser capaz de hacerlo, fue capaz de comprender, calcular y planificar cómo se necesitaban las cantidades y cualidades, por qué y para qué, sobre la base de sus ilimitadas visiones generales absolutas y objetivas, conocimientos y percepciones, de modo que en el comienzo creado estaba efectivamente presente toda la instrucción para el siguiente desarrollo.

Todo ser vivo está configurado de tal manera que automáticamente se esfuerza por mantener su existencia y, en el marco de esta existencia, trabaja por su bienestar. Los organismos irracionales aparecen, porque están completamente bajo la influencia de determinaciones, inhibiciones, instintos, impulsos, como si estuvieran programados y por lo tanto como si estuvieran controlados por su programador. Los seres humanos dotados de un cierto grado de razón y libre albedrío son capaces de controlarse más o menos eficazmente sobre la base de un programa similar al que es inherente a los mamíferos. La dirección en la que apuntan está determinada en gran medida por sus respectivas evaluaciones. Dado que los juicios que las personas hacen en el nivel espiritual de su pensamiento conceptual están estrechamente ligados a sus respectivas posiciones, el marcado de éstas es significativo. Con la etapa del descubrimiento del ego, el hombre adopta cada vez más un punto de vista egoísta, desde el cual, cuando ha cruzado dicho umbral en su desarrollo, llama lo que es "bueno", lo que es ventajoso para su persona (o el colectivo al que pertenece), y lo que es "malo", lo que parece traerle desventajas. Debido a sus habilidades mentales, los representantes de la especie de Homo sapiens son capaces de elaborar planes para su propio beneficio, así como en detrimento de sus competidores, rivales y enemigos. Cuando se trata de la historia de la humanidad y se observa la viabilidad y las actividades humanas en el presente, hay que llegar a la conclusión de que lo que las personas con esta intención aprueban puede tener un efecto muy (des)perturbador en el marco general, mientras que, por el contrario, lo que juzgan "malo" suele ser muy útil y sensato dentro de los sistemas superiores y, por lo tanto, es bueno.

El término creación se utiliza para describir el conjunto, incluyendo todos los seres vivos terrestres, ya sea razonable o no. El Creador se ha responsabilizado no sólo de algunos, sino de todos los que son capaces de alegría y sufrimiento. Dado que el bienestar del individuo requiere el requisito previo de un biotopo intacto, la preservación de esta condición original debe tener prioridad absoluta. Este principio se ha realizado inequívocamente en la naturaleza y nunca ha sido tocado o puesto en peligro - hasta el momento en que el hombre alcanzó el mencionado umbral en su desarrollo y comenzó a planear su uso.

Los salmones son peces marinos, pero nacen de los huevos de sus madres en las aguas dulces poco profundas de corrientes rápidas. Los peces jóvenes, que luego crecen de manera constante, nadan gradualmente a lo largo de los arroyos y ríos hacia el mar, donde se convierten en especímenes sexualmente maduros. Éstos finalmente partieron en grandes enjambres a tiempo para regresar a las mismas aguas en las que vieron la luz del día hace años. Este viaje de regreso lo realizan con un celo indoblegable y una ambición excesiva, aunque resulta ser extremadamente arduo y peligroso. Contra la corriente de agua, a veces torrencial, se abren camino sin que los innumerables peligros (por ejemplo, personas y animales, que aprovechan esta excelente oportunidad de atrapar presas relativamente fáciles, de modo que tienen alimento en abundancia durante cierto tiempo) y por numerosos obstáculos, a veces difíciles (como rápidos, rocas, troncos de árboles flotantes, amplios bancos de arena, presas, cascadas de varios metros de altura, distancias enormes, una gran parte de ellas sin ingestión de alimentos), los disuadan de alcanzar su objetivo. Aquellos que finalmente llegan al lugar de su "nacimiento" se aparean y desovan allí, y la mayoría de ellos mueren de agotamiento y demacración. La eclosión de la próxima generación de salmones reiniciará el ciclo que, según el entendimiento humano, ha existido desde tiempos eternos, y por lo tanto preservará la especie. (69, 79)

Esta institución natural, de la que se podrían dar más ejemplos en gran número y variedad, ilustra muy vivamente la diferencia entre los seres vivos que no están dotados de conciencia del ego y los que son capaces de orientarse en esta dirección, por lo que apuntan, en el marco de lo factible, a aquella dirección que parece "buena" en el sentido de ventajosa, útil según sus propias normas subjetivas de valor. Los salmones no piensan en todo lo que les pasa y puede pasarles. No valoran su propio comportamiento, por ejemplo, compadeciéndose de sí mismos por sus esfuerzos agotadores o dándose crédito por sus asombrosos rendimientos máximos, ni valoran las condiciones naturales que encuentran y con las que tienen que lidiar, por ejemplo, criticándolas, haciendo intentos de "mejorarlas" o evitándolas. Más bien, simplemente llevan a cabo sus vidas sin reflejos ni influencias como el Creador las creó, encajando así sin problemas en el orden establecido por Él, siguiendo incondicionalmente su orden, desenvolviendo el programa que Él ha plantado para ellos sin resistencia ni objeciones y sirviendo de esta manera, hasta cierto punto por la auto-sumisión y el auto-sacrificio involuntarios, con una admirable autocomprensión y coherencia de la conservación de las especies y, por lo tanto, también de la estabilidad de los ecosistemas en cuestión, que es el requisito previo necesario para la existencia y el bienestar de todos los organismos terrestres.

Si los salmones fueran seres autoconscientes, que tienen una visión limitada de lo que les viene cuando instintivamente van a migrar, y se formarían juicios subjetivos sobre esto, entonces sería extremadamente cuestionable si serían capaces de aprobar este orden de creación y los inmensos peligros, para asumir los pesados obstáculos, las grandes privaciones y el agotamiento radical de las fuerzas con el fin de preservar su especie y asegurar el equilibrio natural, que no debe ser perturbado demasiado masivamente si la Tierra ha de seguir siendo un planeta habitable por los seres vivos, un paraíso. Más bien, como se puede observar fácilmente con nosotros las personas conscientes de I, muy rápidamente comenzarían a refunfuñar y a quejarse cuando pensaran en el próximo viaje lleno de dificultades y peligros y su final, sin pensar en la supervivencia de su especie en una nueva generación, a la que ellos mismos podrían dar vida, trataría de proporcionar alivio, encontrar y garantizar la seguridad y, en cualquier caso, escapar de la muerte después del apareamiento y el desove, a fin de regresar al mar sin daño alguno y seguir disfrutando de su vida allí, independientemente de que esto cause problemas dentro del ecosistema.

Este ejemplo del salmón es capaz de ilustrar el carácter de los atractivos gestos que hablan a la gente, que son y han sido efectivos hoy como lo fueron entonces, entonces y ahora, y que J, en su narración, hizo hablar de la misteriosa serpiente con la que enmascaró la autoconciencia humana y la hizo así irreconocible. Esta voz habla en el sentido de los respectivos intereses y deseos, por lo que también parece tan dulce y agradable, apenas encuentra resistencia, es tan alegremente y fácilmente obedecida y, como dice el dicho "La voluntad del hombre es su reino celestial", es capaz de liberar inmensos impulsos de voluntad. Bajo la influencia creciente del progreso técnico provocado por el hombre y la viabilidad efectiva y las maquinaciones, que siempre son alabadas de nuevo, se hace inconfundible lo que también el autor bíblico, por ejemplo en el sobrepastoreo de las zonas de pastos y arbustos naturales por grandes rebaños de ovejas y cabras y en la sobreexplotación de los bosques por la tala excesiva, básicamente vio y "proyectó" sobre el futuro, que, en la búsqueda de intereses individuales y colectivos, la humanidad a menudo ignora de manera negligente o incluso deliberada los intereses de los hábitats maravillosamente equilibrados y constantemente reequilibrados del mundo natural, que a su vez forman la base esencial de toda la existencia humana en este planeta, y causa daños duraderos y preocupantes a su medio ambiente, poniendo así en peligro sin piedad la calidad de vida y las posibilidades de supervivencia de las generaciones futuras.

Debe considerarse muy cuestionable que el daño ambiental causado de esta manera esté "en la mente del inventor", de acuerdo con el mandato del creador. Desde una perspectiva humana, en muchos casos bastante comprensible, es innegable que los intereses humanos individuales y colectivos muy a menudo no están de acuerdo con el plan y la voluntad de Dios, sino que nosotros, como criaturas conscientes de sí mismas, nos negamos a obedecer a nuestro Creador, nos rebelamos contra Él e intentamos imponer nuestra propia voluntad, que es la naturaleza del pecado. La tentación de pecar siempre tiene que ver con la observancia de normas de valor egoístas en la evaluación del "bien" y el "mal/mal", que a su vez se basa en el rechazo de las circunstancias que se consideran "malas" y la búsqueda de objetivos que se consideran "buenos". El pecado consiste en pensamientos, palabras y obras que no están de acuerdo con el juicio divino, el plan, la voluntad, la palabra, con los que el pecador indica claramente que no está dispuesto a integrar armoniosamente sus propios intereses, intenciones y objetivos en el marco general de la creación divina, a inclinarse ante el mandato del Gran Maestro, que ha diseñado y creado todo lo que percibimos aquí, y a darle toda la gloria, pero que, aunque lo niegue enérgicamente, está en busca de su propio beneficio, de su propio provecho, para afirmar su propia voluntad, para buscar su propio honor, y si es necesario, aunque este objetivo tenga un efecto dañino y destructivo en el

marco general, una desconexión de la guía divina, una desviación del camino prescrito por Él y por lo tanto una separación de Dios.
Las plantas, los animales y los niños pequeños no pecan; el pecado es una característica de los seres humanos que han alcanzado y cruzado el umbral en su desarrollo que está marcado en la historia bíblica por el hecho de que Adán y Eva, seducidos por la serpiente, invaden la soberanía divina y comen el fruto prohibido, por lo que las personas empiezan a juzgar el objeto de su percepción desde el punto de vista de su respectivo ego como "bueno" o "malo/malo". Para la desobediencia y la rebelión del hombre contra su Creador no se necesita ninguna roca preciosa, pero el desarrollo de la conciencia del yo y la dinámica del ego que resulta de ella son plenamente suficientes como motivación. El egocentrismo de los niños pequeños descrito por los psicólogos del desarrollo se basa en su capacidad todavía insuficiente para comprender la situación de los demás. El egocentrismo de los seres humanos adultos consiste en la demarcación de sus propias normas de valor, su propia voluntad y su propio honor frente a las normas de valor, la voluntad y el honor del Creador, lo que queda demostrado inequívocamente por el diseño y la aplicación de objetivos egoístas, por la forma en que no se orientan a las preocupaciones del marco general y por la forma en que superan desproporcionadamente las dimensiones naturales del bienestar. Esta pecaminosidad aún no está presente en los niños pequeños de dicha etapa de desarrollo.
En el diseño de su narración sobre el Paraíso y la Caída del Hombre, J ha enfatizado la secuencia de proclamación del mandamiento divino, su desprecio por los progenitores humanos y su castigo. A causa del pecado humano, que aquí se ve y se retrata en el sentido de desobediencia y presunción sacrílega, se produce el cambio de principio a fin, de antes a después, que es con mucho el más significativo en el contexto de toda la Biblia: entre Adán y Eva por una parte y su Creador por otra, hubo originalmente armonía, concordia, paz; este hermoso vínculo se rompió con

la caída del hombre, y hubo desarmonía, discordia, discordia. De acuerdo con la redacción de la historia bíblica que aquí se trata, esta discordia está retratada de tal manera que Dios, después de haber descubierto la iniquidad humana, pronunció severos castigos, expulsó a Adán y Eva del Paraíso y finalmente bloqueó su camino de regreso. Como ya se ha mencionado, sólo las percepciones sensoriales de la vida interpersonal pueden estar disponibles para esta representación, especialmente dentro de una familia, donde los padres imponen repetidamente órdenes a sus hijos y se molestan por la desobediencia, la recalcitrancia, la rivalidad y a menudo reaccionan con castigos, pero no las percepciones sensoriales que podrían informar sobre Dios, su estado mental y sus reacciones. Y la narración no puede apoyarse de esta manera en el pasaje donde nos dice que Yahvé, precisamente para castigar a los progenitores humanos por las razones mencionadas, insertó posteriormente en su creación las cosas malas que habían sido perfectamente buenas hasta ese momento.

Si queremos entender esta historia bíblica literalmente, entonces podemos sentir lástima por Adán y Eva, ya que están expuestos al juicio divino sin ningún tipo de reacción malvada o rebelión desafiante en su comportamiento, sino más bien aceptar lo inevitable con admirable devoción y aparentemente aceptar que ahora han sido finalmente relegados al plano terrenal como se merecen, donde nunca y nunca es posible que sean como Dios. Como se explica en el capítulo "El conocimiento del bien y del mal", cuando registramos nuestros propios sentimientos y pensamientos, así como las expresiones faciales, las palabras y el comportamiento de nuestros semejantes adultos, recibimos diariamente la información de que estamos en la actualidad o en fases llevadas por la armonía y la paz, pero en otros momentos y fases nos vemos afectados por la desarmonía y la discordia. Este fenómeno ya estaba presente en la vida de todos los autores bíblicos, lo que se evidencia claramente en muchos pasajes de sus textos, por ejemplo cuando se formulan acusaciones y quejas humanas contra Dios.

Por ejemplo, cuando se informa de que Moisés, cuando el pueblo de Israel había llegado a las fronteras de Canaán después de su éxodo de Egipto y de un tiempo de vagar por el desierto, envió doce espías a instancias de Dios para explorar la tierra prometida, y éstos regresaron y trajeron la desagradable noticia de que la tierra era realmente hermosa, pero que el pueblo que vivía allí era fuerte y estaba extremadamente bien fortificado, por lo que una conquista exitosa estaba fuera de discusión (80), se dice: "Entonces toda la congregación levantó un fuerte grito, y todo el pueblo lloró toda la noche. Todos los israelitas murmuraron sobre Moisés y Aarón, y toda la congregación les dijo ¡Si hubiéramos muerto en Egipto o al menos aquí en el desierto! ¿Por qué el Señor quiere llevarnos a esa tierra? ¿Así que perecemos por la espada y nuestras mujeres y niños se convierten en la presa del enemigo? ¿No sería mejor para nosotros regresar a Egipto? "El Señor dijo a Moisés y a Aarón: '¿Cuánto tiempo seguirá esta iglesia malvada, que siempre se queja de mí, de esta manera? Ya he escuchado bastante el murmullo de los israelitas. "" (82)

Tales formas de expresión humana provienen de una mentalidad correspondiente y son tan estereotipadas que no pueden ser pasadas por alto. Por lo tanto, debe notarse que J atribuyó esta devoción insensible a los progenitores humanos cuando fueron castigados con las adversidades de la vida terrenal, mientras que él, sin tener la información apropiada, presentó a Dios como el que produce el mal para castigar a los hombres. Aquí el autor bíblico se ha desviado inequívocamente de sus percepciones sensoriales e intuitivas. Tales desviaciones se buscan con la tercera cuestión del enfoque científico que recomiendo. Si se encontraron, suelen indicar que se notó cierta resistencia cuando la información respectiva apareció en el límite de la conciencia, de modo que se dio la posibilidad de transgresión, y que las instancias de control inconsciente, como son efectivas aquí y allá, fijaron más fuertemente dicho "filtro" e impidieron así el desarrollo de la conciencia en la forma percibida. En el esfuerzo por encontrar, descubrir y describir estas resistencias, ya que fueron problemáticas para J, dos preguntas son de particular interés y de notable importancia: "¿Quién es Dios?" y "¿Quién soy yo?

Fijando el curso

En las emisiones de radio, el presentador respectivo suele despedirse al final de su tiempo con las palabras "Yo soy", después de lo cual añade su nombre y apellido. La gente dirá lo mismo cuando se presente a los extraños. Por lo tanto, todos los participantes al menos saben cómo dirigirse a los demás. Para una identificación más precisa, se puede mencionar la dirección, la edad, los nombres de los padres y abuelos, el estado civil, la profesión, los pasatiempos. Todos estos detalles apuntan a la individualidad. Sin embargo, alguien que reflexiona sobre sí mismo en el nivel mental de su pensamiento conceptual puede, en una amplia comparación con otros objetos de su percepción, prestando atención a las diferencias y similitudes, también colocarse a sí mismo en consecuencia y entonces dirá, por ejemplo, "Soy un ser humano". "

Esta breve declaración, sin que sea necesario mencionarlo explícitamente, contiene las siguientes circunstancias: Como ser humano soy inconfundiblemente un ser vivo terrenal. Los seres vivos terrestres están limitados espacial y temporalmente, se construyen cada uno de ellos a partir de materiales, que en última instancia se originan en la tierra y su atmósfera, en una forma apropiada para la especie, pero sin embargo individual, una célula, un organismo, un cuerpo, un cuerpo, están entonces en un constante intercambio material con su entorno inmediato y alcanzan, tarde o temprano, su fin temporal en la muerte, después de lo cual se descomponen en sustancias, que, como el humus, se suministran de nuevo a la tierra y por lo tanto se introducen en los ciclos establecidos aquí y se utilizan para construir nuevos seres vivos.

Los seres humanos se diferencian de todos los demás seres vivos que viven en la Tierra por sus habilidades espirituales, como se ha mencionad repetidamente en los capítulos anteriores. El requisito previo indispensab para ello reside en el correspondiente desarrollo ulterior del cerebro, particular de la corteza cerebral, y sus sorprendentes consecuencias se muestran sobre todo en el hecho de que los seres humanos, aunque físicamente inferiores a muchas de las especies animales que compiten con ellos, no sólo sobreviven en esta misma competencia, sino que han creado para sí mismos un dominio que por lo demás no tiene parangón en los biotopos irlandeses, sino que, por esta misma razón, también plantea enormes riesgos, y que también están corriendo riesgos, aunque en realidad no es capaz de hacerlo en absoluto debido a su mero equipamiento físico, incluso en condiciones tan adversas como las que existen en las regiones árticas y subárticas o en los desiertos, y siguen mostrándose sobre todo en los logros culturales que la humanidad ha dado a luz, que pueden describirse, por consiguiente, como sus creaciones y que, cuando se piensa en la tecnología y la electrónica altamente desarrolladas, para muchos rozan el milagro.

Estas destacadas habilidades espirituales y su aplicación en la ejecución de la vida han llevado al hecho de que los hombres, como los más altamente desarrollados, claramente superiores a las plantas y animales y determinando y disponiendo sobre estos, se consideran a sí mismos como sus gobernantes
se comportan como tal. Dado que los sujetos humanos (ya sean individuos
olectivos), al reflexionar de manera juiciosa sobre el mundo y sobre sí
nos, obtienen un estatus y un rango tan elevado para sí mismos a partir
propia naturaleza y sus logros, a menudo están llenos de orgullo, que
nequívocamente de una imagen de sí mismos extremadamente
vuelve a dar lugar a dicha imagen. Sin embargo, al hacerlo, "los
tierra" también compiten constantemente entre sí, por lo que cada
dual, ya sea individual o colectivo, se esfuerza, sobre la base de
dinámica de devenir, por ampliar lo más posible el límite que
círculo alrededor de sí mismo, es decir, también por ocupar
ngo lo más alto posible con la mayor capacidad, poder y
do que el espíritu humano a menudo es capaz de hacer

caso omiso de las limitaciones irlandesas, de la realidad y de los límites de las posibilidades, la gente puede ser llevada a olvidar que son seres terrestres, que la tierra es el plano apropiado para ellos, y pensar que pueden elevarse a esferas sobrenaturales, sobrenaturales.

Por otra parte, se enfrentan cada día a innumerables y diversas percepciones, informaciones, mensajes, pistas, que les dan sus propias y minúsculas limitaciones, el hecho de que están expuestos a poderes mucho más fuertes que ellos mismos, que su vida, por muy bien que la vivan en este momento, nunca es completamente segura, y que no siempre son capaces de hacer frente a sus propios problemas, No importa cuán abundantes sean sus reservas o cuán lucrativas sean sus pólizas de seguro, no hay garantía de que sus fuerzas se cansen, de que su eficiencia en todos los ámbitos, incluso en solidaridad con todos los demás, no sea suficiente para crear un paraíso en esta tierra y en este mundo según nuestros deseos humanos. Como suele ocurrir, la información con estas intenciones suele fluir hacia las profundidades inconscientes de las almas humanas y desde allí se eleva hasta la frontera de la conciencia, donde es controlada por las instancias de control allí vigentes. Si este examen inconsciente revela que las percepciones mencionadas anteriormente arañarían la imagen positiva del hombre y del ego construida y observada en la conciencia y podrían por lo tanto más o menos desfigurarla, la resistencia al amenazante cruce de fronteras se acumula automáticamente.

Del diseño de la historia bíblica del paraíso y la Caída del Hombre, se deduce que J se ocupó de la difícil cuestión de cómo entender y explicar las malas condiciones de la buena creación, que puede formularse de forma sucinta y precisa con las palabras "¿por qué el sufrimiento? Dentro de estas disputas, como probablemente se habían producido con distinta intensidad durante un largo período de tiempo en el período previo a la publicación del texto bíblico, este escritor del Génesis había llegado a una visión positiva de la humanidad sobre la base de muchas percepciones. Aunque no hable tan

directamente de la naturaleza divina del hombre como P ("Entonces Dios dijo: Hagamos a los hombres a nuestra imagen, a nuestra semejanza. "(41), ha expresado claramente su alta valoración en imágenes, por ejemplo cuando Yahvé sopló el aliento de vida en la nariz del hombre hecho de arcilla (10), le dio una tarea responsable en el paraíso para cultivar y cuidar este jardín (67), condujo a los animales hasta él para que les diera nombres (24), y, especialmente, tuvo que darse cuenta de que el hombre lo había alcanzado en términos de "conocimiento del bien y del mal" (33). Si se comparan estos esfuerzos espirituales de interpretación con un camino que J. tomó, entonces la información que surge de las profundidades inconscientes de su alma sobre el hombre, sus habilidades, su importancia, su rango, su potencial para las tareas, su alcance de objetivos y poder en esta tierra, que, debido a que el autor bíblico los juzgó negativamente, arañó enormemente su imagen positiva del hombre, puede ser representada pictóricamente como un abismo que se abrió en el borde del camino y en el que no quiso caer.
La otra pregunta decisiva, a saber: "¿Quién es Dios?", no puede ser respondida con percepciones sensoriales directas sobre Él, y puesto que es un ser misterioso, y los métodos científicos de prueba no pueden ser llevados a cabo sobre Él, sólo con algunas diminutas y vagas corazonadas, acercamientos e insinuaciones. Sin embargo, a este respecto, una persona de las épocas que abarca la escritura de la historia no depende únicamente de sus propias percepciones y conocimientos intuitivos y de los resultados de su tratamiento y procesamiento racional, sino que suele ser informada sobre el Ser Supremo por familiares, feligreses, conciudadanos, conocidos y desconocidos, y sobre cómo se lo entiende y observa en el entorno respectivo. En los esfuerzos por analizar el texto bíblico, debe tenerse en cuenta que Dios no era simplemente un ser desconocido para el escritor bíblico, a quien trató de comprender, entender mejor y describir con más precisión, sino que J había crecido en una cultura religiosa dentro de la cual estaba rodeado por el Uno, Sólo el Altísimo, aunque lo hubiera prohibido

estrictamente con el primero de sus mandamientos ("No te harás imagen de Dios" /83), ya había creado y transmitido imágenes, aunque no representativas, sino en ideas y descripciones, como se expresaban inevitablemente en la enseñanza.

Así como la gente encontraba palabras para todos los objetos de sus percepciones directas e indirectas en el nivel de su pensamiento conceptual, los israelitas también usaban un nombre para el Único. Mediante el uso de diferentes nombres de Dios, los investigadores de la Biblia han reconocido y nombrado a dos de los autores que participaron en la redacción de los cinco primeros libros, a saber, el Eloísta (E), que es en su mayor parte Elohim, y el Yahwista (J), que siempre habla de Yahweh. (14) La designación Yahvé se remonta a la Biblia, sorprendentemente en un pasaje (14) asignado a E, a una revelación que Dios envió a Moisés cuando se le apareció en una zarza ardiente y le instruyó para que guiara a los israelitas fuera de la esclavitud de Egipto a la tierra que había prometido a sus antepasados. "Entonces Moisés dijo a Dios" (Elohim/ 14) ": Bien, iré a los israelitas y les diré: El Dios de vuestros padres me ha enviado a vosotros. Luego me preguntarán: ¿Cómo se llama? ¿Qué se supone que debo decirles? Entonces Dios" (según la intención de la declaración del 14 de nuevo Elohim) "respondió a Moisés: Yo soy el 'Yo soy-da'. Y continuó: "Esto es lo que debes decir a los israelitas: 'El 'yo estoy allí' me ha enviado a ti. Dios dijo además" (Elohim/ 14) "a Moisés: Di a los israelitas Yahvé, el Dios de tus padres, el Dios de Abraham, el Dios de Isaac y el Dios de Jacob, me ha enviado a ti. Ese es mi nombre para siempre, y así me llamarán en todas las generaciones". (84) La última frase citada se traduce en (14) de la siguiente manera: "Este es mi nombre para siempre, y mi memoria será recordada por y para.

"La raíz hebrea de estas palabras", es decir, I-bin-da, "es la misma que la raíz del nombre Yah-we". "(14) Esta es una breve pero precisa y fructífera expresión de lo siguiente: La pregunta "¿quién es Dios? Dios es el que está (allí). La característica esencial de lo más elevado para nosotros los seres

humanos, sobre la que no somos capaces de alcanzar ninguna percepción sensorial directa y a la que no podemos aplicar ningún método científico de prueba, es el Ser, la Existencia. Sin Su existencia, no existiría todo lo que percibimos directamente con nuestros sentidos cada día y que podríamos ser capaces de explorar científicamente, a saber, el cielo y la tierra, en el cielo el sol, la luna y las estrellas, y en la tierra el agua, las plantas, los animales y las personas, el universo, el mundo, la naturaleza, nuestro medio ambiente terrestre, del cual Él es el Creador. El término creador se refiere naturalmente al origen, al principio: Sin creador no hay creación. Por lo tanto, es esencial para la realidad de este mundo y para aquellos que son capaces de reflexionar conscientemente en este mundo que, antes de que este universo comenzara a ser, existiera el Creador, que diseñó y realizó el plan correspondiente.
Para quien vive en el respectivo tiempo presente el término comienzo del mundo significa, aunque se suponga un período de "sólo" seis mil años, una enorme distancia temporal, sí, ya el lapso como se mencionó, cuando los israelitas en el texto bíblico recién citado recuerdan al Dios de sus padres, el Dios de Abraham, el Dios de Isaac y el Dios de Jacob, apareció tan atrás a las personas a las que se dirigía que, especialmente en vista de su dura situación de vida en Egipto, no esperaban más efectos en el tiempo presente, ya que este Dios obviamente "no había levantado un dedo" para ayudarlos a quienes se aplicaban las promesas hechas a los padres. Esta dificultad, con la que los creyentes tienen que lidiar a menudo, es precisamente porque no son capaces de captar al Ser Supremo con sus sentidos directamente, sino sólo indirectamente, sobre la base de las huellas que dejó en su creación, que se remontan a la lejana época del comienzo del mundo.
Sin embargo, a este respecto, todos los autores bíblicos quieren dar testimonio inequívoco de que las personas de todas las generaciones han adquirido experiencia con Dios durante sus respectivas vidas, y que en una relación directa, que requiere la condición previa de la simultaneidad. Eso significa: Ya era el "Yo estoy ahí" cuando nuestros padres y abuelos eran

jóvenes, cuando vivían nuestros antepasados y antepasados, cuando no había humanos en la tierra, y también cuando el mundo ni siquiera existía. Estaba y está temporalmente cerca de todos ellos, es decir, presente. Y como siempre ha sido así, siempre lo será en el futuro. Esta intención de la declaración se encuentra en la palabra eterno. En la liturgia católica existe la frase "de eternidad en eternidad", que está mucho más allá de nuestra imaginación humana. En una historia, por ejemplo, se dijo: "Un sabio respondió a la pregunta de qué significa la eternidad: 'Si una vez cada mil años un pajarito vuela a una alta montaña y afila su pico en ella, entonces cuando la montaña está completamente desgastada, una fracción de la eternidad se acaba".

Tales experiencias religiosas, conocimientos, confesiones, sabiduría, enseñanzas se transmiten de generación en generación, lo cual es la esencia de la tradición. En la medida en que se habla de experiencias que las personas han tenido y acumulado con Dios en contactos directos y presentes, la dificultad es precisamente que Él no es accesible a nuestras percepciones sensoriales en forma directa, por lo que se requiere confianza y fe. Esas experiencias pueden describirse como percepciones relacionadas con el sujeto (78), en las que las "percepciones" van más allá de lo que es posible utilizar los cinco sentidos, es decir, ver, oír, oler, saborear, tocar. "Como ejemplo de tal percepción me gustaría mencionar la experiencia de Blaise Pascal el lunes 23 de noviembre de 1654, en la tarde de las diez y media a las diez y media. El físico matemático lo dató exactamente, lo escribió en palabras fragmentadas y lo cosió en su vestido como un "memorial". Fue encontrado allí después de su muerte. Leemos en él las misteriosas palabras: 'Fuego... Dios de Abraham, Dios de Israel y Dios de Jacob, no los filósofos y eruditos...... certeza, certeza, sentimiento: Alegría, paz. Dios de Jesucristo.... Olvidado por el mundo y por todos menos por Dios' Las palabras que han llegado hasta nosotros aparentemente describen una experiencia relacionada con el tema e intentos de interpretación. No sabemos exactamente lo que Pascal percibió, porque la percepción está ligada a su persona, Blaise Pascal. Sólo podemos compararlo con percepciones similares de otras personas o con nuestras propias experiencias. Pascal también lo hizo. Relacionó sus percepciones con informes del Antiguo y Nuevo Testamento. La experiencia tuvo un gran impacto biográfico en él. Le dio una certeza secreta que nadie le podía quitar y que al mismo tiempo lo distinguía de otras personas. Hablar de la realidad es, por lo tanto, obvio, aunque esta realidad no puede ser objetivada. Está relacionado con el tema y no puede ser probado a otra persona y sólo puede ser comunicado por medio de indirectas. "(78) Ernesto Cardenal escribe: "Hay situaciones en las que el alma siente de repente su presencia de manera que hace imposible el error, y con temblor y miedo, grita: '¡Tú eres el que ha hecho el cielo y la tierra!

"Cuando ya no pude escapar de él,
Dios me ha provisto.
Vacío, tembloroso, temblando de culpa
y me paré frente a él con vergüenza.
No puedo decirlo con palabras, pero
me ama,
me perdonó,
me curó,
me dio su nombre.
¡Di lo que quieras!
¡Se encontró conmigo!
Él tiene en mi corazón
la nostalgia del cielo.
Escuché la voz.
Lo llamé mi amigo,
y creo en Dios. "

Estas percepciones relacionadas con el tema no están ligadas a un lugar determinado o a varios, sino que se experimentan en todos los lugares de la

Tierra donde viven personas. En un salmo su autor reza: "De todos lados me encierras y me pones la mano encima. Maravilloso es este conocimiento para mí, tan alto que no puedo comprenderlo. ¿Dónde podría huir de tu espíritu, dónde podría huir de tu rostro? Cuando suba a las alturas más altas, tú estarás presente. Si yo me rebajara a las profundidades, tú también estarías allí. Y si pudiera volar con el amanecer y asentarme en el mar más lejano, allí también Tu mano todavía me guiará y Tu mano derecha me sostendrá. Y si dijera: "La oscuridad me cubrirá y la noche me rodeará como la luz", la oscuridad no es oscura para ti y la noche es tan brillante como el día. "(87) Y en una de las cartas de Pablo leemos: "Porque Dios, que dijo: 'Que de las tinieblas brille la luz', ha resplandecido en nuestros corazones, ... Llevamos este tesoro en frágiles recipientes, de modo que queda claro que el exceso de poder viene de Dios y no de nosotros. "" (88)

Todos estos testimonios expresan una característica de Dios que se llama su omnipresencia: Él es el "Yo estoy ahí" en cualquier momento (de eternidad en eternidad) y en cualquier lugar (el más lejano y el más cercano). Ya este aspecto por sí solo, como también lo conocían P y J, debe ser suficiente, si el hombre es visto y descrito como Dios similar o "como Dios", para no perder de vista la verdadera relación entre el Creador y la criatura, que consiste en una tremenda diferencia de dimensiones.

J ha tenido esto en cuenta en su narrativa pictórica tejiendo en ella "el árbol de la vida" como uno de los dos árboles que crecen en medio del jardín, que marcan el territorio divino. (17, 33, 48) "Entonces el Señor Dios dijo: He aquí que el hombre ha llegado a ser como nosotros; conoce el bien y el mal. Que ahora no extiende su mano, toma también del árbol de la vida, come de él y vive para siempre! (33) El Señor Dios lo envió lejos del jardín del Edén para que labrara la tierra de la que fue tomado. Expulsó al hombre y colocó los querubines y la espada de fuego ardiente al este del Jardín del Edén para proteger el camino al Árbol de la Vida. "(48) Esto significa en lenguaje llano: si el hombre, al reconocer el bien y el mal, se ha hecho también "como Dios", similar a Él, la vida eterna es, sin embargo, una característica por la que se caracteriza Dios al-lein; Él ya estaba vivo, y esto es también el requisito previo esencial, la razón necesaria para toda vida humana antes de que creara a Adán y Eva, y Él vive, mientras que nosotros los seres humanos en esta tierra tenemos que morir después de un corto período de tiempo, para toda la eternidad. "Señor, has sido nuestro refugio de generación en generación. Antes de que nacieran las montañas, nació la tierra, y el universo, tú, oh Dios, eres para siempre. ... De año en año siembras las semillas de los hombres, son como la hierba que brota. Por la mañana está verde y floreciente, por la tarde se corta y se marchita. " (89) "Hiciste que mis días no fueran más que un lapso, mi vida está ante ti como nada. Sólo un olorcillo es cada hombre. "(90) Sobre la base de las informaciones recogidas, J no pudo llegar a otra alternativa con respecto al hombre que la de describir su mortalidad y por lo tanto su transitoriedad, sobre la base de la cual se le marcan claramente las características como componente del nivel terrenal y no es ni mucho menos suficiente para la eternidad de la vida divina, por lo que debe parecer sumamente ridículo si el sujeto humano, ya sea individual o colectivo, quiere actuar como competidor de Dios.

En su historia, el árbol en cuestión no se llama el árbol del ser, de la existencia, sino de la vida. Yahweh está retratado en esta historia pictórica como un ser vivo que, probablemente tomado de la idea del cuerpo humano y sus funciones, respira, se forma, camina, habla, escucha y entiende. Incluso dentro de las percepciones relacionadas con el tema, Dios es experimentado como un ser misterioso, que se percibe y escucha a sí mismo, proporciona respuestas, siente y simpatiza, se compadece, irradia dinámica, produce efectos, es decir, vive.

El segundo árbol que crece en medio del Jardín del Edén (17) transmite una segunda característica divina, a saber, el conocimiento del bien y del mal (33). A este respecto, J había recibido innumerables y diversas percepciones sensoriales en el período previo a su publicación, que le habían informado de que se trataba de una capacidad mental, ya que debe ser esencial y fundamentalmente presupuesta también antes de una creación, porque en este caso, las cosas buenas, como los materiales, las posibilidades y los procedimientos para procesarlas y ensamblarlas, la función impecable y fiable, la larga durabilidad, la selección, la fabricación, el objetivo y el mal/mal deben evitarse en la medida de lo posible. Al producir creaciones (secundarias) como criaturas de Dios mismo, los hombres también demostraron, a veces de manera asombrosa, admirable, impresionante y convincente, que poseían justamente esta capacidad espiritual y que, por lo tanto, eran similares al creador del mundo en esta característica. Y al observar la práctica de la evaluación humana, el escritor bíblico fue informado inequívocamente, como ya se ha subrayado varias veces anteriormente, de que los juicios humanos son subjetivos, relativos y erróneos, y que la humanidad nunca y nunca jamás es capaz de producir la creación divina.

Así como "el conocimiento del bien y del mal" se convierte en el umbral decisivo en el desarrollo on y filogenético del ser humano, después del cual se ponen en marcha procesos ominosos, así J, cuando quiso traducir el mensaje divino dirigido a él a su nivel de percepción e imaginación y transmitirlo en esta forma a sus oyentes y lectores, entró en crisis al tratar precisamente esta facultad mental a partir de las dos preguntas "quién es Dios" y "quién soy yo".

Del establecimiento de la conciencia humana controlada inconscientemente, se deduce que exploramos constantemente el siguiente desarrollo de las conexiones lógicas y sus posibles efectos en el curso del debate intelectual interno y en las conversaciones interpersonales. Aunque toda persona debería haber llegado a un escepticismo fundamental respecto de sus propias evaluaciones sobre la base de la información correspondiente, la práctica diaria de su pensamiento, su habla y su actuación demostraba que confiaba en sus juicios, por ejemplo, al elegir las direcciones que debían tomarse y los objetivos a los que debían aspirar, y por lo tanto se sentía muy segura de que podía evaluar con precisión lo que era bueno y lo que era malo/malo. Si J, en el camino de su conflicto interior, tal como precedió a la publicación de su narración pictórica a largo plazo, tendió a expresar abiertamente el escepticismo que, según sus informaciones, se indicaba con respecto a la capacidad humana en cuestión, por ejemplo escribiendo que el juicio humano no era fiable y que la ejecución de la vida basada en él era mucho más dudosa que la de los animales, que al fin y al cabo no tienen el conocimiento del bien y del mal del que los seres humanos están tan orgullosos, llegó al abismo descrito anteriormente.

De la falta de fiabilidad fundamental de las evaluaciones humanas, surgirían, una vez puramente en el pensamiento, consecuencias que, al amenazar con dañar y devaluar la imagen positiva del ser humano que se diseña en la conciencia, eran inaceptables para el propio autor y, podía asumir con seguridad, también para sus oyentes y lectores, porque: Entonces el hombre, si mira al pasado y, al menos en parte, tendría que cuestionar y posiblemente incluso juzgar como "malos" sus "buenos" logros (culturales), de los que está tan orgulloso, se vería inducido a una autocrítica masiva y obligado a cambios radicales de dirección, que, cuanto más se retrocediera, más dolorosos serían. Y entonces el hombre, cuando mira al futuro, se pararía en un terreno muy inestable e incierto cuando pide el bien y el mal, el bien y el mal, lo justo y lo injusto, las direcciones y las metas. ¿Dónde debe orientarse, a qué debe aspirar, cómo debe asegurar su existencia, promover su prosperidad? ¿Qué pasaría con los deseos, intereses, metas, planes y voluntades que le parecieron buenos, si se consideraran malos/malos? Entonces, para no cuestionar o desfigurar su imagen positiva de sí mismo, ¡tendría que abstenerse de su realización y aplicación! Esta exigencia parece monstruosa bajo el aspecto fácilmente comprensible del proverbio según el cual la voluntad del hombre es su reino de los cielos.

Tales procesos de pensamiento, que llevaron a J al borde de este abismo, que se abrió a un lado del camino que había tomado, pueden haberle hecho fijar el "curso" en la otra dirección, no para cuestionar la fiabilidad del juicio humano, como sería en realidad apropiado sobre la base de innumerables informaciones cotidianas, sino para darlo por sentado y describirlo de la siguiente manera: "Entonces el Señor Dios dijo: He aquí que el hombre ha llegado a ser como nosotros; reconoce el bien y el mal. "(33) Pero esta decisión lo llevó a un precipicio en el lado opuesto del camino. Porque si las evaluaciones humanas se establecen como fiables, entonces las críticas y quejas expresadas aquí sobre algunas instituciones y circunstancias tal como se encuentran en la creación están justificadas, y entonces la pregunta "¿quién es Dios? y las consecuencias resultantes, que pueden ser muy desagradables, dolorosas y al mismo tiempo peligrosas.
Cada día fluyen en las profundidades de nuestra alma innumerables y diversas percepciones sensoriales, con las que se captan directamente características de nuestro medio ambiente y de nuestra propia persona, que en su pleno auge no se pueden registrar conscientemente en absoluto, pero que se utilizan en su conjunto para el diseño de nuestras imágenes del yo, del hombre, del mundo y de Dios. Dentro de estos procesos cotidianos, no son tanto las raras y sorprendentes experiencias las que resultan fundamentales, sino más bien las impresiones poco espectaculares que se repiten regularmente. Esta circunstancia se expresa acertadamente en la siguiente comparación: "Jesús conoce la tierra: los mendigos, los enfermos, los leprosos, los huérfanos, los pobres de toda clase, los esclavos, los prisioneros, los abandonados a su suerte. Con esta pequeña gente se siente conectado. Por supuesto, él es favorecido por ellos. Pero él comparte su esperanza de otra vida. Escucha los discursos de los insurgentes que quieren expulsar a la potencia ocupante y algunos de los cuales han sido crucificados por los romanos. Todo esto le ha dejado una profunda impresión. No es como una película de televisión que ves hoy y que se olvida mañana. Más bien, es

como un fino y uniforme anillo-gen que penetra en el suelo, día tras día, permitiéndole dar futuros frutos. "(91) Esta imagen de la lluvia fina y uniforme que, a diferencia de una inundación repentina, en la que la mayor parte del agua de la superficie de la tierra se escurre en zanjas y arroyos y por lo tanto apenas beneficia a las plantas que crecen en los campos y jardines, penetra en el suelo y abastece de manera sostenible a las plantas, también puede aplicarse muy bien a las muchas experiencias sensoriales cotidianas que subyacen en la historia bíblica.

La esposa de un granjero estaba trabajando en el jardín cuando un anciano que vivía al otro lado del pueblo pasó por allí. Los dos se pusieron a conversar, y también se habló de las patatas. El caminante preguntó si también tenía que ver con los escarabajos de la patata en sus camas. Cuando la mujer dijo que no, él dijo irónicamente: "¿Te traigo algunos de los nuestros? Porque tenemos una variedad particularmente buena. "Otro hombre dijo, sólo por diversión, que tenía piojos en el pelo, y luego le preguntó a su nieto: "¿Quieres que te ponga mi sombrero en la cabeza? Porque mis piojos son de un tipo particularmente bueno. "Tales palabras humorísticas aluden a circunstancias que en realidad se perciben como muy graves y molestas, que les señalan personas razonables con los brazos extendidos, las manos levantadas y los dedos extendidos: ¡No me gusta eso! No importa lo buenos que sean, ¡se mantendrán alejados de mí y de toda mi propiedad! ¡Quiero que me liberen de estas plagas! La misma intención de la declaración se encuentra en la frase: "La mejor enfermedad no es buena". "Nadie dudará tan fácilmente que no podrá hacer esta evaluación, por ejemplo: "¡Pero esto es desagradable, adverso, dañino, amenazador, duro, cruel, malo! "...tiene razón. Tales pensamientos finalmente llevan a la pregunta: "¿Cuál es el punto de tales malas instalaciones, que en su suma deben ser descritas como sufrimiento, en absoluto? ¿Qué sentido tienen? "Y, '¿Qué clase de Dios es el que creó una cosa tan mala? "De este modo, un conflicto entre criatura y creador, entre hombre y Dios, está surgiendo inequívocamente.

Un hecho generalmente lamentado y temido por la gente es su mortalidad legal. ¿Qué percepciones sensoriales a este respecto se le habían dado a J en el período previo a la publicación de su historia? La muerte también es, sin duda, una realidad que ha permanecido fundamental y esencialmente la misma a lo largo del tiempo, de modo que quienes son capaces de ello pueden y deben ser capaces y tienen que llegar hoy a las mismas percepciones y conclusiones que entonces, entonces y ahora. Todas las experiencias realistas de la vida del autor bíblico condujeron inflexiblemente a la comprensión intuitiva y racional de que toda criatura viviente que se observe en la tierra debe morir seguramente algún día, que no hay excepciones a este respecto, que se trata más bien de una ley de hierro, que se remonta al consejo y al plan del Creador, pero que para las personas que conocen su mortalidad legal, aparte de una esperanza de vida general calculable, el momento de su muerte segura es completamente incierto, que la muerte, anunciada por signos más o menos claros o también súbita e inesperada, puede golpear a cualquiera en cualquier día, que incluso los niños no están excluidos de esto, que de vez en cuando se producen abortos espontáneos, complicaciones en el nacimiento, enfermedades y accidentes, que causan la muerte también de los niños, y que por lo tanto la muerte no es "secuencial" de una manera injusta. Las percepciones sensoriales y las percepciones intuitivas que J había recibido y a las que había llegado repetidamente, se elevaron desde las profundidades de su alma hasta el límite de la conciencia y fueron comprobadas por las instancias de control inconsciente situadas allí, por lo que el esquema de evaluación bipolar "¿bueno o malo/malo? "...con una plantilla... En la medida en que estas disputas penetraron en la conciencia, el escritor bíblico juzgó de manera fácilmente comprensible, por ejemplo: "¡La muerte, a la que seguramente estamos consagrados, es un mal destino! "

La pregunta "¿quién es Dios", acertadamente llamada por los Sioux Wakan Tanka, el Gran Misterio, ¿quién es este misterioso Ser Supremo que creó el mundo y a nosotros en él? es muy seria y significativa para los creyentes, si no esencial para la sucesión de generaciones, es decir, la humanidad en su conjunto y su futuro. Siempre que un ser humano en su práctica cotidiana de evaluación llega con confianza a la conclusión de que tal o cual institución de la creación es mala, y tales evaluaciones en su conjunto se consideran autorizadas dentro de los colectivos, esto tiene consecuencias dentro del marco religioso en el que estamos inevitablemente obligados, con respecto a la pregunta recién formulada. Sobre esta base, algunos llegan a la conclusión de que un ser sobrenatural, tal como es observado y respetado, maravillado, admirado, alabado, adorado, venerado, pero también criticado, acusado, temido por muchos de sus semejantes, no existe realmente. Otros pueden pensar que no fue lo suficientemente capaz y poderoso para crear un mundo "curado", y otros pueden pensar que debe ser "malo" porque es responsable de esas "malas" circunstancias. La imagen de un Dios incompetente, impotente o incluso malvado tiene una intención de sembrar que hace que los creyentes se vuelvan fácilmente apóstatas, desobedientes, arrogantes, recalcitrantes, inestables, frustrados, oprimidos, desesperados y malvados, lo que puede convertirse rápidamente en algo traumático. Por eso, las instancias de control inconsciente de la conciencia humana suelen estar motivadas para evitar en la medida de lo posible tales imágenes de luto de Dios.

Como ya se ha mencionado con más detalle en el capítulo "El Conocimiento del Bien y del Mal", los religiosos, tanto hoy como entonces, como ahora, experimentan y experimentan una y otra vez, pero también innumerables y múltiples instituciones de la creación, que afirman de todo corazón, de las que se complacen intensamente, de las que disfrutan, que les impulsan a alabar y exaltar al Creador por esta felicidad, estas alegrías y bienes, a darle las gracias y el honor que le corresponde. Esta riqueza de "signos y maravillas" que ocurren en todo momento lleva a quienes los experimentan conscientemente, en relación con muchas de sus percepciones relacionadas con el tema, a las que vuelven una y otra vez en su comunicación personal con el Dios misterioso, a la conclusión de que el Creador es bueno porque les ha dado dones muy abundantes. De la historia bíblica del Paraíso y la Caída del Señor es fácil deducir que J también estaba firmemente convencido de ello, y quería transmitir esta convicción a sus oyentes y lectores. Pero como él también consideraba la muerte como un destino malvado, puede que se preguntara si se podía culpar a alguien más por el hecho de que la gente tuviera que morir. Pero no había alternativas a esta cuestión para él en la medida en que creía firmemente que sólo existe Aquel que creó el mundo y todo lo que hay en él. Así, también tuvo que atribuir el "mal" establecimiento de la mortalidad legal, de la que no se permiten excepciones, a este único Dios Creador, que es bueno después de todo.

La percepción humana de que su vida terrenal es temporal y su vida es corta (otra canción india es: "Los ancianos dicen: la tierra sólo perdura. Hablaste con sinceridad. Tienes razón. "Los ancianos dicen: Sólo la tierra perdura. Estabas diciendo la verdad. Tienes razón /34), conduce a enfrentamientos internos más o menos intensos y duraderos con la certeza de la muerte en este nivel muy espiritual del pensamiento conceptual y de la reflexión consciente, y estos enfrentamientos tienen un efecto en las profundidades de las almas en las que han fluido las percepciones sensoriales originales y de las que se han elevado a la conciencia, y a veces causan estados de ánimo como tristeza, depresión, miedo o incluso desafío y rebelión. Tales estados de ánimo sombríos y agresivos provocan casi automáticamente un lamento del destino personal y general y luego muy fácilmente y muy rápidamente llevan a los creyentes a acusar al Creador, quien después de todo es responsable de este mal destino de los hombres. Estas acusaciones, al surgir de nuevo en el alma humana, especialmente durante la prolongada confrontación directa, activa o incluso pasiva con la muerte, una y otra vez contra el Creador, perturban sensiblemente la paz entre el hombre y Dios,

porque indican claramente que los demandantes están a veces enfadados con su creador, y en cualquier caso no pueden agradecérselo tan fácilmente, porque no les dio una vida interminable en la tierra, sino que sólo midió para ellos aquí un período de tiempo impredecible y siempre demasiado corto, por lo que, además, injustamente, ni siquiera está "en orden".
También estos impulsos nuevamente inconscientes, como resultado de la retroalimentación e interacciones de los contenidos espirituales, por ejemplo los reflejos conscientes, se elevan de nuevo desde el "corazón" humano hasta el límite de la conciencia, donde también son controlados por las instancias de control inconsciente que se encuentran allí. En este contexto, las dos preguntas "quién es Dios" y "quién soy yo" son de gran importancia en relación con las decisiones tomadas aquí. En vista de que el Creador ha dotado al hombre de toda la felicidad que se le permite experimentar en la tierra, todas las acusaciones que se hagan contra Él y todos los sentimientos y sentimientos que los preceden y/o siguen deben considerarse como signos de ingratitud, desobediencia, presunción y malicia. Por regla general, la persona concreta no quiere pensar: "Ahora debo reconocer que Dios es incompetente, impotente o incluso malvado" ni: "Ahora descubro en mí mismo que soy ingrato, desobediente, presuntuoso, malvado". "Cuanto más significativo es el poder del respectivo Ser Superior en la imaginación humana y cuanto más se pone en conexión directa con las fuerzas de la naturaleza, más los mencionados filtros genéticos inconscientes también están determinados por el miedo cuando las quejas contra el Creador y Gobernante del Mundo fluyen hacia ellos: Dios no debe ser provocado a la ira, porque de lo contrario podría dejar que sucedan cosas terribles en su poder para castigarme a mí, a nosotros. Por lo tanto, es imperativo evitar que este conflicto, que está ardiendo bajo la superficie, se haga visible y estalle abiertamente!

Paseo por la cresta

Después de que J. fijó el "rumbo" de tal manera que no quiso cuestionar la fiabilidad del juicio humano, como hubiera correspondido a su información, sino más bien exagerarla en la forma familiar (33) y evitar así una caída en el supuesto abismo de la devaluación, la humillación, la humillación, la "decapitación" humana, se detuvo, también en nombre de todos aquellos a los que avanzó solidariamente por este camino, y los que le siguieron y siguen con la misma solidaridad, sobre esta misma base, cuando las críticas, las acusaciones y las quejas sobre la obra divina y, por lo tanto, se topan automáticamente con el Creador, y éstos, precisamente porque los valores humanos se han definido como fiables, son en efecto decisivos, llegan de nuevo a un abismo en el lado opuesto del camino emprendido, a saber, el de una devaluación y/o una hostilidad amenazante hacia Dios, y por lo tanto a una estrecha cresta. La narración bíblica del Paraíso y de la Caída del Hombre debe entonces ser vista también desde este punto de vista, es decir, que tiene la función de ofrecer al hombre una explicación que le permita permanecer en esta estrecha cresta sin caerse a uno de los dos lados, de modo que al fijar el rumbo que se ha decidido de esta manera, por un lado podemos evitar conflictos abiertos con Dios, y por otro lado podemos justificarlo ante acusaciones humanas, como la acusación de incapacidad o de maldad, en qué consiste la esencia o motivación de la teodicea, y por otra parte ver y dibujar al hombre como la corona de la creación sin cuestionamientos, debido a sus capacidades mentales, que atestiguan su similitud con el Espíritu Creador, y evitar, tanto en lo interior como en lo interpersonal, incertidumbres y disputas tortuosas, ya que pueden surgir del cuestionamiento abierto de las normas de valor que aplican, los impulsos de voluntad que producen y siguen, y su ambición.

Esta función la cumple sobre todo la siguiente construcción del marco narrativo, que no se apoya en las correspondientes percepciones sensoriales, a saber, el hombre habría llegado a su juicio (33) violando el mandamiento divino (11), y Yahvé lo habría castigado por esta infracción insertando posteriormente las instalaciones "malas" en su, hasta entonces, perfectamente buena creación (47). Así que si las acusaciones contra el Creador surgen en el alma humana en vista del sufrimiento del mundo, entonces la historia bíblica del paraíso y la Caída del Hombre puede tener un efecto calmante, porque en la condición de Su justicia Dios está aquí liberado de todas las acusaciones, pero Adán y Eva son encontrados culpables: Aunque el Creador, al igual que las circunstancias "buenas" y "malas", ha producido las "malas" circunstancias, los progenitores humanos son los verdaderos culpables, porque han transgredido el único mandamiento que les ha impuesto, que es fácil de obedecer en el maravilloso paraíso, y lo han desatendido.

En este relato se expresa inequívocamente, casi explícitamente, una especie de interpretación religiosa del sufrimiento: el sufrimiento debe entenderse y explicarse como un castigo justo con el que Dios reacciona a los pecados humanos. Este modelo de comprensión y explicación se encuentra fundamentalmente en grandes partes del Antiguo Testamento, como por ejemplo en el pasaje ya citado: "Si no me escuchas y no obedeces todos estos mandamientos, si desatiendes mis estatutos, si desprecias mis reglamentos y rompes mi pacto al no obedecer ninguno de mis mandamientos, entonces yo también te hago lo siguiente": Me ofrezco contra ti con consternación, consumismo y fiebre, que hacen que la vista se desvanezca y sofocan el aliento. Siembras tus semillas en vano; tus enemigos las devorarán. Vuelvo mi cara contra ti, y te hieren tus enemigos. Tus oponentes te pisotean; huyes incluso cuando nadie te sigue.

Si aún no me escuchas, sigo castigándote; siete veces te castigo por tus pecados. Romperé tu orgulloso poder y haré tu cielo como hierro y tu tierra como bronce. Sus fuerzas se agotan en vano, su tierra ya no da cosecha, y los árboles de la tierra ya no dan frutos. Si me eres hostil y no quieres escucharme, te daré más golpes, siete veces más de lo que requieren tus pecados. Desencadenaré sobre vosotros a las bestias salvajes que despoblarán vuestras tierras, destruirán vuestro ganado y os reducirán en número para que vuestros caminos estén desolados. Si aún no os dejáis advertir por esto y continuáis siendo hostiles hacia mí, yo también me encuentro con vosotros hostilmente y también os golpeo siete veces por vuestros pecados. Traeré sobre ti la espada que se vengará por el pacto. Si os retiráis a vuestras ciudades, enviaré la plaga en medio de vosotros, y caeréis en manos enemigas. Entonces te privaré de tu suministro de pan, para que diez mujeres cocinen tu pan en un solo horno, para que el pan sea pesado y no puedas comer hasta saciarte.

Y si aún así no me escuchas y me encuentras con hostilidad, yo también te encuentro con ira y te castigo siete veces por tus pecados. ...destruyo vuestras alturas rituales, destruyo vuestros altares de incienso, amontono vuestros cadáveres sobre los cuerpos de vuestros ídolos y os detesto. Convertiré vuestras ciudades en ruinas, arrasaré vuestros santuarios y no oleré más la fragancia calmante de vuestros sacrificios. Yo mismo devastaré la tierra; vuestros enemigos que se establezcan en ella se horrorizarán con ella. Pero te dispersaré entre las naciones y desenvainaré la espada detrás de ti. Vuestra tierra se convertirá en un desierto, y vuestras ciudades en ruinas. Entonces la tierra tendrá sus sábados reemplazados, todo el tiempo de desolación mientras estés en la tierra de tus enemigos. Entonces la tierra tendrá descanso y se le darán sustitutos para sus sábados. Durante todo el tiempo de desolación tiene descanso sabático, que no tenía en sus sábados cuando usted vivía en él.

En el corazón de los que sobreviven, traigo el miedo a las tierras de sus enemigos; el mero murmullo de las hojas marchitas los persigue, y huyen como se huye de la espada; caen sin que nadie los persiga. Caen uno sobre el otro como si estuvieran ante la espada, sin que nadie los siga. No puedes estar ante tus enemigos, pereces entre las naciones, y la tierra de tus enemigos te come. Aquellos de ustedes que sobrevivan entonces languidecerán en las tierras de sus enemigos debido a sus pecados, incluso los pecados de sus padres, de modo que ellos, como ellos, languidecerán. Entonces admitirán la culpa que ellos mismos y sus padres cometieron por su violación de la fe y también por el hecho de haberme conocido hostilmente, de modo que yo también los conocí hostilmente y los llevé a la tierra de sus enemigos. Sus corazones incircuncisos deben inclinarse y sus pecados deben ser expiados. "" (51)

¿La narración bíblica del paraíso y la Caída del Hombre provocó este enfoque, según el cual el sufrimiento debe ser interpretado como un justo castigo divino, o fue su autor impregnado y por lo tanto influenciado por esta enseñanza religiosa? J, como han descubierto los teólogos en el contexto de la exégesis histórico-crítica, vivió en la época de la existencia común del Imperio del Norte y del Sur, ya que habían surgido de la división de Israel después de la muerte de Salomón, es decir, en Judá. 14) En esa época, la doctrina en cuestión estaba establecida desde hacía mucho tiempo. Si el autor bíblico no copió de una fuente muy temprana que precedió a la Torá en el tiempo, se vio influenciado por el punto de vista antes mencionado cuando, sin poder recurrir a la información correspondiente, dispuso su narración de tal manera que D's se justifica ante el acusador humano por la sacrílega ofensa de los progenitores humanos por insertar las instalaciones "malas" en su, hasta entonces, perfectamente buena creación.

Dado que J interpretaba el sufrimiento como un justo castigo divino, tuvo que encontrar una mala conducta humana general que se adecuara a esta intención de la declaración, lo más verazmente posible, cuando trató de enfatizar intuitivamente la secuencia de anuncio de un mandamiento, su violación y el castigo en su historia marco. En la descripción pictórica de este pecado original, que condujo a una perturbación duradera de la relación

armoniosa entre los seres humanos y Dios, volvió a seguir sus percepciones sensoriales y las consiguientes percepciones intuitivas, que había obtenido y adquirido sobre el desarrollo de los niños pequeños a los seres humanos adultos, y como se han derivado del texto bíblico en los capítulos anteriores de este libro. Porque había reconocido así que la adquisición del juicio humano, tal como se produce y se lleva a cabo en el nivel espiritual del pensamiento conceptual, está sujeta al significado de un umbral, ante el cual el lenguaje y la conciencia del yo no muestran todavía el problema posterior, pero después de lo cual se ponen en marcha las desastrosas consecuencias antes mencionadas, que en su suma son una división entre la relación del hombre con la creación (incluido su yo) y el Creador, para que pueda ser descrito como discordia, desarmonía, discordia, porque él lo había reconocido, su historia debe ser vista como consistente y precisa en la medida en que presentó la adquisición de este "conocimiento del bien y del mal", al que llegaron Adán y Eva de manera prohibida en el curso de esta historia bíblica, como el pecado original al que Yahvé reaccionó con castigo insertando las mencionadas "malas" instituciones en su creación, que había sido perfectamente buena hasta ese momento.
El escritor bíblico se había puesto al día con innumerables y diversas percepciones sensoriales sobre el hecho de que los seres humanos evalúan en el nivel espiritual de su pensamiento conceptual, no desde el nacimiento, sino sólo después de un período de desarrollo posterior. Sin embargo, no tenía información de que esta capacidad se adquiriera ilegalmente. Al atribuir una prohibición divina al juicio humano de la manera conocida (11), proporcionó precisamente a esta práctica humana cotidiana un signo de exclamación, que también es comparable al signo triangular de bordes rojos "Achtung Gefahrenstelle" (Punto de Peligro) utilizado en el Reglamento de la Circulación: ¡Respeto con y en el conocimiento humano del bien y del mal! De esta manera, los oyentes y los lectores son conscientes de los problemas de estos valores en una etapa temprana, como es natural que lo

hagan aquellos que están cualificados para ello. A medida que el hombre comienza a evaluar en el nivel espiritual de su pensamiento conceptual y al hacerlo describe algunas de las circunstancias de la creación divina como desagradables, adversas, dañinas, duras, crueles, malas, automáticamente critica al Creador, trae, más o menos enojado, sarcástico, amargo, enojado, malvado, acusaciones contra Él, lo acusa. Como ejemplo de instituciones generalmente lamentadas, lo que se considera particularmente lamentable, se ha mencionado la tasa de mortalidad legal. Con las percepciones sensoriales y las cogniciones intuitivas relativas a la muerte, quiero ahora tratar un poco más en detalle para obtener una mayor comprensión del significado-intención inherente a la frase "conocimiento del bien y del mal", tal como la ha formulado J.

Aunque en general se lamenta y deplora la ley de hierro de la mortalidad y el sufrimiento con el que suele asociarse la muerte, J fue suficientemente informado de la forma mencionada anteriormente de que la muerte de los organismos vivos también tenía aspectos significativos, y que la muerte se celebraba incluso como un acontecimiento alegre. Por ejemplo, la caza de animales salvajes o la matanza de animales domésticos proporcionaban importantes alimentos a las respectivas familias, dentro de las cuales estos buenos regalos de la creación eran recibidos con alegría, y además materias primas que podían ser procesadas en todo tipo de objetos de valor, la muerte de los seres humanos deja lugar a los niños recién nacidos y es, por tanto, una condición necesaria para la sucesión de las generaciones, la muerte alivia a los ancianos o enfermos terminales de su sufrimiento, la muerte de los individuos a menudo trae alivio, satisfacción y regocijo a sus serios competidores, amargos rivales y enemigos. Tal información e intuición se elevó desde las profundidades del alma a la conciencia para cruzar la frontera allí. Allí informaron: El hecho de una muerte segura es una institución significativa, incluso necesaria y, por lo tanto, buena en el marco general de los ecosistemas terrestres y la población humana integrada en ellos. Para que

el desarrollo de la vida en este planeta haya sido posible en el pasado y siga siendo posible en el futuro, los organismos tuvieron que y deben morir, de modo que el crecimiento y la decadencia se mantengan en un equilibrio y las respectivas densidades de población no excedan los niveles tolerables.
J había mirado las plantas, los animales y los humanos, así como dentro de las comunidades humanas, los niños pequeños y los adultos de manera comparativa, prestando inconscientemente atención a si estaban lidiando con la realidad de la muerte y cómo lo hacían, e intuitivamente se dio cuenta de que este problema, con el que él mismo y los adultos que observaba, tenían que luchar, que fueron movidos por este mismo nivel espiritual de pensamiento conceptual al arrepentimiento, la tristeza, el abatimiento, el miedo, la rebelión, la crítica, la acusación y la discordia, debido al conocimiento de su mortalidad y la posibilidad de una muerte inminente, y que este problema no existía en esta forma para los seres vivos irrazonables.
Con las plantas no se pudieron detectar ni procesos de pensamiento ni sentimientos a este respecto. Una flor anual de verano, por ejemplo, no se veía afectada en absoluto por el hecho de que sólo le quedara un verano de vida, y no mostraba ninguna "penumbra", es decir, ningún signo de tal estado de ánimo, sino que florecía en las condiciones dadas de la creación en un esplendor exuberante (Jesús dijo: "Mirad los lirios: No funcionan y no giran. Pero os digo: ni siquiera Salomón en toda su gloria se vistió como uno de ellos. " /92), cómo no podrían haber sido disminuidos al saber acerca de las contingencias que eran desfavorables, incluso amenazantes para ellos, y acerca del corto lapso de existencia que está destinado a ellos.
En su comportamiento, los animales expresaban una atención que casi nunca era completamente ignorada, miedo cuando se metían en situaciones peligrosas y amenazantes, y a veces, aunque en mucho menor medida de lo que se podía observar en los humanos adultos, dolor después de la muerte de individuos conocidos, pero carecían de signos de una confrontación espiritual, es decir, a nivel de pensamiento conceptual, con el hecho de una

muerte segura. No había nada que sugiriera que surgieran preguntas, evaluaciones y quejas en sus mentes como: "¿Por qué es que tenemos que morir? ¡Pero es un mal destino que nos arrojen allí! ¿Puede ser un buen creador que haya hecho algo tan malo? "Debido a que dicho nivel espiritual no era accesible para ellos debido al desarrollo de su cerebro y no pensaban en la muerte en absoluto, ninguna reacción opresiva e interacciones podían tener ningún efecto en su condición mental, vista anatómicamente en orden descendente, el conocimiento intuitivo de la posibilidad cotidiana de la muerte se implementó sólo para la autoconservación instintiva, pero de ninguna manera causó discordia con su Creador, por lo que no se vieron afectados por los patrones de comportamiento inherentes, incluso cuando estaban tensos, temerosos y tristes, en armonía con su entorno y con Aquel que los creó.

A este respecto, se observaron sorprendentes paralelismos con los animales en los niños pequeños. Dado que ellos también eran todavía preconceptuales, no eran conscientes del hecho de una muerte segura. Aunque el fallecimiento haya ocurrido en el entorno familiar cercano de los niños pequeños, pueden haber experimentado este acontecimiento como la pérdida de una persona a cuyo contacto regular agradable y servicial estaban acostumbrados, y pueden haber dejado profundas huellas en sus almas, que pueden haber tenido una secuela no reconocida durante toda su vida, sin poder desentrañar estas secuelas, pero no las expresaron fuera de sí mismos, pero a lo sumo porque recibían estas vibraciones de los miembros de la familia y se veían afectados por ellas, estas reacciones de dolor a menudo drásticas, como en el caso de los adultos, hacían que todo su comportamiento y todo su carisma sugiriera que no entendían en absoluto lo que había sucedido y estaba sucediendo a su alrededor, y aunque habían sido eventos tan nevados y trascendentales, carecieron durante toda su vida de cualquier recuerdo de estos mismos incidentes en su primera infancia. En la edad preescolar, los niños empiezan a hacer preguntas que indican que están empezando a pensar en la muerte.

(40) "Sigue siendo incomprensible a pesar de las respuestas sensibles. El encuentro con la muerte desencadena temores, tanto en los niños como en los adultos. Los niños pequeños aún no piensan en su propia muerte. Sus temores son: ¿Mamá morirá algún día...? ¿Estaré solo? ¿No puedo volver a hablar con ella? ¿Dónde podría buscarlos? Los niños rara vez expresan esos temores con claridad. Les faltan los términos y las palabras adecuadas. "" (40)

Las personas adultas sabían que ellos mismos y sus seres queridos, como todos los demás seres vivos de la Tierra, estaban sujetos a la ley de hierro de la mortalidad, y que la hora de la muerte es desconocida, por lo que puede ocurrir en cualquier día. En el caso de las muertes ocurridas en su familia o círculo de conocidos, también expresaron su consternación y dolor verbalmente, por ejemplo con palabras como: "¡Inconcebible! ¡No puedes entenderlo! ¡Es triste, amargo, horrible! Estamos conmocionados, perplejos, paralizados, tristes, sin apetito real, sin ganas de nada, sin alegría de vivir en este momento! ¿A dónde quieres ir desde aquí? ¡Tú, lo extrañamos mucho! "El conocimiento de la legalidad de la muerte y del hecho de que su ocurrencia es impredecible, aparte de una esperanza de vida general, se adquirió sobre la base de las percepciones sensoriales que, con sus resultados intuitivos de procesamiento, ascendieron a la conciencia, y tuvieron un efecto desde este nivel racional, más o menos intenso y fluctuante en el tiempo, acercándose a las profundidades del alma respectiva de una manera ominosa, en que los estados de ánimo de arrepentimiento, depresión, frustración, rebelión, contradicción y queja se hicieron efectivos y notables y causaron sufrimiento en esta forma. En la confrontación real o incluso sólo mental con la muerte inminente, surgieron preguntas en el pensamiento conceptual de la persona respectiva, tales como: "¿Debería esto", es decir, el curso de la vida hasta ahora, "haber sido todo? ¿Y qué hay de todos los sueños, deseos, planes, la anhelada gran felicidad que aún no se han cumplido? ¡Hay tantas cosas que faltan! "Y una persona adulta que, debido a un amargo diagnóstico y pronóstico médico y a su deterioro físico, tuvo que "afrontar" el hecho de una muerte inevitable, no lo aceptó tan fácilmente a primera vista, sino que preguntó repetidamente: "¿Por qué? ¿Qué he hecho para sufrir tanto y en este momento dejar mi vida? "y se quejó: "¡¡Este destino es injusto y mezquino!! "Las personas reaccionaron de manera similar cuando uno de sus seres queridos se vio afectado, y ellos mismos se vieron sometidos a una tensión hasta el límite de su fuerza física y mental al atender a los enfermos graves y frágiles, a los que tenían que hacer frente además de los demás deberes cotidianos.

Tales reacciones surgieron en las personas, aunque sabían exactamente que sus ancestros y antepasados habían muerto, que cada día, sí, cada hora, en algún lugar de la Tierra, las personas mueren, aunque a menudo habían oído hablar de las muertes durante sus vidas anteriores sin que se sintieran afligidos por ellas en grado significativo, e incluso cuando habían llegado a la conclusión de que la mortalidad legal es una institución significativa, sí, necesaria, sin la cual la vida en la Tierra no sería posible. Era muy impresionante ver que para la persona concreta era decisivo que ella y uno de sus seres queridos y allegados se vieran afectados, o que cualquier persona anónima que viviera a distancia (en el espacio y en el tiempo) y que no se conociera personalmente se viera afectada. Sin embargo, aunque se pensara en los extraños y en los diferentes organismos, se podría sentir una solidaridad humana general en el lamento de esta ley de hierro de la mortalidad, que no corresponde en principio a un paraíso según nuestros deseos humanos, que nos resulta muy difícil de aceptar, contra el cual, por lo tanto, nos rebelamos muy fácilmente y por el cual, en consecuencia, nos encontramos muy rápidamente criticando y acusando al Creador, que así lo ha determinado y aprobado y que, por lo tanto, es responsable de ello.

Incluso si J. hubiera registrado estas conexiones con él mismo y con sus semejantes adultos por medio de sus percepciones sensoriales y su conocimiento intuitivo, le habría parecido monstruoso señalar a los moribundos y/o a sus parientes la conveniencia y el significado de la muerte, porque él mismo probablemente no habría aceptado tan fácilmente su propia muerte inminente o la de sus seres queridos, también bajo este aspecto, si la hubiera presentado convincentemente a los demás. En y sobre esta mentalidad humana se hace en cualquier caso bastante claro que nosotros los seres humanos aquí aplicamos estándares de valor diferentes a los de Dios, que criticamos y nos quejamos de algo, que llamamos "malo" a lo que el Creador ha aprobado, planeado, querido y establecido. En su narración pictórica, J ha descrito, aunque de forma enigmática, la causa de esta contradicción humana y de esta división que el sujeto humano concreto (ya sea individual o colectivo más o menos extenso) tiene hacia Dios, a saber, la serpiente, es decir, la conciencia del ego humano y la dinámica del ego que resulta de ella. El ser humano concreto juzga desde el punto de vista de su respectivo ego, que para él se encuentra naturalmente en medio del universo y exige una especial importancia y urgencia, si no una preferencia de gran alcance. Dios ve el todo, y desde el principio se preocupó por su existencia duradera y su funcionamiento fiable, que es la condición necesaria para la felicidad de toda persona capaz de ello, y que debe tener prioridad absoluta sobre el bienestar del individuo. Como J se había conocido a sí mismo como un hombre-Y, le parecía problemático mostrar a otros que su crítica de la obra divina de la creación, porque se juzgaban a sí mismos como hombres-Y, tendría que ser considerada con escepticismo; por eso diseñó elementos pictóricos en la formulación de su historia, que se asemejaban a rompecabezas difíciles de resolver.

El conocimiento de la propia mortalidad resultó ser traumático para quienes pudieron hacerlo, cuando estaba presente, y siempre fue un nuevo reto para una confrontación interna. Una forma de hacer frente a este trauma era permitir al pensador y evaluador afirmar y aceptar la muerte cuando le ocurría a una persona que había vivido una vida larga y plena. Así dice en la Biblia: "Este es el número de años de la vida de Abraham: tenía setenta y

cinco años, luego falleció. Murió a una edad madura, envejecida y llena de vida, y se reunió con sus antepasados. "(93) Pero una y otra vez se arrancaba de la mitad de sus vidas a personas que aún estaban llenas de fuerza y se sentían conmovidas y desafiadas por muchos sueños hermosos, deseos, tareas, planes, metas, y por aquellos de los que dependían necesariamente los que necesitaban ayuda, como los niños. Y esta imprevisibilidad de la muerte difícilmente podría ser vista y aceptada por la gente sin críticas y quejas. Además, el fallecimiento de una persona anciana y agotada muy querida causaba regularmente un profundo dolor, y la siguiente afirmación era válida especialmente con respecto a tal muerte: "Es siempre", es decir, aunque el fallecido haya alcanzado una edad tan alta, "demasiado pronto". "
"

La ley de hierro de la mortalidad se ha citado aquí como un ejemplo particularmente significativo de las condiciones de las que los humanos nos quejamos regularmente. Después de que el escritor bíblico había establecido el curso de tal manera que no quería cuestionar la fiabilidad del juicio humano como hubiera correspondido a sus percepciones sensoriales, sino más bien confirmarlo (33), una de las medidas con las que intentó fue para defender y justificar al Creador frente a las críticas, acusaciones y acusaciones humanas que parecen muy justificadas sobre esta base, y por lo tanto un conflicto amenazador entre el diminuto ser humano y el dominador y, debido a muchas de sus instituciones, admirable y loable Dios, a la que el creyente está en deuda, una de sus medidas consistió, por tanto, en el hecho de que afirmó, sin tener a su disposición la información correspondiente, que Dios había previsto originalmente una vida eterna en la tierra para el hombre y, después de que Adán y Eva violaran presuntuosa y sacrílegamente su mandamiento y se inflaran para convertirse en sus competidores (53, 33), sólo posteriormente lo sometieron a la férrea ley de la muerte (29). Con esta estructura de narración pictórica, J ha trasladado la culpa y por lo tanto la razón de la acusación del Creador a los progenitores humanos: Si los humanos le acusamos del amargo destino de tener que morir, que Él ha determinado para nosotros, entonces según este mensaje, entendido literalmente: Por las razones descritas anteriormente, no es Dios, sino nuestros progenitores los que tienen la culpa.

En principio, lo que aquí se dice sobre la mortalidad legítima puede aplicarse a todas las instituciones de la creación que son criticadas y lamentadas por los seres humanos, es decir, a todo lo que sufre en ellas. Aunque en las condiciones concretas juzgadas por la gente como aspectos "malos" por su utilidad y sentido no siempre pueden ser encontrados y citados, puede o debe sin embargo reconocerse muy a menudo que están sobre una base que dentro de los ecosistemas terrestres, ya que su constancia está y sigue estando garantizada, debe ser como es. En el tercer capítulo del Génesis, además de la legítima mortalidad del hombre, se enumeran algunas adversidades de la vida (47), cuya mención, aún hoy fácilmente comprensible, se remonta a las percepciones sensoriales del autor bíblico. Había observado, por ejemplo, que las mujeres embarazadas con el niño creciendo en su interior ganaban gradualmente una considerable circunferencia abdominal, que ese aumento de peso significaba que tenían que satisfacer un requisito nutricional cada vez mayor, que al ser más pesadas, sus movimientos eran automáticamente más difíciles para ellas y que, por lo tanto, estaban mucho más forzadas de lo habitual en situaciones como el trabajo pesado, en las que la movilidad sin perturbaciones era importante, y estaban expuestas a un mayor riesgo en situaciones de emergencia como el hambre o la huida. Había oído que el nacimiento de un niño causa un gran dolor a su madre, y podía imaginar que esto no es posible de otra manera, porque el dolor surge cuando los tejidos vivos se tensan hasta los límites de su capacidad y más allá, y precisamente esto ocurre cuando el niño relativamente grande pasa por la ruta de nacimiento relativamente estrecha debido a los inevitables estiramientos, expansiones y fuertes contracciones, un paso que sería completamente imposible en ausencia de una preparación hormonal o ésta es inadecuada.

Sabía que la existencia humana requería la ingesta más o menos regular de cantidades suficientes de alimentos y, puesto que vivía en una época en que ya se practicaba la agricultura y la ganadería, que para satisfacer las demandas humanas de alimentos abundantes y buenos era esencial trabajar, que una y otra vez exigieron mucho tiempo, fuerza y perseverancia, es decir, enormes esfuerzos, por parte de los empleados, y además, debido a algunos imponderables, estaban relacionados con la incertidumbre de si los rendimientos necesarios, esperados o deseados podían ser realmente alcanzados. Uno de los deberes fastidiosos del agricultor y del jardinero era también desherbar regularmente las malas hierbas, incluyendo las adversas como espinas y cardos, en los cultivos de plantas supervisados, por lo que se podía ver en las zonas dejadas en estado natural que estas plantas, dentro de la marcada diversidad de especies que había, no causaban a los organismos que vivían en este biotopo los correspondientes problemas y dolores y molestias comparables, de hecho que los pájaros anidaban en su refugio y las mariposas mordisqueaban el néctar de sus flores.
Después de la tercera cuestión del enfoque científico seguido aquí, se busca resistencia, que se hizo evidente cuando la información respectiva y los procesos de pensamiento inconsciente que precedieron a la publicación de su texto alcanzaron los límites de la conciencia de J y fueron comprobados por las instancias de control inconsciente que fueron efectivas allí. Todas las percepciones sensoriales e intuitivas que le informaron de que muchas de las instituciones de la creación generalmente lamentadas por los seres humanos son también apropiadas y significativas, que tienen que ser como son en un entorno natural para que todo funcione correctamente a largo plazo, proporcionaron argumentos en contra de la forma en que estableció el rumbo, a saber, no cuestionar la fiabilidad de los valores humanos, y en su suma y en el análisis final se basaron en la afirmación: la creación es buena tal como es.

Sin embargo, contra esta confirmación sin restricciones, se construyó una resistencia insuperable en J, lo que es fácil de entender aún hoy, ya que esto significaría, por una parte, la afirmación de todos los sufrimientos -a veces extremadamente drásticos-, que eran inevitables para aquellos que eran capaces de ellos, y por lo tanto también para el propio hombre juicioso y sus seres queridos, y por otro lado habría tenido que desencadenar un examen (auto)crítico de todos los cambios (culturales) que la humanidad había introducido en su medio ambiente terrestre hasta ese momento, y de los que estaba tan orgullosa, considerándolos como grandes mejoras, y de todos los nobles deseos, intereses, metas y planes que todavía tenía para el futuro. Cuestionar estos logros en principio o incluso abandonarlos y renunciar desde el principio al logro bastante posible de un mayor "progreso" parecía y parece monstruoso, inaceptable. Por eso J permaneció dentro de estas disputas, en su paseo por la cuerda floja con el rumbo una vez decidido, ya que el hombre, como Dios, tenía el conocimiento del bien y del mal (33).
En este estrecho puente, en el que había entrado y en el que quería quedarse, no podía evitar, sin embargo, que se agobiara tanto a sí mismo como al hombre en la pregunta "¿quién soy yo?" y en la pregunta "¿quién es Dios? Porque sabía intuitivamente que el hombre insatisfecho, criticando, acusando, exigiendo, exigiendo "mejoras", planeando y produciendo era arrogante y sacrílego, según las palabras que él como autor finalmente "puso en la boca" de la serpiente en el relato bíblico de la serpiente, que había diseñado pictóricamente por él, incluso como Dios quería ser (53), y que Dios, en su sabiduría, se infló a sí mismo a sus adversarios y competidores, El hecho de que la grandeza, el poder, el amor es absolutamente inalcanzable e inviolable y, por lo tanto, está por encima de todas las críticas, reproches y acusaciones humanas, pero que el hombre, al reconocer su propio juicio como fiable y orientarse naturalmente en consecuencia, duda de esta inalcanzable e inviolable sublimidad de Dios, por lo tanto, abierta o secretamente, directa o indirectamente, consciente o inconscientemente,

subordinando la incompetencia o la malicia al Creador. Pero contra ambas imágenes, la del ser humano que se convierte en el adversario de Dios en la mentalidad y el comportamiento, y la de Dios que, incompetente o malvado, ha producido algo malo, es decir, algo que está lleno de sufrimiento en su creación, resistencia construida en J cuando luchó contra dicho conflicto interno inconsciente en el límite de su conciencia.

Por eso intentó, como ya se ha mencionado, defender y justificar al Creador diciendo, sin disponer de la información pertinente, que Yahvé no había creado inicialmente todo lo "malo" que lamentamos los seres humanos en su creación, sino que sólo posteriormente lo había insertado en su, hasta entonces, perfectamente buena obra. No protegió la imagen del hombre de los daños en la medida en que atribuyó la culpa de esta acción posterior del Creador al hombre, en la medida en que reprochó a los progenitores humanos tener algo en contra de lo único que tenían, en el maravilloso Jardín del Edén, violó un mandamiento que en realidad era fácil de obedecer (aunque no tenía ninguna percepción sensorial ni de esta prohibición ni de su violación) y así, de manera presuntuosa y sacrílega, se infló al adversario y competidor de Dios, que, como se ha descrito anteriormente, correspondía en realidad a su información. Trató de atenuar estos arañazos en la imagen del hombre, que se suponía tan brillante después de todo, dirigiendo todos sus reproches en este sentido contra Adán y Eva como los progenitores humanos, por lo que la respectiva generación actual del escritor, así como el oyente y el lector se alivia en primer lugar, y que, además, como seductor, como él mismo, lo que el mismo J., como todos los oyentes y lectores, debe ver y admitir que era irresistible, construido en la serpiente, que era "más astuto" ("más astuto") "que las bestias del campo, que el Señor Dios había hecho", (53) y que parece tan desconcertante que difícilmente se puede aclarar quién o qué se esconde detrás o dentro de ella, quién o qué, por lo tanto, debe ser cubierto con esta máscara. De esta manera, dirigió las acusaciones de cómo la gente está acusando al Creador por las "malas" instituciones del mundo, a los progenitores humanos y de ellos a la serpiente, que es responsable del hecho de que el hombre ya no vive en el paraíso.

El escritor bíblico, por lo tanto, en el período previo a la publicación de su historia, cuando "ponderó" estas preguntas y conexiones en su "corazón", se encontró durante mucho tiempo en un "dilema" de corrientes diferentes, a veces contradictorias, que le resultó difícil de reconciliar. En esta cuerda floja caminar entre la creencia en un Dios único y las tendencias a sospechar y postular un malvado adversario de Dios que tenía poder creativo, entre el reconocimiento de las normas divinas de valor como son evidentes en la creación y las de los hombres como pueden ser leídas desde su ideal de un paraíso en la tierra, entre la consideración obediente de la voluntad divina y el plan y la aplicación de la voluntad humana, entre el respeto al honor divino y la ambición humana, entre la revelación y el secreto de las acusaciones humanas contra el Creador y la malicia humana, entre las valoraciones realistas y las ilusiones, entre la modestia y la presunción, entre el contenido agradable y desagradable de las declaraciones, entre el coraje por la verdad y el miedo a los conflictos internos y a la hostilidad del exterior, no pudo, como vivimos hoy, orientarse en los resultados de la investigación científica; que habían restringido considerablemente el alcance de sus ofertas de respuesta. Si las hubiera tenido en cuenta, no habría podido afirmar, por ejemplo, que el Creador sólo había insertado posteriormente las instalaciones "malas" en su, hasta entonces, perfectamente buena obra, es decir, en un momento en que los primeros hombres ya habían vivido un período en la tierra, porque las ciencias naturales han dibujado un cuadro del pasado de la tierra, como muestra de manera segura, que incluso los primeros representantes del nuevo género Homo = ser humano que viven en biotopos terrestres, ya que se habían desarrollado de acuerdo con el plan divino de los antepasados tipo af-fen, estaban expuestos a la competencia por el alimento y el espacio, a conflictos interpersonales, a innumerables peligros, quejas, enfermedades y muerte, en resumen, al sufrimiento.

Esta cresta, que J. había pisado y que trataba de mantener, también estaba marcada por la motivación inconsciente de buscar la verdad y transmitirla en la forma encontrada como una ofrenda, pero al mismo tiempo para ocultarla hasta donde se considerara necesario, para que sus "bordes y esquinas afiladas" no fueran tan dolorosas de sentir, no para ocultar el contenido desagradable de las declaraciones de principio, sino para presentarlas de manera que pudieran ser mejor "tragadas y digeridas", ni para bloquear o torcer el mensaje divino escuchado y para responder a la pregunta formulada ("¿Por qué el sufrimiento en la buena creación de Dios??? "), sino presentar esta verdad no en forma directa, sino en código, de modo que para él y para sus oyentes y lectores hubiera todavía un margen de interpretación suficientemente amplio, que les permitiera permanecer en ese paseo por la cuerda floja, en el que la armonía que supuestamente buscaba hacia Dios, sus semejantes y él mismo era la menos perturbada. Aunque el autor bíblico pretendía de esta manera enseñarse a sí mismo y a sus semejantes la verdad con la mayor suavidad posible, la narración pictórica que creó desde lo más profundo de su alma es, sin embargo, deprimente para todos los oyentes y lectores, sobre todo porque termina con la expulsión definitiva e irreversible de los progenitores humanos de Pa-radies. De esto se desprende que incluso una versión más favorable, atenuada y embellecida de la presentación de las verdaderas conexiones relativas a esto sigue siendo "pesada para nuestro estómago".

Además, esto es una indicación de que J, si quería transmitir el verdadero mensaje al que se veía llamado, no se dejaba impresionar por todas las resistencias, pues todos los motivos deben considerarse también como tales, lo que impulsaba no sólo a Dios sino también al ego del propio escritor bíblico y al de sus oyentes y lectores a evitar difíciles conflictos internos y disputas interpersonales. En consecuencia, se habría esperado que ofreciera una "comida más dulce", porque al preparar y presentar esta "comida amarga" difícilmente podría esperar hacer amigos. Al hacerlo, había intentado repetidamente evitar la resistencia a los dispositivos de control inconsciente de su conciencia, y para ello había introducido algunas desviaciones en su narrativa pictórica de la información que había recibido y las percepciones intuitivas que había obtenido de ella. Tanto estas resistencias como estas desviaciones deben buscarse en el análisis del texto bíblico según la tercera cuestión del enfoque científico que se sigue aquí, en el que se puede encontrar una explicación para las desviaciones en las resistencias.

La derogación del tabú observado por J, impugnar al Creador

Cuando J incluyó en su narración el elemento pictórico del "árbol del conocimiento del bien y del mal" (17, 11, 32), se guió por las percepciones sensoriales que le informaron de que las personas, cuando han alcanzado y superado una determinada etapa de desarrollo, "se posan" sobre los objetos de este mundo, incluidos ellos mismos, en el nivel mental de su pensamiento conceptual, "posándose" en el esquema de evaluación bipolar del "bien" o del "mal/mal" a modo de plantillas. A través de sus sentidos, había experimentado diariamente, tanto en él mismo como en sus semejantes, que en el alma humana, sobre la base de evaluaciones negativas, como: "¡Pero esto es desagradable, adverso, feo, dañino, duro, cruel, malo! "Estas son quejas que deben entenderse automáticamente como críticas, reproches y acusaciones dirigidas contra el Creador por los creyentes que ven y llaman al universo, al mundo, al medio ambiente y a la naturaleza como creación, porque una y otra vez reconocen en ella un nuevo orden, una belleza abrumadora, coherencia, poderes terribles, así como de manera convincente conveniencia y significado. Esta queja humana era ahora tan estereotipada y, aunque se expresaba en las más diversas formas de lenguaje - por ejemplo, sólo insinuante o directa, moderada o drástica - con tanta regularidad y frecuencia que debía ser notada: No hay ninguna mención de esto en absoluto en el relato bíblico de la Caída del Hombre, que esencialmente describe una ruptura antes de la cual se había dado originalmente la paz entre Dios y la humanidad, pero después de la cual había surgido una discordia duradera.
Que este lamento tan humano, como es más o menos claro, está dirigido contra el Creador, pero, aunque no se menciona en absoluto en la narración, constituye su base, es inconfundible debido a varios elementos del texto. Porque se convirtió en primer lugar en el "conocimiento del bien y del mal",

ya que Yahvé prohibió estrictamente a Adán y Eva comer del fruto con el que podían asimilar esta capacidad realmente divina, pero los progenitores humanos violaron esta prohibición de manera sacrílega y por lo tanto fueron castigados con los sufrimientos de la vida, En segundo lugar, el castigo que Yahvé impuso a los progenitores humanos por su arrogante desobediencia consistió en el hecho de que él regularmente criticaba a los humanos,
Así que aunque J sabía exactamente cómo es el lamento humano en el desarrollo humano, cuando el nivel mental del pensamiento conceptual se ha hecho tan accesible que las evaluaciones bipolares se forman aquí, y colocó precisamente este lamento en el centro de su narración, Sin embargo, lo dejó completamente sin mencionar, ya que evitó por completo esta o similares palabras, pero dibujó un "cuadro", según el cual Adán y Eva, cuando Yahvé había pronunciado y llevado a cabo el castigo descrito, no se quejaron en absoluto, se lamentaron, se rebelaron y, en consecuencia, demostraron haberse rendido completamente. De este relato se puede ver que había encontrado resistencia a esto dentro de su conflicto interno en las instancias de control inconsciente de su conciencia, lo que le hizo desviarse de su información original en la forma conocida, y que esta resistencia a su vez resultó de las dos preguntas decisivas "¿quién es Dios?" y "¿quién soy yo?
En la decisión de no cuestionar el juicio humano sino de considerarlo decisivo, las críticas, acusaciones y acusaciones mencionadas anteriormente, tal como fueron hechas por las personas contra el Creador a causa de las instituciones más o menos dolorosas y por lo tanto "malas" del mundo, porque desde este punto de vista Él debe aparecer como incapaz o malvado, produjeron feos arañazos en la hermosa imagen de un "querido" Dios todopoderoso. Pero como Él es, a pesar de las posibles limitaciones, el dominador que es capaz de castigar con drásticos sufrimientos (51), había que considerar conveniente suprimir las acusaciones contra Él, es decir, no dejarlas salir abiertamente y directamente bajo ninguna circunstancia, sobre todo porque se trataba de una evidente violación del segundo mandamiento

cuando el acusador se dejaba llevar por la ira, el exceso de cólera y la amargura: "No tomarás el nombre del Señor tu Dios en vano, porque el Señor no dejará impune al que tome su nombre en vano. "" (94)
Pero por otra parte, el lamento y el gemido, tal como lo expresaban más o menos claramente las personas todos los días, no encajaban en la imagen brillante que habían creado de sí mismas, porque no querían aparecerse a Él, que les había dado toda la felicidad que habían experimentado en la tierra hasta entonces y que todavía podían seguir experimentando, como ingratos, sino como personas "buenas" que se someten obedientemente a Él. Sin embargo, J no presenta esta brillante imagen del hombre completamente intacta en su narración, ya que en ella plantea la acusación de presunción e indignación, que se muestra por el hecho de que el hombre quiere ser como Dios. Pero porque en la historia bíblica es la misteriosa serpiente, de la que nadie sabe realmente quién o qué se esconde en ella o detrás de ella, quién o qué ha sido enmascarado de esta manera y por lo tanto hecho irreconocible, lo que atrae a Adán y Eva con sólo esta perspectiva de que lo harían, si comen dicha fruta en contra del mandamiento divino, como Dios, (53) el mencionado reproche se dirige en última instancia a esta astuta bestia, y los progenitores humanos, y con mayor razón los que descienden de ellos, parecen ser víctimas de este refinado e irresistible seductor y por lo tanto parecen estar excusados.
Así, al decir que Yahvé había prohibido terminantemente a las personas comer del "árbol del conocimiento del bien y del mal" (11), sin que le hubieran llegado las correspondientes percepciones sensoriales al respecto, y después de haber violado esta prohibición (33), las castigó poniendo las instalaciones "malas" en la suya, hasta entonces, (47), y, aunque tenía mucha información sobre los gemidos y quejas de los humanos, Adán y Eva, después de que Dios los había castigado tan severamente, se rindió completamente, sin ninguna contradicción, completamente sin quejas los describió, se desvió - debido a la mencionada resistencia - de una manera

sorprendente de sus percepciones sensoriales y conocimiento intuitivo. Sin embargo, es a lo mismo que la representación bíblica pictórica debe ser finalmente corregida de nuevo, según la cuarta cuestión del enfoque científico seguido aquí, y para ello, en un primer paso, se debe levantar el tabú de emprender acciones legales contra el Creador y líder mundial, que J obviamente observó. En otros libros del Antiguo Testamento tal suspensión es obvia, especialmente en el Libro de Job.

En esta narración, al menos en lo que se refiere a la bendición divina, se confirma en primer lugar la doctrina judía tradicional, como se expresa claramente en el pasaje del libro de Levítico (51) que ya ha sido citado dos veces, y también en la siguiente frase de fe: "Creo con plena convicción que el Creador, bendito sea su nombre, hace el bien a los que guardan sus mandamientos y castiga a los que los transgreden". "(95) Porque Dios ha recompensado a Job, precisamente porque vive intachablemente ante Él como un hombre justo, con gran felicidad, como hijos sanos, es decir, siete hijos y tres hijas, posesiones espléndidas y prosperidad abundante. Pero entonces, en marcado contraste con la doctrina judía antes mencionada, en la que pierde todos sus hijos y todas sus posesiones en poco tiempo, y se ve afectado por una maligna enfermedad de la piel, este hombre piadoso se ve sometido a un sufrimiento indecible y drástico. (96) Y en ese momento el afligido expresa abiertamente amargas lamentaciones contra Dios, que culminan en un pasaje del texto en el que las palabras de Job no pueden formularse más claramente como una acusación: "Entonces Job respondió diciendo: 'Aún hoy mi queja suena amarga; su mano pesa mucho en mis suspiros'. ¡Oh, si supiera dónde encontrarlo, cómo llegar a su trono! Representaría la disputa ante él y me llenaría la boca de pruebas. ...entonces un hombre justo discutiría con él, y yo ganaría mi caso. " (97, Herder Bible)

En esta cita la referencia a un juicio humano es inconfundible. Aunque Job, hablando desde el trono, conoce la suprema grandeza de Dios y quiere buscarlo como juez autorizado, lo hace aparecer por sí mismo como acusador contra él, pero al mismo tiempo también como acusado, quiere colocarlo, visto en sentido figurado, en el banquillo de la acusación. En este empeño, está firmemente convencido de que no necesita ningún tipo de asistencia jurídica, sino que sólo él está en condiciones de presentar "pruebas" irrefutables, y tiene la intención de basar sus argumentos en la misma doctrina de fe de que el gobernante del mundo es injusto si impone sufrimientos tan drásticos a un hombre justo que observa fielmente sus mandamientos. Esta reacción de Job al sufrimiento que le aflige le caracteriza inequívocamente como una persona que vive después de la "Caída", es decir, una persona cuyos ojos ya se han "abierto" (50), que ya posee la facultad de hablar y la conciencia del ego y que ha alcanzado y cruzado el umbral en este nivel espiritual en el que ha empezado a juzgar el "bien" o el "mal/mal" según el sistema de valores bipolares.

Los organismos irracionales capaces de sufrir están expuestos a los inconvenientes, adversidades, tensiones y dificultades de este mundo al menos en la misma medida que los seres humanos adultos y en tales situaciones se entregan por completo a sus sentimientos, estados de ánimo y reacciones físicas, que pueden ser muy drásticas, por ejemplo en el caso de dolores intensos e inquietud violenta, por lo que precisamente estas drásticas expresiones tienen una cierta función valvular y producen el mayor alivio posible. Esta devoción total indica que, aunque deben reaccionar inequívocamente con resentimiento al sufrimiento que les aflige, no se juzgan a sí mismos, por ejemplo como "sensibles, débiles", ni evalúan los factores que les afectan, por ejemplo como "crueles, injustos", y no tratan de contrarrestarlos de ninguna manera, ya que se basan en un examen intelectual, por ejemplo, en el diseño o mantenimiento de una imagen de sí mismo lo más halagadora posible (por ejemplo, de valentía, resistencia, paciencia) y/o en la comprensión, por ejemplo, de los orígenes y contextos (por ejemplo, de la personalidad de una persona): "¿Qué causó el presente sufrimiento, cómo se desarrolló, cómo puede ser detenido, cómo puedo, podemos prevenirlo? ") cerrado por detrás. Debido a que carecen de la comprensión necesaria, no son capaces de lograr el tipo de éxitos espectaculares que los adultos pueden demostrar, por ejemplo en el campo de la medicina.

Sin embargo, Job percibe todo lo que le sucede, al principio de manera incomprensible, no sólo por medio de sus sentidos y sentimientos y reacciona a ello de manera reflexiva, instintiva, intuitiva, sino que también lo registra, más allá de eso, en el nivel espiritual de su pensamiento conceptual, donde los pensamientos aparecen en consecuencia, como por ejemplo, "¡Todo mi patrimonio destruido! ¡Todos mis hijos muertos! ¡Mi piel desde las plantas de los pies hasta la parte superior de la cabeza llena de úlceras dolorosas y supurantes! ¡Soy un asco para mi prójimo! ¿Por qué? ¿Qué he hecho para que me castiguen tan severamente? "Y así, en su amargura, salen de su boca frases que pueden sonar a blasfemia en los oídos de muchas personas piadosas: "Después de eso, Job abrió su boca y maldijo su día. Job tomó la palabra y dijo: "Se extingue el día en que nací, la noche que dijo: 'Un hombre es concebido'. ... Sí, esta noche es estéril, no hay regocijo en ella. ... ¿Por qué no morí desde el vientre de mi madre, salí del vientre y no morí de la misma manera? ... ¿Por qué da luz y vida a los que están amargados? Esperan la muerte que no llega, la buscan más que los tesoros escondidos. ...antes de comer, suspiro como el agua, mis penas se desbordan. Lo que me asustaba, lo que me sobrevino, lo que me daba miedo, también me golpeó. Aún no estaba en paz, no descansaba, no estaba en paz, una nueva adversidad estaba sobre mí. "" (98)

El autor de este libro bíblico, en la introducción de su trabajo, ha dado ahora gran importancia a que el lector sea consciente de cómo el piadoso Job hizo su forma de vida. Sobre la base de las enseñanzas judías, por lo tanto, el drástico sufrimiento que sufrió este hombre justo tenía que parecer una violación de la palabra y el contrato de Yahweh. Y en este sentido el escritor bíblico nos dice que el hombre que está sufriendo, porque se le preguntó con

qué pecados podría haber incurrido en la ira divina, no es culpable de ninguna ofensa seria, sino a lo sumo de algunas ofensas menores, por lo que un castigo tan severo no está en absoluto justificado, pero que Dios debía perdonar en la bondad, encontró en sí mismo que el hombre que había sido probado por el sufrimiento, y que era fácil de entender para todo lector, automáticamente terminó acusando al creador, gobernante y juez del mundo de injusticia, arbitrariedad y, peor aún, maldad.
Que para Job la cuestión de la justicia divina, es decir, la teodicea, está en primera línea de su enfrentamiento espiritual con su situación dolorosa, ya se expresa claramente cuando llama a sus tres amigos que han venido "a mostrarle su participación y a consolarle" (99): "¡Enséñame y callaré lo que me falta, aclárame! " (100) y también Dios grita, "¿He fallado? ¿Qué te he hecho, tú, Guardián Humano? ¿Por qué me pones delante de ti como un objetivo? "(101) Y como no encuentra en sí mismo ninguna culpa correspondiente, pronuncia claramente la acusación de arbitrariedad: "Estoy libre de culpa, pero no me cuido, tiro mi vida. No importa, digo entonces, inocente o culpable, él mata. "(102) Y una y otra vez se preocupa por la justicia: "Porque no eres un hombre como yo al que pueda responder: ¡Vamos a la corte juntos! ¡Si hubiera un árbitro entre nosotros! "Digo a Dios que me declare inocente, hazme saber por qué me ordenas. "¿Tienes los ojos de un hombre mortal, ves como los hombres ven? Tus días son como los días del hombre, y tus años como los días del hombre, que buscas mi culpa, buscas mi pecado, aunque sabes que no soy culpable..." (105) "He aquí que traigo el caso; sé que estoy en lo cierto. ... Entonces llamaré, y hablaré, o hablaré, y tú me responderás! ¿Cuánto tengo en pecados y delitos? ¡Recítenme mis delitos y mis ofensas! "Pero no hay mal que por bien no venga, y mi oración es pura. "Sepa que Dios me oprime porque ha echado su red sobre mí. Si grito: ¡Violencia!, no hay respuesta, si pido ayuda, no hay derecho. "Tan cierto como que vive Dios, que me quitó mi derecho, el Todopoderoso, que atormentó mi alma: Mientras haya aliento en mí y el

aliento de Dios en mi nariz, el mal no saldrá de mis labios, ni mi lengua hablará falsamente. Lejos de estar de acuerdo con usted, no renunciaré a mi inocencia hasta que muera. Me aferro a mi ser derecho y no lo dejo ir; mi corazón no regaña ninguno de mis días. "" (109)
Job, en su amargura, también saca a relucir las evaluaciones y experiencias que anteriormente había suprimido, suprimido, ocultado, y cómo contradicen las enseñanzas judías, según las cuales Yahvé premia la obediencia humana con la bendición y castiga la desobediencia humana con la maldición: "¿Por qué los malvados se mantienen vivos, envejecen y se fortalecen en el poder? Sus descendientes están de pie firmemente ante ellos, sus crías ante sus ojos. Sus casas están en paz, sin miedo, la vara de Dios no los golpea. Su toro salta y no falta, las vacas no paren y no se descartan. Como ovejas expulsan a sus hijos, sus pequeños bailan y saltan. Cantan a los timbales y al arpa, disfrutan del sonido de la flauta, pasan sus días felices y van al reino de los muertos en paz. Y sin embargo le dijeron a Dios: "¡Aléjate de nosotros! No queremos saber sus costumbres. ¿Para qué nos sirve el Todopoderoso, para qué sirve dirigirse a él? "" (110)
Al leer la historia bíblica del paraíso y la caída del hombre y el Libro de Job, se pueden establecer paralelismos de manera plausible en la medida en que ambos textos tratan fundamental y esencialmente sobre la pregunta "¿por qué el sufrimiento en la buena creación de Dios? " y sobre las conclusiones correspondientes al creador y gobernante del mundo, que resultan de la respectiva respuesta. Mientras que Yahvé, como se ha explicado anteriormente, evitó las críticas, las acusaciones y los reproches como un tabú y evitó la perturbación duradera de la paz, tal como se dio originalmente entre Dios y el hombre, al declarar que "sometió a juicio a los progenitores humanos" porque violaron el único mandamiento que les había impuesto en el maravilloso Jardín del Edén, que es fácil de guardar, de manera sacrílega, los acusó y los castigó justamente poniendo posteriormente las instalaciones "malas" en la suya, hasta entonces, creación perfectamente buena y la

expulsó para siempre del Paraíso, el autor del libro bíblico de Job no sólo llegó a reprochar y acusar abiertamente al protagonista de su obra literaria amargamente contra Dios, sino que, yendo más allá, deja que su historia termine de tal manera que el propio acusado Todopoderoso alabe y rehaga completamente a su acusador Job, pero reprende a sus tres amigos que, en largas conversaciones, siempre trataron de defender y justificar a Dios ante el hombre amargado:
"Cuando el SEÑOR habló estas palabras a Job, el SEÑOR dijo a Elifaz de Temán: 'Mi ira se ha encendido contra ti y tus dos compañeros, porque no has hablado correctamente de mí como lo hizo mi siervo Job. Ahora, por lo tanto, toma siete toros jóvenes y siete carneros, ve a mi siervo Job, y ofrece un holocausto por ti. Pero mi siervo Job debe interceder por ti; sólo por él me ocuparé de no hacerte daño. Porque no has hablado correctamente de mí como lo hizo mi siervo Job. "(111) De esta expresión, que obviamente se refiere a la práctica de ofrecer sacrificios por el pecado, es inequívocamente evidente que este escritor bíblico también confirma en principio la doctrina judía de la bendición y la maldición divinas, tal como es justamente dada por Él, (51) dependiendo de las obras humanas. Sin embargo, de la estructura general de su historia se deduce que acepta excepciones a esta regla y ofrece como explicación alternativa la de un examen más o menos severo del hombre. (112) Puesto que elimina claramente el tabú de acusar al Creador en la forma descrita, y puesto que reprende tan obviamente incluso los esfuerzos humanos por defender y justificar a Dios frente a las críticas, acusaciones y acusaciones que le hacen los seres humanos, se distingue clara y distintamente en su interpretación de lo que se transmite en el relato bíblico del Paraíso y la Caída, al menos en su nivel narrativo superficial. Dado que esta historia está inequívocamente destinada a cumplir la función de defender y justificar al Creador, la reprimenda pronunciada en el Libro de Job en este sentido también se aplica a J.

Job, debido a su drástico sufrimiento, que va mucho más allá de los límites de su capacidad para hacer frente al estrés y su intelecto, está tentado de acusar al tabú, al omnisapiente y todopoderoso creador, líder y juez del mundo, como probablemente lo ha considerado hasta ahora en vista de su propia pequeñez, insensatez e impotencia, porque no ha sentido ningún impulso en contra en la felicidad, y de pronunciar acusaciones abiertamente y con plena convicción, ya que pueden sonar sacrílegas a los oídos de algunos lectores. Pero el hecho de que el autor bíblico enfatice precisamente esta honesta apertura del hombre que está comprensiblemente enojado con Dios como un comportamiento que en última instancia produce resultados fructíferos, se hace literalmente claro por el hecho de que al final Yahvé en realidad se enfrentó a su acusador humano, por lo cual éste lo había desafiado repetidamente, afirma que Él, expresado en sentido figurado, realmente permite que se le juzgue, se sienta en el banquillo del acusado, asumiendo así su propia defensa y justificación, y de esta manera presenta a Job respuestas que, si hubiera suprimido las acusaciones, le habrían sido negadas.

"El Señor respondió a Job desde la tormenta y le dijo: ¿Quién es el que oscurece el consejo con palabras sin entendimiento? Levántate, ciñe tus lomos como un hombre: te lo pediré, tú me enseñas. ¿Dónde estabas cuando fundé la Tierra? Dilo entonces cuando lo sepas. ¿Quién le tomó las medidas? Ya lo sabes. ¿Quién extendió el cordón de medida sobre ella? ... ¿Quién cerró el mar con puertas, cuando salió espuma del vientre de la madre, cuando las nubes le hice un vestido, le hice una niebla oscura de pañales, cuando rompí mi límite, le puse una puerta y un cerrojo y le dije: "Hasta aquí puedes ir y no más allá, aquí tus olas de orgullo deben descansar? ¿Alguna vez en tu vida has ordenado el amanecer, el amanecer que determina su lugar, ...has llegado a los manantiales del mar, has caminado por las profundidades de la tierra primitiva? ¿Se te han abierto las puertas de la muerte, has mirado en las puertas de los Fins-ternis? ¿Ha estudiado las latitudes de la Tierra? Dime cuando sepas todo esto. ¿Dónde está el camino a la morada de la luz? La oscuridad, ¿dónde tiene ella su lugar que la introduce en su dominio, los caminos de su casa la llevan? Sabes que naciste en ese entonces, y el número de tus días es grande. ¿Has venido a las cámaras de la nieve, has visto las cámaras de granizo, ... dónde está el camino hacia donde se extiende la luz, donde el viento del este se dispersa sobre la tierra? ¿Quién cavó una cuneta para el diluvio de la lluvia, un camino para que la nube de trueno envíe la lluvia a la tierra deshabitada, a las estepas donde nadie vive, para saturar el desierto y la tierra estéril y dejar brotar hierba fresca? ¿La lluvia tiene un padre, o quién engendró las gotas de rocío? ¿De qué vientre salió el hielo, el rimmel del cielo, quién lo llevó? Como la piedra, las aguas se solidifican y se vuelven firmes en la superficie de la inundación. ¿Te unes a las Siete Hermanas, o desatas a Orión? ¿Guias a las estrellas del zodíaco en el momento adecuado, guías a la leona y sus cachorros? ¿Conoces las leyes del cielo? ¿Repite su obra en la tierra? ¿Levantas tu voz a las nubes, para que las olas de agua te cubran? ¿Mandas los rayos para que se den prisa y te digan: estamos aquí? ... ¿Conoces el tiempo de lanzamiento de los íbices, supervisas el lanzamiento de los ciervos? Se acurrucan, lanzan a sus crías, se deshacen de sus contracciones. Sus crías crecen fuertes, crecen al aire libre, salen corriendo y nunca regresan a ellas. ... ¿Es de tu perspicacia que el halcón se eleva y extiende sus alas hacia el sur? ¿El águila vuela tan alto a su mando y construye su ojo en el aire? Vive y duerme en las rocas, en los picos de las rocas y en las paredes escarpadas. Desde allí ve a la presa, con sus ojos mirando a la distancia. ...¿tienes un brazo como Dios, truenas como él? ¡Adórnese con majestad y majestad, y vístase con esplendor y esplendor! Deja que las aguas de tu ira fluyan, mira a cada hombre orgulloso, ¡humíllalo! Mira a cada hombre orgulloso, ¡nunca lo fuerces! ¡Derriben a los malvados de una vez! "“ ... (113)

En este pasaje, el autor bíblico permite a Yahvé en su defensa contra el acusador humano seguir dos líneas básicas de argumento: Por una parte, de la abundancia de ejemplos posibles, enumera algunos milagros de su creación, por otra parte, llama la atención del hombre sobre sus estrechos límites, a saber, los estrechos límites que se le dan en el espacio y en el tiempo, en los sobre-, las percepciones y las percepciones, en la sabiduría y el poder y que, por consiguiente, caracterizan la enorme diferencia dimensional entre Dios y el hombre, entre el Creador y la criatura, que es intrínsecamente conspicua y, por lo tanto, demasiado clara.

Es evidente que el escritor bíblico, cuando recuerda los milagros de la creación, está ligado a su propia visión del mundo y a la capacidad de su conocimiento. Algo o incluso mucho de lo que cita en este contexto y con esta intención puede ser mejor conocido y comprendido por el hombre moderno iluminado que por los que viven en la época, y puede haber perdido el carácter milagroso en su estimación. Sin embargo, el pensador, al hacer preguntas más amplias y profundas con referencia a lo que se ha explicado científicamente, siempre llega en algún momento al punto en que ya no sabe la respuesta, donde ya no puede encontrar comprensión y explicación, y así llega a un área misteriosa y maravillosa. Por ejemplo, los biólogos conocen exactamente el tiempo de lanzamiento de los íbices, conocen los prerrequisitos hormonales, sobre cuya base se regulan la combinación, el embarazo y el nacimiento, y posiblemente pueden comprender y explicar la producción equitativa en cuanto a la dosis y el tiempo de las respectivas hormonas; sin embargo, el motivo por el que mecanismos tan útiles y significativos como las gónadas y la Plazentación están disponibles básicamente en el organismo-mamífero, elude su conocimiento al final. Y debe quedar absolutamente claro para todo lego y estudioso que ni ningún ser humano, ni la humanidad en su conjunto, ni los respectivos organismos en sí, ni la naturaleza tienen características con las que se justifique suficientemente la conveniencia y el significado, tal como las percibimos en y sobre los objetos naturales de nuestras percepciones sensoriales, incluyéndonos a nosotros mismos, a diario. Y este hecho "divide a los espíritus": Algunos se basan en la teoría del azar, otros creen que los "signos y maravillas" cotidianos, que sólo experimentan en forma de utilidad y sentido, se remontan al plan del Creador, que sabía exactamente por qué las cantidades y estructuras materiales tenían que ser creadas y ordenadas como para garantizar las funciones realmente logradas durante períodos de tiempo tan inimaginablemente largos, que para nosotros los humanos de corta vida se asemejan a una eternidad, ininterrumpidamente.

Cuando Yahvé señala aquí los milagros de su creación como ejemplos, no lo hace para alabarse a sí mismo, sino que quiere refutar o al menos inquietar al acusador humano con respecto a sus argumentos y ayudarle a recuperar su confianza básica. En cuanto a la acusación de posible incompetencia, el Creador es capaz de proporcionar pruebas convincentes de su sabiduría y poder. Pero admite abiertamente que ha creado poderes, que son en parte amenazadores y por lo tanto, con razón, aterradores. Aborda las acusaciones de arbitrariedad e injusticia señalando que, a diferencia del hombre, es capaz de humillar a los orgullosos y castigar a los malvados, indirectamente. Esto es en el contexto actual, que se trata esencialmente de la pregunta "¿por qué el sufrimiento en la buena creación de Dios? "A este respecto, cabe señalar que el modelo tradicional de comprensión y explicación, según el cual el sufrimiento se impone como un castigo justo por los delitos humanos, no se refuta sino que se confirma fundamentalmente y sólo se complementa con la alternativa de que Dios permita el sufrimiento en casos individuales también para el examen de una persona justa. La sospecha humana de que Él es, como Él mismo admite, también creó las dificultades naturales, a veces (por ejemplo en el sentido de cruel) también el mal, Dios contradice sólo sugestivamente e indirectamente señalando los milagros de su creación, confirmando la justificación de la confianza básica de cualquier criatura capaz de esto, porque esta actitud profundamente arraigada sería un error fatal hacia el mal.

Al señalar las maravillas de su creación al acusador humano mediante algunos ejemplos, Yahvé indica inequívocamente los estrechos límites del hombre, a causa de los cuales la validez y el carácter concluyente de las acusaciones humanas se reducen considerablemente. Pero es precisamente a este hecho al que se dirige abiertamente, en parte utilizando la ironía como un dispositivo estilístico: "¿Quién es el que oscurece la conclusión del Consejo con una charla sin perspicacia? Levántate, ciñe tus lomos como un hombre: te lo pediré, tú me enseñas. ¿Dónde estabas cuando fundé la Tierra? Dilo entonces cuando lo sepas. "(114) Dios diseña su defensa como una contra-carga, que Job, ya que obviamente quiere ser aceptado como un hombre fuerte, como un hombre emancipado, al desafiar repetidamente a Dios a un litigio, debe también escuchar y responder como tal: El hombre, que en su sufrimiento, comprensible y fácilmente comprensible desde el punto de vista humano, se ha dejado llevar por tales críticas y reproches feroces contra el creador, líder y juez del mundo, tiene en su confrontación interior principios distorsionados de la realidad, ya que en realidad son evidentes e irrefutables. El hombre, tanto como ser individual como colectivo integral, estuvo lejos de estar presente en la creación del mundo y, por consiguiente, no asistió al Creador ni de palabra ni de hecho; más bien, el Creador hizo su trabajo con el éxito que es visible en todos los tiempos de la historia humana, sin ninguna ayuda, es decir, completamente independiente. Dentro de esta creación la vida del ser humano individual, como el mismo Job señala en su fragilidad, es "sólo un aliento" (115), cuando el hombre, "apenas días", "como la flor se levanta y se marchita", se convierte en "hojas sopladas", "paja seca" (116).

A pesar de las evidentes limitaciones tan estrechas del hombre en el espacio y en el tiempo, de sus visiones, percepciones y conocimientos, de su sabiduría y poder, se infla de manera natural para convertirse en un acusador del Creador, toma como absolutamente correctas sus propias normas de valor y los valores y juicios pronunciados y hechos en base a ellas y dice, más o menos abierta y directamente, por ejemplo a Dios: "Pero tú has establecido esto de una manera desagradable, adversa, dura, cruel, injusta, mala; en tu lugar yo lo habría hecho de otra manera". "Con esto se juega a sí mismo, aunque obviamente es tan pequeño, ignorante e impotente, para el Creador como maestro y señor. Si este suceso no fuera comprensible, explicable y fácil de comprender desde el punto de vista humano debido a un sufrimiento drástico real y/o posible, habría que preguntarse si se consideraría sacrílego o más bien ridículo. Al final de la historia de Job, Dios deja claro que quiere que la gente le hable con honestidad, no para reprimir, suprimir, ocultar las acusaciones contra Él que surgen en ellos, sino para hablar abiertamente, discutir duramente con Él, estar en lo cierto con Él, no para convertirse en hipócritas que ocultan su discordia interior y pretenden ser devotos. Sin embargo, en esta narración, cuando toma su defensa contra el acusador, señala claramente la, en realidad ridícula, presunción de esta apariencia humana y la loca inversión del equilibrio real de poder y calidad que es evidente en ella: "Con el Todopoderoso, el crítico" (Herderbibel: "Nörgler") "quiere corregir? "" (117)

Como ya se ha mencionado, hay un paralelismo inconfundible entre la historia de Job y la narración del paraíso y la Caída del Hombre en que ambos textos proporcionan una respuesta a la pregunta "¿por qué el sufrimiento en la buena creación de Dios? "oferta". Aunque el autor del Libro bíblico de Job acepta la explicación tradicional del sufrimiento como un justo castigo divino y sólo añade la de la prueba como una alternativa, según la cual incluso las personas justas y piadosas pueden ser sometidas a un drástico sufrimiento, precisamente para probar si siguen siendo piadosas incluso en estas circunstancias adversas, sin embargo formula la respuesta final y real a la pregunta planteada al "ponerlo en boca de Job", así: "He reconocido que eres capaz de todo; no se te niega ningún plan". ¿Quién es el que oscurece el Consejo sin perspicacia? Así que he hablado en la ignorancia de cosas que son demasiado maravillosas para mí e incomprensibles. Escucha, quiero hablar ahora, quiero preguntarte, ¡me sermoneas! Había oído hablar de ti de oído, pero ahora mis ojos te han visto. Por lo tanto me retracto y respiro de nuevo, en polvo y cenizas. "“ (118)

Job es porque no considera tabúes las acusaciones que surgen en su pensamiento contra el creador, gobernante y juez del mundo ante el sufrimiento que se le impone, sino que las deja salir de sí mismo, o, para decirlo más exactamente, que ya no logra suprimir u ocultar estas acusaciones para que broten de él, alcanza el autoconocimiento a través de la confrontación directa con Dios provocada de esta manera, y por lo tanto es capaz de ver y reconocer de nuevo las relaciones de calidad reales: El hombre carece esencialmente de sobre-, perspicacia y percepción, entendimiento, conocimiento, para poder juzgar la creación divina con justicia. La última respuesta real, que aquí es a la pregunta "¿por qué el sufrimiento en la buena creación de Dios? "Así, no son las funciones concretas del respectivo sufrimiento las que dan un sentido plausible al sufrimiento, sino que es simplemente el autoconocimiento de que éste es "incomprensible" para el hombre, que un hombre que acusa a Dios está hablando en "ignorancia". Esta respuesta puede ser decepcionante e insatisfactoria, pero aún contiene un enorme potencial de ayuda y salvación, ya que está dirigida a liberar al hombre del constante movimiento circular alrededor de su propio ego y a dirigir su mirada hacia Dios, para que el hombre se abra a Él, se acerque o permita su cercanía, se ponga en armonía con Él. Con esto señalo la base que es decisiva en última instancia: la confianza del hombre en Dios, la confianza de la criatura en el Creador. El sentido del sufrimiento me resulta incomprensible, pero confío firmemente en que el Creador conoce precisamente este sentido, que ha dispuesto todo de tal manera que corresponde a su eterno consejo, como debe ser y por tanto es bueno. Por eso quiero entrar en su enseñanza, que me enseñe.

En la narración bíblica de la Caída del Hombre dice: "Entonces la serpiente le dijo a la mujer: No, no morirás. Más bien, Dios sabe que en cuanto comes de ella, tus ojos se abren; te vuelves como Dios y reconoces el bien y el mal. Entonces la mujer vio que sería delicioso comer del árbol, que el árbol era un festín para los ojos y la sedujo para que se volviera sabia. "... que el árbol sería bueno para comer y encantador para mirar y deseable para ganar perspicacia. ") "Ella tomó de su fruto y comió; también dio a su marido que estaba con ella, y él también comió. "(53, 33) Y más tarde: "El Señor Dios dijo: 'He aquí que el hombre se ha hecho como nosotros; conoce el bien y el mal. "(33) Con esta formulación J decidió no considerar el juicio humano, tal como es y se lleva a cabo sobre la base de las capacidades mentales, como la sabiduría, la perspicacia, el conocimiento, que la serpiente había puesto en perspectiva y que las personas consideraban deseables, se pronuncia y se lleva a cabo, con escepticismo, y describirlo en consecuencia, sino presentarlo como fiable. Al hacerlo, se desvió descaradamente de la información de que disponía, ya que no había podido pasar por alto ni ignorar el hecho de que las valoraciones expresadas por la gente cada día son fundamentalmente subjetivas y de carácter relativo, y que existe una elevada proporción de errores y perplejidad. El autor del libro bíblico de Job se ha tomado esto a pecho en la respuesta que ha presentado, ya que escribe que el hombre, precisamente porque sus habilidades espirituales no son suficientes para esto, no está en posición de juzgar al creador, gobernante y juez del mundo de manera justa.

Según la cuarta cuestión del enfoque científico que recomiendo, a saber, cómo las desviaciones demostradas en el texto deben ser corregidas para volver a las percepciones sensoriales y los hallazgos intuitivos realmente subyacentes, el punto de partida debe ser, en consecuencia, el curso establecido por J durante su narración: Es esencial dejar claro que el juicio humano no es fiable por las razones mencionadas anteriormente. Por esta razón, las acusaciones hechas contra el Creador sobre esta base poco fiable también deben ser radicalmente cuestionadas.

¿La prueba de tales manipulaciones, tal como deben atribuirse al escritor bíblico sobre la base del análisis presentado hasta ahora, desacredita o incluso pone en peligro la credibilidad del mensaje transmitido por él? Esto sólo puede evaluarse después de que se haya completado la corrección. En todo caso, hay que decir de antemano que los procesos del pensamiento humano y sus expresiones están siempre influidos por la eficacia de las instancias de control inconsciente de su conciencia, que no se pueden eliminar, por lo que, desde este punto de vista, sería apropiado el escepticismo con respecto a todo lo que se dice y escribe; esto también se aplica a las obras "científicas". Los psicólogos suelen aconsejar el "pensamiento positivo", que en principio consiste en dar una "marca" agradable a los datos recogidos a través de los sentidos cuando se evalúan; se trata ya de una medida dirigida a lograr un efecto deseado, es decir, no se trata de reflejar en la reflexión consciente lo que es, sino, en la medida de lo posible, lo que se acepta más fácilmente. Dado que esta estrategia de reproducir conscientemente imágenes del ser, el hombre, el mundo y Dios no está simplemente de acuerdo con las percepciones (sensoriales) planteadas para este propósito, sino más bien en algún tipo de versiones con propósito de ellas, no debería ser sorprendente encontrarla también en la Biblia. Ahora bien, si las razones y el propósito de las manipulaciones probadas son y siguen siendo comprensibles incluso hoy en día, y si el lector, al perseguir el objetivo de un relato más realista, se encuentra con enormes dificultades, ya que corresponden exactamente a aquellos con los que J tuvo que tratar, hace tanto tiempo en un entorno muy diferente, esto puede llevar una y otra vez a apreciar el valor expresivo del mensaje bíblico como fundamentalmente verdadero.

Dificultades de rectificación

El ya mencionado autoconocimiento, al que Job, y esperemos que con él también el lector real de este libro bíblico, ha llegado, es decir, que el diminuto e impotente ser humano no es capaz, debido a las estrechas limitaciones de sus miradas, percepciones y percepciones, así como su capacidad espiritual, de juzgar a Dios, su trabajo, su consejo y su plan, su trabajo con justicia, y a la cual también la historia de Pa-radies y la Caída del Hombre debe ser corregida de acuerdo a sus percepciones sensoriales subyacentes y a sus percepciones intuitivas, debería en realidad, en conexión con la realización simultánea de que Dios justifica la confianza básica puesta en Él, silenciar consistentemente todas las acusaciones humanas. El hecho, sin embargo, de que nosotros los seres humanos, en lo que se refiere a la evaluación de la creación divina, evidentemente permanezcamos inalterados en, con y en nuestras regañinas, reproches, saberes y continuidades, es una de las dificultades que, hoy como entonces, entonces como ahora, en la mediación, aceptación y aplicación de este mensaje bíblico, demuestran y han demostrado ser insuperables.

El hecho de que el autor del libro bíblico de Job lo supiera también se demuestra por el hecho de que hizo que Job dijera: "He aquí que soy demasiado pequeño. ¿Qué puedo decirle? Puse mi mano sobre mi boca. Una vez que haya hablado, no lo volveré a hacer; una segunda vez, ¡pero no más! "(119) Ya con la segunda objeción el demandante no cumplió su resolución "No lo haré de nuevo". Ahora quiere evitar más aberraciones cerrando la boca con la mano, para que las expresiones de disgusto, los impulsos de insatisfacción, las críticas, los reproches y las acusaciones que surgen en su interior no vuelvan a surgir. También se podría trasladar esta idea a la idea de una cerradura que se saca por ambos labios y, si está cerrada, se cierra con una llave por seguridad. Es fácil entender que esta es una medida puramente

sintomática comparada con la medicina, porque aunque los síntomas, aquí: La charla, pero no sus causas, aquí: Los pensamientos correspondientes, son combatidos.
Así pues, aunque el escritor bíblico, con la respuesta anterior de que el Creador justifica la confianza primordial implantada en la criatura, y que los seres humanos son demasiado limitados para poder juzgar con justicia la creación divina, demostró una terapia causal, es decir, dirigida contra la causa, sabía sin embargo que sus posibilidades de éxito son extremadamente cuestionables. Sin embargo, como le era fácilmente posible como poeta, evitó una confrontación más intensa con este escepticismo basado en el conocimiento de la naturaleza humana dejando que su historia terminara con la restauración de la felicidad despejada en la vida de Job, de modo que se dio una renovación de las condiciones del principio y así se eliminó la base de todas las quejas posteriores, y el arroyo que brotó de su boca se secó por sí mismo. Por otra parte, J, si no quería desviarse de la verdad del mensaje que debía transmitirse de forma descarada, tenía que configurar el final de su historia de tal manera que todos los oyentes y lectores probablemente se arrepintieran, es decir, que el mundo sigue siendo un caldo de cultivo para la crítica, la regañina, el quejido y un mejor conocimiento para toda persona capaz de hacerlo.
En cuanto a las acusaciones contra el creador, gobernante y juez del mundo, el autor del Libro bíblico de Job lo tuvo más fácil en la medida en que nos dijo que su personaje del título estaba cargado de sufrimiento, ya que está tan drásticamente representado que cada oyente y lector probablemente entenderá al hombre afligido si se rebela contra Dios con palabras tan claras, sobre todo porque se habla explícitamente de una disputa legal que busca Job, que el propio destinatario, que también, a diferencia de Job, es informado de que todo esto es una prueba del hombre justo, sólo es perseguido como parte no implicada, a menos que se identifique con la figura del título de la obra que está leyendo a causa de un sufrimiento masivo. Por

el contrario, J, al formular la frase "conocimiento del bien y del mal" e incorporarla a su relato, se ocupó de algo que, independientemente de la intensidad y la extensión, es decir, que básica y esencialmente abarcaba la alegría y el sufrimiento, la alabanza y el lamento, y que afectaba a todos los capaces de hacerlo, sin excepción, para que cada oyente y lector se dirija directamente con respecto a la facultad humana así traída ante nuestros ojos y los patrones de comportamiento resultantes de ella, que luego incluye también esa regañina, queja, gemido, saber más, como es habitual debido a inconvenientes y adversidades menores.

Al decir que el hombre se había vuelto "como Dios" (33), aunque de manera prohibida, con respecto al "conocimiento del bien y del mal", y al describir el juicio humano como fiable con este relato, J se desvió descaradamente de la información de que disponía sobre el hecho de que los juicios humanos son subjetivos, relativos y erróneos. En el recálculo de precisamente esas percepciones sensoriales que prueban diariamente esta falta de fiabilidad, surge la dificultad de que los seres humanos, aunque consideremos e incluso reconozcamos este aspecto, sin embargo seguimos regañando, criticando, quejándonos y queriendo saber más. Aquellos que han llegado a esta experiencia y conocimiento de la naturaleza humana deben admitir Estas pautas de comportamiento son tan estereotipadas que no se pueden revertir ni prevenir de forma permanente. Esta admisión lleva a la pregunta: ¿Por qué debe proclamarse este mensaje, es decir, que debemos ser autocríticos con nuestras críticas, acusaciones y acusaciones contra el Creador porque se basan en perspectivas estrechamente limitadas y, por lo tanto, evaluaciones poco fiables, si no tiene éxito? ¡Esta empresa debe ser frustrante! Además, como toda persona que vive después de la Caída se ve afectada, surge la pregunta: ¿Y quién se atrevería a proclamar este mensaje, cuando los que se dirigen a ellos harían bien en girar el espejo que el proclamador tiene delante de ellos y decir, no sin indignación en su voz, "¡Mira! ¡Haces exactamente lo mismo! "   "

Fueron precisamente estas dificultades, inevitables en la confrontación actual con el tema tratado, las que J conocía bien, como se puede deducir de la estructura de su narración. Dado que también se refieren fundamentalmente a la forma en que tratamos la verdad, es evidente de ellos, a veces de manera tortuosa, que el esfuerzo por lograrlo puede conducir muy rápida y fácilmente a dilemas, "dilemas", en "crestas" estrechas. Esto debe tenerse en cuenta cuando descubrimos las desviaciones que el autor de la historia bíblica del Paraíso y la Caída del Hombre ha introducido en su texto en comparación con la información de la que realmente disponía.
Una de sus manipulaciones consistió en dar al juicio humano la apariencia de una fiabilidad absoluta equiparándolo a lo divino (33). Esto es precisamente lo que marcó su rumbo, como se explica en el capítulo correspondiente, con el que quiso evitar la humillación y la inseguridad. De hecho, no se puede negar que el hombre (las personas que vivían en la época del autor bíblico y las que vivieron después de él pertenecen a la subespecie Homo sapiens sapiens, en la que la palabra "característica" aparece sabiamente dos veces) posee capacidades espirituales asombrosas, como se puede ver, por ejemplo, en sus obras, que, dentro de lo divino primario, deben considerarse como creaciones secundarias, y que en el curso de la historia de la humanidad (esto se repite en títulos de libros como "De la cueva al rascacielos" y "Del banquillo a la nave atómica"/ 120) se han desarrollado aún más con el intento de aumentar la viabilidad y optimizar los logros ya en uso en una calidad que es extremadamente asombrosa y fascinante. Por lo tanto, no es de extrañar que el hombre esté muy orgulloso de estos logros y que haya transferido una parte considerable de la confianza que originalmente depositó en la ayuda divina (o en los poderes sobrenaturales en general) a sus propias capacidades.
Todos estos (ulteriores) desarrollos se han realizado sobre la base de lo que J., en su narrativa, codificó, denominado "conocimiento del bien y del mal", que básicamente significa la práctica de juzgar en el nivel intelectual del

pensamiento conceptual, es decir, aplicar el sistema de valores bipolares "bueno o malo/malo" a los objetos de las percepciones respectivas a modo de plantilla y comprobar o ajustar su exactitud de ajuste. Como se puede ver en esta desdefinición, por supuesto, en la tierra, como también se muestra de manera impresionante e inequívoca por los cambios culturales antes mencionados, sólo los representantes del género Homo = ser humano son capaces de esto, tan pronto como han alcanzado y cruzado este umbral de desarrollo del cerebro, tanto filogenéticamente como ontogénicamente. Visto desde la historia bíblica pictórica del paraíso y la caída del hombre, estos deben ser entendidos como personas que viven después de la caída del hombre, que por lo tanto ya han comido del "árbol del conocimiento del bien y del mal".

Es de esta práctica humana de evaluación de donde provienen las motivaciones e impulsos decisivos, ya que se orientan hacia "mejoras" de las condiciones de vida originalmente dadas y de las condiciones actualmente apuntadas y, en última instancia, hacia una visión de cómo puede ser representado como el paraíso según nuestros deseos humanos. Ya durante la vida de los escritores del Génesis, estos esfuerzos humanos habían alcanzado una calidad asombrosa, se había expresado un orgullo notable y considerable, y la confianza en el potencial de autoayuda de un mayor desarrollo cultural era grande. Esta actitud optimista hacia la viabilidad humana y las maquinaciones ciertamente había registrado a J, como puede deducirse del diseño de su narrativa, y probablemente también lo había registrado a él. Aunque, como muestra también la estructura de su texto, estaba acosado por el pensamiento y el escepticismo al respecto, le parecía demasiado sobrio "como un golpe en la cabeza" (incluso la suya propia), cuyas posibilidades de éxito le parecían también muy discutibles y sólo amenazaban con provocar rechazo y hostilidad, para favorecer estas dudas sobre la imagen tan positiva del hombre en el rumbo que pretendía fijar. Y así decidió no cuestionar sino apreciar la capacidad espiritual realmente asombrosa del hombre, sobre la base de la cual él, aunque a menudo muy inferior en asuntos físicos, prevalecía en la competencia interespecífica y parecía predestinado a un cierto estatus de maestro, y describir la fiabilidad del juicio humano en forma halagadora ("Entonces Dios dijo: He aquí que el hombre ha llegado a ser como nosotros; reconoce el bien y el mal"/ 33) como realmente dado. Con esta representación, como dijo repetidamente, se desvió descaradamente de sus percepciones sensoriales, que le habían informado suficientemente sobre la subjetividad, la relatividad y la falibilidad de los valores humanos expresados en la vida cotidiana.

Por eso el esfuerzo de corregir el texto bíblico según la cuarta cuestión del enfoque científico seguido aquí para volver sólo a esta información lleva inevitablemente "al lugar" del establecimiento del curso, como lo ha hecho J, y aquí a tomar la otra dirección, admitiendo así abiertamente la estrecha limitación del hombre en el espacio y en el tiempo, las sobre-, percepciones y percepciones posibles para él, su sabiduría y poder y, sobre esta base dada, la falta de fiabilidad del juicio humano. Y esto ya indica consecuencias dolorosas, como puede verse en la imagen humana halagadora de la variante alternativa descrita anteriormente, ya que J la prefirió y ahora está siendo cuestionada. Son precisamente éstas las que deben entenderse como resistencias, que se registran por las instancias de control inconsciente de la conciencia, que han hecho que el autor bíblico se desvíe del texto original y que causan algunas de las dificultades que surgen en el proceso de rectificación. Cuando surgen estos problemas, queda claro que el autor bíblico se preocupó de no distorsionar la verdad en principio, sino de transmitirla de la forma más suave posible.

Si el creyente concreto, según la información subyacente, confiesa abierta y honestamente lo que se expresa acertadamente en las palabras de Job: "He aquí que soy demasiado pequeño. Así que he hablado en la ignorancia de cosas que son demasiado maravillosas para mí e incomprensibles. "(119, 118), es decir, admitiendo abierta y honestamente que el juicio humano no es fiable por las razones mencionadas anteriormente, y si toma la resolución de volver al Creador, de confiar completamente en Él, llega a una mentalidad que dice fundamental y esencialmente: El mundo es como es, querido por Dios y por lo tanto bueno. Si esta convicción se tomara a pecho, como ya se ha explicado en algunos párrafos anteriores, se perdería el terreno para cualquier insatisfacción, crítica, acusación o queja humana. Este alto grado de eficacia parece ser completamente utópico, incluso con poco conocimiento de sí mismo, conocimiento general de la naturaleza humana y un sentido de la realidad, por lo que uno tiene que admitirlo de la misma manera abierta y honesta: El creyente concreto seguirá quejándose y revelará con esto que da una mala evaluación a algunas instituciones de la creación divina, no aprobando así todo en el mundo. De ahí que se plantee la pregunta de qué sentido tiene una admisión tan dolorosa, como la referencia a la falta de fiabilidad del juicio humano, si no se puede lograr la tan anhelada paz.

La firme confianza de que el Creador ha considerado, planeado y creado todo correctamente, contiene la consecuencia de afirmar todo lo que está sufriendo en su creación. Pero, ¿qué persona juiciosa sería capaz de aceptar esto sin quejas ni contradicciones, especialmente en vista del drástico sufrimiento? La experiencia y la confrontación espiritual con el sufrimiento se convirtieron en la base de los esfuerzos humanos para ayudar y prevenir con mayor eficacia. ¿Deberían estos "buenos" impulsos haber sido erróneos y omitirse otras "mejoras", como se pretende que sean objetivos que valgan la pena? Estas preguntas realmente difíciles, incluso casi agonizantes, indican claramente el dilema al que se enfrentaba J al comunicar el mensaje bíblico. El hecho de que incluso el lector que se ha esforzado por comprender y explicar el asunto no puede evitar estas dificultades en la rectificación mencionada, debe aliviar la carga del escritor bíblico si se le tienen que probar las manipulaciones en cuestión.

Cualquiera que sea la respuesta a la que llegue la persona concreta para responder a estas preguntas, una cosa es y sigue siendo clara: por regla general, la persona que sufre aceptará con gratitud la ayuda disponible, y la humanidad no cejará en su afán de investigación ni renunciará al objetivo de lograr "mejoras" duraderas. Pero esta motivación indomable es la base, por un lado, para la supervivencia de la raza humana dentro de la competencia interespecies y los enormes cambios, cómo sus representantes han logrado en la superficie de la tierra y en sus condiciones de vida, y por otro lado para las preguntas: Si los seres humanos realmente juzgamos el mundo como bueno, ¿por qué queremos "mejorarlo" cada vez más? Y: Si todas las instituciones de la creación tienen un propósito y sentido inconfundibles, ¿cuál es el propósito y sentido de las indomables motivaciones humanas para "mejorar" el mundo como se acaba de describir? Con estas aspiraciones inerradicables, ¿está el hombre cumpliendo ahora la comisión del Creador, o más bien está actuando con obstinación y arbitrariedad, para lo cual tiene cierta libertad?

En el análisis de la historia bíblica del Paraíso y la caída del hombre, la consideración honesta y "sin adornos" de la información pertinente sobre el juicio humano, a saber, que no es en absoluto igual a lo divino absoluto, sino muy poco fiable, debe, como he dicho, llevar a quien se ha esforzado por corregir la situación de vuelta al "lugar" de la fijación del rumbo que el escritor bíblico ha hecho, y aquí hacer una corrección que corresponda realmente a las percepciones sensoriales subyacentes. J, en contraste con sus percepciones sensoriales a este respecto, había decidido evaluar las capacidades mentales del hombre como muy altas en su representación pictórica y, por lo tanto, describir la base de la práctica de evaluación humana como fiable. (33) Con esta manipulación, consiguió en primer lugar proteger una imagen positiva, incluso en realidad exagerada del hombre, de una vergonzosa humillación. Pero como indirectamente confirmó con este "dibujo" que las evaluaciones humanas eran tan correctas como las divinas, las críticas y quejas, tal como son pensadas y expresadas por los hombres sobre las instituciones de la creación y por lo tanto contra el Creador, no pudo mantener este conflicto completamente en secreto, como en realidad pretendía hacer.

Trató de resolver este problema construyendo, con el propósito de justificar a Yahvé, la secuencia de proclamación del mandamiento divino, la violación del mismo y el castigo justo, sobre el cual no tenía información concreta. Con esta "jugada", que comenzó muy pronto (11), pero que llevó a cabo con constancia (33, 47, 48), retomó, aunque de manera muy encubierta y por lo tanto suave, la exaltación pretendida y luego realmente emprendida del hombre (33), la cual, como sabía intuitivamente, contradice todas las experiencias y por lo tanto la verdad y el mensaje divino, porque él proclamó: "Pueblo, hemos llegado a la capacidad de reconocer el bien y el mal, que sólo Dios tiene a su disposición, debido a una presuntuosa y sacrílega invasión de su territorio, que fue expresamente prohibida por Yahvé, como nuestros progenitores fueron culpables cuando todavía se les permitía vivir en el Jardín del Edén, en momentos en que la creación divina todavía era originalmente buena. "Al mismo tiempo, justificó al Creador ante los acusadores humanos con esta descripción, que básicamente confirmó con su historia: "Es cierto que Yahvé creó las condiciones "malas" del mundo así como las buenas; pero que Él, al imponer el sufrimiento a los seres vivos capaces de ello, cambió posteriormente su creación originalmente buena de manera tan lamentable, es culpa de Adán y Eva por las razones descritas anteriormente, lo cual se ve nuevamente disminuido por el hecho de que fueron seducidos a la desobediencia por la irresistible serpiente. "Debemos entender: "Dios no podía permitir que el hombre se convirtiera en su serio competidor, y por lo tanto tuvo que referirlo, de una vez por todas, al plano terrestre que es más bajo que su propio plano celestial en cierta medida. Tenemos que aceptar esto, sobre todo porque sentimos que nosotros también somos susceptibles a los poderes seductores de la serpiente, cuando nos lleva a creer que podemos llegar a ser como Dios, iguales a Él en el conocimiento del bien y del mal, tan sabios y poderosos como Él. "J" sabía que no tenía ninguna percepción sensorial que le informara sobre dicha secuencia, es decir, ni sobre el anuncio de la prohibición, ni sobre el incumplimiento de la misma, ni sobre el castigo.

Hoy como entonces, entonces como ahora, la estructura y la función del cuerpo humano están y han estado entre los innumerables signos y maravillas que se pueden experimentar cada día y que remiten a los creyentes de vuelta al Creador. Con esta consideración no sería comprensible juzgar las diferentes partes del cuerpo, tejidos, órganos a este respecto, es decir, que fueron planeados y, por consiguiente, realizados por el Gran Espíritu, como también se traduce a menudo la expresión india Wakan Tanka. Por lo tanto, tanto el propio J como los oyentes y/o lectores de la historia que él creó y presentó habrían tenido que reaccionar desde el principio con escepticismo a la afirmación de que el hombre había llegado al "conocimiento del bien y del mal" en contra de la voluntad de Dios. Dentro de los patrones de pensamiento científico, cuando intento corregir la información real y tener en cuenta lo que se ha analizado hasta ahora, tengo que llegar a la conclusión de que este es el caso: La estructura del cerebro humano y las facultades mentales resultantes, incluida la capacidad de juzgar, se deben, como todas las demás condiciones histológicas, anatómicas y fisiológicas, al plan y a la obra del Creador.

Construyendo la mencionada prohibición (11) sin tener ninguna información al respecto, el propio J se esforzó tempranamente en corregir el curso de acción intuitivamente preferido, con el que, como también sabía intuitivamente, pretendía torcer sus percepciones sensoriales de manera flagrante, a saber, con la afirmación de que el juicio humano es tan fiable como el divino (33), y así señalar a los destinatarios de su relato el problema de esta orgullosa convicción. La descripción de que el hombre había adquirido "conocimiento del bien y del mal" en contra de la voluntad divina y que por esta desobediencia presuntuosa y sacrílega era él mismo el culpable del lamentable cambio de su existencia, debe entenderse inequívocamente como la antítesis de la imagen exagerada del hombre, según la cual el hombre a este respecto se habría convertido en "como Dios", y proporciona al juicio humano un signo de exclamación inconfundible, que en realidad no permite una valoración tan positiva como la que se presenta en la redacción del relato (33). Esta información está marcada con el signo triangular de borde rojo (arriba del signo) "Atención: Área de peligro! "comparable": ¡Atención, atención y con la práctica de la evaluación humana!

Dado que las facultades mentales del hombre, incluida la capacidad de juzgar, se han desarrollado de acuerdo con el plan del Creador, y porque sobre su base, que hoy como entonces, luego como ahora, da lugar al asombro y ha dado lugar a tantos efectos positivos, como la supervivencia en una dura competición interpersonal a pesar de la inferioridad física, las ayudas culturales y las alegrías de la vida, aumentaron las posibilidades, para combatir y prevenir ciertos sufrimientos, surge la pregunta, si se observa el signo de exclamación puesto por J y si se intenta corregir la situación, qué es lo que hay que criticar del "conocimiento del bien y del mal" humano, si Dios lo ha planeado básicamente y se lo ha dado al hombre, y sobre esta base se han logrado tantos resultados loables.

Hacia el final de la "Narración de la Caída del Hombre" dice: "Entonces el Señor Dios dijo: He aquí que el hombre se ha hecho como nosotros; reconoce el bien y el mal. Que ahora no extiende su mano, toma también del árbol de la vida, come de él y vive para siempre! El Señor Dios lo envió lejos del Jardín del Edén para cultivar la tierra de la que fue tomado. Expulsó al hombre y colocó los querubines y la espada ardiente al este del Jardín del Edén para proteger el camino hacia el árbol de la vida. "Cuando pregunto por las percepciones sensoriales, que J había recibido en relación con este pasaje del texto, entonces me encuentro con experiencias como las había hecho con la competencia interpersonal y algunas estrategias de los respectivos rivales, si tenían suficiente poder. Pero en cuanto al borrador concreto de la historia que escribió, en el que la acción de Yahvé se lee como una violenta eliminación final de los competidores, hay que decir que el autor bíblico no tenía ninguna información al respecto. Pero al estructurar su historia de esta manera, J indicó claramente, sobre la base de sus percepciones sensoriales, lo que se debe objetar en el "conocimiento del bien y del mal", ya que el Creador básicamente lo hizo posible para el hombre: Según la redacción de la historia el hombre se habría convertido "como Dios" al estar equipado con esta capacidad espiritual y, por consiguiente, se habría convertido en su serio competidor.

Es evidente que en el curso de su desarrollo (cerebral) el nivel mental del pensamiento tangible se hace accesible al hombre, y que éste llega a un juicio aquí y, al "ponerse" los objetos de sus percepciones, incluida su propia persona, el esquema bipolar de "bien" o "mal/mal" en forma de plantilla, formula evaluaciones cotidianas. Esta práctica debe interpretarse básicamente como dada por Dios y por lo tanto no es todavía cuestionable en el sentido mencionado anteriormente. La práctica humana de la evaluación sólo debe ser vista y criticada muy escépticamente, cuando las innumerables experiencias, tal como están disponibles sobre su falta de fiabilidad, son ignoradas, y los juicios lingüísticamente formulados por los humanos se les da importancia hasta cierto punto como si fueran hablados por Dios. Así que J ha puesto en la frase "como Dios" tanto su orgullo como su crítica y amonestación.

Pero estas son las mismas palabras con las que la serpiente atrajo a Adán y Eva para desobedecer la prohibición divina: "Tan pronto como comas de ella, tus ojos se abrirán; te harás como Dios y reconocerás el bien y el mal". "Si interpreto la serpiente, como se explica en el capítulo correspondiente, como la conciencia del ego humano y la dinámica del ego que resulta de ella, y relaciono esta interpretación con el "conocimiento del bien y del mal", entonces me queda claro, como también se explica, qué delicado tema ha sido tratado en el texto bíblico de esta manera codificada: La conciencia del yo concreto evalúa desde la estrecha perspectiva del punto de vista de su respectivo ego; por lo tanto sus evaluaciones son subjetivas, relativas, erróneas, poco fiables. Dios tiene ilimitadas ideas, percepciones y conocimientos, y sus juicios son por lo tanto absolutos, objetivos, correctos y confiables. Los juicios de valor realizados desde el punto de vista del ego humano respectivo (esto se aplica a los individuos y a los colectivos) están distorsionados en relación con una validez general en la medida en que la conciencia del ego concreto llama a lo que es bueno para promover su existencia y bienestar, lo que es agradable para él, parece ser útil, lo que corresponde a sus deseos, intereses, metas, y lo que se llama mal/mal, lo que parece amenazar su existencia más o menos dramáticamente, afectar su bienestar, ser desagradable para él, dañino, lo que es contrario a sus deseos, intereses, metas Por otra parte, Dios es responsable desde el principio del funcionamiento seguro y de la preservación duradera de todo el cosmos y, dentro de él, de los ecosistemas terrestres y, por lo tanto, tuvo que dar prioridad absoluta a las preocupaciones de las respectivas unidades superiores, es decir, las familias, las tribus, los pueblos, las comunidades, los biotopos, la naturaleza terrestre, la atmósfera terrestre, el universo, sobre las del ser humano individual. En la existencia segura de la gran conexión, el todo, se encuentra el requisito previo indispensable de toda vida humana y toda felicidad que se experimente en ella.

En el libro bíblico de Job este tema, como J lo ha puesto en el turno lingüístico "conocimiento del bien y del mal", se ve y trata mucho desde el aspecto de la ley y la justicia. Y esto también es claramente evidente allí: El autor en cuestión ha reconocido ciertamente y, en consecuencia, ha querido llamar la atención sobre el hecho de que la persona concreta, siempre que sea capaz de pensar en ello y de argumentar en consecuencia, también ve y deriva el derecho y la justicia desde la estrecha perspectiva del punto de vista de su respectivo ego, es decir, sin o con una consideración considerablemente limitada de los mencionados intereses superiores, llega muy fácilmente al punto de juzgar como correcto y justo lo que él llama bueno, y como injusto e injusto lo que él llama malo/malo. "El Señor respondió a Job en la tormenta y le dijo: 'Arriba, ciñe tus lomos como un hombre. Quiero preguntarte, ¡me sermoneas! ¿Realmente quieres romper mi derecho, declararme culpable, para poder tener razón? "" (121)

Tanto hoy como entonces, tanto entonces como ahora, se ha demostrado una y otra vez que las personas, al evaluar la bipolaridad, a menudo logran resultados diferentes con respecto a un mismo objeto. Pero también hay muchas situaciones en las que muchas o todas las personas se sienten solidarias entre sí de forma rápida y fácil. Por ejemplo, casi nadie dirá con plena convicción: "Es bueno que tengamos que morir, que los nacimientos se asocien con tanto dolor y riesgos, que las molestas malas hierbas, como las espinas y los cardos, crezcan en los cultivos de plantas creadas y cuidadas por los humanos, etc. "Pero incluso cuando se trata de tales circunstancias y procesos, que generalmente se consideran "malos/malos", los valores revelan reacciones diferentes. Cuanto más se sienten estas adversidades en el propio cuerpo, más se suelen lamentar y maldecir, se rebelan contra ellas y se considera cómo evitarlas, eliminarlas o al menos aliviarlas con medios inventados o inventadas. Otros seres vivos que sufren procesos dolorosos son compadecidos por los observadores; pero si los que sufren son considerados como competidores, rivales, enemigos, enemigos, o incluso como improbables, puede ser lo contrario, que surja un regocijo malicioso. La confrontación mental y real con la muerte suele dar a una persona motivo de preocupación, miedo, rebelión, incluso maldiciones, si se trata de sí mismo o de personas que ama y necesita. Si, por el contrario, piensa en el fallecimiento de sus antepasados y de sus antepasados, a los que ya no conocía, entonces no reacciona a este arreglo natural con consternación, sino que afirma esta ley, porque se da cuenta de que el espacio y el alimento son limitados, y él mismo no habría cobrado vida si los antepasados humanos hubieran seguido habitando el biotopo correspondiente.

Gracias a su capacidad mental, por ejemplo, para comprender las causas, entender las conexiones, crear visiones imaginativas del futuro, hacer planes, los representantes de la especie de Homo sapiens también pueden intervenir en sus hábitats de manera cambiante, por ejemplo, para protegerse de la adversidad, aumentar el disfrute, crear comodidad, establecer objetivos y alcanzarlos. En estos esfuerzos, también, muchas personas suelen trabajar con fuerzas conjuntas para proyectos conjuntos. Y también a este respecto, el significado umbral de lo que se dice en los capítulos segundo y tercero del Génesis con "conocimiento del bien y del mal" se demuestra, porque sobre esta misma base los objetivos respectivos se definen como "mejoras": Los respectivos sujetos humanos, incluyendo individuos y colectivos, quieren minimizar el "mal/mal" y maximizar y optimizar el "bien" a largo plazo. Con referencia a este esfuerzo, que a primera vista parece tan loable y esperanzador, es ahora de fundamental importancia que la serpiente que actúa en la "narrativa de la Caída del Hombre", que quería hacer creer a los progenitores humanos que estarían constantemente presentes con sus seductores susurros sobre la capacidad espiritual de reconocer el bien y el mal/mal "como Dios", y por lo tanto está involucrada en las acciones humanas: "Adán y Eva, es decir, nosotros, y el Paraíso está aquí". ...si tienes ojos, mira cómo el árbol se encuentra en el medio. ... Si tienes oídos, entonces escucha cómo la serpiente nos hechiza. ..." (56)
A través de la suma de las intervenciones humanas motivadas de esta manera, "la faz de la tierra" y la conformación de la vida humana que ha tenido lugar aquí han cambiado de manera sorprendente. Todo esto se llama hoy en día "progreso", término que sugiere un progreso en las "optimizaciones" deseadas, en última instancia en el acercamiento al paraíso previsto según nuestros deseos humanos. En realidad, esta evolución muestra inequívocamente un carácter bivalente, porque ante todo hay que subrayar que equivale a una distorsión si la evaluación "mejora del mundo" se mide sólo con respecto a la humanidad. Es precisamente este punto de vista el que

resulta inequívocamente de la dinámica del ego, que hace que un cambio sea juzgado única o muy preferentemente según las consecuencias positivas o negativas que traiga para el propio sujeto, aquí la especie de Homo sapiens. Todas las intervenciones humanas que, por ejemplo, en el contexto de la competencia entre especies mediante la persecución y la destrucción selectivas, en el curso de la reproducción y la expansión de los asentamientos humanos mediante el desplazamiento y el uso excesivo o como compañeros constantes de la civilización por los efectos nocivos que ello conlleva, y que por lo tanto han conducido a la amenaza o incluso a la extinción de especies animales, deben evaluarse negativamente desde su perspectiva: Aunque "el mundo" puede haber mejorado para la humanidad, ha empeorado para esta especie.

Si esta consideración tiene en cuenta la interdependencia ecológica con la biodiversidad natural y dentro de ella, queda claro que la evaluación y la práctica resultante de considerar el bienestar y el infortunio humanos de forma aislada de la de otros organismos es una falacia y un error peligroso, porque si la humanidad en este planeta va a continuar "haciéndolo bien" en un futuro lejano, entonces un requisito previo esencial para ello es el bienestar sin problemas de innumerables representantes de una comunidad diversa de especies, de modo que cualquier amenaza a esta base natural, también con respecto a la humanidad, representa en realidad un deterioro. También en el ejemplo de este problema, que debe ser llamado realmente dramático, la influencia de la dinámica del ego se muestra inequívocamente, porque el conocimiento de estas conexiones fundamentales, que sin embargo son fácilmente comprensibles, no actúa suficientemente disuasorio, porque el escenario teóricamente jugado no es sobre el presente, sino más bien el futuro lejano, lo que significa que la existencia y el bienestar del sujeto humano consciente de sí mismo, por el que se puede entender un individuo o un colectivo, que reflexiona o discute sobre ello, no se ve todavía afectado por el sufrimiento tal como está surgiendo. Esta actitud se expresa en la lengua vernácula con el proverbio: "Después de mí, el Diluvio está sobre nosotros". "que es decir: Mientras la catástrofe no ocurra en mi, nuestro tiempo, yo, no nos puede importar lo que venga.

El mencionado bivalente de la intervención humana en la naturaleza es inequívocamente evidente, pero también cuando se tienen en cuenta las preocupaciones exclusivamente humanas. Así pues, una serie de cambios positivos, como en los campos de la medicina, la comunicación interpersonal, la facilitación del trabajo, deben contrastarse con una larga y difícil gama de consecuencias negativas, como los daños ambientales a escala mundial, la superpoblación humana, los modernos sistemas de armas con un potencial devastador de destrucción. De estos hechos deduzco la legalidad de que en esta tierra, debido a que la creación, tal como Dios la trajo originalmente y como se representa pictóricamente en el texto bíblico como el Jardín del Edén, representa el estado ideal, las mejoras sólo pueden lograrse sobre la base de deterioros iguales. Este principio ya era claramente reconocible en la época en que J formuló su relato, porque la cultura de la época había hecho posibles las condiciones de vida, ya que ofrecían muchas comodidades y seguridades en comparación con las zonas silvestres, pero al mismo tiempo también planteaban problemas, por ejemplo, asentamientos de alta densidad con el pastoreo excesivo de la vegetación por parte de animales domésticos herbívoros, el uso excesivo de los bosques por la tala extensiva, la guerra organizada, que no se podía observar tan masivamente en la naturaleza. Una vez que se reconoce un principio, puede ser extrapolado al futuro; esto es precisamente lo que el autor bíblico ha hecho, como se puede deducir de su historia. Sobre esta base, los indios "salvajes" también emitieron sus advertencias a los blancos "civilizados", y esto ya 200 años antes de que una política se hiciera claramente perceptible en los países del mundo occidental, que, por haber hecho de la protección del medio ambiente un programa declarado, se llama "verde". En este contexto, por ejemplo, encaja el conocido dicho de los Cree: "Cuando hayas talado el último árbol y pescado el último pez, te darás cuenta de que el dinero no se debe comer". "

A pesar de la imagen halagadora del hombre que prefiere, según la cual las capacidades espirituales del hombre son tan sobresalientes que es capaz de reconocer el bien y el mal "como Dios" (33), J presenta el desarrollo humano, ya que toma el conocido giro desafortunado, como "todo en todo" desastroso. Un mensaje central, tal y como lo transmite en su narrativa bíblica, es: El mundo es bueno tal y como es, es decir, tal y como el Creador lo creó originalmente, es decir, antes de la caída del hombre, antes de los esfuerzos humanos por "mejorarlo" a través de creaciones secundarias. En principio, Arapooish de la tribu Crow ha expresado esto de acuerdo con otras innumerables personas de todos los tiempos que han vivido en diversos lugares, cuando dijo: "La tierra de los Crow es justo el lugar. Todas las cosas buenas se pueden encontrar aquí. No hay mejor lugar que la Tierra de los Cuervos. "" (122)

En la confrontación espiritual con este mensaje bíblico, que al fin y al cabo es adecuado para activar la gratitud, la confianza y la fuerza en el receptor, quienes lo transmiten, como quienes quieren recibirlo, llegan a la misma dificultad en principio que el autor bíblico, como se puede deducir de su historia, tuvo que luchar incluso antes de su publicación, y como ya se ha mencionado en relación con la acusación humana: Desde nuestro punto de vista humano y desde el respectivo punto de vista del ego es una "cosa de imposibilidad" y casi roza la impudicia o incluso la hostilidad, cuando se anuncia que también el sufrimiento en la creación de Dios, por lo tanto también el propio, posiblemente drástico, está involucrado, El sufrimiento, con el que el sujeto humano concreto (ya sea individual o colectivo) fue, es o será confrontado, debe ser aprobado y por lo tanto afirmado sin excepción, porque esto requeriría en consecuencia aceptar y soportar todo esto sin queja y contradicción. Pero si este mensaje bíblico fuera realmente atendido, todas las quejas humanas tendrían que callar automáticamente, y todas las

motivaciones humanas, ya que siempre se crean de nuevo sobre la base de la conciencia del yo y la dinámica del ego que resulta de ella, a saber, querer "mejorar" el mundo, tendrían que descansar por sí mismas, ¿por qué razón hay que quejarse y esforzarse por "mejoras" si todo lo que el Creador ha creado es bueno?
Pero el hecho cierto de que el éxito de este mensaje, tal como ha sido teóricamente derivado y presentado aquí, ciertamente no se materializará, que la conciencia del ego humano y la dinámica del ego resultante de ella son irreversibles, es decir, después de que se han desarrollado, no pueden ser disueltos en condiciones normales a largo plazo, y que sobre esta base, una y otra vez, los nuevos seres humanos (agravios) y los deseos, intereses, metas de las personas para "mejorar" su calidad de vida, que "la rueda del tiempo no puede volver atrás", no puede ser detenida, fue y es inconfundible entonces como ahora, hoy como entonces. Por lo tanto, surgió y vuelve a surgir la pregunta: ¿Qué sentido tiene proclamar este mensaje si sigue sin tener éxito?
Con referencia a los cambios que ocurrieron desde el principio hasta más tarde, desde antes hasta después y en Adán y Eva, después de la narración bíblica del Paraíso y la Caída del Hombre, cuando pregunto sobre las percepciones sensoriales que se le dieron a J en el período previo a su publicación, llego a los procesos de desarrollo que se pueden observar cuando los niños pequeños maduran y se convierten en adultos, como se explica en el contexto de este libro. Dentro de este proceso, el desarrollo de la conciencia del ego y la dinámica del ego que comienza después son de importancia central, porque esta característica de desarrollo específicamente humana lleva al hecho de que el ser humano concreto, al encontrar y construir su ego cada vez más, evalúa las circunstancias de la creación divina desde su respectivo punto de vista del ego, por lo que evalúa la conciencia del ego desde su respectivo punto de vista del ego, tiende a aplicar sus propias normas de valor, es decir, a no derivar el valor de una instalación

natural de su utilidad en el marco general, sino a relacionarla con su propia existencia y bienestar, es decir, a juzgar lo que es útil en este sentido como "bueno" y lo que es perjudicial en este sentido como "malo/malo". Esta creación y la consideración preferente de las propias normas de valor en comparación con las divinas - éstas se orientan necesariamente hacia la función permanente del conjunto - son un primer paso con el que la Conciencia-I concreta se perfila hacia Dios, se distancia de Él, es decir, una separación perseguida activamente por el hombre. Esto continúa cuando el sujeto humano, ya sea individual o colectivo, siente deseos sobre la base de sus propias normas de valor, descubre intereses y, en consecuencia, define metas y se esfuerza por alcanzarlas por medio de impulsos de voluntad, en la medida en que la voluntad y los planes del hombre son superiores a la voluntad y el plan divinos. De esta manera, el ego se infla en un competidor del Creador, lo que se muestra también en una enorme ambición que quiere dar la impresión de que el hombre es "como Dios" o incluso más que Él debido a su actuación real o futura.

Precisamente estos impulsos de la división hacia Dios, a saber, de perfilación, des-tanciación, emancipación, contradicción, rebelión, desafío, desobediencia, pecado, a medida que se hacen efectivos en el ser humano concreto después del desarrollo de la conciencia del yo y la dinámica del ego resultante de ella, proceden de la serpiente en el relato bíblico del paraíso y la caída del hombre. Puesto que este animal "astuto" ("astuto") (53), según el texto del Génesis, es el culpable del cambio duradero, tal como los progenitores humanos tuvieron que aceptarlo, la crítica concentrada y los reproches, tal como el oyente y/o lector concreto los formula una y otra vez a causa de las "malas" instituciones de la creación, tendrían que dirigirse con toda su vehemencia contra este ser tan refinado que causó tanto desastre. Cuando, después de desenmascarar a la serpiente, la conciencia del ego humano y la dinámica del ego que resulta de ella salen a la luz, la dificultad de esta rectificación es evidente, ya que este mensaje bíblico exhorta a la conciencia del ego a mirar críticamente a su propio ego y a reprenderlo de la manera más eficaz posible. Además: ¿Qué conciencia del yo estaría autorizada a anunciar este mensaje a otras conciencias del yo? Porque tendría que decirle a sus compañeros, para dejarles claro: "¡Mira! Eres tan egocéntrico, egoísta, egoísta. " sostienen un espejo delante de él, que a su vez sostienen para que le quede claro: "¡Mira aquí! Eres tan egocéntrico, egoísta, egoísta. "con total autoridad. El canon irónico también encaja en este contexto: "La gente es mala. Ellos piensan en sí mismos; sólo yo pienso en mí mismo. "" (62)

J ha tratado de sortear estas dificultades no nombrando directamente los contenidos sensibles por su nombre, sino disfrazándolos en su representación pictórica de tal manera que son difícilmente reconocibles como lo que son en realidad, de modo que el oyente y/o lector concreto tiene un margen de interpretación suficientemente amplio para ignorar los aspectos dolorosos de la verdad o para darles una interpretación aún más agradable.

A estos "movimientos" del escritor bíblico pertenece, por ejemplo, que confirmó lo humano (acusaciones) en principio (33), pero les justificó a Yahvé poniendo en primer plano de su historia la secuencia de anuncio de la mencionada prohibición (18), su transgresión por parte de Adán y Eva (33) y su castigo (47). Como este justo castigo consistía en que el Creador insertara posteriormente las instituciones "malas" de las que los humanos nos habíamos quejado en su perfectamente buena obra, trasladó la culpa de Dios a los progenitores humanos y, porque fueron seducidos por la serpiente, de esos progenitores a este misterioso animal. No identificando explícitamente la adquisición del "conocimiento del bien y del mal" humano, tan alabado según la redacción del texto (33), como una práctica de evaluación y juicio, y poniéndolo bajo la prohibición divina en cuestión (18), y presentando esta misma facultad mental, adquirida por el hombre de manera prohibida, como un umbral, después del cual alcanzarlo y cruzarlo resulta en consecuencias tan desastrosas, como se ponen de manifiesto al final en la expulsión de Adán y Eva del Jardín del Edén y en la obstrucción final del camino de regreso, proporcionó esta misma capacidad espiritual, tal como la encontramos los seres humanos con nosotros, con un signo de exclamación que, sin decirlo explícitamente, nos amonesta a la autocrítica cuando criticamos y acusamos al Creador y cuando queremos saber mejor que Él cómo tiene que ser el mundo, para decírselo "a través de la flor" o incluso abiertamente: "Si yo, hubiéramos estado en tu lugar, yo, lo habríamos hecho de otra manera. "Y al "enmascarar" la conciencia del ego humano y los icnómicos resultantes como una serpiente, evitó problemáticas confrontaciones y conflictos internos e interpersonales que de otra manera hubieran sido inevitables, porque la presentación abierta podría haber sido vista como un ataque a la propia identidad, tanto en los propios debates intelectuales como en los de los oyentes y lectores, y tiene el potencial de abrumar la tolerancia humana y de engañar sensiblemente el orgullo humano y, por lo tanto, provocar reacciones violentas.

Estos "movimientos", tal como J los orquestó intuitivamente en el diseño de su narración, consistían en incorporar pasajes que no estaban apoyados en absoluto por la información correspondiente, se desviaban de las percepciones sensoriales en las que se basaban de manera flagrante o las hacían irreconocibles debido a un enmascaramiento desconcertante. La esencia de la rectificación prevista consiste precisamente en averiguar y describir con la mayor precisión posible la información de que disponía J. en relación con los elementos narrativos examinados en cada caso y, por tanto, en total con referencia al mensaje bíblico así transmitido. Puesto que el escritor bíblico ha introducido e introducido las manipulaciones en cuestión con el fin de evitar o sortear diversas dificultades, es cierto desde el principio que durante y después de una corrección es inevitable una confrontación dolorosa precisamente con estas dificultades de la verdad y los problemas de su presentación y comunicación.

Ante esta perspectiva, surge la pregunta: ¿Debemos hacer esto a nosotros mismos y a los demás? ¿Y por qué? Seguramente uno puede llevarse bien con la pictórica y suave formulación del texto de la Biblia incluso en la actualidad, según la cual la creación de Dios era originalmente perfectamente buena, y todo "mal/mal" vino al mundo sólo por culpa de la serpiente, este irresistible seductor primario cuya identidad no está del todo clara. Pues bien, una razón para no evitar esta confrontación se da en nuestras culturas de orientación científica, más que en el pasado, por el hecho de que el relato bíblico es clasificado como leyenda o cuento legendario por personalidades conocidas, que son ampliamente respetadas aquí, cuya expresividad sería juzgada como baja o dudosa, o que es interpretado por teólogos reconocidos de una manera que difícilmente puede ser clasificada de manera plausible en una visión del mundo científicamente fundada.

Si tenemos en cuenta los resultados de las investigaciones que se conocen hoy en día, tenemos que concluir que el relato bíblico según el cual Yahvé habría insertado posteriormente las instituciones "malas" en su, hasta ese momento, creación perfectamente buena, es refutado, es decir, no puede mantenerse sobre una base razonable. Al analizar el texto, también surge que precisamente este relato, porque J estaba lejos de estar vivo en el momento descrito por él, y tampoco podía recurrir a los relatos de testigos oculares y una tradición basada en ellos, no estaba respaldada por ninguna información correspondiente. Según los mismos hallazgos científicamente confirmados, los primeros representantes del nuevo género Homo = hombre que vive en la tierra, que según el plan divino habían surgido en el curso de la evolución de antepasados similares a los simios, ya estaban expuestos a condiciones angustiosas, al igual que los animales que existían antes de su tiempo, como también se mencionan en el texto bíblico como ejemplos, tales como quejas de embarazo, dolores de parto dolorosos, conflictos entre el hombre y la mujer, esfuerzos para adquirir alimentos, quejas, envejecimiento y muerte (47). Ya que el escritor bíblico, de nuevo sin depender de percepciones sensoriales confiables en este sentido, entendió la inserción de estas instalaciones "malas" en la creación originalmente perfectamente buena en el nivel racional como un castigo justo y explicó cómo Yahvé las había hecho después de la arrogante, y porque, según la investigación científica mencionada, incluso aquellos seres humanos primitivos que están representados en la historia bíblica de Adán y Eva antes de la "Caída" tuvieron que sufrir, la respuesta a la pregunta "¿por qué el sufrimiento en la buena creación de Dios? " como lo ofrece J en su texto, lo refuta.

Con esta incuestionable afirmación, se sacude la plausibilidad, veracidad y obligatoriedad del mensaje bíblico transmitido en los capítulos segundo y tercero del Génesis, por lo que es necesario un examen completo, profundo y exacto de todo el texto sin piedad, para aclarar si es posible una clasificación de las intenciones de las afirmaciones que allí se encuentran en la visión moderna del mundo conformada por las ciencias naturales, y si es así, cómo puede hacerse comprensible.

Muchos teólogos que se basaron en la Biblia, al referirse a la "comisión de la creación" formulada aquí, "pueblan la tierra, la someten y gobiernan sobre los peces del mar, los pájaros del cielo y todos los animales que se mueven en la tierra". "(66), que justifica en gran medida las intervenciones humanas en la naturaleza como si fuera la voluntad de Dios. Dado que estos cambios introducidos en la creación por los representantes de la especie de Homo sapiens se basan esencialmente en los valores humanos (qué es "bueno" o "malo/malo", ¿cómo se pueden lograr "mejoras"?), y dado que este "conocimiento del bien y del mal" está tan en primer plano en la narración bíblica del paraíso y la caída del pecado (11, 53, 33), la interpretación de esta representación pictórica es de particular importancia. A este respecto, es muy importante que el Creador haya creado las instituciones "malas" del mundo desde el principio, porque las consideró útiles y sensatas o no tenían alternativas aceptables, o que, con el fin de disciplinar a los hombres, sólo las haya insertado posteriormente en su, hasta entonces, perfectamente buena obra, y que el juicio humano se considere fiable o no. Si en el mensaje bíblico todos los factores naturales se definen como resultados del concepto, plan, voluntad originalmente diseñado por el Creador y puesto en práctica, y al mismo tiempo el "conocimiento del bien y del mal" humano se considera muy limitado y por lo tanto está inflexiblemente subordinado a la correspondiente capacidad divina, entonces las creaciones secundarias producidas por la humanidad automáticamente entran en el fuego cruzado de la crítica, los "pinchos" de las acusaciones humanas "lanzadas contra el Creador" dan la vuelta, de modo que ahora se dirigen contra los propios acusadores. Bajo esta impresión, la intención del texto bíblico en una época en que las civilizaciones humanas están destruyendo los ecosistemas naturales a una escala mundial amenazante, ya no debe interpretarse tan a la ligera y apresuradamente en la dirección de confirmar el dominio humano, sino que también debe presentarse implacablemente como una advertencia. Estas motivaciones deberían ser lo suficientemente fuertes como para llevar a cabo la retrocorrección de la narración bíblica a sus percepciones sensoriales y percepciones intuitivas subyacentes, como pretendía el enfoque científico, como estaba a disposición de J, a pesar de las dificultades que cabe esperar. Si los problemas que hay que afrontar a este respecto son exactamente los mismos que los que el escritor bíblico trató de evitar o sortear mediante las "jugadas de ajedrez" mencionadas anteriormente, las manipulaciones que introdujo e introdujo resultan aún más comprensibles, sobre todo porque hay que tener en cuenta que los resultados de la investigación científica que son comunes hoy en día le eran totalmente desconocidos. Antes de comenzar a clasificar el mensaje bíblico en mi visión del mundo científicamente formada, resumiré el análisis del texto hasta ahora en detalle.

Resumen detallado

La narración bíblica del Paraíso y la Caída del Hombre trata sobre los orígenes de la humanidad, en la que el escriba, el Jahwist (J), describe a una pareja humana, Adán y Eva, como los progenitores de toda la raza humana. El autor de esta historia bíblica estaba lejos de estar vivo incluso en el momento que cuenta, y no podía recurrir a ningún informe de los testigos contemporáneos. Entonces, ¿cómo llegó a crear su representación pictórica con tal poder de persuasión? Al principio de estas consideraciones, siempre hay que preguntarse sobre las percepciones sensoriales que el autor había recibido a este respecto - aquí el elemento pictórico de los progenitores humanos Adán y Eva - en el período previo a su publicación.

Al igual que nosotros, los modernos orientados a las ciencias naturales, las personas que vivían en el momento de la redacción del texto bíblico percibieron repetidamente de nuevo, directa y/o indirectamente, que los niños nacían y las personas morían. Estos eventos fueron elementales para la existencia de las sociedades humanas y marcaron de manera impresionante el comienzo y el fin de la vida humana individual en esta tierra. Un requisito previo absoluto para el nacimiento de nuevos niños humanos era en cada caso el apareamiento del hombre y la mujer, porque a través de la procreación y la concepción se establecía un embarazo, que podía reconocerse cada vez más por la creciente circunferencia abdominal de las mujeres embarazadas y anunciaba los próximos acontecimientos del nacimiento.

Estas observaciones llevaron y siguen llevando, tanto entonces como ahora, hoy como entonces, a la comprensión intuitiva y racional de que, a pesar de la duración relativamente corta de la vida humana individual, la humanidad existe durante largos períodos de tiempo, porque los nacimientos constantemente nuevos provocan una prolongación constante de la historia humana y las muertes que se producen repetidamente evitan una amenazante superpoblación de los biotopos respectivos. En la ocupación mental con los comienzos de las cosas, especialmente también con los comienzos de la raza humana, quienes piensan en ellas llegan así a una sucesión ininterrumpida de generaciones de individuos que se han convertido cada uno en madre y padre, y cuya vida misma se basó a su vez en la procreación por un padre y en la concepción, el embarazo y el nacimiento por una madre.

Para la extensión temporal de esta secuencia de generaciones en el pasado, sólo hay teóricamente dos posibilidades: O es eterno o tiene un comienzo. Los autores de los dos relatos de la creación bíblica (1; 123, P y J) escriben claramente que hubo un comienzo. En esta declaración se confirman los resultados de la investigación científica moderna. Como base para su segura afirmación los escritores del Génesis tienen que aceptar en primer lugar las numerosas observaciones del principio y el fin de las cosas terrenales, especialmente también del desarrollo y la desaparición de los seres vivos, por lo que esta limitación se reconoció como fundamental, y en segundo lugar la percepción indeterminada del Dios omnipresente que se les reveló como Creador; pero la creación significa el principio de lo creado.

Todas sus observaciones relativas a la reproducción humana y todas las intuiciones resultantes de ellas llevaron a la segura suposición en J de que la presencia exclusiva de hombres o mujeres no era suficiente para el comienzo de la sucesión ininterrumpida de las generaciones humanas, sino que ambos sexos eran el requisito previo indispensable para el comienzo de la humanidad, a saber, que debía existir al menos una pareja humana para producir los primeros descendientes. Y así la narración del Paraíso habla de una sola pareja humana, Adán y Eva, que son descritos como los progenitores de toda la raza humana. Pensamientos similares subyacen en la historia del Diluvio, cuando dice: "De los animales puros e inmundos, de los pájaros y de todo lo que se mueve en el suelo, siempre vinieron dos a Noé en el arca, macho y hembra, como Dios le había dicho a Noé. (124)

Hay que preguntarse si no hubo resistencia en el autor bíblico cuando estos resultados primordialmente intuitivos de la elaboración y el trabajo con dicha información sobre la reproducción de los seres vivos y el regreso a los comienzos de la sucesión de generaciones aparecieron en los límites de su conciencia y en las instancias de control de la misma. En cualquier caso, cabe suponer que así es, en primer lugar, en lo que respecta a las posibilidades de supervivencia de las parejas individuales y su descendencia y, en segundo lugar, en lo que respecta al problema del incesto. J resolvió estas dificultades mentales en la narración de la flor de Sint- de tal manera que describió el nuevo comienzo de la humanidad después del Diluvio con cuatro parejas, a saber, Noé y su esposa y sus tres hijos con sus esposas, y, a diferencia de P, que formuló la cita anterior (124) (14), la de la especie pura de animales con siete parejas cada uno: "Toma siete pares de cada animal limpio, y un par de cada animal inmundo, y siete machos y hembras de cada animal inmundo, y siete de las aves del aire, para tener semilla en toda la tierra. ("125, 14") Sobre esta base más amplia, en vista de los muchos peligros, un comienzo no parece tan tembloroso e incestuoso, al menos para el pueblo (según la ley israelita, a la que los autores estaban estrictamente comprometidos, se permitía que primos y primas se casaran entre sí /126, pero los parientes cercanos no /127) y los animales puros, se dejaban de lado.
Dentro de la narración del Paraíso, los riesgos de la vida para una sola pareja y los descendientes que saldrán de ellos no plantean un problema en la medida en que el hábitat terrenal en el que Adán y Eva fueron colocados se dibuja como un paraíso según nuestros deseos humanos, en el que la existencia estaba completamente asegurada. La cuestión del incesto sigue pendiente, porque para continuar la sucesión generacional que acaba de comenzar, los parientes de primer grado habrían tenido que dar a luz a los hijos juntos. Pero como esto era un tabú absoluto para el autor bíblico, surge la pregunta de si no era consciente del carácter pictórico codificado de su narración, de modo que la primera pareja humana, Adán y Eva, que es

significativa en la historia bíblica, puede o debe ser entendida desde el principio como la representación de varias parejas de una sola manera. En el cuarto capítulo del libro del Génesis se menciona que los hijos de Adán y Eva a su vez producen hijos. El lugar de procedencia de las mujeres en cuestión no se considera en este texto.

El escritor bíblico nos dice que Adán y Eva, que por lo tanto deben ser interpretados como progenitores humanos, como el origen de toda la humanidad, vivieron primero en un jardín establecido por Dios. (9) Este jardín en general se llama a menudo el paraíso. En el relato bíblico representa simbólicamente un buen hábitat y de esta manera refuerza la afirmación repetida en Génesis 1 mediante tres versiones: "Y vio Dios que era bueno". (45)

Aquí también comienza el examen académico de la cuestión de las percepciones sensoriales que el autor bíblico había adquirido en el período previo a la publicación de su historia con referencia a este elemento figurativo. Debido a que eligió el término jardín para el hábitat de los progenitores humanos, parece obvio pensar que había percibido los jardines humanos con sus sentidos, por lo que generalmente eran piezas limitadas de la superficie de la tierra, que estaban influenciadas por los humanos, esencialmente con el objetivo de mantener una comunidad diversa de plantas de la composición deseada durante un período de tiempo más largo, que debería servir para la nutrición humana, así como para la ornamentación, la alegría y la estancia armoniosa en un ambiente, que todavía era similar a la naturaleza original. Los jardines dispuestos y cuidados por los hombres, accesibles a los sentidos del escritor bíblico, permiten al observador, si tiene la experiencia adecuada, acceder fácilmente a los contenidos positivos, como se expresan automáticamente con el término paraíso, como la alimentación sana y el disfrute de los frutos preciosos, La admiración de las coloridas flores en flor, permanece fuera de las viviendas humanas en un ambiente natural, ya que hacen el bien para el cuerpo y el alma, concluyen, pero al

mismo tiempo también dejan claro que el orden que se puede percibir en ellas sólo se puede lograr y mantener a través de un trabajo laborioso.
Esta última asociación de jardín y trabajo puede ser excluida del contexto de esta historia bíblica para la época anterior a la Caída. Su sentido general, tal como el autor bíblico quiso transmitirlo a sus oyentes y/o lectores como un mensaje divino, está determinado por la presentación de un espacio vital para los progenitores humanos que es, en principio, perfectamente bueno. Y cuando dice: "El Señor Dios tomó, pues, al hombre y lo puso en el jardín del Edén para que lo cultivara y lo guardara" (67), el cuadro general del Paraíso que el autor bíblico ha esbozado sólo permite interpretaciones agradables para estas expresiones, como, por ejemplo, como referencia a las actividades físicas ligeras que se perciben como placer, a las tareas administrativas y a una posición destacada. La carga de trabajo de los verdaderos jardines de las civilizaciones humanas sólo se impuso a la gente después de la Caída. (47)
No cabe duda de que el autor del relato bíblico describe el paraíso del principio como un jardín trazado no por el hombre sino por Dios, y por lo tanto, en mi opinión, hay que preguntarse si, en las percepciones sensoriales que tenía con respecto a este elemento figurativo (jardín, o más precisamente, jardín), el paraíso del principio no era un jardín trazado por el hombre sino por Dios: Jardín del Edén, en el este, en un país de cuatro ríos, de los cuales dos de los mencionados son el Éufrates y el Tigris (22, entre los cuales se encontraba la Mesopotamia como lugar de las primeras culturas humanas), también se deben considerar los que le informaron sobre las zonas que no estaban influenciadas por los seres humanos en modo alguno, que por lo tanto se deben describir como salvajes u originales. Si se sigue este rastro, no se puede negar que J vio en el paraíso del principio un biotopo natural, extremadamente rico y favorable de la tierra, originado por el planeamiento divino, que puede ser muy bien reconciliado en su interpretación con las condiciones de la época del origen de la humanidad, tal como están representadas por los investigadores científicos naturales.

En el "cuadro" bíblico del Jardín del Edén, sólo aparecen árboles como plantas nativas del Jardín del Edén: "El Señor Dios hizo crecer toda clase de árboles del suelo, tentadores de mirar y con frutos deliciosos, ...". (17), de modo que el paraíso, si se quiere tomar el texto literalmente, se representa en realidad como un huerto. La base de esta descripción fue ciertamente las percepciones sensoriales del autor bíblico, que procedían de los árboles frutales plantados por los humanos y en los que maduraban deliciosos frutos. Los árboles se diferencian de la mayoría de las otras plantas de jardín en que crecen bastante alto, lo que es agradable para el jardinero, porque una vez que no hacen ninguna exigencia especial a la vegetación del disco del árbol (la superficie del suelo en la que se extienden las raíces de un árbol), el vigoroso crecimiento de los árboles, que superan a la flora competidora, hace innecesaria la preparación del suelo, y el hecho de que el fruto puede ser recogido por los humanos en posición erguida, mientras que el trabajo de jardinería debe realizarse a menudo en posición encorvada o de rodillas. Por lo tanto, los árboles frutales se adaptan muy bien al mensaje que transmite la historia del paraíso, ya que (suponiendo un clima favorable y un gran número de plantas abundantes) hacen posible una dieta vegetariana durante todo el año.

En los capítulos dos y tres del libro bíblico del Génesis, es de especial importancia comer los frutos que han madurado en los árboles del jardín. Estas representaciones se remontan a las observaciones que el autor bíblico hizo una y otra vez sobre sí mismo y de manera análoga sobre sus semejantes y también sobre los animales, cuando recogían frutos maduros de los árboles y los comían después. Durante este proceso, el placer de comer la fruta se hizo claramente perceptible, y también fue posible experimentar que la fruta consumida refrescaba y fortalecía los cuerpos de los consumidores. Estas observaciones condujeron a la realización intuitiva y probablemente también racional de la incorporación, la comprensión de que cuando se comían los

frutos, las sustancias y fuerzas presentes en ellos eran absorbidas por los cuerpos de los comensales y surtían efecto allí.
Dentro de la historia bíblica, entre los árboles del paraíso, dos se destacan. La atención de los oyentes y/o lectores es atraída por el hecho de que están enraizados en un lugar especial, a saber, en medio del jardín, y se identifican por su nombre: Árbol de la vida y árbol del conocimiento del bien y del mal (17). Con este elemento pictórico, es inicialmente difícil identificar las percepciones sensoriales subyacentes. Lo que está claro es que estos árboles no existen realmente y, como el propio autor bíblico sabía, nunca han existido como tales. Los verdaderos árboles son, por ejemplo, manzanos, perales, ciruelos, higueras y olivos, cuyos frutos se llaman manzanas, peras, ciruelas, higos y aceitunas. "La vida y el conocimiento del bien y del mal no se contarán entre los frutos. En la interpretación se puede suponer con seguridad que en el diseño de este elemento figurativo se ha procesado la idea de incorporación derivada anteriormente. Así que J dijo en su narración pictórica que había dos árboles en el medio del jardín, con los frutos de los cuales los que los comían podían asimilar la vida y el conocimiento del bien y del mal. Es posible que el autor bíblico pensara aquí en árboles frutales reales, por ejemplo, manzanos, en los que la fruta que maduraba en ellos, por ejemplo las manzanas en cuestión, liberaba las fuerzas descritas después de haber sido absorbida en el tracto digestivo, o tomara como base desde el principio el contenido idealista de la declaración, lo que sería un argumento para el hecho de que conocía muy bien el carácter pictórico de su narración. Si se trataba de una cuestión de vida, entonces el escritor bíblico, en el período previo a la publicación de su historia pictórica, había percibido tales cosas por medio de sus sentidos una y otra vez de una manera nueva y variada, y eso exclusivamente como una característica transitoria de los organismos, que por lo tanto se llaman seres vivos. Todos estos individuos, ya sean plantas, animales o humanos, no existían desde la eternidad, sino que ciertamente se les debía atribuir un comienzo que, en el caso de las plantas,

a menudo adoptaba la forma de siembra de semillas y su posterior germinación y, en el caso de los animales, de apareamiento y eclosión a partir de huevos incubados o nacimientos operados por la madre. Esta vida así iniciada nunca duró para toda la eternidad, sino que terminó con la muerte individual de cada ser vivo, evento que también fue a veces accesible a la percepción sensorial humana.

El "árbol de la vida" enraizado en medio del Paraíso no puede tener nada que ver con el comienzo de la vida en los seres terrenales, porque para recoger los frutos de este árbol, para comerlos y así asimilar la vida, un organismo debe estar ya vivo. Por lo tanto, esta planta debe ser interpretada en términos de muerte: El consumo de sus frutos da la vida, es decir, o bien la vida que nunca termina en el futuro o bien la vida que continúa, por ejemplo mientras dure el poder del fruto consumido, de modo que el árbol de la vida con sus frutos salva de la muerte a quienes toman su poder en sus cuerpos, es decir, definitivamente o por un cierto período de tiempo, que puede ser prolongado una y otra vez por el consumo repetido.

En el mismo sentido en que -según la afirmación del texto bíblico tratado aquí y entendido de esta manera- (además) la vida podría incorporarse con los frutos de un árbol, el conocimiento del bien y del mal podría alcanzarse con los del otro. Ahora bien, ¿qué quiso decir el autor bíblico cuando eligió la expresión conocimiento del bien y del mal, y qué información recibió sobre esto a través de sus sentidos?

La constelación de los tres primeros capítulos del Génesis, tal como está disponible para el lector hoy en día, se remonta a un editor (R), según los resultados de la investigación de la exégesis analítica, histórico-crítica, que resumió los textos de dos autores, a saber, de J y P, en esta forma (12), a la que él mismo contribuyó sólo una frase. (14) En este resumen llama la atención que hasta la mención del árbol en cuestión (17) el término "mal" no aparece, pero que la palabra "bien" se encuentra bien repetida, y cada frase transmite el mensaje de una obra de creación divina exitosa en todos los sentidos y un espacio vital perfectamente bueno para Adán y Eva, que deben ser considerados como progenitores humanos. El uso de la frase "Y vio Dios que era bueno" (45) en el primer capítulo del libro del Génesis indica inequívocamente un juicio o evaluación, y esto en forma de una afirmación, una "aprobación". El Creador, como podemos imaginar a nivel de nuestra imaginación humana, incluso antes de que comenzara su creación, había pensado en cómo dar forma y realizar su trabajo, y cómo sería desde el más pequeño detalle hasta la mayor parte. Después de cada terminación gradual de las cosas que Él creó, las miró individualmente y en una visión general y llegó a la conclusión: "Sí, así es como pensé que sería, así es como debe ser, así es como debe ser, así es como es bueno.

El "mal" también se utiliza para expresar una valoración, y esto es lo contrario del "bien". En el uso alemán, sin embargo, la palabra "mal" es más probable que se utilice para describir el estado emocional de los animales y los seres humanos, así como la actitud moral de los seres humanos, los espíritus y los dioses. No parece apropiado cuando se evalúan las obras humanas o las condiciones y procesos naturales; el término "malo", que es también lo contrario de "bueno", sería en realidad inapropiado. También llamamos a los animales bastante "malvados", por ejemplo un perro que es agresivo y muerde con este humor, lo que se puede leer en la expresión de sus ojos, en toda su expresión facial y en su postura. Sin embargo, no utilizamos esta evaluación para las plantas. Por ejemplo, si nos hemos quemado en una ortiga, no la llamaremos "mala", sino que a lo sumo consideraremos como "mala" el hecho de que existan tales plantas cuyo tacto nos causa dolor, o que existan instalaciones tales como pelos que pican.

Cuando decimos sobre las obras humanas que son "malas", esta declaración contiene una clara indicación de la habilidad o convicción moral de los diseñadores y/o fabricantes en cuestión. Si, por ejemplo, una escalera de material inferior se monta de tal manera que los peldaños superiores se rompen o se sueltan fácilmente de los rieles laterales, y si una persona cae mal como resultado de tales defectos, el productor de esta "mala" escalera se considera impotente si está convencido de que la madera en cuestión es estable y los peldaños están firmemente anclados, y como "malo" si tiene la intención de que una persona caiga de esta manera. En este sentido, cuando las condiciones naturales son juzgadas "malas", una crítica al Creador de la naturaleza por su incapacidad o una acusación de su maldad puede resonar en profundidad. Las frases "espíritus malignos" y "dioses malignos" deben entenderse de manera similar.

En esta consideración surge ahora la dificultad de que el primer capítulo del Génesis, en cuyas formulaciones el "bien" debe entenderse tan obviamente como un juicio de valor con referencia a las obras creadas por Dios, fue escrito más tarde que el segundo (12), pero que sin haber leído el primer informe de la creación sería mucho más difícil ver este aspecto a su vez "conocimiento del bien y del mal". Hay que decir que el autor sacerdotal (P) del primer capítulo del Génesis conocía la historia del Paraíso y la Caída, por lo que en su versión ya hay una interpretación del texto escrito anteriormente. Si P ha interpretado ahora el citado giro de la frase como una valoración y se ha referido principalmente a las circunstancias de la creación divina, esto indica que precisamente esta intención de la afirmación del segundo capítulo del Génesis debe entenderse sin precedente del primero. Los pasajes en los que esto puede verse en particular deben mencionarse en su tratamiento.

¿Qué percepciones sensoriales habían fluido a J con respecto a la formulación que había elegido, "conocimiento del bien y del mal"? Esto vino de sus experiencias consigo mismo, así como de las de sus compañeros y seres vivos. En su propio pensamiento cotidiano había registrado, en el período previo a la publicación del texto bíblico, que repetidamente hacía nuevas evaluaciones de muchas y diversas maneras, es decir, directa o indirectamente daba a los objetos los predicados bueno o malo/malo (y sus variaciones y gradaciones), y observaba el mismo fenómeno entre sus semejantes, con los que hablaba abiertamente o en código sobre tales evaluaciones (a veces también cambiando caprichosamente) en sus conversaciones cotidianas. Estas evaluaciones incluían logros y habilidades físicas, como la fuerza o la debilidad, la perseverancia o la falta de resistencia, la producción de obras estables, útiles o fallidas, inútiles, otras fortalezas y deficiencias mentales, como la valentía o la cobardía, la generosidad o la tacañería, la diligencia o la pereza, la virtud general o el vicio, y también circunstancias naturales, como la salud o la enfermedad, la lluvia o la sequía suficientes, la comida abundante o la hambruna.

Estas observaciones sobre las prácticas de valoración humana y sus expresiones, que se plantearon una y otra vez, mostraron inequívocamente al autor bíblico que las personas que valoraban, aquí en solidaridad con los demás, no afirmaban de ninguna manera la creación divina de manera integral, sino que sabían cómo recopilar un catálogo bastante extenso de deficiencias, de "mal/mal". Estos contenidos críticos de la evaluación, que registraba de cualquier manera también en sí mismo, tenían que causar un conflicto con Dios, el único, único Creador del mundo en el que se encontraban viviendo, al pensar en personas que habían decidido intuitiva y/o racionalmente creer en Dios, porque Él es el autor de estos dones que son juzgados como "malos/malos", bajo el cual sufren las criaturas terrestres, y al mismo tiempo tuvo que dar lugar a una influencia intencionada en su entorno en seres dotados de inteligencia, lo que ya se expresó inequívocamente en el momento de la redacción del texto bíblico en presencia de un número considerable de características culturales considerables. El descubrimiento de obras "malas" y, como consecuencia de ello, del sufrimiento en los hábitats terrestres, plantea la cuestión de creer a las personas que valoran en el nivel espiritual de su pensamiento conceptual la sabiduría, el poder, la justicia y el amor del Creador (teodicea). Esto constituye la base de la discusión espiritual que precede al mensaje bíblico de los capítulos segundo y tercero del Génesis.

En el primer capítulo del Génesis se describe pictóricamente que Dios crea el mundo, es decir, el cielo y la tierra, el sol, la luna y las estrellas, y en el ámbito terrenal el agua, las plantas, los animales y los seres humanos en una sola semana de trabajo, y que se vio confirmado en la contemplación de sus obras y aprobado por ellas. Este cuadro de la Obra de los Seis Días del Creador tiene por objeto transmitir de manera clara y comprensible que el comienzo de este mundo en el Dios Creador atestiguado está suficientemente justificado, que Él es omnisapiente, omnipotente, omnisapiente y omnisapiente, y que por lo tanto Su creación ha tenido éxito en todas partes.

En el período previo a su publicación, los escritores del Génesis habían utilizado sus sentidos para percibir de muchas maneras diferentes cada día que los seres vivos encuentran todas las condiciones para la vida en sus biotopos, como la luz del sol y el calor, la lluvia y los cursos de agua, la fertilidad de la tierra madre, el abundante crecimiento de las plantas, la alimentación de los seres humanos y los animales, los alimentos vegetales que son prácticos y significativos, e incluso maravillosamente constituidos, individuos animales y humanos, por lo que la interrelación entre la estructura y la función por un lado y la dependencia mutua a través de las redes existentes en los respectivos ecosistemas por otro lado son claramente reconocibles, material para ropa, vivienda y diversos artículos de uso diario, relaciones familiares y amistosas, etc., y así sucesivamente Estas múltiples y repetidas percepciones sensoriales, que penetraron como una fina lluvia en las profundidades de sus almas y se manifestaron allí (91), provocaron la realización intuitiva: Todo tiene un significado, una razón por la que está allí y por la que es como es. Todo encaja bien, está bien pensado, bien amueblado, bien creado. Este juicio da razón e impulso para reconocer, alabar, honrar y agradecer al Creador de estas buenas obras.

Sin embargo, antes de su publicación, los escritores del Génesis también habían percibido con sus sentidos de muchas maneras diferentes cada día que la vida humana en esta tierra nunca es completamente segura, sino que está expuesta a muchos peligros, como las fuerzas de la naturaleza, períodos de hambre, accidentes, enfermedades, conflictos amenazantes con los animales o los seres humanos, que está conectada con las quejas y se dirige hacia una muerte segura, que puede afectar a todos cada día. De la misma manera que las circunstancias en las almas humanas, que fueron evaluadas como "buenas", casi por reflejo desencadenaron alabanzas, reverencia, agradecimiento, afirmación y armonía hacia el misterioso Dios Creador y dejaron que fluyeran de ellas, así sucedió de manera comparable que la experiencia de las instituciones evaluadas como "malas/malas" en la mente humana resultó en resentimiento, críticas, quejas, ira, furia, maldiciones, rechazo, rebelión y división. Incluso tales experiencias se repitieron muchas veces, se trabajaron y procesaron en las profundidades de las almas humanas, causaron temor y secundariamente provocaron la evaluación ratificada de que las criticadas, deploradas, temidas y aborrecidas instituciones de la creación eran obras "malas". En esta visión, el mundo apareció, al menos a veces, como imperfecto y desastroso, y el Creador, al menos en secreto, recibió no sólo aspectos y predicados buenos sino también malos. En el alma del autor de la historia bíblica del paraíso y la caída de la humanidad, esto formó la base de una discusión extremadamente difícil, porque quería probar sobre todo que Dios es sabio, poderoso y amoroso, y que su creación ha tenido éxito en todo. Sin embargo, como esta declaración básica a menudo no corresponde a la realidad de las experiencias de la vida humana, se necesitaban más explicaciones.

Principalmente, este examen del escritor yavista tuvo lugar inconscientemente en las profundidades de su alma, y es característico para este tipo de compromiso con un tema que los pasos del pensamiento preconceptual que procedieron en este proceso sondeen constante y cautelosamente la dirección de la construcción teórica que se espera en el futuro. Este examen reveló que, mientras se mantenían las críticas y acusaciones dirigidas al Creador, surgió un conflicto en el que el acusador humano puede haberse revelado como ingrato, presuntuoso e imprudente. Porque sin duda alguna, cada hombre también debía todos los buenos dones a su creador, que bajo ninguna circunstancia podían ser negados y enriquecidos en cada vida, era él mismo demasiado poco para comprender la obra divina de la creación, y posiblemente se maniobró a sí mismo a través de sus acusaciones hacia el omnipotente en una enemistad, que tuvo que llegar a ser muy peligrosa para él mismo porque estaba expuesto al poder de este oponente sin defensa. Estas intuiciones y perspectivas hicieron que pareciera aconsejable, por estas mismas razones, evitar estrictamente los conflictos abiertos con Dios, es decir, suprimir, callar, "vestirse con una prenda diferente" o trabajar en ellos de alguna manera más intensamente.

La declaración básica de fe de que Dios es bueno y amoroso y que su mundo, en el que nos encontramos viviendo en seres humanos conceptuales, ha sido en general bien creado, hace difícil entender el hallazgo de condiciones "malas/malas" en esta creación y relacionarlas con el Dios bueno del que se da testimonio. La solución de este problema permitiría suponer la existencia de al menos dos creadores, uno bueno y otro malo, que serían entonces responsables de las respectivas obras. Esta solución, que es ofrecida por algunas religiones, estaba fuera de discusión para los escritores de los Evangelios, porque ellos abogaban inflexiblemente por un monoteísmo, es decir, su creencia en el Uno y Único, aparte de que no se puede encontrar ningún otro ser que pueda tener poder creativo. De acuerdo con el texto bíblico, Dios no puede ser disociado de ninguna parte de la naturaleza, como si no tuviera nada que ver con esta o aquella condición natural. Pero, ¿cómo serían compatibles las obras "malvadas/malvadas" con el buen Creador?

En todos estos procesos de pensamiento inconscientes, que se elevaron hasta el límite de la conciencia y aquí fueron sometidos a un control todavía inconsciente, el autor bíblico también registró una y otra vez su propia práctica de evaluación, así como la de sus semejantes y notó aquí claramente que una misma persona posiblemente cambió su juicio sobre la misma cosa a lo largo del tiempo, y que diferentes personas posiblemente evaluaron los mismos objetos de manera diferente, sí, al contrario, que por ejemplo lo que una persona llamó "bueno" le pareció a la otra persona "malo/malo". Además, este mediador del mensaje divino experimentó cada día de nuevo cuán limitada es la perspicacia humana, y tuvo que admitir en lo más profundo de su alma que ni él ni ningún otro hombre era capaz de juzgar la creación divina con justicia. Estas circunstancias le mostraron inequívocamente que las valoraciones expresadas por las personas son por un lado muy dependientes del punto de vista respectivo del juez y por otro lado extremadamente variables, por lo que en realidad deben ser clasificadas como muy poco fiables.

Pero todas las percepciones sensoriales que el autor bíblico tenía de esta práctica poco fiable de la evaluación humana también transmitieron el hecho de que se trata de habilidades espirituales, por las cuales los seres humanos están en un nivel más alto que los animales, y son de hecho similares al Gran Espíritu Creador, cuyo poder espiritual puede ser claramente reconocido en el cosmos creado por Él, un hecho que fue inequívocamente registrado con considerable orgullo. Y así, a pesar de su falta de fiabilidad, las evaluaciones humanas se dieron por sentadas como la base para cambiar las intervenciones humanas en su entorno natural, lo que ya había dado lugar a características culturales en el momento de la redacción del libro bíblico del Génesis que la gente valoraba mucho y de las que ya no quería prescindir.

Con referencia a la narración bíblica del paraíso y la caída del hombre, el examen de las preguntas sobre las percepciones sensoriales que el escriba Yahwista había recibido en el período previo a su publicación sobre el árbol del conocimiento del bien y del mal, y las preguntas sobre las conclusiones intuitivas resultantes sobre las consideraciones que acaban de ser reproducidas, ha llevado al examen de las preguntas sobre la resistencia, que se hizo evidente en este autor cuando el contenido del pensamiento

inicialmente aún inconsciente se elevó hasta el límite de la conciencia y fue examinado por las instancias de control inconsciente de allí para su adecuación para su inclusión en las imágenes existentes del hombre, el mundo y Dios, y cuando el autor bíblico en sus esfuerzos exploratorios sospechó la tensión entre los enfoques explicativos opuestos.
De los resultados desarrollados previamente, se puede deducir que estas resistencias llevaron a J a dilemas que le obligaron a caminar por la cuerda floja. El reconocimiento sin restricciones de la capacidad humana para juzgar correctamente lo que es bueno y lo que es malo/malo llevó inevitablemente a demandas contra el Creador por todos los males de la existencia terrenal. Por otra parte, la resistencia surgió en los mencionados censores fronterizos inconscientes, porque en la conciencia la sabiduría, el poder y la bondad de Dios no podían ser cuestionados, y los conflictos abiertos con Él debían ser evitados a toda costa. Pero si este autor, siguiendo sus correspondientes percepciones intuitivas, hubiera dudado radicalmente del juicio humano en su conciencia, entonces los intereses y objetivos, así como los logros culturales que fueron evaluados como "buenos", habrían tenido que ser cuestionados y posiblemente abandonados, y si las personas hubieran estado considerablemente perturbadas en su juicio, ellas mismas habrían sido superiores a todas las demás formas de vida debido a sus habilidades mentales, a las que pertenece el conocimiento del bien y del mal, lo que podría haber sido entendido como una dolorosa humillación.
La historia bíblica del paraíso y la caída de la humanidad, que finalmente se pone por escrito, muestra cómo su autor ha tratado de superar estos "dilemas" y mantenerse en la estrecha cresta que ha caminado. En el marco de su historia, describió cómo Dios creó un hermoso jardín en la tierra en el que los progenitores humanos podían vivir felices y contentos. Entre los árboles frutales de este paraíso, destacó dos colocándolos en medio del jardín y nombrándolos por su nombre, estos nombres tienen claramente un significado transferido: El árbol de la vida y el árbol del conocimiento del

bien y del mal. (19, 17) Este marco está ahora más diseñado de tal manera que Adán y Eva realmente comen de los frutos del árbol del conocimiento del bien y del mal, y Dios mismo declara que el hombre también reconoce ahora el bien y el mal y ha llegado a ser como Él en esta capacidad. (33) De esto se deduce que en los procesos de pensamiento inconsciente del autor bíblico, la mencionada resistencia a una duda radical del juicio humano y al mismo tiempo la tentación de valorar el mismo y con ello la autoestima humana muy alta fue más fuerte que la resistencia al riesgo de entrar en conflictos abiertos con el Dios Todopoderoso, y al mismo tiempo más fuerte que la confianza en su sabiduría, poder y amor muy superiores.
Esta decisión indica, en primer lugar, un desprecio por esas percepciones sensoriales y las percepciones intuitivas resultantes de ellas, que en realidad muestran límites y debilidades inconfundibles del juicio humano. Esta manipulación inconsciente causa una diferencia entre la redacción del texto bíblico formulado lingüísticamente y las observaciones e intuiciones en las que se basan estas mismas formulaciones, y además, dada la estrechez de la cresta pisada, lleva inevitablemente a J y a los oyentes y/o lectores que le siguen en esta ocasión desde el borde del único abismo, es decir, una supuesta degradación y humillación del hombre, al del opuesto: Si los humanos somos realmente capaces de evaluar de forma fiable lo que es bueno y lo que es malo/malo, difícilmente podremos evitar los conflictos abiertos con el Creador, ya que criticamos y nos quejamos más o menos vehementemente de muchas de las realidades de la creación divina. La forma en que el escriba bíblico ha reunido muchas piezas del mosaico para formar un cuadro general expresivo deja claro, en retrospectiva, que y cómo trató de detener este accidente. Los elementos centrales de este esfuerzo son las estructuras narrativas según las cuales las circunstancias y procesos que los humanos consideramos malos/malos no habrían existido en el principio en la creación divina (47), y Dios habría prohibido comer los frutos del árbol del conocimiento del bien y del mal (11). A través de esto, la gente se culpa

a sí misma por su miseria, y Dios es justificado, eliminando así la base del conflicto que se avecina.

¿Qué percepciones sensoriales tenía el autor de Yahwist en el período previo a su publicación con respecto a estas estructuras narrativas manipuladoras? Aquí no se encuentran tales, que puedan apoyar la afirmación de que el creador habría traído las cosas "malas/malvadas" a su, hasta entonces, perfectamente buena creación en un momento posterior, porque este escritor no había tenido ninguna posibilidad de observar estos procesos o de recurrir a los informes de los hombres, que habrían estado presentes en estos comienzos.

Así que tampoco había información sensorial concreta sobre la prohibición pronunciada por Dios, con la que prohibió estrictamente a los progenitores humanos comer del árbol del conocimiento del bien y del mal (11); en principio, sin embargo, la experiencia de las leyes y prohibiciones estaba entretejida en la vida cotidiana y por lo tanto era bien conocida. Era una práctica común en las familias que los padres y/u otros tutores hicieran esos arreglos con sus hijos. Esto se hacía a menudo por preocupación, porque estos jóvenes carecían de perspicacia y autodisciplina, por lo que no conocían muchos peligros o no los evitaban imprudentemente. ("¡Cuchillos, ga-bel, tijeras, la luz no es buena para los niños pequeños!") Incluso dentro de las comunidades humanas más pequeñas y más grandes, las prohibiciones y regulaciones tenían una función importante, por la cual era esencial asegurar una coexistencia ordenada de los individuos. Sin embargo, a veces, cuando los gobiernos formulan leyes y controlan estrictamente su cumplimiento, pueden sentirse tentados a exigir sobre todo que se respete y mantenga su propia autoridad.

J aclaró su historia marco en el sentido de que Adán y Eva habían violado o invadido en algún momento esta prohibición pronunciada por Dios (33). También a este respecto, pueden excluirse las percepciones sensoriales concretas, mientras que en muchos casos se observaron en general violaciones de los reglamentos vigentes. Esas transgresiones fueron por interés propio, porque los individuos, en sus esfuerzos por realizar sus propios intereses y deseos, se vieron obstaculizados por los reglamentos anunciados para ampliar el espacio disponible para ellos -tanto en sentido literal como figurado- y no estaban preparados para aceptar las limitaciones que se les imponían. A veces el desprecio demostrativo de las normas y prohibiciones tenía también por objeto provocar a los superiores interesados o iniciar una lucha de poder contra ellos.

Estas observaciones, que se recogían constantemente de nuevo, informaban al escritor bíblico, antes de su publicación, de cómo reaccionaban a sus transgresiones las personas que habían impuesto prohibiciones. A este respecto, el castigo de los malhechores se consideraba un medio frecuentemente practicado, de modo que el curso de la prohibición, el desprecio y el castigo era accesible a los sentidos humanos en muchas variaciones y, por lo tanto, era muy familiar para cualquiera con más o menos experiencia. Incluso la emisión de prohibiciones y órdenes se combinaba a menudo con la amenaza de castigo, lo que generalmente aumentaba con la importancia de la orden y la gravedad de la violación, pero a veces también indicaba la severidad y el rigor de los respectivos superiores. El mayor aumento posible del castigo fue el asesinato de un infractor de la ley. Estas percepciones principalmente inconscientes del autor bíblico pueden verse claramente en su historia, a saber, la prohibición (11), la agresión (33) y el castigo (47, 48).

Como ya se ha mencionado, el marco de la historia bíblica del Paraíso y la Caída del Hombre indica claramente que su autor, en el período previo a su publicación, caminó sobre una cresta en sus procesos de pensamiento inconsciente, de la cual amenazó con caerse a ambos lados, lo cual trató de evitar. Una dificultad central aquí es el examen del elemento narrativo que se expresa como un "árbol de conocimiento del bien y del mal". Su destacada importancia queda demostrada, por un lado, por el hecho de que esta planta es la única, además del "árbol de la vida", a la que se le asigna un nombre y, junto con el árbol de la vida, se le asigna un lugar en medio del jardín (17), y por otro lado, por el hecho de que se prohíbe el consumo de sus frutos bajo la amenaza de la más alta pena (11), y que al ataque (33) que se produjo realmente se le atribuyen posteriormente consecuencias tan desastrosas (47, 48).

En contraste con esto, el "árbol de la vida" en la historia bíblica sólo tiene un significado subordinado. Esto se hace comprensible si se tienen en cuenta las percepciones sensoriales subyacentes (vida temporalmente limitada de los organismos terrestres, véase más arriba), y bajo esta condición también da una indicación de las dificultades que fueron importantes para el escriba Yahwista en su expansión inconsciente. Toda la información que había recibido sobre la vida decía que todos los seres vivos de la tierra debían morir con seguridad. Con esta realización se deja claro al mismo tiempo que, en las palabras de la "imagen", los frutos del árbol de la vida son y siguen siendo inaccesibles para nosotros los seres humanos; por lo tanto, el autor bíblico no necesitaba tratar este tema más a fondo. La mención de este árbol, sin embargo, revela una asociación que es significativa y que ha sido expresada de la siguiente manera: "Entonces el Señor Dios dijo: 'He aquí que el hombre ha llegado a ser como nosotros; conoce el bien y el mal. Que ahora no extiende su mano, sino que come del árbol de la vida y vive para siempre!" (33) La vida eterna y el conocimiento del bien y del mal son habilidades divinas, que por lo tanto no nos son dadas a nosotros los seres humanos, o, para permanecer en la "imagen": Los frutos de los dos árboles mencionados por su nombre, enraizados en medio del Jardín del Edén, están reservados para el propio Dios; los humanos no tenemos derecho a comer de ellos.

¿Qué percepciones sensoriales subyacen en esta estructura narrativa? Con respecto al Árbol de la Vida, está claro, como se ha señalado anteriormente, que todas las observaciones hechas por personas que tuvieron experiencia de vida mostraron la legalidad de la muerte segura de cada individuo que vive en la tierra. ¿Pero cómo pudieron los escritores del Génesis, sobre esta base, hacer estas declaraciones sobre Dios? Con esta pregunta he llegado a los límites de una consideración científica, porque Dios no puede ser percibido directamente por medio de nuestros cinco sentidos o métodos científicos de prueba. Las historias bíblicas, sin embargo, deben considerarse sin duda alguna como testimonios cercanos de fe de sus autores. Esta creencia tenía sus razones en los procesos de pensamiento principalmente intuitivos y secundariamente también racionales de estas personas. Estos procesos de pensamiento eran alimentados diariamente de nuevo por innumerables y muy diversas percepciones sensoriales, cuyas evaluaciones, constantemente repetidas, indicaban de manera fiable el Dios atestiguado. Los autores lo conocieron como un ser misterioso que sólo puede ser adivinado por los rastros, pero es cierto que vive en el presente, porque de otra manera no podría ser experimentado en el presente. Y a pesar de toda la inescrutabilidad de este Dios, quedó claro lo que también se atestigua en estos capítulos del Génesis, que Él es el Creador de este mundo, en el que los seres humanos pensantes nos encontramos vivos, es decir, que Él ya había vivido antes del comienzo del mundo y por lo tanto había estado continuamente presente y vivo durante todo este gigantesco período de tiempo, y así nos dio un indicio de que también estaría presente en el futuro para siempre, es decir, que tiene la vida eterna a su disposición.

Con referencia al "árbol del conocimiento del bien y del mal" es comprensible que el escritor bíblico derivara el principio de la creación de las muchas experiencias con las obras humanas, a saber, que dicha creación se basa en un plan, un concepto espiritual. Una característica esencial de este debate espiritual, tal como precede a toda creación en el tiempo, es la ponderación de las ventajas y desventajas de las posibilidades y alternativas disponibles, por lo que esta ponderación puede muy bien coincidir con la cuestión de lo que puede ser bueno y lo que puede ser malo con respecto a la obra que se creará en el futuro, de modo que todo creador debe tener conocimiento del bien y del mal/mal en este sentido. Finalmente, la obra terminada muestra la habilidad y el sentido moral del Creador. Y en este sentido el mundo creado por Dios, con sus signos y maravillas cotidianas, exigió asombro, admiración, gratitud, reverencia, adoración, y dejó claro que los seres humanos no somos más que las más pequeñas criaturas dentro de este vasto universo creado por Dios, que, por lo tanto, carecen esencialmente de perspicacia y comprensión, conocimiento, sabiduría y poder, y que no son capaces de comprender el significado del todo, del que nosotros mismos somos partes insignificantes, que no habrían sido capaces de este maravilloso trabajo de creación y que no tienen el necesario conocimiento absoluto del bien y del mal/mal.

A pesar de ello, J, como ya se ha explicado anteriormente, diseñó el marco del texto bíblico que aquí se trata de tal manera que Adán y Eva comen realmente de los frutos del edificio del conocimiento del bien y del mal, que en realidad están reservados sólo a Dios, y Dios mismo afirma que el hombre también reconoce ahora el bien y el mal y ha llegado a ser como Él (33). Este giro narrativo se basa en las percepciones sensoriales de los autores, que les informaron que los seres humanos tienen sin duda conocimiento del bien y del mal/mal, a través del cual la calidad espiritual se eleva claramente por encima del nivel de las plantas y los animales, sí, se asemejan al Espíritu Creativo, lo que se puede ver, entre otras cosas, en el hecho de que han creado obras sorprendentes y han cambiado, incluso "mejorado", su entorno natural de manera sorprendente (por ejemplo, mediante el desbroce, la plantación de cultivos, la cría de animales, las canteras, el urbanismo).

Mientras que el poder divino de la vida eterna, porque todos los Oranismos terrenales se acercan seguramente a la muerte, no necesitó ser pensado más allá, la capacidad realmente divina, pero sin embargo también humana de reconocer el bien y el mal/mal, demostró ser un problema básico en la confrontación mental con la creación divina, llevó al dilema descrito anteriormente, a esta cresta, de la cual por un lado - con el reconocimiento irrestricto de los valores humanos - una caída en conflictos abiertos con el Creador, porque, después de todo, ha creado tantas malas condiciones y, por lo tanto, se demuestra obviamente incapaz o malvado, amenazado y, por otra parte - con un cuestionamiento radical de los juicios pronunciados por los hombres - justo tal en el doloroso abandono de los sueños, deseos e intereses humanos, en la degradante relativización de esa imagen según la cual el hombre sobrepasa con mucho todas las demás clases de seres vivos terrenales, sí, se acerca a Dios, y en una gran incertidumbre sobre la cuestión del bien y del mal/mal que se plantea una y otra vez de nuevo.

Ahora bien, al decidirse a configurar el marco de su narración en la forma mencionada anteriormente (33), el autor bíblico, al presentar el juicio humano como fiable, corrió el riesgo, por una parte, al tomar conciencia de estos contenidos todavía inconscientes del pensamiento, de no poder contener más las quejas abiertas y las amargas acusaciones contra el Dios Todopoderoso, porque las confirmaba indirectamente con su relato, y por otra parte fijó irrevocablemente el rumbo para el curso ulterior de su historia. Dado que este es un punto tan decisivo en la estructura de la narración bíblica del Paraíso y la Caída del Hombre, debe ser considerado de manera particularmente crítica al interpretarlo. Con un conocimiento y descripción honestos de la naturaleza humana es fácil comprender que las imágenes (individuales, colectivas y generales) de la propia persona, así como la voluntad humana ("La voluntad del hombre es su reino de los cielos") y la ambición humana están sujetas a una sensibilidad extrema y se consideran casi intocables desde el punto de vista humano. Este hecho explica la decisión del escritor bíblico de no oponerse a la resistencia que se evidenciaba desde este lado del dilema, quizás también porque sospechaba que en este caso difícilmente encontraría oído entre los hombres para el mensaje divino que había transmitido, y por tanto malgastaría sus palabras inútilmente. Esto debe tenerse en cuenta cuando se intenta corregir las percepciones (sensoriales) subyacentes, las intuiciones y los impulsos de revelación divina.

Ahora que el curso se había establecido de esta manera, el autor bíblico, al concretar el curso de acción a ser dicho libremente por él, sólo podía tener cuidado de evitar o mitigar la caída al otro lado de la cresta (conflictos abiertos con Dios) de la manera más veraz posible. En este esfuerzo, la incorporación de una secuencia de prohibición, violación y castigo en la narración (11, 33, 47, 48) es el medio decisivo. Al interpretar estas estructuras narrativas uno debe tener siempre presente que J tuvo muchas experiencias con esta secuencia de acontecimientos, pero que no estuvo presente en los acontecimientos que describió en los comienzos de la humanidad y no pudo recurrir a ningún informe escrito u oral de posibles testigos oculares, de modo que no recibió ninguna percepción sensorial concreta sobre los acontecimientos en el Paraíso de los que habló.

La finalidad del dispositivo estilístico descrito es clara: por el hecho de que Dios, como plantador de los árboles correspondientes y como soberano inviolable en general, reclamó para sí los frutos en cuestión de manera completamente legítima y prohibió a las personas disfrutar de ellos bajo la más alta amenaza de castigo (11), y las personas no quisieron contentarse con vivir felices y contentos en el Jardín del Edén, sino que llegaron a lo que en realidad está reservado sólo a Dios, haciendo así caso omiso de la única prohibición que Dios les había impuesto (33), se hicieron culpables y merecieron el castigo. Este propósito se hace aún más claro cuando miramos los castigos que Yahvé trajo en la historia de la Caída (47), porque se trata exclusivamente de circunstancias de la creación divina que los humanos juzgamos como "malas" o al menos lamentables, como las serpientes que tienen que arrastrarse sobre su vientre y comer polvo (26), que para las mujeres, los embarazos están relacionados con toda clase de dificultades, los nacimientos con dolor y el deseo de un hombre con la subordinación que se le exige bajo su dominio (27), que la necesaria adquisición de alimentos es

muy extenuante para las personas (42, 28, 31), que en los cultivos de plantas crecen espinas y cardos (30), y que las personas tienen que morir (29).
En la representación pictórica, según la cual Yahvé, después del hecho, insertó las "malas" facilidades en el Ser, hasta ese momento, perfectamente buen trabajo, hay ahora, incluso sin tener en cuenta el primer capítulo del Génesis (véase más arriba), una clara indicación de que la frase "conocimiento del bien y del mal" debe ser interpretada como una práctica de evaluación y juicio y debe relacionarse principalmente con las circunstancias de la creación divina, porque las adversidades de la existencia que se presentan para la reprensión de la humanidad forman inequívocamente un contraste con el buen estado original, ya que el Creador lo había creado en el Jardín del Edén y lo ofreció a sus criaturas. Este contraste también fue mencionado por P, pero sin ir más lejos, en una forma muy ligeramente insinuada cuando escribió su relato de la Obra de los Seis Días de Dios, cuando escribió: "Entonces Dios dijo: En esto os doy todas las plantas de toda la tierra que dan semilla, y todos los árboles con fruto de semilla. Los usarás como alimento. A todas las bestias del campo, a todos los pájaros del cielo y a todo lo que se mueve en la tierra, a todo lo que tiene aliento de vida, les doy a todas las plantas verdes como alimento. Así que sucedió." (8) Este escriba bíblico conocía el principio natural de comer y ser comido, y por lo tanto también la necesidad de la caza y la matanza, como se observaban fácilmente durante su vida, pero como lo consideraba "malo", dejó que esta institución se aplicara al origen de la creación, a todo lo que Dios había aprobado expresamente (45, 3), pero no explicó por qué este "deterioro" se había producido más tarde.
Debido al mencionado contraste de las "malas" inserciones en el buen origen, tal como se presenta inequívocamente en el segundo y tercer capítulo del Génesis, tanto la cuestión básica tratada en este texto bíblico como la respuesta ofrecida a la misma cristalizan claramente: La respuesta a esta pregunta que se ofrece en el texto bíblico es que estas cosas malas/malvadas

aún no existían en la buena creación de Dios al principio, sino sólo en un momento posterior, cuando los primeros seres humanos ya habían vivido durante un período indefinido de tiempo en el Jardín del Edén, fueron provocados por Yahvé, y esto fue para castigar a estas personas porque habían alcanzado ilegalmente los frutos que pertenecían sólo a Dios. Por medio de este mensaje se ofrece a los oyentes y lectores de este mensaje la oportunidad de transmitir el peligro de un conflicto abierto con Dios, tal como surge durante el examen interno de este problema, a los reproches a los progenitores humanos. Dios mismo aparece justificado en sus acciones, la culpa es de Adán y Eva.

Si la mitad del jardín con los dos árboles en pie se interpreta como territorio divino y los frutos de esos árboles como pertenecientes sólo a Dios, la prohibición (11) pronunciada por Yahvé puede entenderse también como protección de la propiedad y la autoridad divinas, la invasión descrita de Adán y Eva (33) también como robo y competencia, y los castigos (47) impuestos por el Creador además también como degradación y exclusión de los competidores. En el período previo a su publicación, el escritor bíblico había percibido tales formas de acción y reacción dentro de las comunidades humanas de muchas maneras y en diversas formas por medio de sus sentidos, pero una vez más no concretamente en la constelación con Dios por un lado y con Adán y Eva por el otro, como él lo describió.

Esta intención de la declaración del autor bíblico revela una vez más su decisión de no dudar de la práctica de la evaluación humana, a pesar de las percepciones sensoriales dirigidas de manera diferente, sino más bien de aceptar una carga (probablemente considerada como menor) sobre Dios en su esfuerzo por justificar al Creador frente a las acusaciones humanas. Esta carga para Dios consiste en que los oyentes y/o lectores de esta historia bíblica pueden entender en Él a una autoridad suprema que celosamente quiere mantener una clara distancia de sus subordinados, está celosa de cualquier desarrollo ulterior de sus habilidades, los considera como competidores y finalmente los humilla para siempre. Aquí hay que señalar de nuevo que J había observado tales relaciones alternas exclusivamente entre seres humanos, pero no entre Dios y los seres humanos, por lo que debe considerarse la posibilidad de proyecciones de las motivaciones humanas hacia Dios.

La secuencia de la prohibición, el desprecio de la misma y el castigo, que - para el propósito indicado - se ha construido en el marco de la narrativa bíblica discutida aquí, es de la mayor importancia para el consenso de toda la Biblia. Estas estructuras pictóricas, así como las percepciones en las que se basan, pueden clasificarse bajo los conceptos abstractos de Unidad, Armonía, Paz o sus opuestos Desenganche, Desarmonía, Descontento, y afirman que el sustento inicialmente irrestricto y pacífico de Dios con los progenitores humanos se vio grave y duraderamente empañado por su invasión no autorizada, de modo que la Unidad se convirtió en Desenganche, la Armonía en Desarmonía y la Paz en Descontento.

¿Qué información había reunido el autor bíblico a este respecto en el período previo a su publicación? De las interrelaciones entre los individuos tanto de los animales sociales como de las comunidades humanas, era más que suficientemente consciente del hecho de que difícilmente se pueden esperar estados de paz duraderos y que lo abarquen todo. Por una parte, había aquí interacciones diarias que estaban claramente marcadas por un sentimiento de unión, buena voluntad, simpatía, afecto y amor, que se manifestaba concretamente, por ejemplo, en la búsqueda de la cercanía mutua, en la unión armoniosa, en la higiene personal, en los toques tiernos, en las conversaciones agradables, en la atención a los necesitados, Pero, por otra parte, también a tales interrelaciones, que revelaban con igual claridad celos, envidia, antipatía, agresión, hostilidad, odio, que se manifestaban concretamente, por ejemplo, en la ignorancia mutua, la evasión ("no se huelen, no se hablan más, se apartan"), el abandono, las peleas, las disputas, las peleas más o menos violentas y las guerras.

En el marco de la historia bíblica del paraíso y la caída del hombre, la transgresión de la prohibición divina cometida por los progenitores humanos, su usurpación del territorio soberano divino y el castigo llevado a cabo por Dios por ello es de importancia central. En principio, J pudo observar esta secuencia de acciones una y otra vez cuando las autoridades de mando o legislativas en la coexistencia humana reaccionaron ante el incumplimiento de sus reglamentos. Dentro de este marco fa-miliar o social de superiores y subordinados, la paz se mantenía obedeciendo los mandamientos y se enturbiaba por la desobediencia. El autor judío del texto bíblico conocía la ley de Moisés con sus muchos mandamientos y prohibiciones, así como las grandes dificultades que la gente tenía para observarlos. Este punto de vista condujo a una evaluación unilateral del estado de paz existente entre Dios y el hombre, a saber, que el ser humano individual, así como la comunidad humana, provoca a Dios contra una discordia a través de los pecados cometidos una y otra vez, que tiene que expresarse en el justo castigo de los respectivos pecadores. También en el análisis de este importante elemento figurativo hay que señalar con referencia a la cuestión de las percepciones sensoriales subyacentes que Dios y con ello también su estado de ánimo, tal como está presente en el momento del registro de los pecados humanos, no puede ser captado por los sentidos humanos, y que J sólo podía proyectar las observaciones hechas por él con los animales y los seres humanos sobre Dios y en Él, por lo que las percepciones intuitivas de Dios parecen demasiado vagas e inciertas para poder tomarlas en serio dentro de la discusión que se está llevando a cabo aquí.

Asimismo, en esta consideración del estado de paz existente entre Dios y el hombre y entre el hombre y Dios, es de suma importancia recordar el acto de equilibrio del escritor Yahwista descrito al principio, que encontró a través del problema de la práctica de la valoración humana, el "conocimiento del bien y del mal" humano. Este problema consistía en el hecho de que los

humanos juzgamos una parte de las condiciones dentro de la naturaleza y por lo tanto dentro de la creación divina como "malas". Esta crítica humana a la obra divina, que en vista del sufrimiento puede comprensiblemente aumentar hasta la acusación violenta, debe ser entendida e indicada como un signo claro de una discordia que ha surgido hacia Dios. Y si, aunque J había observado estas reacciones humanas típicas con todos sus matices en sí mismo y en sus semejantes una y otra vez de una manera nueva y múltiple, se decidió por la cresta por la que caminaba (por las razones mencionadas anteriormente: Evitar a Dios frente a un conflicto abierto, reconocer plenamente la capacidad humana de reconocer el bien y el mal/mal) por dejar este lado humano de la -temporal- discordia entre el hombre y Dios completamente sin mencionar en su narración.
¿Qué percepciones sensoriales tenía el escritor bíblico con respecto a los castigos divinos que describe (47)? Aquí se puede entender claramente que J estaba procesando aspectos de su propia experiencia de vida. Las serpientes, por ejemplo, tenían que arrastrarse directamente sobre su vientre por el suelo, la tierra por así decirlo, a menudo tocando la tierra con su mandíbula inferior. Este hecho de la anatomía de la serpiente se consideró muy inferior desde el punto de vista de los seres vivos que son capaces de caminar erguidos y en este sentido tienen contacto con la tierra sólo con las plantas de sus pies, que además están quizás protegidas por zapatos, también en comparación con otros animales que caminan y/o vuelan sobre sus piernas. Este punto de vista hizo difícil atribuir tan fácilmente tal desprecio al sabio, poderoso, justo y buen Creador. Sin embargo, en este enfoque, el escritor bíblico no tuvo en cuenta las de sus percepciones sensoriales que le informaban de que las serpientes eran capaces de hacer frente a la estructura corporal que se les daba de la mejor manera posible dentro de la lucha por la existencia y la competencia necesaria en la naturaleza, y que no eran en absoluto inferiores a otras formas de vida, y que a veces incluso se les temía de manera especial.

Dentro del proceso reproductivo humano, al sexo femenino se le ha dado obviamente la tarea de dar a luz. De una manera maravillosa, un nuevo y único ser humano crece en el secreto del cuerpo materno hasta que está listo para nacer. No obstante, se pueden registrar varios signos de un embarazo existente, primero por la propia madre respectiva, y luego cada vez más por personas de su entorno social, como algunas quejas individuales y sobre todo un aumento constante y significativo de la circunferencia abdominal materna en la etapa avanzada del desarrollo fetal. Esto último, en particular, hace que las mujeres afectadas se vuelvan cada vez más engorrosas y disminuyan su velocidad y movilidad, lo que hace que su rutina diaria sea más difícil y que las situaciones extremas sean una mayor amenaza para ellas. Incluso si se puede proporcionar una ayuda médica eficaz, los nacimientos con los que se completan los embarazos y los bebés humanos "ven la luz del día" y que también se asocian con un dolor intenso para las madres son una situación amenazadora.
La experiencia de todas estas dolencias, dolores y peligros (hasta amenazas duraderas para la salud y la vida de las madres y los niños) causó arrepentimiento y lamento en las personas, no pudo ser fácilmente reconciliada con un buen Creador y por lo tanto, después de que el curso de la historia se había establecido, sólo podía ser entendida y hecha plausible como un merecido castigo. En este enfoque, J, a su vez, dejó sin mencionar aquellas intuiciones que resultaron de todo tipo de impresiones sensoriales, que le mostraron que los embarazos sólo podían lograrse aumentando el peso y la circunferencia, y que los nacimientos sólo podían ser posibles con un considerable estiramiento de la vida, es decir, del tejido sensible, y por lo tanto sólo con dolor, y que en este sentido la condición originalmente "buena" sugerida en el relato bíblico corresponde a nuestros deseos humanos, pero en realidad es una "cosa de imposibilidad".
Los emparejamientos heterosexuales eran necesarios para que se produjeran embarazos. A partir de la redacción del texto bíblico, se pueden leer las

observaciones que el autor bíblico había hecho al respecto. Menciona a este respecto que la mujer anhela al hombre, aunque está dominada por él, que por lo tanto le fue impuesto por Dios esforzarse intensamente por un modo de vida que le traería grandes desventajas en algunas relaciones. Puesto que J expresa esta opinión crítica sólo en los divinos discursos de castigo a Eva, aunque el mismo problema, a saber, el deseo del hombre por la mujer a pesar de algunos síntomas negativos que lo acompañan, existía en principio también para Adán, y el propio escritor bíblico era muy probablemente un hombre, tenemos que pensar aquí, al analizar el texto, en el significado y la influencia de la autoimagen masculina. Sin embargo, también es posible que J, al editar sus escritos, simplemente se haya preocupado de mantener un equilibrio en el volumen de las palabras en los pasajes relativos a su esposa y esposo. En el pasaje correspondiente (27) relativo a Eva, se han incorporado las percepciones sensoriales de todas las peleas y conflictos más o menos llamativos en la convivencia de la mujer y el hombre, que generalmente perturban el ideal de una relación siempre armoniosa, que se perciben así como déficits más o menos grandes. No se tuvieron en cuenta aquí los innumerables momentos de felicidad indecibles con los que se presenta a la gente en esta forma de vida, y la realización intuitiva de que hay luz en esta tierra no sin sombra.

Fundamental para la vida humana en esta tierra es la suficiente disponibilidad de espacio y alimentos. Este hecho está en el primer plano de los discursos de castigo de Yahvé presentados a Adán, a saber, la idea de alimento se concentra en la palabra "pan". Todas las numerosas y variadas percepciones sensoriales del escritor bíblico que le habían llegado a través del desarrollo del pan, en las que se atribuía la importancia central a la cultura del grano correspondiente, principalmente probablemente el trigo, han pasado a esta forma de expresión. El pan cotidiano sólo podía llegar a la mesa del pueblo si previamente, en un trabajo laborioso y sudoroso, se había labrado el campo, que además de plantas cultivadas también tenía plantas silvestres como espinas y cardos que crecían, se cosechaba el grano, se molía en harina, se amasaba la harina en masa y se horneaba la masa en pan. Las observaciones sobre los animales mostraron que encontraban el alimento apropiado para su especie en su hábitat natural, y que aunque la adquisición de alimentos para ellos (especialmente para los depredadores que tenían que cazar animales vivos) podía estar asociada con el esfuerzo, no podía llamarse trabajo en el sentido de las formas humanas de agricultura y ganadería. Tampoco en este caso se tuvieron en cuenta las intuiciones, que dejaron claro que el aumento de la calidad (que se expresaría de forma simple y breve con las palabras pan y vino) que se había hecho posible para los humanos en su alimentación en comparación con las condiciones naturales sólo podía lograrse mediante el correspondiente trabajo de inducción de sudor, y por otra parte que los animales estaban contentos con el alimento que les era apropiado.

Como todo ser vivo, todo ser humano está sujeto a la ley de hierro de la naturaleza, según la cual la muerte acaba con la vida en esta tierra. El cuerpo que antes estaba vivo, por ejemplo, que emite calor, respira, se mueve, reacciona, habla, está entonces sin vida, ya no habla, ya no se mueve, ya no reacciona, ya no respira, se enfría o ya está frío, está sujeto al rigor mortis y luego a una descomposición progresiva, primero de sus tejidos blandos y, después de períodos más largos, de su esqueleto. Aunque estos procesos de disolución de los cuerpos no se pueden observar directamente, porque los cadáveres humanos están enterrados, corresponden exactamente a los procesos que se registran en las plantas y los animales, al final de los cuales todo el material orgánico se devuelve a los componentes del suelo, desde donde se reintegra en el tejido vegetal vivo y entra de nuevo en el ciclo de las sustancias. Estos discursos punitivos dirigidos a Adán, o más bien las percepciones sensoriales subyacentes que el autor bíblico tenía de la adquisición de alimentos y de la legítima mortalidad de los seres humanos, no son estrictamente específicos del sexo masculino, sino que también se aplican al sexo femenino. Sin embargo, en lo que respecta a la agricultura, esta representación refleja el hecho de que los hombres llevaban la carga principal del trabajo que allí se requería.

La legalidad de la muerte afecta a ambos sexos de la misma manera. En la historia bíblica, Yahvé amenazó desde el principio con este severo castigo: "Entonces el Señor Dios ordenó al hombre: Podéis comer de todos los árboles del jardín, pero no podéis comer del árbol de la ciencia del bien y del mal, porque en cuanto comáis de él, moriréis. (11) Después de la caída del hombre, Dios le dice a Adán en sus sentencias: "Con el sudor de tu rostro comerás tu pan hasta que vuelvas a la tierra, de la cual eres tomado. Porque polvo eres, al polvo debes volver". (29) Tomadas al pie de la letra, estas citas muestran que la consumación de la muerte no se produce, como sugiere la frase "tan pronto como comas de ella, morirás", directamente después de comer el fruto prohibido, por ejemplo porque habría sido venenoso para el hombre, sino que el hombre sólo ahora (como generalmente también bajo las adversidades de la existencia terrena) ha sido puesto bajo la ley de la muerte segura.

Esto parece ser un castigo exagerado para el robo, un castigo que no se exige en ninguna parte de la Ley de Moisés en los casos de robo en los que no se ha herido o matado a personas. En el marco de la historia bíblica del paraíso y la caída del hombre, la gravedad de la ofensa de los progenitores humanos está determinada sobre todo por el hecho de que alcanzaron un fruto que está reservado sólo para Dios, que se esforzaron por una capacidad que Dios tenía para nosotros los seres humanos, que querían ser como él. Dado que la historia está ambientada de tal manera que Adán y Eva sólo fueron colocados bajo la ley natural de la muerte segura en un momento en que ya habían vivido un período indefinido en el Jardín del Edén, transmite indirectamente la idea de que los progenitores humanos eran inicialmente inmortales. Si se hubiera asumido tal inmortalidad, una vez completada la obra divina de la creación, la capacidad de reconocer el bien y el mal habría representado la única diferencia relevante entre Dios y el hombre en el texto bíblico que aquí se discute. Dado que J, mientras caminaba por la cresta descrita anteriormente, había decidido poner el conocimiento humano del bien y del mal en pie de igualdad con el conocimiento divino (33), el severo castigo que Yahvé impuso a Adán y Eva y a todos los pueblos que descendían de ellos se hace comprensible y justifica a Dios, porque Él, como soberano, no podía soportar este esfuerzo competitivo de la humanidad, pero, al causar las muchas adversidades de nuestra etapa terrenal de existencia, entre las cuales la muerte es la más lamentable, tuvo que poner finalmente una brecha insuperable entre el cielo y la tierra, entre el Creador y la criatura, entre Él mismo y el hombre, y rechazarla en el plano terrenal, disminuida por la maldición, como la que le correspondía.

El mismo punto de vista brilla cuando se cuenta la expulsión de Adán y Eva del Paraíso (48). Este elemento figurativo se basa, por una parte, en observaciones que nos informan de que y cómo las personas trataron de eliminar a los competidores, que cercaron sus propiedades y posiblemente establecieron guardias, que y cómo expulsaron y castigaron a los ladrones, y, por otra parte, en tales observaciones que mostraron que las personas tienen la capacidad realmente divina de reconocer el bien y el mal, pero no son inmortales. Como el escritor bíblico diseñó el marco de su narración de tal manera que Adán y Eva actuaron en contra de la prohibición divina cuando comieron del árbol de la ciencia del bien y del mal (11) y así, con la incorporación de la habilidad correspondiente, se hicieron semejantes a Dios (33), Dios tuvo que encerrarlos fuera del Paraíso y así mantenerlos definitivamente alejados de su territorio si quería preservar su soberanía de manera inviolable, de acuerdo con el orden de la creación, para retener el rango más alto que sólo a Él le corresponde como Creador. Con esta imagen J presenta a sus oyentes y lectores que viven después de la caída de la humanidad el nivel terrenal de la existencia con todas sus adversidades como base de la vida tal como nos corresponde a nosotros los seres humanos de tiempos posteriores y como nos corresponde a nosotros, un nivel muy por debajo del divino, hecho que está apoyado con seguridad por todas las percepciones sensoriales, tal como le habían llegado al autor bíblico y tal como son, son y serán fácilmente accesibles a todos los destinatarios de su texto en el pasado, el presente y el futuro.

Como el más deplorable de todos los inconvenientes de la existencia terrena, el más deplorable de todos los inconvenientes debe considerarse fundamentalmente la mortalidad legal, la determinación de que toda vida individual en esta tierra debe extinguirse tarde o temprano, y por lo tanto el paso de los castigos divinos que concierne a esta ley natural de hierro (29) también parece ser el más duro de todos. Es evidente que incluso durante la vida del escritor yavista, la muerte de los seres vivos pertenecía indisolublemente a la vida cotidiana de los seres humanos y, por consiguiente, innumerables percepciones sensoriales fluían hacia él y estaban a su disposición. De esto se desprende que las reacciones humanas concretas a las muertes concretas son muy diferentes, a menudo incluso contradictorias. El éxito de la caza y/o el sacrificio de animales para su propia alimentación provocó, comprensiblemente, estados de ánimo alegres en las personas, mientras que las enfermedades y muertes entre los animales de granja mantenidos por un grupo de personas causaron preocupaciones y quejas entre los propietarios afectados. Ante exactamente los mismos hechos, los clanes o tribus competidoras u hostiles reaccionaban a menudo de forma opuesta, de tal manera que el éxito de la caza de los competidores o enemigos se veía con resentimiento, y la muerte de una parte del ganado que guardaban se veía con desgracia.

Si una persona se enfrentaba a su propia muerte, por ejemplo, en situaciones que ponían en peligro su vida o en el caso de una enfermedad grave, en la que las consecuencias para las personas que lo amaban y necesitaban también estaban en su mente, o si experimentaba la muerte de personas a las que amaba y necesitaba, esto aparecía como un destino terrible y un sufrimiento incomprensible, que causaba un dolor paralizante. Pero incluso en el caso de las muertes de humanos, las reacciones humanas concretas fueron muy diferentes. En tiempos de hambruna, por ejemplo, el número de comensales se veía aún más diezmado por cada muerte, y los demás difícilmente podían defenderse del hecho de que lo registraban y lo aceptaban con cierto alivio, porque sus raciones podían ser aumentadas y sus posibilidades de supervivencia mejoraban en consecuencia. La muerte de las personas que abusaron de su poder y acosaron y oprimieron a sus semejantes se sintió como una liberación. Y si los enemigos amargos morían, estos eventos a veces causaban verdadero júbilo entre sus respectivos enemigos.

La evaluación llevada a cabo en el pensamiento debe entenderse también como una especie de reacción humana. Aquí, como se menciona en referencia al primer capítulo del Génesis formulado por P (8), los escritores bíblicos encontraron difícil aprobar el comer y el ser comido, como es necesario en la naturaleza diariamente. Por otra parte, hay que tener en cuenta también las numerosas percepciones sensoriales de los autores, que les informaron de que la estabilidad de los hábitats terrestres en su conjunto, así como la de las comunidades humanas en particular, sólo puede garantizarse bajo la condición de un perpetuo devenir y desaparecer.

Por consiguiente, J diseñó el marco de su narración sobre el Paraíso y la Caída del Hombre de tal manera que a los primeros humanos, a saber, Adán y Eva, se les permitió inicialmente vivir en un jardín en el Edén dispuesto por Dios, un buen espacio vital que les ofrecía todo lo que necesitaban para una vida feliz y satisfecha, que Dios restringió su libertad sólo por una prohibición única y fácil de obedecer, según la cual la gente debía ser informada de los frutos del árbol del conocimiento del bien y del mal que crecía en medio del jardín, que pertenecen sólo a Dios, no se les permitía comer, que Adán y Eva entonces en algún momento, al invadir el territorio divino y encarnar así la habilidad divina en cuestión, violaron esta prohibición, y que Dios entonces los castigó causando las adversidades de la existencia terrenal, de las cuales la muerte es la más deplorable, y expulsando a Adán y Eva del Paraíso para dejarlos fuera del árbol de la vida para siempre. El texto bíblico ofrece la siguiente respuesta a la pregunta subyacente sobre el origen de las "malas" condiciones dentro de la buena creación divina: Estas cosas "malas" no fueron creadas por Dios en el principio. Los llamó sólo después de que los progenitores humanos hubieran alcanzado ilegalmente lo que sólo le pertenecía a él.

Con el enfoque científico elegido aquí para el tratamiento del texto bíblico, que comienza siempre con la cuestión de las percepciones sensoriales que el autor había recibido en el período previo a la publicación de su relato con respecto a los elementos pictóricos individuales, es muy importante señalar que, aunque los factores individuales tratados hasta ahora se han tenido en cuenta para todos los elementos individuales, todavía no es posible hacer un cuadro completo del texto bíblico, como el jardín, los árboles, los frutos, la asimilación de fuerzas a través de la comida, la vida, el conocimiento del bien y del mal, la paz, la secuencia de la prohibición, su violación y castigo, la discordia, las serpientes, las dificultades en la convivencia de la mujer y el hombre, los problemas de embarazo, los dolorosos dolores de parto, la laboriosa adquisición de alimentos, la legalidad de la muerte, la expulsión de una zona de propiedad y la custodia de la misma, una enorme brecha entre el plano de existencia divino (cielo) y el humano (tierra), que para todos estos elementos narrativos individuales, la información correspondiente puede ser trazada por el escritor bíblico, que estas percepciones y el conocimiento intuitivo que resulta de ellas se originan en su presencia, y por lo tanto sigue siendo un misterio cómo llegó a utilizar estos datos actuales para las declaraciones sobre el tiempo de origen de la humanidad, la vida de los progenitores humanos.

Esta estructura de marco contiene esencialmente una grieta entre el principio y el fin, el antes y el después, en la que se han registrado hasta ahora los siguientes cambios: Antes de eso, Adán y Eva vivieron en el Jardín del Edén

(123), después de lo cual fueron expulsados de él, y un retorno allí se hizo imposible (48). Antes de que Adán y Eva sean obedientes a la prohibición divina y, por consiguiente, no coman de los frutos del árbol del conocimiento del bien y del mal, después se vuelven desobedientes y adquieren la llamada capacidad divina (33). Antes de que haya paz entre Dios y el hombre, después - causado por la desobediencia humana - hay discordia, que se manifiesta en los castigos impuestos por Dios (47:48). Antes de que la serpiente sea un animal que vive bien en los árboles, después tiene que arrastrarse por el suelo y comer polvo (26). Antes, la coexistencia de Adán y Eva es muy armoniosa (25, 54), después hay dificultades como las luchas de poder (27). Antes de que los embarazos y los nacimientos estén libres de dolor y molestias, después se asocian a las molestias y al dolor (27). Antes, la gente vive segura y despreocupada "de la mano a la boca" (18), después debe "comer su pan con el sudor de su cara" (42, 28, 30, 31). Antes de eso, Adán y Eva son inmortales, después de eso son puestos bajo la ley de la muerte (29, 33, 48). Antes de que no haya una clara demarcación entre el cielo y la tierra, después se crea una enorme brecha (47, 48).
¿En qué observaciones se basa la descripción de estos cambios de antes a después? Estos deben haber sido eventos que el autor bíblico fue capaz de captar con sus sentidos durante su vida. En los esfuerzos por responder a esta pregunta, los frutos del árbol del conocimiento del bien y del mal deben ser colocados en el centro de la consideración, a través del goce prohibido del cual los progenitores humanos adquirieron la habilidad correspondiente. Entonces, ¿podría J observar que la gente no tenía esta capacidad de valorar antes, pero que después sí la tenía?
Esta pregunta se refiere al desarrollo del ser humano individual, que era básicamente el mismo en el momento de la redacción del libro bíblico del Génesis que en la actualidad. Después de nueve meses de crecimiento, un bebé humano se forma en el vientre de la madre a partir de un óvulo fecundado. Al nacer, el bebé aparece como un milagro y se desarrolla

lentamente. Además de un mayor crecimiento, hay que mencionar el desarrollo gradual de las capacidades mentales, que son la base de la especie de Homo sapiens y cuya base esencial es el pensamiento conceptual, sobre el que se construye, registra y nombra la conciencia. Este pensamiento en términos se expresa, entre otras cosas, esencialmente a través del lenguaje humano, que debe ser aprendido primero por los niños pequeños. Sólo después de que este nivel mental de pensamiento conceptual se ha hecho suficientemente accesible a un niño humano es capaz de hacer evaluaciones desde aquí y expresarlas lingüística (pensamiento, hablado, escrito) o artísticamente.

Este enfoque nos lleva a tener en cuenta, en el análisis de los capítulos segundo y tercero del Génesis, que el autor de estos capítulos había observado repetidamente, en el período previo a su publicación, cómo los niños pequeños cambiaban en el curso de su desarrollo, y cómo llegaron a la práctica de la evaluación descrita anteriormente, que se describe en el relato bíblico como el conocimiento del bien y del mal. Este entendimiento puede ser apoyado por un pasaje del libro del Deuteronomio: "Y tus pequeños, de los que dices: 'Se convertirán en presa', y tus hijos, que hoy no saben nada del bien y del mal, entrarán en la tierra. Se lo daré y ellos tomarán posesión de él". (74) La frase "los niños que hoy en día todavía no saben nada sobre el bien y el mal" se utiliza aquí como indicación de edad, caracterizando así una etapa muy temprana de desarrollo.

Sólo después de la adquisición de un pensamiento conceptual son posibles las formas de conciencia y sólo después de que se haga una distinción entre el bien y el mal/mal en este nivel espiritual son posibles las formas de juicio general y de autoevaluación. Esto se expresa más o menos claramente en la historia bíblica de los para-dies y la caída del hombre. Es muy claro en la descripción de la ocurrencia de sentimientos de vergüenza (50) y culpa (55) después de comer el fruto prohibido. En cuanto a los sentimientos de vergüenza que revelan una evaluación negativa de las partes del cuerpo en cuestión que ha aparecido en la conciencia, el cambio de antes a después se ha expresado claramente (54, 50); en cuanto a la conciencia de la culpa, se puede deducir fácilmente en que no requiere ninguna mención especial antes de la caída del hombre y se puede reconocer inmediatamente después por el hecho de que Adán y Eva se esconden cuando Dios se acerca, mostrando así su conocimiento de su transgresión de los mandamientos.

Lo que se expresa en el texto bíblico con "conocimiento del bien y del mal" es en realidad sólo un área parcial de lo que puede describirse como conocimiento, perspicacia, conocimiento, sabiduría, inteligencia, sabiduría, habilidades espirituales, en la medida en que se hacen posibles a nivel de pensamiento conceptual. El hecho de que el escritor bibliográfico haya captado toda esta área de la mente humana y su entrenamiento con los sentidos durante el desarrollo del niño en adulto se puede deducir de las siguientes formulaciones de su narración: "Entonces la mujer vio que sería delicioso comer del árbol, que el árbol era un festín para los ojos y la sedujo para que se volviera sabia. Ella tomó de sus frutos y comió; también le dio a su marido que estaba con ella, y él también comió. "Entonces sus ojos se abrieron y vieron que estaban desnudos." (33, 50) En la Biblia de los pastores, Gen 3, 6a se traduce así: "La mujer vio que el árbol era bueno para comer y dulce para mirar y deseable para ganar perspicacia. Los términos "sabio", "perspicacia" y "reconocer que" designan directamente estas habilidades que distinguen a la raza humana de todos los demás seres vivos terrenales y que sólo se desarrollan gradualmente en el curso del desarrollo individual del ser humano concreto. La frase "se abrieron los dos ojos" expresa indirectamente el logro de esta etapa superior de desarrollo, a saber, la aparición de una conciencia en el nivel del pensamiento conceptual. Del hecho de que J en su representación pictórica no eligió el giro general "árbol del conocimiento", sino que puso en primer plano la parte concreta conocida del texto, se puede ver la importancia central que tiene la práctica de la evaluación humana dentro de este mensaje bíblico.

El cambio de principio a fin, de antes a después, descrito en los capítulos dos y tres del Génesis, que es de la mayor importancia para el contexto de toda la Biblia, consiste en una perturbación de la paz original entre Dios y el hombre, tal como la describe J con la secuencia de prohibición, violación de la misma y castigo. Como se ha explicado anteriormente, esto sólo podría haber sido evaluado en términos de percepciones sensoriales de la coexistencia humana, ya que el correspondiente comportamiento divino de los seres humanos no puede ser observado con certeza. Y como se ha explicado más arriba, al tratar del árbol del conocimiento del bien y del mal y del estado de paz existente entre Dios y el hombre, se ocultaron completamente esas observaciones con las que se registraron las críticas humanas a la obra divina de la creación y las quejas humanas dirigidas contra Dios, revelando así la discordia basada en ella, tal como aparecen en el nivel espiritual del pensamiento conceptual, el conocimiento del bien y del mal.
Una difícil, pero inevitable y esencial tarea de análisis textual consiste, por tanto, en señalar con toda decisión que el autor yavista, al describir la perturbación de la paz originalmente existente entre los progenitores humanos y Dios en la forma de ser releído, convirtió sus propias experiencias en lo contrario dejando completamente sin mencionar las acusaciones contra su Creador que salían de las personas, y construyó una secuencia de su narración que no estaba apoyada por las percepciones sensoriales, a saber, que Dios acusó y posteriormente castigó al hombre por su desobediencia, y esta tarea también consiste en encontrar y nombrar las razones de sus manipulaciones de las observaciones subyacentes y las percepciones intuitivas. Para ello, es aconsejable volver al paseo por la cuerda floja descrito al principio de este documento.
J había llegado a esta cresta o dilema cuando se ocupó de la práctica de la evaluación humana. Una y otra vez había percibido con sus sentidos en un número y variedad excesivos de formas que y cómo la gente juzgaba las cosas dadas de este mundo en el que se encontraban viviendo como si las

hubieran inventado (incluyéndose a sí mismos) y que y cómo la gente (incluyéndose a sí misma) criticaba los factores individuales de la creación divina, tales como las condiciones climáticas, la necesidad de una dura lucha por la existencia, las quejas físicas, la mortalidad, el sufrimiento general, etc. Esta crítica se convirtió a menudo en una queja y una acusación más o menos vehemente dirigida contra la persona responsable de las circunstancias del acusado. Estas acusaciones y ataques humanos expresaban una inconfundible insatisfacción y, por lo tanto, indicaban claramente que siempre había una nueva discordia entre el hombre y Dios. La disputa puede llevar a una confrontación frontal combativa, que puede ser descrita como un conflicto.

Debía quedar claro para todos que las relaciones de poder eran totalmente desiguales en los conflictos que así se fundaban: Por un lado el gran y omnipotente creador, por otro lado la pequeña e impotente criatura, y que por lo tanto el resultado de todas estas luchas era ciertamente previsible: Dios sería una y otra vez el vencedor, y tenía el poder de hacer daño a las personas que entraban en conflicto con Él. En muchos casos, estas percepciones llevaron al hecho de que las acusaciones inicialmente ocultas continuaron siendo ocultadas para evitar un conflicto abierto con Dios, también a partir de la comprensión de que el Creador ha dado todas las cosas buenas de nuestra existencia y que nosotros los seres humanos le debemos gracias por ello.

Este principio, hacia un Todopoderoso, al que hay que estar agradecido y de cuya ayuda y buena voluntad se depende para evitar conflictos, también se aplicó al propio escritor bíblico. Pero para él estos hechos se convirtieron en un dilema en especial porque por un lado quería testificar inflexiblemente que Dios es bueno y que su obra de creación ha sido completamente exitosa y por lo tanto tiene que ser reconocida y afirmada sin reservas, pero por otro lado registró que los hombres tienen habilidades espirituales y en este nivel de juicio, y, al aplicar esto, llegar a juzgar algunas instituciones de la creación divina como malas, y porque por otra parte este argumento no era exclusivamente un asunto privado para él, sino porque quería dirigir un mensaje a otras personas y por lo tanto no quería provocar una actitud negativa de los oyentes y/o lectores desde el principio.

En este difícil paseo por la cuerda floja, J decidió ahora, en el período previo a la redacción de su texto, no cuestionar el juicio humano, sino incluso equipararlo con el divino (33). Este ajuste del interruptor debería haber causado un choque al otro lado de la cresta: Porque si a las evaluaciones humanas se les atribuye una validez absoluta, entonces los puntos de crítica de la creación divina planteados por los hombres son justificados y justos, entonces el Creador es automáticamente cuestionado y acusado, y entonces los conflictos abiertos con Él ya no pueden ser evitados. Al analizar el texto de Génesis 2 y 3, entonces, como se ha dicho repetidamente, el esfuerzo inconsciente del escritor bíblico para evitar esta inminente caída debe ser tenido en cuenta después de todo. Y a este respecto se pueden citar sobre todo dos elementos narrativos que tienen por objeto servir a este propósito, a saber, por una parte la afirmación de que la adquisición del conocimiento del bien y del mal por parte del género humano habría sido prohibida por el Creador y que por lo tanto habría tenido lugar contra su voluntad y su plan, y por otra parte, la descripción según la cual Yahvé, precisamente para la medida final de los progenitores humanos, que con su arrogante y sacrílega desobediencia se habían erigido en sus serios competidores, insertó posteriormente las instituciones "malas" en su, hasta entonces, perfectamente buena creación.

En cualquier caso, se hace evidente que el árbol del conocimiento del bien y del mal juega un papel central en el conflicto interno del escritor bíblico y por lo tanto también en el mensaje transmitido por su narrativa. Como ya se ha mencionado, J había percibido una y otra vez con sus sentidos las prácticas de evaluación humana (incluida la suya propia) y había registrado así -principalmente de manera intuitiva- que los juicios humanos que son significativos en el presente contexto aparecen en el nivel espiritual del pensamiento conceptual, en el que la raza humana difiere sustancialmente de todos los demás seres vivos terrenales, y que este juicio no se da a un ser humano desde su nacimiento, sino que sólo se adquiere en el curso de su desarrollo de niño a adulto.

Al tratar la secuencia de prohibición, transgresión y castigo incorporada en el relato bíblico, se ha puesto de manifiesto que estos mecanismos eran conocidos por el Yahwista exclusivamente a partir de la coexistencia humana, y que no se pueden hacer observaciones concretas de un desarrollo de las capacidades humanas que va fundamentalmente en contra de la voluntad del Creador. Lo que J pudo observar en su época y en el desarrollo de los niños corresponde a lo que las personas de épocas posteriores, incluidas las de hoy en día, fueron y son capaces de registrar a este respecto, porque estos procesos tienen lugar en principio de la misma manera. Y las percepciones, que fluyen en las profundidades del alma humana una y otra vez, nos informan ciertamente de que la adquisición del lenguaje como expresión del pensamiento conceptual y la formación de un "conocimiento del bien y del mal" en este nivel espiritual indica un desarrollo normal de los niños en adultos, y por lo tanto debe considerarse como predeterminado en el sistema y no puede ser influenciado por la voluntad de los que están en desarrollo. Todas estas percepciones apoyan la realización intuitiva de que las habilidades humanas mencionadas anteriormente fueron planeadas y creadas por el Creador.

El hecho de que el autor yavista con su representación pictórica de la manera mencionada se desviara de sus percepciones sensoriales y del razonamiento intuitivo resultante, lo registró él mismo en lo más profundo de su alma, porque innumerables y múltiples percepciones sensoriales, como le habían fluido repetidamente de nuevo con respecto a la práctica de la evaluación humana, y las percepciones intuitivas resultantes deberían haber excluido desde el principio una evaluación tan positiva como la que se da en la letra del texto bíblico (33). Las observaciones a este respecto le habían informado con toda certeza sobre las limitaciones jurídicas generales y concretas y, en última instancia, insuperables de las visiones generales, percepciones y conocimientos humanamente posibles en el tiempo y el espacio, así como en todas las formas de existencia más allá de ellos, sobre la muy frecuente verificabilidad de los errores y juicios erróneos, sobre la caprichosidad de los juicios humanos, así como su apego a los respectivos puntos de vista de quienes los valoran y sobre los mecanismos egoístas que, por consiguiente, resuenan en todos los juicios. Todas estas percepciones, que se plantearon una y otra vez, hicieron que el autor bíblico reconociera intuitivamente que los seres humanos no somos capaces de una evaluación absoluta y objetiva de la creación divina y del Creador, y que nosotros, en relación con Él, en este documento nos identificamos claramente como seres terrenales en esta tierra.

¿Qué resistencia se hizo evidente cuando estos contenidos primordialmente inconscientes alcanzaron el límite de la conciencia del autor bíblico y amenazaron con superarlo? Lo principal que se puede identificar aquí es el orgullo humano y el deseo de crear y/o mantener la imagen más positiva posible de sí mismo, así como de afirmar intereses y objetivos egoístas. Dios tiene el rango más alto. De esta manera, la imagen más positiva posible de sí mismo atrae a la persona como (un) Dios. El mismo J. expresa esta gran tentación cuando deja que la serpiente hable en su historia bíblica: "Dios sabe más bien que tan pronto como comas de ella, tus ojos se abren; te vuelves como Dios y conoces el bien y el mal. (52) Las percepciones intuitivas descritas, que mostrarían la relatividad y las estrechas limitaciones de la práctica de la valoración humana, amenazaban con perjudicar esta favorable autoevaluación del hombre como "imagen de Dios".

En este punto, la cresta que pasa por el Yahwist se vuelve particularmente estrecha. Si quería preservar la imagen más positiva posible del ser humano, según la cual los seres humanos, como Dios, están dotados de la capacidad de reconocer el bien y el mal, un conflicto abierto con el Creador se hizo evidente debido a todas las circunstancias malvadas/malvadas de las que Él es responsable como su fuente. Y si él conscientemente dudaba de la capacidad humana para juzgar, que es el centro de interés aquí, o más bien del problema, la autoevaluación favorable del hombre que se mostró no podía mantenerse, y, además, debido a la cuestionabilidad de las evaluaciones humanas, los respectivos intereses y objetivos tuvieron que ser examinados radicalmente en cuanto a su compatibilidad con las directrices divinas, por lo que -como ya demostraron con suficiente claridad los sondeos inconscientes de antemano- hubo limitaciones extremadamente dolorosas o al menos incertidumbres (¿qué es bueno y qué es malo/malo según las normas de los valores divinos?) anunciado. Además, los conflictos interpersonales abiertos se hicieron evidentes en el intento de transmitir esta visión escéptica de la imagen humana.

En esta estrecha cresta, J finalmente se decidió por la formulación transmitida en el texto bíblico y, en la concepción de su historia, trató de evitar la amenaza de caer en un conflicto abierto con Dios en el lado opuesto de la cresta. Dentro de este esfuerzo, la prohibición pronunciada por Dios (11) representa un medio importante, a saber, tiene la función de un signo de exclamación, una advertencia, comparable a la señal triangular (parte superior del signo) que se utiliza en nuestras normas de circulación con el significado de "Atención - zona de peligro". Al afirmar, sin el apoyo de sus percepciones sensoriales y conocimiento intuitivo, que los seres humanos han alcanzado ilegalmente su capacidad, que en realidad es divina, de reconocer el bien y el mal, el escritor bíblico transmite el mensaje a los oyentes y/o lectores: ¡Tengan cuidado con todas las evaluaciones humanas! ¡Tengan cuidado con los juicios humanos! Esta encriptación crea el prerrequisito para que los receptores de este mensaje descubran la auto-representación humana superficialmente construida como una ilusión en sus procesos de pensamiento inconscientes.

¿Hasta qué punto este elemento narrativo es adecuado para alejar realmente de Dios los conflictos abiertos que amenazan con estallar desde el nivel espiritual del pensamiento conceptual de los hombres, a saber, cuando se acusa al sufrimiento y se responsabiliza al Creador por él? En la narración bíblica del paraíso y la caída del hombre, la prohibición prepara el terreno para la transgresión, la transgresión para el castigo y el castigo por crear las "malas" condiciones dentro de la creación. Esta representación pictórica transmite el siguiente mensaje básico: Las muchas adversidades de nuestra existencia terrenal, de las que nos quejamos, consciente o inconscientemente, abiertamente o en secreto, directa o indirectamente, así como más o menos vehementemente, no estaban todavía presentes en la creación divina en el principio, sino que sólo llegaron al mundo por culpa de Adán y Eva, los progenitores humanos. En el paraíso que Dios había creado, se les dieron todos los requisitos previos para una vida perfectamente feliz y contenta, y estaban inicialmente en armonía, armonía y paz con el Creador y todas las partes del universo creado por Él. Porque desobedecieron (33) el único mandamiento que Dios les había impuesto (11), Dios maldijo la tierra, invocó las "malas" condiciones de su creación (47) y expulsó a los hombres del paraíso, por lo que bloqueó el camino de regreso para el bien (48).
Este elemento narrativo de una secuencia de prohibición, violación de la misma y castigo es adecuado para evitar conflictos abiertos que amenazan a Dios, en la medida en que la culpa de los males deplorados se atribuye a los progenitores humanos, a saber, su desobediencia, presunción y competencia escandalosa, pero Dios queda así exonerado. La historia bíblica del paraíso y la caída del hombre debe entenderse como teodicea, como un intento de los seres humanos de hacer justo a Dios. Este esfuerzo se desencadena por las acusaciones dirigidas contra Dios, por lo que los acusadores tienen la impresión de que están absolutamente en lo cierto. Dentro del análisis de la traducción unificada de los Génesis 2 y 3, es importante señalar que no se pueden encontrar percepciones sensoriales que permitan concluir

legítimamente que las personas han llegado al "conocimiento del bien y del mal" de manera prohibida; más bien, todas las observaciones al respecto señalan: Esta capacidad humana se adquiere en el curso del desarrollo normal, por lo tanto está fundamentalmente predeterminada y así creada por el Creador. Que además no se pueden encontrar percepciones sensoriales que permitan la conclusión justificada de que Dios habría causado las adversidades de la existencia terrenal sólo en un momento posterior, como si fuera en un acto posterior.

Con el grado de fiabilidad del juicio humano se mantiene y cae la justificación de los cargos contra el Creador. No sólo con los medios estilísticos de la mencionada prohibición J ha establecido ahora una clara señal que debería dar al oyente y/o lector motivo de escepticismo a este respecto, sino también con su representación pictórica de los cambios que tienen lugar después de la mencionada ruptura entre el principio y el fin, antes y después en Adán y Eva, para: Si la capacidad de reconocer el bien y el mal/mal adquirida por los progenitores humanos en el curso de un período no especificado de su existencia en el paraíso es igual o por lo menos similar a la divina, y el hombre se convirtió así realmente en "como Dios", lo que la astuta serpiente había prometido (52), por qué - el oyente y/o el lector debe preguntar, que trata de este mensaje bíblico, - ¿el desarrollo humano tomó después una dirección tan desastrosa, como se indica inequívocamente en el "relato de la caída del hombre" (Adán y Eva reconocen, después de abrir los ojos, sólo que están desnudos, y se ocultan culpablemente de Yahvé) y se presenta de manera realista en el curso de todos los textos bíblicos siguientes?

También con respecto a esta descripción de las ominosas consecuencias, tal como se manifiestan en los progenitores humanos y sus descendientes, hay que preguntarse de nuevo qué percepciones sensoriales había recibido el autor yavista a este respecto en el período previo a su publicación. Estos ominosos resultados de desarrollo están claramente ilustrados en otras

historias bíblicas. Por ejemplo, asesinado, presa de la envidia y los celos, un hijo de Adán y Eva, Caín, el otro, Abel, (128), la maldad de los hombres en la tierra aumenta (129) y la historia del pueblo elegido de Israel también está marcada por una serie irregular pero interminable de violaciones más o menos drásticas de los mandamientos divinos. Estas representaciones parecen ser extremadamente realistas porque la gente de todos los tiempos, cuando estos textos fueron escritos, y cuando fueron leídos y leídos, percibieron y perciben por medio de sus propios sentidos, aunque gradualmente muy diferentes, pero sin embargo fundamentalmente los mismos o similares eventos. En estas descripciones bíblicas los pensamientos, movimientos, palabras y hechos humanos están a menudo en primer plano, lo que se debe llamar el mal moral, y cuando se trata de la interpretación de Génesis 2 y 3, entonces es en todo caso claro que este mal moral no existía antes de la aparición de la serpiente (53).
Esta bestia, que era "más astuta" ("más astuta") que todas las bestias del campo "que el Señor Dios había hecho", (53), actúa al principio del relato bíblico de la Caída del Hombre como el seductor principal, que con sus refinados y dulces susurros tienta a Adán y Eva a violar el mandamiento divino y así demuestra ser un adversario de Dios. Así pues, J presentó a la serpiente como la verdadera causa de todo el desastroso desarrollo del género humano, tal como la describió después de su aparición, y de esta manera trató de derivar las acusaciones que repetidamente surgieron y se levantan de nuevo contra Dios en sí mismo y en el pensamiento de los seres humanos en general, en primer lugar contra Adán y Eva y luego por ellos, porque fueron seducidos por la serpiente, contra este animal "astuto" ("mañoso"). Pero, ¿quién o qué es acusado de esto? ¿Quién o qué se esconde detrás o en el Slan-ge? Este es probablemente el enigma crucial dentro de este mensaje bíblico. Y debe ser preguntado en consecuencia: ¿Por qué esta realidad, que es tan importante en este contexto y que se presenta como la causa del asalto humano prohibido y sus desastrosas consecuencias, parece tan misteriosa?

Para resolver este enigma, se debe utilizar la metodología citada repetidamente aquí, en la que se preguntan en primer lugar las percepciones sensoriales que los escritores del Génesis habían recibid o con respecto a este elemento figurativo - la serpiente, pero también la seductora influencia de la astuta serpiente en los progenitores humanos.
En primer lugar, la serpiente animal se ofrece aquí. ¿Qué características notó el escriba Yahwista en esta especie de reptil que le parecieron particularmente adecuadas para expresar la intención antes mencionada del mensaje bíblico que estaba transmitiendo de manera pictórica? Las únicas características específicas que se me ocurren que podrían haberse introducido en la narración son la lengua bífida de las serpientes (posiblemente signos de ambigüedad y/o falsedad de las palabras humanas: "hablar con lengua bífida") y la falta de expresiones faciales (posiblemente signos de inescrutabilidad y, por tanto, también de falsedad). Tal vez se abran otros aspectos para el historiador o el estudioso de la religión cuando explore el significado del simbolismo de la serpiente o la serpiente en los mitos y cuentos de hadas o en las diferentes religiones (especialmente las de los pueblos vecinos de Israel en el momento de la redacción de los textos bíblicos que aquí se tratan). En todos estos intentos de clarificación, una cosa es fundamentalmente cierta: las serpientes, tal como las perciben los sentidos humanos, son incuestionablemente animales y como tales son incapaces de cumplir el papel atribuido a uno de sus especímenes en la "narrativa de la caída del hombre". Puesto que la serpiente tiene indudablemente la función de una máscara dentro de la historia bíblica del paraíso y la caída del hombre, y puesto que el verdadero misterio consiste en la cuestión de qué realidad debe ser enmascarada o camuflada aquí, por qué razones y con qué propósito, es menos fructífero mirar de cerca esta máscara que descubrir lo que se esconde debajo de ella.
En la historia bíblica del paraíso y la caída del hombre, la serpiente seduce a Adán y Eva para violar la prohibición divina, para encarnar el fruto del

conocimiento del bien y del mal, que en realidad pertenece sólo a Dios, y así ser "como Dios". (53, 33) La adquisición de esta habilidad divina marca a su vez el umbral de cambio de principio a fin, de antes a después, en la historia bíblica. Como ya se ha mencionado anteriormente, el escritor bíblico sólo puede haber observado el correspondiente cambio en el desarrollo individual de los niños en adultos. Dentro de este evento el desarrollo de las habilidades mentales y una conciencia tan bien fundada como sea posible cuando el desarrollo del cerebro ha progresado tanto que resulta un pensamiento conceptual, y dentro de esto nuevamente las evaluaciones ("conocimiento del bien y del mal") hechas por las personas en este nivel mental son de importancia central. Por lo tanto, esta práctica de valoración iniciada de esta manera debe ser examinada más de cerca.

Entonces, ¿qué percepciones sensoriales habían fluido al escritor bíblico en relación con esto en el período previo a su publicación? Este autor experimentó una comunidad humana, dentro de la cual las plantas y los animales tenían una enorme importancia, y dentro de la cual hizo muchas observaciones comparativas diferentes y variadas sobre los diversos seres vivos, que procesó y trabajó principalmente de manera intuitiva. El conocimiento intuitivo adquirido de esta manera se elevó hasta el límite de su conciencia, penetró en las barreras, filtros o censores de allí, llegó a la conciencia después de ser influenciado aquí, es decir, en una forma que podía ser captado y tratado lingüísticamente, y después de un tiempo de procesamiento y tratamiento racional se registraron como tal en el texto bíblico. Este documento es ahora una prueba de que J, cuando comparó los diferentes tipos de seres vivos, encontró la capacidad de reconocer el bien y el mal/mal sólo en los seres humanos, pero no en las plantas y los animales, ya que en su historia bíblica sólo los seres humanos comen del árbol correspondiente. ¿La reclamación así presentada resiste el escrutinio?

Si las normas de valor "bueno" o "malo" se entienden en términos puramente morales y están relacionadas con los impulsos y acciones, ya que surgen de la responsabilidad personal, entonces esta afirmación del texto bíblico es fácil de entender y debe ser confirmada inmediatamente, ya que las plantas y los animales parecen estar programados en sus funciones y en su forma de vida, casi determinados por otros a través de determinaciones e inhibiciones, y no tienen ninguna o sólo formas muy limitadas de percepción de sus propias acciones y del autocontrol de sus acciones basadas en esto, y pueden ver por qué no se les considera culpables. Con los animales superiores, las emociones como la envidia y los celos pueden ser probadas, pero lo que se dice en el texto bíblico sobre Caín (conversión de estas emociones en intención y plan, así como el surgimiento de un sentido de culpa después de la acción maligna intencionalmente cometida /128) es específico para las personas adultas.

Esta discusión se hace más difícil cuando se toman como base las evaluaciones generales del medio ambiente circundante, porque incluso en el caso de las plantas, hay que hablar por lo menos de la capacidad de reaccionar a cualquier condición y sus cambios. Si las plantas encuentran condiciones favorables para ellas, prosperarán, mientras que en el caso contrario las cuidarán. Estas reacciones que muestran deben ser interpretadas en el sentido más amplio como evaluaciones, las cuales se hacen de acuerdo a una escala de bueno a malo/malo. Este fenómeno puede observarse aún más claramente en los animales, y con una etapa de desarrollo cada vez mayor de los mismos en una medida cada vez mayor, es decir, en los mamíferos, por ejemplo, mucho más pronunciada que en los ciliados. Por ejemplo, es fácil leer en el comportamiento y la conducta de un gato que se siente incómodo cuando se moja por la lluvia torrencial, pero que disfruta del sol cuando está acostado en el suelo a temperaturas agradables. También es muy claro que los animales sufren de y de numerosas dificultades naturales, quejas y enfermedades y que no les gustan estos sufrimientos. Pero viendo que el escritor bíblico formuló su mensaje bíblico de tal manera que sólo los seres humanos comen del árbol del conocimiento del

bien y del mal, se puede concluir que había percibido una diferencia fundamental en el juicio humano y sus consecuencias de los correspondientes fenómenos presentes en las plantas y los animales.
Encontró una diferencia clara y esencial a este respecto en las características culturales creadas por los humanos. Si, por ejemplo, los humanos primitivos vivían en una sabana o estepa, se exponían a fuertes lluvias sin protección, es decir, sin un refugio efectivo, como también ocurre con muchos animales. Pero una vez que alcanzaron una etapa de desarrollo en la que tenían inteligencia, pudieron mitigar considerablemente el alcance y los efectos de las situaciones desafortunadas para ellos mismos, por ejemplo, erigiendo terraplenes o tiendas para protegerlos de la humedad. Ya en el momento de la redacción de los textos bíblicos que aquí se examinan, en las respectivas regiones (Egipto y la zona circundante), las posibles intervenciones en su entorno natural eran considerables y habían dado lugar a una brecha entre las zonas naturales y las cultivadas, entre las "salvajes" y las "civilizadas", en las que los pueblos sentían no poco orgullo por sus propios logros y naturalmente los juzgaban como mejoras respecto de las condiciones originales o anteriores. Sí, el objetivo de lograr mejoras para uno mismo era el propósito fundamental y la motivación impulsora de las culturas humanas, de las cuales se puede ver la esencia y el significado de la frase "conocimiento del bien y del mal", tan significativa dentro de la historia bíblica del paraíso y la caída del hombre.
El hecho de que estas intenciones humanas, porque las comodidades así conseguidas eran, después de todo, para el bien de muchas personas, por lo que los antepasados a menudo abogan, incluso maltratan, por una mayor calidad de vida para sus descendientes, lo que comprensiblemente le pareció al Jahwist digno de elogio, puede derivarse de su decisión fundamental, que puede verse en el texto bíblico (33) y que se tomó en el mencionado marco del curso. Este dilema surgió de la siguiente alternativa: si la capacidad humana de reconocer el bien y el mal/mal se equipara con la divina, es decir,

si se establece como absoluta y autoritaria, entonces el Creador debe ser acusado por todas las circunstancias de su obra que los seres humanos juzgan como mal/mal. Pero si la creación divina ha tenido éxito en todas partes, entonces el juicio humano y todos los resultados basados en él, y por lo tanto también las "mejoras" que ha traído la cultura, deben ser radicalmente cuestionados.

Pero si el autor bíblico estaba realmente convencido de su decisión por una estimación tan alta del espíritu humano, ¿por qué, en su historia, impuso una prohibición divina de comer los frutos en cuestión, y mostró a sus oyentes y lectores las consecuencias del asalto prohibido como tan ominosas para sus oídos y ojos? Si también aquí, siguiendo la metodología en la que se basa de manera inflexible, se vuelve a plantear la pregunta sobre las percepciones sensoriales que el autor yanqui había recibido a este respecto, entonces el hecho de que miraran a los seres vivos terrestres de manera comparativa debe volver a ponerse en el centro de las consideraciones. En estas comparaciones se ha reconocido y se reconocerá una y otra vez, intuitiva y racionalmente, entonces como ahora, hoy como entonces, que los seres humanos adultos, que en el cuadro bíblico corresponden a los progenitores humanos después de la invasión prohibida, es decir, después de la adquisición prohibida del conocimiento del bien y del mal, es decir, después del desarrollo de la inteligencia y de una práctica de evaluación decisiva realizada en este nivel espiritual del pensamiento conceptual, se diferencian clara y sustancialmente de las plantas, los animales y los niños pequeños. Las diferencias registradas en estas continuas observaciones mostraron y siguen mostrando inequívocamente el carácter desastroso del desarrollo humano, como puede expresarse con palabras como división, desarmonía, discordia.

En el relato bíblico, la serpiente aparece en el límite entre la unidad y la división, entre la armonía y la desarmonía, entre la paz y la discordia (53). Este último, al seducir a Adán y Eva a desobedecer el mandamiento divino, actúa inequívocamente como el adversario de Dios. Aquí es característico que este astuto animal hable con palabras muy agradables en el sentido de los propios deseos e intereses de la gente, así como de su propia intención y orgullo, cuando hace que los frutos prohibidos sean agradables a Adán y Eva y les promete que serían como Dios, que reconoce el bien y el mal, después de haber atacado al árbol en medio del jardín (52). El punto crucial de este análisis textual es ahora rastrear a este adversario de Dios, que se hace irreconocible por la máscara de las serpientes. Entonces, ¿qué adversarios de Dios se habían vuelto registrables para los sentidos del escritor bíblico? A pesar de todos los (temerosos) esfuerzos humanos para evitar estrictamente los conflictos abiertos con el Dios Todopoderoso, los opositores de Dios que podían ser observados día a día de una manera real y corporal eran inequívocamente adultos.

¿Podemos ahora identificar para J las percepciones sensoriales que apoyan esta afirmación? En primer lugar, cabe mencionar aquí las evaluaciones expresadas y registradas por las personas (tanto por las suyas como por las de otros) día a día, de las cuales una proporción variable, aunque más prolongada, se expresa como crítica de las condiciones de vida y de las circunstancias naturales, y por tanto de la obra divina de la creación, y que representan la base de la dirección de la intervención humana en su entorno natural y, por tanto, en la creación divina, es decir, para la cultura que opera el ser humano, que se ha señalado anteriormente como una diferencia esencial y fundamental claramente reconocible para los seres vivos terrestres no razonables. Siempre que el Creador haya aprobado su obra, cualquier crítica humana a sus instituciones contiene naturalmente una contradicción con Él. De esta manera, la práctica de la evaluación humana así realizada se convierte en un umbral, en cuyo logro y cruce el hombre concreto comienza a desprenderse del acuerdo original con su Creador y a erigirse en adversario. En la percepción de las valoraciones expresadas por las personas día tras día, su subjetividad era y es entonces como ahora, y en todo caso hoy como entonces, para ser registrada una y otra vez, porque diferentes personas pueden juzgar los mismos objetos de manera diferente, incluso contradictoria. Y esta subjetividad se expresa más o menos abiertamente (si es menos abierta, a menudo puede llamarse astucia) en el sentido de que la persona concreta llama bueno a lo que le parece beneficioso, ventajoso, útil, positivo para ella misma, y malo a lo que le parece perjudicial, desventajoso, dañino, negativo para ella misma. Las personas actúan entonces sobre la base de esas evaluaciones subjetivas, en las que se expresa una dinámica propia, a saber, la de la búsqueda del interés propio. En esto no hay diferencia de principio entre esta y la etapa anterior de desarrollo, es decir, las plantas, los animales y los niños pequeños de pensamiento todavía preconceptual, que todos luchan por su propia supervivencia y bienestar sobre la base de su instinto de autoconservación.

Pero las habilidades espirituales, que se han hecho accesibles a los hombres en el nivel de un pensamiento conceptual, hacen entonces cada vez más posible que planifiquen de antemano lo que evalúan como su propio beneficio y que lo lleven a cabo de manera mucho más eficaz de lo que es posible para los seres irracionales. La base decisiva para ello es la propia visión del individuo, que se expresa lingüísticamente en primera persona, es decir, con el pronombre personal "yo", por ejemplo: "veo esto y aquello" o "quiero esto y aquello", y por lo tanto es subjetiva y revela una conciencia del yo. En este sentido, los colectivos humanos o la humanidad entera también deben entenderse como sujetos, si se llaman a sí mismos "nosotros" en solidaridad y actúan en consecuencia. Los daños y sufrimientos condenados sobre la base de esta conciencia del ego y la dinámica del ego resultante de ella ya tenían dimensiones tan devastadoras y demostraban un peligro tan grande (por ejemplo, como resultado de las guerras y otras tragedias interpersonales, así como de las intervenciones destructivas en la naturaleza) en el momento de la redacción de los textos bíblicos que aquí se tratan, que el hombre debía ser considerado como un factor de riesgo dentro de la creación divina. En este sentido, ahora es sorprendente: Es una

afirmación central de la narración bíblica del paraíso y la caída del hombre que el hombre en el Jardín del Edén se ha convertido y se convertirá en un problema sólo después de la aparición de la serpiente.
¿Qué percepciones sensoriales tuvo el autor de Yahwist a este respecto en el período previo a su publicación? Describe claramente los cambios de Adán y Eva desde el principio hasta el final, desde antes hasta después, en los que se puede ver el desarrollo. Los procesos de desarrollo correspondientes se habían presentado a sus sentidos, como se mencionó anteriormente, cuando los niños crecieron hasta convertirse en adultos. En su historia bíblica ha entrelazado importantes características de estos procesos, que se observan constantemente de nuevo, como el desarrollo del lenguaje (73), el surgimiento de sentimientos de vergüenza (54, 50) y de culpa (55), la adquisición de la capacidad de reconocer el bien y el mal (33), y de la perspicacia y la conciencia (33, 47, 48).
Como se ha explicado anteriormente, dentro de la narración bíblica del paraíso y la Caída del Hombre, el cambio de antes a después no sólo concierne a los progenitores humanos, sino también a su entorno terrenal que determina la vida humana, lo que se expresa en particular en los discursos divinos de castigo, por lo que las quejas de embarazo, los dolores de parto, los conflictos de curación interior, la mortalidad, ya que son causados por la maldición divina después de la Caída del Hombre y también conciernen a las propias personas, deben atribuirse a estas condiciones de vida. Además, se ha subrayado anteriormente que los únicos cambios de principio a fin que J fue capaz de percibir con sus sentidos fueron tomados del desarrollo de los niños en adultos. Si estos procesos de desarrollo internos del ser humano se denominan subjetivos y las condiciones ambientales objetivas, entonces la solución del problema (a saber, que el escritor bíblico sólo tenía información sensorial sobre estos cambios subjetivos, pero no sobre los cambios objetivos descritos) resulta del desplazamiento de las circunstancias descritas como objetivas a los sujetos humanos, a saber, su punto de vista.

Esto significa que en el curso del desarrollo humano, los factores naturales que básicamente siguen siendo los mismos son vistos desde una perspectiva subjetiva cambiada. Esto se puede ver con especial claridad en la representación de la mortalidad humana en la historia bíblica que se trata aquí. Si Dios allí determina la muerte de los seres humanos sólo después (29), el Yahwist carecía de información para esta afirmación. Por otra parte, había observado repetidamente en el crecimiento de los niños que el hecho de una muerte segura para los humanos sólo se convertía en un problema si y cuando se daban cuenta de este hecho en el curso de su desarrollo. Sólo desde el nivel espiritual del pensamiento conceptual este conocimiento de la propia mortalidad desplegó impulsos ominosos como preocupaciones y temores, rebelión e ira impotente, insatisfacción y quejas, que indicaban claramente que este hecho natural legítimo, es decir, que se puede remontar al Creador, se evaluaba como malo dentro del juicio recién adquirido del hombre.

Los problemas y peligros de la humanidad dentro de los hábitats terrestres descritos anteriormente, que J ya había percibido y que, al poner el disfrute de los frutos del árbol del conocimiento del bien y del mal bajo una estricta prohibición divina y al describir el desarrollo humano caracterizado por la adquisición de la mencionada capacidad como tan desastroso, fue expresado pictóricamente en su publicación, está condicionado esencialmente por las capacidades de autoservicio enormemente efectivas de los seres humanos, de las que son capaces debido a su inteligencia adquirida. Este esfuerzo humano por el interés propio está, como se mencionó antes, nuevamente enraizado en la respectiva conciencia del ego y la dinámica del ego que resulta de ella.

El desarrollo humano, tal como se presentó a los sentidos del autor bíblico en numerosos ejemplos de crecimiento de niños en su sociedad hasta llegar a adultos, se caracterizó esencialmente por el desarrollo de una conciencia del ego, que se expresó lingüísticamente mediante el uso apropiado del pronombre personal "yo" y que causó las acciones egoístas descritas, que fueron esencialmente controladas desde aquí. Así como la serpiente aparece (53) en el límite entre la historia del paraíso bíblico y la caída del hombre, es decir, en el límite entre ser uno y estar lejos, entre la armonía y la desarmonía, entre la paz y la discordia, así, de acuerdo con esto, la formación de una conciencia del yo dentro del desarrollo humano marca el mismo límite, por el cual la serpiente es desenmascarada y expuesta. También en acuerdo comprensible con la realidad, J ha descrito en su texto bíblico que el ego humano sólo entonces comienza a desplegar los mencionados impulsos ominosos cuando se trata de "el conocimiento del bien y del mal". El elemento de imagen en el que Adán y Eva son seducidos por la astuta serpiente al ataque prohibido al árbol correspondiente (52) debe ser interpretado como un juicio humano subjetivo, como una práctica humana de evaluación, ya que se lleva a cabo desde los respectivos puntos del ego. Esta capacidad mental en relación con la capacidad de aplicar y hacer cumplir eficazmente los planes diseñados sobre la base de estas medidas subjetivas de valor no es adquirida inmediatamente por las personas a los primeros signos de conciencia del ego, sino sólo gradualmente en el curso de los años a medida que aumenta la capacidad conceptual de pensamiento. Con estas consideraciones ya se ha indicado por qué el autor Yahwista en su publicación (y presumiblemente también en sus discusiones privadas) emprendió tal enmascaramiento, encriptación, haciendo irreconocible la conciencia del ego humano. Esto debe ser aclarado aún más detalladamente por la tercera cuestión del enfoque científico aquí recomendado, a saber, la cuestión de las resistencias que se hacen efectivas cuando la información sensorial y el conocimiento intuitivo aún inconsciente y a lo sumo preconcebido de las regiones profundas del alma humana se elevan hasta la frontera de la conciencia y llegan a las barreras fronterizas situadas allí. En cualquier caso, está bastante claro en la historia bíblica del paraíso y la caída del hombre que ofrece a los críticos y acusadores humanos, que aparecen una y otra vez en secreto o abiertamente, un alivio de Dios (teodicea) a través de una carga de la serpiente. Cuando, a saber, las personas se dan cuenta del sufrimiento del mundo y, después de que el nivel espiritual del pensamiento conceptual se les ha hecho suficientemente accesible, lo evalúan y comprensiblemente lo llaman "malo", automáticamente caen en discordia con Dios, que creó el mundo de esta manera y no sobre él, lo acusan y le acusan de malas intenciones. En estos momentos y fases de la discordia humana que están tan condicionadas, el mensaje bíblico tratado aquí intenta evitar los conflictos abiertos que se han iniciado de esta manera hacia el Creador, trasladando inequívocamente la culpa a la serpiente a través de Adán y Eva.

Porque según esta historia pictórica, los males que los humanos hemos lamentado una y otra vez no existían en la creación divina en el principio. Más bien, estas adversidades de la existencia terrenal sólo llegaron al mundo por culpa de los progenitores humanos. Debido a que Adán y Eva habían desobedecido el único mandamiento que Dios les había dado en el Paraíso, y habían buscado lo que sólo pertenecía a Dios, tenía que castigarlos, el castigo consistía en la evocación de todas las circunstancias que los seres humanos consideramos como malvadas/malvadas. A través de esta representación, las agresiones contra los progenitores humanos pueden ser construidas en el oyente y/o lector, ya que se puede pensar dentro de la visión así ofrecida que la gente no habría sido expulsada del Paraíso si Adán y Eva hubieran obedecido el mandamiento divino. Pero estas agresiones acumuladas de esta manera son entonces astutamente desviadas a la serpiente, de la cual nadie sabe realmente quién o qué es lo que realmente quiere decir.

Cuando ahora, en el camino que se muestra aquí, la serpiente ha sido desenmascarada como la conciencia del ego humano y la dinámica del ego que resulta de ella, la agudeza de este mensaje bíblico se hace evidente sin demora, y se hace evidente la resistencia que se ha construido y se está construyendo contra la realización y la realización de esta incómoda verdad. Porque porque la historia bíblica del Paraíso y la Caída del Hombre busca aliviar al Dios acusado por el ser humano insatisfecho cargando la serpiente, el ego humano, es decir, cada ser humano que tiene conciencia de su ego (incluyendo al autor bíblico y a los correspondientes oyentes y lectores altamente desarrollados) está de hecho en la línea de fuego. Al explorar las consecuencias asociadas a esta afirmación, surgen exigencias que parecen inaceptables, especialmente si se tiene en cuenta el enorme orgullo y ambición con que se cultiva y estiliza el ego humano (ya sea individual o colectivo).

Estas conexiones se hacen aún más claras si se pasa a la cuarta pregunta del enfoque científico sugerido aquí: ¿Cómo deben corregirse las desviaciones introducidas e introducidas por las instancias de control inconsciente en la frontera de la conciencia de los autores para volver a las percepciones e intuiciones de los sentidos originales? Para llevar a cabo esta tarea es necesario volver al dilema repetidamente descrito en el que se encontraba el escritor bíblico por su conflicto con la capacidad humana de reconocer el bien y el mal/mal, y al "lugar" en el que fijó el rumbo en relación con el mensaje bíblico que formuló, cuando equiparó el mencionado juicio humano con el juicio divino (33), aunque sus percepciones sensoriales e intuitivas se encontraron y señalaron repetidamente la subjetividad, el capricho, las limitaciones estrechas y la falibilidad de los valores humanos. Entonces, ¿cuáles son las consecuencias si el texto bíblico se corrige de acuerdo con la información de su autor, que es la base del mismo y que puede ser rastreada hasta todos los tiempos de su proclamación?

Entonces, en primer lugar, la afirmación inicial de la narración bíblica del Paraíso, según la cual los frutos de los dos árboles que crecen en el centro del Jardín del Edén, el árbol de la vida y el árbol del conocimiento del bien y del mal, están reservados sólo para Dios, también debe ser válida para el tiempo posterior a la caída del hombre: Sólo Dios es capaz de conocimientos, evaluaciones y juicios absolutos, objetivos, justos y válidos; nuestra capacidad humana a este respecto está muy, muy, muy atrasada debido a las únicas y muy limitadas percepciones, percepciones y conocimientos posibles para nosotros y debido a nuestro sesgo autoconsciente, y por lo tanto siempre debe ser considerada con gran escepticismo. A este respecto, cabe destacar que no se pueden encontrar percepciones sensoriales para la afirmación de que el hombre reconoce el bien y el mal "como Dios" y es capaz de alcanzar la inmortalidad y convertirse así en un serio competidor de Dios (33).

Parte de las observaciones anteriores muestra que la decisión que el escritor bíblico tomó en la elaboración de su historia, o más bien en el período previo a la misma, con respecto al posible "conocimiento del bien y del mal" de los seres humanos, trajo y trae consigo el peligro de una caída a un lado de la cresta que ha pisado, a saber, el peligro de entrar en conflictos abiertos con el Dios todopoderoso, y que J, al construir su narrativa, estaba inconscientemente decidido a cortar de raíz las acusaciones abiertamente dirigidas contra el Creador, ya que surgen sobre la base de evaluaciones humanas subjetivas.

Si ahora esta decisión suya se corrige de nuevo a las percepciones sensoriales subyacentes y al conocimiento intuitivo, que nos informan una y otra vez de las estrechas limitaciones de los seres humanos de las posibles sobre-, percepciones y percepciones y nos llaman al escepticismo sobre todas las evaluaciones hechas por los seres humanos, entonces existe el peligro de un choque al otro lado de la cresta, que el escritor Yahwista, mediante la construcción de su narrativa pictórica, quería evitar absolutamente, a saber, la caída en un supuesto deterioro humillante y deshonroso de la importancia humana dentro de la creación, así como en la necesidad de una dolorosa nevada de los intereses y objetivos humanos. Pero esto también da lugar a un enfoque diferente para hacer frente a las acusaciones que surgen en el pensamiento de la gente hacia Dios.

Dado que todas estas acusaciones se basan en evaluaciones humanas, pero estas evaluaciones, como se ha explicado, deben ser vistas y manejadas con el mayor escepticismo, está surgiendo una solución para el curso ulterior de los "procedimientos legales" escenificados de esta manera, en los que se levanta el tabú de acusar al Creador: Aunque los seres humanos no somos capaces de juzgar con justicia la obra divina de la creación debido a las leyes mencionadas repetidamente, sin duda estamos tan diseñados que no somos capaces de detener nuestra práctica egocéntrica de evaluación. Si ahora no suprimimos nuestras críticas subjetivas, sino que las dejamos fuera, y así practicamos una apertura sin restricciones a Dios, el supuesto abismo que aparece a este lado de la cresta por la que hemos caminado puede perder así su horror, ya que dejar el camino a este lado no significa en absoluto un choque, sino más bien un camino transitable. Pero en las disputas abiertas que hay que librar en ella debe ser para el hombre concreto, que en cierto modo lucha con Dios, una y otra vez el objetivo más importante de reconocer la soberanía de Dios Creador, ajustar sus normas de valor a las propias y someterse a él con confianza. Esta comprensión de Génesis 2 y 3 encuentra una clara confirmación en otro libro del Antiguo Testamento, el Libro de Job.

La corrección del relato bíblico del Paraíso y la Caída del Hombre a las percepciones sensoriales e intuitivas que su autor ha procesado en él, da como resultado afirmaciones que son de gran preocupación para los oyentes y/o lectores y les causan grandes dificultades. La comprensión de estos dilemas hace que se comprenda el enfoque suave del escritor bíblico en la formulación de su narración, a saber, las codificaciones y las reversiones que introdujo en ella, precisamente con el fin de proteger la información de que disponía a este respecto. Los contenidos problemáticos mencionados son principalmente los tres siguientes: 1) El mundo es bueno tal como Dios lo creó. Después de la rectificación, esta oferta es totalmente válida incluso teniendo en cuenta las desafortunadas circunstancias, si éstas son originales.

2º Puesto que la serpiente debe ser desenmascarada como la conciencia del ego humano y la dinámica del ego que resulta de ella durante la corrección de la espalda, cada persona consciente del ego está inevitablemente cargada, porque se revela sin piedad que nosotros los seres humanos mismos nos inflamos una y otra vez para convertirnos en oponentes de Dios. 3 El elemento narrativo de mayor importancia con respecto al contexto de toda la Biblia es sobre el origen de la discordia entre el hombre y Dios. Después de la rectificación, su punto en el tiempo debe verse en el alcance de ese umbral de la etapa de desarrollo en la que el ser humano concreto y consciente del yo comienza a criticar y acusar a las instituciones de la creación y, por lo tanto, automáticamente al Creador mismo.
J ha suavizado estas intenciones prolemáticas de la declaración al colocar la secuencia de anuncios de la prohibición divina (11), su transgresión por parte de Adán y Eva (33) y el castigo (47, 48) tanto en el primer plano de su narrativa marco, sin poder recurrir a las correspondientes percepciones sensoriales al respecto, y además ocultando la conciencia del ego humano y la dinámica del ego resultante de ella bajo la máscara de serpiente (53). Puesto que en el relato que presentó, Yahvé sólo introdujo posteriormente las instalaciones "malas" en su, hasta entonces, completamente buena obra, a saber, proteger a las personas que desobedecieron su prohibición, que de manera perversa habían alcanzado el fruto que sólo le pertenece a Él, y quiso disputarle el rango más alto con esto, remitiéndolos finalmente a la dimensión terrenal a la que tienen derecho, las acusaciones más o menos amargas, como surgen en los hombres en vista del sufrimiento en el mundo contra el Creador, se derivan de los progenitores humanos: Dios creó el mundo perfectamente bien, y esto habría permanecido así si el hombre se hubiera mostrado obediente a Él y se hubiera subordinado consistentemente a Él.

De esta manera, la discordia que surge entre Dios y el hombre se atribuye a la desobediencia humana, pero se proyecta sobre Yahvé, que se decepciona de Adán y Eva y se enfada con ellos, acusándolos y castigándolos, para que esa discordia, como siempre se hace efectiva en el alma humana de nuevo, cuando la decepción, la insatisfacción, la ira, la crítica, los reproches, las acusaciones, pueden ser completamente ocultadas aquí debido a las "malas" condiciones en la creación divina. Dado que, además, todos los impulsos y motivaciones egocéntricos y egoístas, como son característicos de las personas conscientes de sí mismas, se han hecho irreconocibles por la máscara de serpiente, este mensaje bíblico trata al respectivo oyente o lector de una manera bastante sensible, comprensiva y gentil y no lo sobrecarga con duras críticas y el objetivo inalcanzable de la disolución del ego.

La clasificación del mensaje bíblico en una visión del mundo moldeada por la ciencia

Los resultados de la investigación científica han refutado esa representación del escritor bíblico, según la cual el Creador habría insertado las instalaciones "malas" sólo después, es decir, como castigo, en el Ser, hasta entonces, obra perfectamente buena, pues se muestran en forma segura, que las criaturas terrenales capaces de hacerlo tenían que lidiar con condiciones que causaban sufrimiento durante todo el tiempo de su evolución, como terremotos y maremotos, erupciones volcánicas, tormentas violentas, inundaciones, avalanchas, a veces fluctuaciones climáticas extremas, competencia implacable, escasez de alimentos, enfermedades, procesos de envejecimiento y muerte. Con estas pruebas la justificación del creador presentada por J. se desvanece, porque el creyente tiene que tomar nota del hecho de que ya en el principio del mundo creó y desarrolló las circunstancias "malas" como las buenas y también las "malas", es decir, ya mucho antes de la época en que los hombres pecaron por primera vez. La afirmación de que impuso el sufrimiento como castigo cuando los progenitores humanos habían demostrado ser pecaminosos de una manera que se transmitirá a las generaciones futuras no puede sostenerse, por lo que la pregunta sigue siendo: "¿Por qué hay tanto sufrimiento en la buena creación de Dios?

Al rectificar la historia bíblica del paraíso y de la caída del hombre, volviendo a las percepciones sensoriales y a las intuiciones que la sustentan, tal como estaban a disposición de J, se ha hecho evidente que se ofrece una respuesta a esta pregunta, tal como corresponde a la formulada en Job: "¿Quién es el que oscurece el consejo sin discernimiento? Así que he hablado en la ignorancia de cosas que son demasiado maravillosas para mí e incomprensibles. Escucha, quiero hablar ahora, quiero preguntarte, ¡tú me

enseñas!" (118) No se trata de una respuesta en la medida en que el orante se limita a admitir que es demasiado poco, que las visiones, las percepciones y los conocimientos que le son posibles son demasiado limitados, que su capacidad espiritual no es ni mucho menos suficiente para captar las maravillas de la creación divina, para comprenderlas y explicarlas, para juzgarlas justamente, que por lo tanto no puede responder a la pregunta sobre el sentido del sufrimiento, que se plantea una y otra vez. Esta correspondencia del mensaje bíblico transmitido en Génesis dos y tres con el mensaje citado de Job se puede encontrar si el texto pictórico relativo al "conocimiento del bien y del mal" que es posible para los seres humanos se corrige de nuevo a la información que J tenía disponible sobre este tema y que sin duda demostraba que las evaluaciones formuladas por los seres humanos son subjetivas, relativas y erróneas y por lo tanto no son fiables.
Pero esta (118) es una respuesta en la medida en que nos aconseja urgentemente reflexionar sobre la confianza primordial que es originalmente inherente a toda criatura: "He reconocido que puedes hacerlo todo; ningún plan te es negado. ...quiero preguntarte, ¡tú me sermoneas!" (118) Tomando realmente este consejo a pecho, el orante, bajo el presupuesto de la fe de que el Creador ha considerado y sopesado todo cuidadosamente y ha completado realmente su obra según su plan, viene a inclinarse ante su consejo eterno, a encajar armoniosamente en él, a confiar completamente en Él, en su sabiduría, en su poder, ya que Él mismo carece de perspicacia, comprensión, conocimiento y habilidad: "No entiendo por qué hay tanto sufrimiento en el mundo, pero tú, que creaste todo, sabes cuál es el punto, para qué sirve todo, debe ser como es. Y eso es suficiente para mí. "Esta respuesta, a su vez, contiene, como ya se ha explicado anteriormente, mucha explosividad, porque, si realmente desplegara su efecto, el sujeto humano concreto, ya sea individual o colectivo, tendría que dejar de querer "mejorar" la creación, para ayudar al Creador, por así decirlo. Sin embargo, con el conocimiento de la mentalidad humana este ef-fekt está completamente excluido: La humanidad

continuará esforzándose por optimizar y perfeccionar sus logros culturales, para perseguir el objetivo de crear un paraíso lo más cercano posible a sus deseos.

Si esta afirmación, dado que el mensaje bíblico ha sido interpretado previamente como un consejo para reflexionar sobre la confianza primordial, debe dar por sí misma la impresión de una crítica al Homo sapiens, entonces esto debe admitirse relativizado. Esto ya ocurre automáticamente cuando se considera que el hombre, que da origen a tan fascinantes creaciones secundarias, es en sí mismo parte de la creación primaria, divina, es decir, rechaza el plan, la voluntad, la Palabra (1) del Creador en la conveniencia y el sentido de las estructuras y funciones de su cuerpo. En lo que a esto respecta, no hay indicios de que ningún órgano o tejido del cuerpo humano no haya sido planeado y aprobado por Dios. Esto también se aplica al cerebro y a las habilidades mentales dadas sobre esta base, que pueden ser descritas con términos como perspicacia, mente, inteligencia. También a este respecto, la descripción del autor Yahwista según la cual los progenitores humanos habrían llegado a su juicio de forma prohibida, por así decirlo por robo, no es plausible. Ahora bien, como el potencial para una cierta función o varias de ellas es inherente a toda estructura desde el principio, esa función, porque el Creador la ha planeado y realizado, corresponde a una tarea, la tarea de la creación: ¡Estas características de la estructura deben ser utilizadas de esta manera o para estas posibilidades! Transferido al cerebro humano, esto significa básicamente: ¡Humano, usa tus habilidades mentales!

Es precisamente esta misión de creación la que también está permanentemente mediada por los impulsos del instinto de autoconservación. Debido a su inferioridad física, es extremadamente cuestionable si el Homo sapiens habría podido afirmarse y afirmarse en la dura competencia interespecies de los biotopos terrestres si no hubiera estado dotado de inteligencia y también la hubiera utilizado en consecuencia. Especialmente en los ex hábitats extremos, como el Ártico o las zonas secas, la existencia humana sería imposible sin las respectivas ayudas culturales, como ropa apropiada, viviendas, cisternas y pozos, chimeneas, trampas, armas. Así como las plantas y, aún más, los animales están ahora diseñados de tal manera que luchan con las fuerzas, cualidades, patrones de comportamiento disponibles para mantener su existencia y promover su bienestar en la medida de lo posible, así también el hombre está apropiadamente sintonizado y alineado, de modo que en realidad sólo es consistente cuando utiliza sus habilidades mentales en este sentido. De esta manera, de esta etapa del desarrollo del cerebro ha surgido un fenómeno que no existía anteriormente en la tierra y que, por lo tanto, era nuevo: el sujeto humano concreto, ya sea individual o colectivo, se encuentra, después de haber alcanzado y superado dicha etapa, en un campo de tensión entre dejar las cosas como están y cambiarlas, como se expresa, por ejemplo, en la siguiente oración: "Dios, danos la fuerza para aceptar las cosas que no podemos cambiar". Danos el valor para cambiar las cosas que podemos cambiar. Y danos la sabiduría para discernir". (130)

En esta formulación ("fuerza para aceptar las cosas que no podemos cambiar", lo cual es lamentable, "valor para cambiar las cosas", lo cual parece deseable) existe inequívocamente la alta estimación de la persona orante con respecto a los esfuerzos y objetivos humanos, a saber, intervenir en la creación de manera cambiante, pero también se hace tangible y comprensible que el problema humano existe en el mencionado campo de tensión entre dejarlo como está y cambiarlo, a saber, en la cuestión de cómo requiere la presuposición del pensamiento conceptual y por lo tanto sólo se hace relevante después de que dicho pensamiento se ha hecho posible: ¿Cuándo es prometedor esforzarse por lograr cambios? ¿Cuándo es este esfuerzo desesperado y por consiguiente perdonado, un desperdicio de energía? O, aún más deseable, en la pregunta: ¿Cuándo está bien cambiar realmente las cosas que podemos cambiar, y cuándo está mal? Este enfoque muestra la posibilidad de que el sujeto humano, ya sea individual o colectivo, deje las cosas como están, aunque sea capaz de cambiarlas.

Con esta cuestión del bien o del mal uno se encuentra ahora en medio de la intención de la declaración de la narración bíblica del Paraíso y la Caída del Hombre, ya que el verbo "cambiar las cosas" elegido en la oración citada en relación con "las cosas" no es del todo correcto en la medida en que el propio líder de la oración, así como la intención humana general en cuestión, que imita y modela, no tiene como objetivo un mero cambio de las cosas, sino una mejora de las mismas. Si un cambio resultara en un deterioro de la situación existente, entonces el plan o ejecución correspondiente tendría que ser juzgado como incorrecto. De esta conexión fundamental y esencial se desprende que quienes actúan en este sentido requieren una capacidad fiable para juzgar, el "conocimiento del bien y del mal"/malo, con el fin de lograr mejoras reales. En este aspecto, leyendo y, más aún, analizando los textos de los capítulos segundo y tercero del Génesis, se hace evidente que el escritor bíblico se encontraba en un estado de conflicto, porque por un lado expresaba un orgullo inconfundible (33), y por otro, al imponer una prohibición divina a la capacidad humana en cuestión (11) y atribuir a su adquisición consecuencias tan desastrosas (47, 48), instaba a la prudencia y a la autocrítica: Según este mensaje bíblico, el requisito previo para un juicio fiable no se da con la humanidad, si se corrige de nuevo a las percepciones sensoriales y a las percepciones intuitivas en las que se basa. ¿Esta intención de hacer una declaración resulta ser realista en una visión del mundo conformada por las ciencias naturales?

Para llegar a una respuesta adecuada a esta pregunta, es posible, por un lado, mirar al pasado y, sobre esta base, hacer un balance de la situación actual y, por otro lado, mirar al futuro con una visión del objetivo (final). Ambas son muy problemáticas, porque la primera parte de este enfoque requiere de nuevo un juicio fiable, la segunda parte debe seguir siendo una especulación, ya que no es posible verificarla. Por estas razones, cualquier evaluación a

este respecto es muy subjetiva, y sólo puedo dar mi propia respuesta: Sí, el mencionado mensaje bíblico, según el cual el conocimiento humanamente posible del bien y del mal/mal es poco fiable, demuestra ser realista en mi visión del mundo, ya que está científicamente influenciado por la cultura occidental en la que crecí en ese momento, de la que debe extraerse la conclusión lógica de que los cambios realmente introducidos y todavía planificados por la humanidad en sus hábitats terrenales deben ser vistos con gran cautela y autocrítica! Esta respuesta debe justificarse en lo siguiente.
La mencionada dicotomía del escritor bíblico con referencia al juicio humano está obviamente también presente en los seres humanos de hoy, cuando se enfrentan a los efectos del progreso técnico. El término progreso sugiere la suposición de un avance en la mejora deseada de las condiciones de vida de los seres humanos. Y, en efecto, casi nadie puede escapar a la fascinación que surge automáticamente de la observación y el manejo de los productos modernos de la planificación y la capacidad humanas, por ejemplo, los automóviles, las máquinas, los dispositivos electrónicos, y es fácil comprenderlo y cuando se siente y se muestra un orgullo considerable al respecto, y cuando la confianza en la viabilidad humanamente posible aumenta en un grado casi inconmensurable. Desde este punto de vista, un examen actual de la situación me da una lista positiva considerable de ejemplos sorprendentes de la ayuda que la medicina moderna puede ofrecer en caso de enfermedades graves, incluso mortales, el gran alivio del trabajo pesado y/o que requiere mucho tiempo y la red mundial de instalaciones electrónicas para la comunicación interpersonal. Sin embargo, en el curso de la vida cotidiana se me recuerda repetidamente que la consideración exclusiva de esas listas positivas es unilateral y, por lo tanto, muy poco realista, porque en mi actual balance también llego a una considerable lista negativa, en la que la existencia de sistemas modernos de armas, la superpoblación humana masiva y los amenazantes daños ambientales son ejemplos aterradores.

El problemático intento de poner en marcha las ventajas y desventajas, mejoras y deterioros, ya que son causados por las intervenciones humanas en la creación divina, lo ignoro aquí y más bien me dirijo a la cuestión de los riesgos que encuentro con respecto a la estructura natural de los hábitats humanos, si considero la época de origen, que en el "cuadro" bíblico corresponde a la época anterior a la "Caída", a la que los representantes del género Homo = ser humano que vivían en esa época no eran todavía capaces de evaluar en el nivel espiritual de un pensamiento abrazador, y por lo tanto no se esforzaron todavía sobre esta base y con esta motivación para lograr sucesivas "mejoras" de su calidad de vida. Con respecto a esta pregunta, llego a la respuesta de que no encuentro ningún riesgo de que la continuidad de estos ecosistemas esté garantizada con seguridad durante un período de tiempo inimaginablemente largo, siempre que el sol envíe suficiente luz y calor a la tierra. Llego a la misma respuesta cuando sigo el desarrollo humano hasta la etapa de los pueblos primitivos, como representados por los indios de América del Norte en la época de la conquista europea de ese continente. Por otra parte, en mi actual inventario, tengo que registrar riesgos del tipo que son amenazadores y por lo tanto aterradores. El mero hecho de que algunos estados tengan armas NBQ, especialmente bombas atómicas, puede compararse con una existencia cercana o incluso en un polvorín, cuya explosión causaría una destrucción devastadora, literalmente devastación, que, si uno se imagina una reacción en cadena de ataques y contraataques, tendría repercusiones mundiales. En alguna parte leí que existe un potencial tan calculado de ojivas nucleares para destruir toda la vida humana en la tierra no sólo una vez sino docenas de veces. Incluso todas las garantías tranquilizadoras al respecto no sirven de nada al final, los poderes políticos implicados serían demasiado razonables y tendrían todos los mecanismos de activación confiablemente bajo control, porque el solo pensamiento de Hitler lleva casi con certeza a la conclusión: este déspota demente habría puesto en marcha esta terrible maquinaria de destrucción al borde de la probable situación sin salida si hubiera estado a su disposición. Y esto es precisamente lo que puede suceder de nuevo.

Otro riesgo de proporciones mundiales y de grave potencial de amenaza se ha conjurado sobre la base de un daño ambiental extenso, profundo y duradero del tipo que ya ha sido causado por las civilizaciones humanas. Este desarrollo aterrador ya fue previsto y profetizado por los indios hace más de doscientos años, cuando comprendieron la mentalidad con la que "el hombre blanco" intervino en la naturaleza de manera cambiante, de que una acción tan despiadada se vengará algún día. Entre los que advierten hoy con las voces más fuertes y el tono más contundente están los investigadores científicos. Las imágenes satelitales documentan repetidamente "registros" del derretimiento del hielo en el Polo Norte y de los glaciares de los Alpes, por ejemplo, a intervalos relativamente cortos. Del mismo modo, el aumento de las temperaturas medias anuales máximas se informa como prueba objetiva del calentamiento global. Estrechamente entrelazado con este drástico problema de destrucción masiva de la naturaleza está el tercer gran riesgo de los tiempos modernos, la sobrepoblación antinatural de nuestro planeta con humanos. Incluso sin elaborar todo esto, me doy cuenta de que cuando interpreto los signos de nuestros tiempos, llego a la conclusión de que la humanidad, al tratar de mejorar la creación divina, está en peligro de exterminarse a sí misma.

Con esta perspicacia, automáticamente llego a estar de acuerdo con la intención del mensaje bíblico de que el juicio humano no es fiable, y que por lo tanto todos los cambios, tal como se han producido sobre esta base inestable, deben ser examinados críticamente, incluso dentro del marco de mi visión del mundo que está moldeado por la ciencia natural. La facilidad con que se puede elaborar una lista negativa y los enormes problemas causados por las civilizaciones humanas, que son objetivamente demostrables en los tiempos modernos, muestran sin duda alguna que la humanidad, al planificar las mejoras y lograrlas realmente (lista positiva), ha causado al mismo tiempo un deterioro. Y entre estos efectos opuestos veo una conexión legal: La creación divina muestra en todas sus partes como un todo tan óptimo equilibrio y armonía que las mejoras sólo son posibles mediante deterioros equivalentes. Y con esta comprensión llego automáticamente a estar de acuerdo, también dentro de mi visión del mundo, que está moldeada por la ciencia natural, con la proclamación de que los escritores bíblicos P y J en sus respectivos textos en diferentes "cuadros", a saber, el del trabajo divino de seis días (1) y el del paraíso terrenal creado por Yahvé (123), y que R ha reunido en la forma tradicional, a saber, que la creación divina es perfecta, porque, de no ser así, tendría que ser posible lograr mejoras sin un deterioro simultáneo, especialmente considerando las ya considerables posibilidades humanamente posibles hoy en día.

Un ejemplo grave de los daños ambientales causados por el hombre es el empobrecimiento de la biodiversidad, causado por la desaparición definitiva de muchas especies vegetales y animales. Varias especies siguen estando amenazadas de extinción ("Lista Roja"), otras están en peligro de extinción en su existencia. Este problema ilustra un principio: dentro de los ecosistemas terrestres hay espacio y, con ciertos márgenes de fluctuación, alimento para un número inmanejable pero todavía limitado de organismos individuales, que, dependiendo de su tamaño y necesidades básicas, ocupan el espacio disponible durante un período de tiempo más o menos prolongado. Este fenómeno natural tiene la consecuencia jurídica de que las criaturas inmigratorias y de reciente creación sólo pueden establecerse cuando la migración o la muerte de los nativos ha liberado espacio, que además, en relación con las poblaciones y las especies, la expansión de algunas provoca inevitablemente el desplazamiento de otras. De esta manera, el enorme crecimiento de la población humana mundial es automáticamente responsable del empobrecimiento de la biodiversidad.

Sin embargo, este enorme aumento numérico que requiere espacio no es el único factor de influencia humana en la diversidad de las especies, ya que es pronunciado en los biotopos que habitan. En vista de los cambios producidos por los representantes del Homo sapiens en sus hábitats y en sus alrededores, hasta ahora sólo he mencionado como motivación el hecho de que se les insta constantemente a crear sucesivas "mejoras" sobre la base de sus respectivos valores (¿qué es "bueno", qué es "malo"?), con el resultado de que se producen entonces deterioros equivalentes de manera legal. Hay que añadir que a menudo las personas también planifican deterioros y, por lo tanto, los llevan a cabo de manera selectiva. Es precisamente este fenómeno el que pone de manifiesto la intención del mensaje bíblico, difícil de comprender por la máscara de la serpiente: La capacidad del individuo humano o del colectivo más o menos extenso para reconocer el bien y el mal/mal, y la aplicación de los juicios que se han producido de esta manera en la práctica muestra inequívocamente una estrecha conexión con el ego o el punto de vista del sujeto evaluador. En el contexto considerado aquí, esto significa que las personas miden el valor de sus logros culturales sobre todo en función de las ventajas, los beneficios, la ganancia, que resultan de ellos para sí mismos (reales o supuestos).

En esta evaluación, uno de los criterios es la eficacia de una invención en la competencia entre especies. A este respecto, hay que mencionar los productos y estrategias que promueven más o menos eficazmente la reproducción de las poblaciones humanas, como los medios y procedimientos médicos altamente desarrollados y, por lo tanto, inevitablemente, es decir, sin que esto se haya planificado, una reducción o incluso, con la eliminación de suficiente espacio vital esencial, causan un desplazamiento completo de las plantas y animales silvestres anteriormente residentes, así como de los productos y estrategias cuyo propósito definido es controlar o incluso erradicar organismos "dañinos" o de otro modo indeseables, como los herbicidas e insecticidas. Algunas especies están también masivamente amenazadas por una creciente población mundial de seres humanos debido a que son recolectadas, cazadas o pescadas para la alimentación humana (ejemplo: carne de ballena) o como proveedores de materia prima (ejemplo: marfil), por lo que la eficacia de las técnicas utilizadas en este contexto ha aumentado enormemente en el curso de las invenciones humanas y su respectiva optimización, y los métodos se han vuelto más despiadados, de modo que incluso las existencias aparentemente inagotables han llegado al límite de la explotación total y sólo pueden preservarse mediante medidas de protección estrictas.

De estas consideraciones se desprende que el sujeto humano (individual o colectivo), que juzga y actúa sobre la base de sus juicios, suele estar motivado para producir mejoras para su propia existencia y bienestar y/o para producir el deterioro de otros organismos molestos, competidores y dañinos. Así pues, al examinar si los cambios provocados por las civilizaciones de la Tierra son positivos o negativos, no debe pasarse por alto la cuestión de quién se beneficia o sufre de estos logros culturales. Si tengo en cuenta esto, la lista positiva mencionada anteriormente, en la que se mencionan la medicina moderna, la facilitación del trabajo por la tecnología, las posibilidades de comunicación global, sólo es válida con respecto a la humanidad; para muchos otros tipos de organismos, precisamente estas influencias de la civilización conducen a un deterioro parcialmente masivo de sus condiciones de vida y de sus posibilidades de supervivencia.

Esos mecanismos no sólo son ahora eficaces en el plano interespecífico, sino también en el plano intraespecífico, es decir, en el plano interpersonal. Porque al convivir con sus pares, los sujetos humanos, ya sean individuos o colectivos, están igualmente motivados para lograr mejoras para sí mismos. Del principio de la competencia intraespecífica se desprende que la expansión, el enriquecimiento u otro trato preferencial de un participante para sus competidores entraña una restricción, la pérdida de activos u otras desventajas. E incluso en esta lucha diaria, los sujetos humanos constantemente se esfuerzan de nuevo para poner en escena deterioros deliberados para sus respectivos competidores, rivales, oponentes, enemigos.

Y si la mencionada lista positiva no se considera en relación con las plantas y los animales, sino exclusivamente con la humanidad, y si se supone que estos logros culturales "positivos" beneficiarían realmente a todas las personas, entonces queda claro que esta evaluación confiada y afirmativa es sólo de corta duración, no es convincente a largo plazo, porque (como se ha dicho antes, el ser humano sólo puede hacer sus propios pronósticos sobre el desarrollo futuro) la prosperidad, tal como es posible para la generación actual en ciertas regiones de la tierra, prepara el terreno para los deterioros, que serán una carga para las generaciones futuras.
Uno podría objetar ahora que las plantas y los animales también, a veces de manera completamente despiadada, se esfuerzan por mantener su propia existencia y promover su bienestar. Por ejemplo, los antibióticos, tal como se utilizan en la medicina moderna como medios importantes y de gran éxito para el tratamiento de enfermedades infecciosas principalmente bacterianas de uso cotidiano, son originalmente productos de células vivas y, al inhibir la reproducción de otros microbios o incluso matarlos, despliegan su efecto en una competencia interespecífica. Este principio está presente, aunque en su mayoría en formas menos drásticas, en todos los organismos no razonables. Así, incluso en los animales, cuanto más alto se desarrollan, más se pueden observar los enfoques de engaño, mentiras y fraude. Por el contrario, el hombre se distingue inequívocamente por el hecho de que no funciona como controlado externamente exclusivamente sobre la base de este sistema, que es comparable a un programa implantado, sino que además está motivado por impulsos que surgen en el nivel espiritual de su pensamiento conceptual y que se hacen efectivos desde aquí, y que, en diversos grados y fuerzas, son en parte también productos de la respectiva conciencia del yo y constituyen la respectiva dinámica del yo, en el que el ego concreto tiende a mejorar en primer lugar para sí mismo, poniendo así en un segundo plano las preocupaciones superiores y las necesidades de los seres humanos (compañeros), a veces también poniendo en escena

deliberadamente deterioros en aquellos que considera y/o presenta como sus competidores, rivales, oponentes, enemigos. Estos impulsos, como se les suele llamar con la frase "razón y libre albedrío", están completamente ausentes en las plantas y animales o, como mucho, son sólo alusivos.

Debido a esta misma característica del comportamiento y la acción humana, puedo fácilmente llegar a estar de acuerdo con la intención del mensaje bíblico dentro de mi visión del mundo, que está moldeada por la ciencia natural, porque precisamente este salto en el desarrollo con todas las consecuencias mencionadas anteriormente está representado de manera muy realista en la representación pictórica de Adán y Eva en el Jardín del Edén y su "Caída del Hombre". Y, como se ha explicado en los capítulos correspondientes de este libro y se ha aplicado a los logros culturales de los seres humanos en los párrafos anteriores de este capítulo, la adquisición del "conocimiento del bien y del mal"/malo está aquí sujeta a la interpretación de un umbral: Sobre esta base espiritual precisamente se define lo que es "bueno" y lo que es "malo/malo", cuyos objetivos deben, por lo tanto, dirigirse y esforzarse como "mejoras" o como "deterioros" en el sentido que se acaba de exponer.

Con respecto a esta capacidad de juzgar y esta práctica de evaluación, la diferencia entre Dios y el hombre, entre el Creador y la criatura, ahora se hace evidente: Las evaluaciones divinas son absolutas, están orientadas hacia la unidad total y están dirigidas a su preservación permanente. Ya cuando planificó su obra, el Creador se encargó de asegurar un orden estable durante períodos de tiempo suficientemente largos, que nos parecen eternos a nosotros, las personas de corta vida, de modo que los innumerables y múltiples factores inanimados y animados de los ecosistemas terrestres se encuentran de manera permanente y segura en un equilibrio preciso entre sí y, en caso de pérdida de este equilibrio armónico, son capaces de restablecerlo automáticamente o de establecerse en uno nuevo igualmente fiable. La existencia y el bienestar de las criaturas terrestres sólo es posible

si los biotopos naturales están intactos. En este sentido se debe entender la frase "Dios vio que era bueno", tal como P la introdujo repetidamente en su Informe de Creación (45): El Creador juzga como bueno lo que se inserta armoniosamente en el orden y el significado de toda la unidad y está completamente sujeto a las leyes y reglas que se aplican aquí.
Hasta ese momento de la evolución, que J describió en su narración del Paraíso y la Caída del Hombre con el ataque prohibido de Adán y Eva al árbol del conocimiento del bien y del mal que se encontraba en medio del Jardín del Edén (33), esta armonía no estaba amenazada, también sobre la base de las estrategias a veces aparentemente despiadadas de autoconservación instintiva; sólo después de esto se alcanzó y cruzó el umbral, tras lo cual surgió la primera desunión, desarmonía y discordia, porque sólo el hombre había comido el fruto que en realidad estaba reservado sólo para Dios, exclusivamente entre el hombre y Dios. En el análisis textual del relato bíblico se ha puesto de manifiesto que su significado sólo se hace plenamente evidente cuando la adquisición prohibida del fruto definido de esta manera se combina con la aparición e influencia de la serpiente. También puedo integrar muy bien este mensaje bíblico en mi visión del mundo, que está moldeada por la ciencia natural, en el camino descrito anteriormente, porque la conciencia del yo (la serpiente) lo es, siempre y cuando no se hagan evaluaciones a este nivel, y las evaluaciones humanas no serían problemáticas si, como las divinas, estuvieran orientadas hacia la unidad total y dirigidas a su preservación permanente. Sólo cuando el sujeto humano concreto (individual o colectivo) juzga desde su ego consciente o desde el punto de vista económico, que sólo permite muy limitadas visiones, percepciones y percepciones y se orienta esencialmente hacia sus propios deseos, intereses, metas, su propia existencia y su propio bienestar, y se orienta hacia esto, el ser humano concreto se distancia más o menos de Dios en todos estos casos, en el que considera y afirma sus propios intereses sin o con sólo una consideración insuficiente de la unidad total, a la que

inseparablemente pertenece, considera y quiere afirmar, y siempre entonces entra en discordia con Dios cuando critica, se lamenta, odia los dones de su creación, precisamente porque éstos no garantizan y promueven su propia existencia terrenal y su propio bienestar en ella como se desea, y no se libra de los cuerpos más o menos dramáticos.

Así como en la "narración de la caída del hombre" la serpiente atrajo a Adán y Eva con la idea de que si comían el árbol del conocimiento del bien y del mal de Dios desafiando la prohibición divina, serían iguales a Él en esta capacidad y actuarían como adversarios de Dios (52), así el hombre alcanzó y superó filogenéticamente la correspondiente etapa de desarrollo, respectivamente, cuando esté ontogénicamente correspondientemente altamente desarrollado, vendrá, bajo la influencia de su conciencia de sí mismo y la dinámica del ego resultante de ella, una y otra vez de nuevo a evaluar sus propios, pero tan poco fiables, juicios subjetivos más altamente, a prestarles más atención y a seguirlos más consistentemente que las normas objetivas de los valores de Dios, que, debido al orden permanente, han sido probados y confirmados dentro de la creación. Así como en la "historia de la caída del hombre" la serpiente, "más astuta" ("más astuta") "que todas las bestias del campo, que el Señor Dios había hecho", habló con una voz dulce a los padres humanos (53), así el ser humano correspondientemente altamente desarrollado está expuesto a los susurros cotidianos que tienen su origen en su conciencia del ego. Más allá de eso, también los hombres buscan influenciarlo con formulaciones lingüísticas que se originan de su respectiva conciencia de sí mismos. Estas voces humanas egoístas, más o menos claramente articuladas, tratan de influir en el ser humano concreto de tal manera que éste pone los deseos, intereses, beneficios, metas del respectivo interlocutor en primer lugar de sus máximas actuales, es decir, también por encima de los mandamientos y leyes divinos, que están orientados a la preservación de la unidad total y se dirigen a ello. De esta manera, las personas conscientes del yo tienden a planificar y llevar a cabo muchas cosas que aseguran, promueven y aumentan su propia existencia, su bienestar, su beneficio, su beneficio, incluso si esto tiene efectos inequívocamente dañinos en el marco general.

Sin embargo, como el ser humano concreto sigue funcionando sobre la base del programa original, cómo se planifica y se utiliza desde el principio, en esto es básicamente comparable a las plantas y animales, y cómo funciona con mecanismos de impulsos e instintos, determinaciones e inhibiciones, también toma de su ser interior una tendencia alternativa de asesoramiento cada día, a saber, la subordinación a los mandamientos y leyes dados, la aceptación de los límites, el porte de los cuerpos, la integración armoniosa en el marco natural creado por el Creador, dejando así intacto el orden dado y encontrado. Es desde este polo de su ser que se expresan en el hombre las preocupaciones, el escepticismo, las advertencias y los temores sobre y de sus planes y acciones egocéntricos y sus consecuencias. De esta manera, todos los días, incluso de manera casi permanente, se desencadena y evoca un conflicto interno e interpersonal, una dicotomía, de una manera que no era posible antes del desarrollo de la conciencia de sí mismo y de la eficacia de la dinámica del ego resultante. Así como en la bíblica "Caída del Hombre" la serpiente es la causa de la división entre el Creador y el hombre, así en la filo y ontogénesis ésta es la conciencia del ego, cuando ha alcanzado y cruzado el umbral en el que el sujeto humano comienza a evaluar desde su respectivo punto de vista egoísta o económico.

Siguiendo nuestros susurros egoístas y astutos, que nosotros, sabiendo y queriendo hacerlo mejor que el Creador, nos inflamos para convertirnos en sus competidores y adversarios, los humanos aprendemos a afirmar cada vez más nuestros intereses y objetivos humanos personales y generales en los ecosistemas existentes, Si creamos una brecha cada vez más profunda y amplia entre la naturaleza y la civilización, entre lo salvaje y lo cultivado, nos distanciamos cada vez más del orden de la creación de Dios, y de esta manera mostramos claramente que anteponemos nuestras propias normas de

valor, nuestra propia voluntad y nuestro propio honor a los de Dios. En este comportamiento nos parecemos a menudo a niños desafiantes que ya no quieren obedecer las órdenes de sus padres y superiores, que se arrancan de las manos del padre y la madre guía para seguir su propio camino. El resultado de esta característica humana consiste en los evidentes cambios drásticos que la humanidad, especialmente en los tiempos modernos, ha creado en la superficie de la tierra y que, a pesar de los espantosos daños ambientales y el peligro de una catástrofe mundial causada de esta manera, se van a impulsar sucesivamente en el futuro, por lo que se ven y se proyectan visiones a menudo elevadas, como las relativas a la tecnología, la investigación genética, la medicina y los viajes espaciales.
Los sujetos humanos que, formulados según la "imagen" bíblica, han comido ya del árbol del conocimiento del bien y del mal bajo la influencia seductora de la serpiente, que evalúan en consecuencia las circunstancias de la creación divina desde el punto de vista de su respectivo ego o económico, tratan así de mejorar sucesivamente sus propias condiciones de vida, y a menudo al mismo tiempo suscitan impulsos para instigar el deterioro de sus semejantes (criaturas semejantes), lo que, expresado más claramente, significa: infligen deliberadamente sufrimientos a los demás. Con esta forma de expresión se establece ahora una referencia inequívoca a la frase "conocimiento del bien y del mal" que debe leerse en el texto bíblico, en el que la palabra "mal" debe entenderse realmente en su significado común, es decir, en un sentido moral: las personas que hacen o pretenden hacer tales cosas son consideradas, por regla general, personas malvadas, y los correspondientes impulsos y las acciones controladas por ellos se consideran pensamientos, palabras y obras malvadas.
También los animales infligen deliberadamente sufrimiento a otros y, por consiguiente, se les suele describir como malvados; pero el hombre consciente de sí mismo se diferencia del animal en la medida en que produce impulsos malignos en el nivel espiritual de su pensamiento conceptual, que

no es accesible a ningún animal, y desde aquí los pone en práctica según el plan. Ejemplos burdos de esto son la tortura y la tortura, ya que surgen de la idea de que estos o esos procedimientos son particularmente dolorosos, pero no son de ninguna manera una amenaza para la vida cuando se usan una vez o con poca frecuencia. Esto muestra la tendencia sádica en la que la gente, cuando ve a otros sufriendo, siente satisfacción o incluso placer por ello. Los animales no son capaces de concebir la tortura debido a la falta de capacidad mental. Si el gato doméstico gordo atrapa un ratón, pero no lo mata, sino que lo deja correr como... corre, para atraparlo de nuevo, dejarlo ir de nuevo y atraparlo de nuevo, entonces lo hace por el placer de un juego y lo usa instintivamente al mismo tiempo para satisfacer su instinto de caza, lo cual hace, porque los humanos le suministran alimentos, no necesita vivir y entrenar las técnicas correspondientes, cuyo dominio hábil fue originalmente vital para ella, pero no porque disfrutaría del sufrimiento que inflige al ratón siguiendo sus instintos.

Sobre el inagotable tema de la malicia humana, se podría emprender ahora una reflexión más profunda, por ejemplo, sería fundamental una definición precisa de lo que se entiende por el término malicia, sin dejar de plantear excepciones, como las que a menudo son inevitables en la medicina, por ejemplo, cuando el médico, no porque sea malvado, sino porque quiere ayudar, causando dolor e inconvenientes al paciente, o en la educación, cuando se necesita una disciplina estricta, ejercicios difíciles, entrenamiento duro y/o castigo para poner orden a corto plazo y desarrollar personalidades capaces, dispuestas y responsables a largo plazo, y donde se discuten las causas y el desarrollo de la malicia y las formas de combatirla y prevenirla.

En este contexto, cabe señalar que el hombre, en virtud de sus facultades mentales, tiene naturalmente también medios eficaces para prevenir, aliviar o incluso transformar en alegría el sufrimiento de los demás de manera perspicaz y planificada, y en este sentido para producir buenos pensamientos, palabras y obras. Debido a esta disposición, tal como se pronuncia de la manera antes mencionada en la filo y ontogénesis y como se suele llamar con la frase "mente y libre albedrío", el sujeto humano concreto, ya sea individual o colectivo, se encuentra atrapado en un campo de tensión, dentro del cual el bien moral y el mal moral son los polos opuestos. Con la mención de este campo de tensión moral he abordado ahora un tema al que se ha atribuido y se sigue atribuyendo una importancia central y esencial en la liturgia mundial desde sus inicios hasta la actualidad mediante una enorme abundancia de las más variadas representaciones y explicaciones. Innumerables cuentos de hadas, leyendas, historias, reportajes, novelas, películas y otras formas de expresión tratan de la lucha entre el bien y el mal. A menudo "pintados en blanco y negro", algunos son retratados como buenos y otros como malos. Otros autores ponen gran énfasis en transmitir la convicción de que el juicio no es tan simple como para que la frontera entre el bien y el mal y el conflicto entre estos impulsos opuestos no corra y se enfurezca entre diferentes sujetos, sino dentro de cada uno de nosotros.

Resulta ahora muy embarazoso, en el contexto de un análisis textual de la historia bíblica del Paraíso y la Caída del Hombre, entrar en detalle sobre este campo de tensión entre el bien y el mal en el sentido moral, en el que el ser humano concreto entra automáticamente cuando alcanza el mencionado umbral de su desarrollo, porque en este relato bíblico "el árbol del conocimiento del bien y del mal" tiene una importancia tan esencial y central y se ha colocado inequívocamente en estrecha relación con la secuencia descrita de anuncio de la prohibición divina (11), Esto se debe a que los progenitores humanos (33) y las medidas punitivas divinas (47, 48), como está tan en primer plano en este texto, y porque, además, amplios pasajes de todo el Antiguo Testamento se caracterizan por una comprensión correspondiente, según la cual nosotros, los seres humanos conscientes del yo, es decir, violando repetidamente los mandamientos divinos, pecamos, es decir, pensando, hablando y actuando moralmente mal, y Dios castiga a los pecadores respectivos.

Sin embargo, no me ocuparé aquí de este tema y, por tanto, no continuaré con él, porque surge una dificultad insuperable tanto en el intento de clasificarlo en mi visión del mundo, que está conformada por las ciencias naturales, como en el procedimiento coherente según el enfoque científico que se sigue aquí, en el que, en un primer paso, se preguntan las percepciones sensoriales que el autor bíblico había tenido con respecto al elemento narrativo observado en cada caso en el período previo a su publicación: Hoy como entonces, entonces como ahora, innumerables y diversos ejemplos de la maldad humana pueden ser observados y sentidos una y otra vez, pero no se puede obtener información fiable y averiguar cómo reacciona Dios ante ellos. Este aspecto muestra de nuevo claramente que la religión se ocupa esencialmente de los misterios, ya que está mucho más allá de nuestra comprensión humana que, si queremos ocuparnos de ellos en el pensamiento, sólo podemos traducir al nivel muy limitado de nuestra imaginación y nuestro potencial expresivo, y entonces los errores y equivocaciones son inevitables.

Por eso no sabemos exactamente, dentro de nuestra visión científica del mundo, si Dios se enfada, enoja, enoja o más bien se decepciona, insulta, ofende, hiere, entristece o incluso permanece indiferente, si nos acusa, condena, castiga o nos comprende, si es misericordioso, si nos perdona incondicional y profundamente y si, sin exigirnos más, nos perdona. Cuando J nos dice que Yahvé reaccionó a la caída de los progenitores humanos con sus sentencias (47) y la expulsión final de Adán y Eva del Jardín del Edén (48) y que por ello también impuso una carga tan pesada a todas las generaciones siguientes, ha dado forma libremente a este pasaje, ya que no tenía ninguna percepción sensorial que le hubiera informado en consecuencia. Al hacerlo, inequívocamente transfirió patrones de comportamiento, como los había observado en padres humanos, superiores, gobernantes y aquellos en el poder, a Dios, los proyectó en Él, hizo lo misterioso imaginable, comprensible y explicable de esta manera humana.

Esta comprensión fundamental, tal como la ha presentado en esta forma pictórica, se expresa también en el siguiente credo judío, ya citado anteriormente: "Creo con plena convicción que el Creador, bendito sea su nombre, hace el bien a los que observan sus mandamientos y castiga a los que los transgreden. (95) Este punto de vista no puede probarse y confirmarse dentro de una visión del mundo conformada por las ciencias naturales y, por lo tanto, es difícil de colocar en tal visión.

Porque la narración bíblica del Paraíso y la Caída del Hombre se caracteriza por una ruptura entre el principio y el fin, entre el antes y el después; la de los cambios allí descritos, que tiene la mayor importancia en el contexto general de la Sagrada Escritura, en vista de su "hilo rojo", consiste en la perturbación duradera de la paz originalmente dada entre Dios y el hombre, y de hecho el origen de esta primera discordia surgida se describe aquí. J ha manipulado ahora inequívocamente este elemento narrativo, ya que él, sin tener la información pertinente a su disposición, presentó este proceso como si los progenitores humanos hubiesen llegado a un juicio (33) haciendo caso omiso de una prohibición divina, es decir, pecando, y Dios los había castigado por este pecado original diciendo que lo había hecho retrospectivamente, había insertado las instituciones "malas" en su, hasta entonces, perfectamente buena creación (47), las había expulsado del paraíso y había bloqueado su camino de regreso allí para siempre (48), y había ocultado, aunque lo había percibido con sus sentidos todos los días, es decir, incontables veces en múltiples versiones, en el período previo a su publicación, que el ser humano concreto y consciente del yo, después de haber alcanzado y superado la correspondiente etapa de desarrollo, se acostumbra una y otra vez a juzgar las circunstancias de la creación divina como malas, criticándolas y deplorándolas más o menos violenta y abiertamente, por lo que automáticamente lleva al creador al "fuego cruzado" de sus reproches así como de sus ataques mentales, verbales y activos, para que se mantenga la unidad original, la armonía original, la paz original es perturbada desde el lado humano, y la discordia, la desarmonía, la discordia surgen, por lo que las reacciones del acusado, Dios hostil no pueden ser descubiertas por medio de la percepción sensorial humana y los métodos de investigación científica, por lo que son y siempre permanecen misteriosas. En cuanto a la parte humana descrita anteriormente, es decir, la discordia, tal como surge continuamente de nuevo en el alma de la conciencia concreta del yo hacia el Creador del mundo (y el gobernante del mundo), es por consiguiente, en retrospectiva al tiempo entonces así como en consideración del presente y en la perspectiva del futuro, innumerables y diversas percepciones sensoriales y esperarlas con certeza, de modo que este fenómeno pueda clasificarse fácilmente en una visión del mundo conformada por las ciencias naturales, siempre que "el mundo" se reconozca creíblemente como creación sobre la base de su evidente utilidad y significado.

¿Disputar por siempre y para siempre?

No es casualidad que J, al transmitir el mensaje bíblico que aquí se trata, haya manipulado los puntos de declaración que le causaron las mayores dificultades, y que podría suponer que serían particularmente problemáticos para aquellos a los que se dirigió con su historia. Dado que este problema puede confirmarse fácilmente hoy en día, en circunstancias externas e internas que son en algunos aspectos muy diferentes, este enfoque del escritor bíblico, que a veces difiere de la realidad, se hace comprensible.
Pues, ¿qué hombre, después de haber alcanzado y superado la etapa de desarrollo antes mencionada, logrará realmente aprobar sin reservas el mundo tal como se originó en la creación divina, es decir, incluyendo los sufrimientos tal como se imponen real y potencialmente a los que son capaces de ello? No caer nunca en la preocupación y el miedo al pensar en los problemas, accidentes, enfermedades, horrores, desastres que pueden ocurrir en la vida privada y pública en cualquier momento? ¿Abstenerse de toda crítica y queja ante una miseria más o menos masiva y una necesidad más o menos drástica? La pesada carga de la pregunta "¿Por qué? ¿Por qué? ¿Por qué?" para tragar sin complicaciones? ¿Es el Creador realmente siempre intacto como capaz, poderoso, bueno para reconocer, alabar y glorificar? ¿Aceptando con gratitud sus directrices y dejándolas con confianza en esta forma? En otras palabras, ¿renunciar a "mejoras" de las instalaciones originales y al uso de los valores, instalaciones y comodidades ya inventadas e introducidas por los antepasados?
Por otra parte, ¿qué hombre no ha experimentado todavía fases o al menos momentos en los que se ha sentido impresionado, cautivado, fascinado por el orden, la belleza, el esplendor, la fuerza, la constancia, el sentido, tal como se expresan obviamente en la naturaleza, en la que, sobre esta base, en el fondo de su alma, ha surgido el júbilo, la alabanza, el elogio y la acción de gracias, en los que ha dicho su sí a este mundo y a su vida en él con todo su

corazón? ¿En el que las preocupaciones y los miedos anteriores se habían barrido y transformado en confianza y coraje? En el que, después de las penurias del invierno, los milagros de la primavera se hicieron efectivos, después de los períodos secos el tan anhelado re-gen cayó, las despensas vacías pudieron ser rellenadas? en la que se habían regenerado los poderes físicos y mentales perdidos, las enfermedades se curaban completamente... ¿En que la disputa se resolvió por reconciliación, la soledad dolorosa se levantó por la unión armoniosa, el dolor se fue, de modo que hubo espacio para una nueva alegría de vida y sentimientos de felicidad? ¿En el que los sufrimientos se aliviaban con la ayuda, el egoísmo se derrotaba con el amor?
Estas preguntas expresan inequívocamente el campo de tensión en el que nos encontramos los humanos automáticamente debido a nuestro desarrollo específico, tal como se describe pictóricamente y de manera muy impresionante en la historia bíblica del paraíso y la caída del hombre, y como abre el nivel espiritual del pensamiento conceptual para nosotros y determina nuestra práctica de evaluación aquí, de la que no podemos escapar a largo plazo mientras no perdamos la necesaria fuerza de pensamiento, y en la que oscilamos irregularmente y más o menos extremadamente entre los polos opuestos de la crítica o el elogio, la acusación o la gratitud, el no o el sí, la desarmonía o la armonía, la discordia o la paz, la discordia o la concordia.
Ahora bien, en las fases y momentos en que este péndulo se aproxima al polo, lo que debe describirse como un cuestionamiento o incluso una negación, el creyente formula de una forma u otra la pregunta a la que el mensaje bíblico transmitido por J ofrece una respuesta: "¿Por qué? ¿Por qué el sufrimiento en la creación divina, que, como es innegable, presenta tantos signos y maravillas, tanto bien, día tras día?
La explicación de que el Creador sólo había insertado posteriormente las deploradas instituciones, que eran dolorosas y por lo tanto debían ser juzgadas como "malas", en el Ser, hasta entonces, obra perfectamente buena, a saber, reprender de una vez por todas a las personas que querían inflarse

para ser sus competidores, no puedo, por las razones explicadas en el contexto del presente libro, colocar en mi visión del mundo que está conformada por las ciencias naturales. Más bien, si tengo en cuenta las explicaciones científicas, en la medida en que me parecen plausibles, veo que esta base muy natural sobre la que me encuentro, después de haber pasado por el desarrollo específicamente humano hasta ahora, en el campo de tensión descrito, es creada por Dios, de lo cual concluyo, en plena confianza en el mensaje bíblico (45, 123), que Él ha encontrado que todo esto, es decir, incluyendo los dos polos de oposición, es bueno después de una cuidadosa consideración y lo ha planeado y realizado en consecuencia. Después de haber corregido el texto de la Biblia de nuevo a las percepciones sensoriales subyacentes y a las percepciones intuitivas de su autor, debo admitir, por dentro y por fuera, que las visiones generales, las percepciones y las percepciones que puedo adquirir a lo sumo son demasiado limitadas para que pueda juzgar la creación divina con justicia, debo, por dentro y por fuera, admitir que al criticar las circunstancias de la creación, aunque comprensible desde el punto de vista humano, y por lo tanto, por supuesto, criticar al Creador, estoy revelando una presunción sacrílega de que me estoy midiendo literalmente a mí mismo cuando pretendo ser, como Dios, capaz de reconocer absoluta y objetivamente lo que es bueno y lo que es malo/malo. Esto se aplica a toda persona consciente de sí misma.

En el mundo que creo que es la Creación, el Creador revela, a través de innumerables ejemplos de practicidad y sentido, de belleza fascinante, de poderes abrumadores, de una constancia que me parece al hombre efímero como una eternidad, de signos y maravillas sorprendentes, que posee de manera absoluta y objetiva esa capacidad espiritual que se describe en el texto bíblico con la frase "conocimiento del bien y del mal". Como veo en todos los factores de la realización de mi vida una base determinada sobre la cual puedo y debo realizar mi propio trabajo, llego a confiar en el Creador de manera más o menos automática y al mismo tiempo más o menos consciente, en vista de estos argumentos que se pueden experimentar cada día, y esto en diversos grados en diferentes fases y momentos, a confiar en que Él sabía por qué planificaba los elementos que estaban llenos de sufrimiento en su obra y los realizaba en ella, en lo que consiste, por consiguiente, el sentido o la necesidad de estas circunstancias que nosotros los humanos criticamos, nos quejamos y evaluamos como "malas". Si trato de seguir esta línea de creencia de la manera más consecuente posible en las situaciones cambiantes, encuentro, de nuevo más o menos automáticamente y al mismo tiempo bajo un impulso más o menos consciente, a Dios como Aquel que no creó los factores de sufrimiento de Su creación por malicia, por ejemplo inclinación sádica, y básicamente no como castigo, sino, hasta donde puedo adivinar, porque un mundo material es sólo un campo de tensión entre dos polos opuestos, aquí: Es posible para aquellos que son capaces de hacerlo, ofreciendo la base para las alegrías y los sufrimientos, porque el paraíso, de acuerdo con nuestros deseos humanos, en el que sólo se pueden experimentar alegrías pero no sufrimientos, no puede existir realmente en la tierra, no en este mundo, sino sólo en "Him-mel", en ese mundo.

Si esta confianza, que a veces modela más o menos mi actitud en las condiciones cambiantes de mi vida cotidiana y que a veces vacila, fuera efectivamente sostenible, entonces debería y no podría encontrar en mí, con y dentro de mí, los síntomas de insatisfacción que se encuentran en la insatisfacción, la crítica, las acusaciones, las quejas, que se dirigen abierta o secretamente, directa o indirectamente, consciente o inconscientemente contra el Creador. Puesto que los momentos y fases de tal discordia, sin embargo, también en los viejos patrones familiares, siempre surgen de nuevo en mí, y éstos pueden ser sentidos y observados más o menos claramente de manera comparable también con los semejantes y/o son comunicados por ellos en el lenguaje, debo reconocer que la paz, la armonía, la armonía, la armonía, tal como son efectivas en personas concretas en situaciones concretas, no sólo son muy, muy difíciles de mantener en una forma confiable y estable hacia otras personas y, más ampliamente, hacia otros seres terrenales, sino también hacia Dios y/o, si se pierden, para encontrarlos de nuevo.

Incluso sobre la base de la confianza en el Creador, a saber, que Él sabía para qué sirven las facilidades "buenas" y "malas" de su obra, cuál es su propósito y significado, las molestias siguen siendo desagradables para el creyente, las incomodidades, como su nombre indica, siguen siendo severas, el sufrimiento sigue siendo sufrimiento, que de ninguna manera produce alegría, sino que por lo general produce más o menos intensamente molestias, gemidos, lamentos y lamentos. Este hecho puede observarse también de manera muy impresionante en los animales, que a este respecto no tienen ninguna autoevaluación ni autorregulación en absoluto, por ejemplo tienen que ser valientes, aceptar el sufrimiento sin queja, combatirlo lo más rápida y eficazmente posible, pero más bien entregarse a sus reacciones físicas y mentales de manera incontrolada y sin reflejos, en las que sus respectivos movimientos y sonidos tienen a menudo una función valvular, a través de la cual se logra un cierto alivio de la difícil situación interior. Esta pauta es también la base para nosotros, personas racionales, sobre la que, sin embargo, se construyen adicionalmente las potencialidades del pensamiento conceptual y los impulsos que de él se derivan, por lo que es comprensible y fácil de entender que en determinadas circunstancias adversas, también en este nivel espiritual, según las reacciones vegetativas e instintivas, se crean principalmente formulaciones que pueden resumirse bajo los términos quejas y acusaciones. Porque casi nadie pensará entonces de forma honesta: "¡Qué bienvenido es mi sufrimiento!" O, "Lo siento mucho". Y, "¡Así es como quiero que se quede en mi vida!" Pero más bien: "¡Qué fastidio! ¡No necesito eso! ¿Por qué me está pasando esto?" O: "¿Por qué me está pasando esto? ¿Qué sentido tiene? ¿Dónde está la justicia?" Y: "¡Esperemos que pronto lleguen tiempos mejores!"

Con los últimos pensamientos formulados, el mero lamento, tal como surge principalmente, se ha transformado secundariamente en una forma que expresa una evaluación tal como se pretende en este nivel racional e indica un esfuerzo, más o menos pronunciado, de comprensión, explicación, interpretación. Dentro de estos procesos, la representación de la bíblica "Caída del Hombre", según la cual la serpiente, es decir, la conciencia del yo y la dinámica del ego resultante de ella, juega un papel divisorio, desarmonioso y discordante, resulta muy realista y digna de consideración, porque debido a este impulso impulsivo, el ser humano concreto, después de haber alcanzado y superado la correspondiente etapa de desarrollo, tiende a comunitarizar la mentalidad correspondiente en los colectivos humanos, poner la propia historia de los demás y los propios intereses más o menos en primer plano en comparación con los de las unidades superiores, como el biotopo respectivo, desear, planificar y procurar una inversión o al menos un alivio notable de los sufrimientos actuales y una sucesiva "mejora" de la calidad de vida, también a condición de que ello cause sufrimiento a los demás, que cause daños con graves consecuencias dentro de los ecosistemas naturales.

Los organismos irrazonables están subordinados al orden que se da con y en la creación, y se insertan en él hasta tal punto que su estabilidad en el plano terrestre, por ser esencial para la vida en sí misma que se lleva a cabo aquí, nunca puede ponerse en peligro de manera decisiva por una duración que nos parece como la eternidad a nosotros, las personas de corta vida, y por lo tanto está garantizada de manera segura. Aunque estos individuos y las asociaciones que los componen tienen un margen de maniobra dentro del cual, sobre la base de los instintos y las pulsiones, como el instinto de autopreservación, ya que son inherentes a ellos, se esfuerzan por asegurar su existencia en la medida de lo posible y por buscar condiciones en las que se sientan lo más cómodos posible, pero este margen de maniobra es muy limitado debido a las determinaciones e inhibiciones planificadas e incorporadas en ellos. Esto demuestra que no están diseñados de manera absoluta y desproporcionada para la autopreservación y el bienestar, sino que funcionan de manera apropiada y significativa dentro de la entidad entera, cuyas partes representan inseparablemente, lo que en su vida cotidiana significa, entre otras cosas, que se contentan con la modesta calidad de vida (medida en relación con nuestras exigencias humanas), ya que les es posible desde los orígenes de forma básicamente constante, y así disfrutar de los placeres y soportar el sufrimiento sobre esta base no adulterada y dentro de este marco encontrado.

Este plan, tal como subyace a la creación y puede ser leído desde las respectivas, aunque estrechamente definidas, vistas parciales, pone la integridad de toda la unidad en primer plano, porque esto garantiza el requisito previo esencial para la existencia y el bienestar de todos aquellos que son capaces de ello. El entrenamiento de la razón y sobre esta base de la conciencia del yo, vista de manera puramente teórica, no se convertiría necesariamente en un problema, porque la conciencia del yo concreta podría, en este nivel espiritual, llegar a esto, las palabras del Creador, con las que llamó a las cosas a la existencia en el principio (1), es decir, comprender, confirmar y aceptar su voluntad y su plan, así como su trabajo, al menos hasta el punto de que le resulte clara la necesidad, en base a la cual tiene que subordinar su ego a las preocupaciones de la totalidad, para insertarlo en esta última de tal manera que la armonía encontrada permanezca lo menos perturbada posible.

Según el "relato bíblico de la caída del hombre", las dificultades mencionadas comienzan por el hecho de que la serpiente que Yahvé, sin que esto se mencione específicamente, había creado un tiempo indefinido antes, es decir, junto con los otros animales del campo (24), toma tal acción que tienta a Adán y Eva a invadir el territorio divino y a comer del árbol de la ciencia del bien y del mal que se encuentra allí (52, 53). Aquí se ha expresado pictóricamente el problema de la práctica de la valoración humana subjetiva.

En ese concreto el hombre juzga desde el punto de vista de su respectivo ego: "Esto y aquello está en y en la creación divina, porque tengo que sufrir de ello y de ello, ¡pero mal!"y al mismo tiempo posee las capacidades mentales para comprender las causas, reconocer las conexiones, elaborar planes y sobre esta base ejercer influencia, se da el requisito previo para el desarrollo, que hoy llamamos progreso, por el cual nos sugerimos que la humanidad avanza sucesivamente por el camino emprendido de esta manera hacia el objetivo de una mejora sostenible de su calidad de vida, sí, posiblemente un paraíso según nuestros deseos humanos.

Así como en el relato bíblico la serpiente se convierte en el problema fundamental, en la vida real el hecho de que el sujeto humano concreto, es decir, el individuo o el colectivo, después de haber alcanzado y superado la correspondiente etapa de desarrollo, juzga desde su respectivo ego o punto de vista económico y al hacerlo (véase más arriba) tiende a juzgar sus propios deseos, intereses y metas, Poner los planes en primer plano y por lo tanto a veces por encima de las necesidades apropiadas de otros individuos y colectivos, así como por encima de las preocupaciones de toda la Unidad, a la que pertenece inseparablemente, para así comportarse de manera contraproducente hacia el plan del Creador, respetar los valores autofundados y egocéntricos, los impulsos de voluntad y las intenciones ambiciosas más alto y obedecerlos más que los de Dios. Esta mentalidad específicamente humana forma la base para el hecho de que tenemos una situación en la tierra hoy en día en la que los científicos están emitiendo advertencias urgentes, diciendo literalmente y en espíritu: "¡El reloj marca las doce menos cinco! Si la humanidad no se replantea rápidamente y toma otros caminos, difícilmente se podrá evitar una catástrofe mundial". La misma advertencia fue dirigida por los indios norteamericanos a la dirección del "hombre blanco" mucho antes; su base y dirección de argumentación puede ser acertadamente reflejada en las palabras de los Hopi citadas anteriormente: "Esta marcha debe ser detenida; porque si el hombre blanco continúa tratando la tierra de esta manera, nuestra Madre Naturaleza resistirá de una manera que significará el sufrimiento para casi todas las personas - y el fin de una forma de vida a la que han estado acostumbrados. ...el Gran Espíritu Massau'u dijo que el hombre debe vivir en armonía y recibir un país bueno y limpio para todos los niños por venir". (39)

Los seres humanos realizan en realidad muchas intervenciones en su entorno natural ya que tienen, a veces desde el principio, a veces en su conjunto, consecuencias drásticas y duraderas, como métodos rigurosos de pesca, limpieza (de incendios) a gran escala, contaminación del agua, la capa superior del suelo y el aire con productos químicos, con el fin de lograr un beneficio para el ego y/o para nosotros, Lograr un beneficio, un beneficio, una "mejora" y al hacerlo pasa por alto el hecho de que esto sólo es posible debido al deterioro, ya que es inevitable para toda la unidad, por ejemplo, el respectivo ecosistema, o para otros que están sufriendo, lo aceptan o incluso lo planean con el fin de obtener despiadadamente ventajas para uno mismo. Hoy como entonces, entonces como ahora, toda persona consciente del yo puede y podría percibir innumerables y diversos ejemplos de cómo la conciencia del yo o la conciencia del nosotros interviene en el pensamiento conceptual y desde aquí produce impulsos maliciosos que influyen en la actitud interior y, a través de ella, en el hablar y actuar en consecuencia. Este fenómeno también se describe en la literatura en muchas variaciones, como las siguientes: El viejo Conde de Moor tiene dos hijos. Karl dejó la casa de su padre y su novia Amalia y se fue entre los ladrones, mientras que Franz se quedó con su padre y está secretamente enamorado de Amalia. Después de un período de ser un ladrón, Karl ya no puede identificarse con esta vida y acciones y le pide a su padre en una carta el perdón y el permiso para volver a casa. Franz intercepta esta carta, la lee, la reformula, la presenta de esta forma a su padre y le influye de tal manera que le permite escribir una respuesta, en la que se niega a perdonar a Karl y a volver a casa.

"**Franz** *se ríe de él.* Consuélate, anciano, nunca lo apretarás contra ese pecho; el camino hacia él está bloqueado como el cielo del infierno. Fue arrancado de tus brazos antes de que supieras que podías quererlo. - Tendría que ser un miserable chapucero si no hubiera conseguido liberar a un hijo del corazón de su padre, y si hubiera estado atado a él con bandas de hierro. He dibujado un círculo mágico de maldiciones a tu alrededor que no quiero que se salte. - ¡Qué suerte tienes, Franz! Ya no está el niño del pecho, el bosque es más brillante. Tengo que recoger estos papeles completamente, ¿qué tan fácil podría alguien conocer mi letra? *Lee los pedazos de papel desgarrados juntos.* - Y la pena pronto se llevará al viejo también, y tengo que arrancar a Karl de su corazón, aunque la mitad de su vida permanezca apegada a él. Tengo grandes derechos a estar disgustado con la naturaleza, y por mi honor, los haré valer. - ¿Por qué no fui el primero en salir del útero? ¿Por qué no el único? ¿Por qué tuvo que traer esta carga de fealdad sobre mí? ¿Sobre mí? No es diferente de cuando yo nací. ¿Por qué mi nariz de Laponia? ¿Por qué mi boca de moro? ¿Estos ojos de hotentote? En serio, creo que ella tiró la cosa más horrible de todas las personas en una pila y me sacó de ella. ¡Matar o ser matado! ¿Quién le dio la autoridad para dársela a alguien y ocultármela a mí? ¿Podría alguien cortejarla antes de que lo liberaran? ¿O insultarlos antes de convertirse en él mismo? ¿Por qué era tan parcial?
No! No! Le hago una injusticia. Nos dio inventiva, nos puso desnudos y pobres en la orilla de este gran mundo oceánico. - ¡Nadad, los que saben nadar, y los que son demasiado torpes, que se sumerjan! Ella no me dio nada; lo que quiero convertir en es ahora mi negocio. Todo el mundo tiene el mismo derecho a lo más grande y a lo más pequeño, la reclamación se destruye en la reclamación, el impulso se destruye en el impulso y el poder se destruye en el poder. La ley habita en el vencedor, y los límites de nuestro poder son nuestras leyes.
Probablemente hay ciertos pactos comunitarios que se han hecho para impulsar los pulsos del círculo mundial. ¡Nombre honesto! -

Verdaderamente una moneda rica, que puede ser usada para un regateo magistral, que sabe cómo gastarla bien. ¡Una conciencia, por supuesto! ¡Un trapo capaz de espantar a los gorriones de los cerezos! - también una carta de intercambio bien escrita, con la que incluso el rotario del banco puede llegar si es necesario.
De hecho, instituciones muy loables para mantener a los tontos en el respeto y a la chusma bajo su pulgar, para que los inteligentes lo tengan más cómodo. No hay decencia, un par de chucherías. Venid a mí para que, como los setos que mis campesinos conducen hábilmente por sus campos, no pase ninguna liebre, ¡ni mucho menos una liebre! - Pero el amable Señor da sus golpes de espuela y hace ga-loops suavemente sobre la cosecha ocasional.
¡Pobre conejo! Es un papel lamentable, el conejo debe estar en este mundo - ¡Pero el bondadoso Señor necesita conejos! ¡Así que supéralo! El que no teme a nada no es menos poderoso que el que teme a todo. Está de moda llevar hebillas en los vestidos de las piernas, con las que se pueden atar más anchos y ajustados como se desee. Queremos que nos midan la conciencia según la última moda, para poder mantenerla abrochada a medida que ganamos peso. ¿Qué podemos hacer al respecto? ¡Ve al sastre! He oído hablar mucho de un llamado B l u t l i e b e que podría hacer que la cabeza de un hombre decente de la casa diera vueltas - ¡Ese es tu hermano! - que se interpreta: Fue disparado del mismo horno del que tú saliste, ¡así que sé santo! - Observen esta delicada consecuencia, esta linda conclusión del vecindario de los cuerpos sobre la armonía de los espíritus, del mismo hogar a la misma sensación, de la misma comida a la misma inclinación! Pero sigue... ¡es tu padre! Él te ha dado la vida, eres su carne y su sangre, ¡así que sé santo para ti! ¡Otra vez una consecuencia inteligente! Me gustaría preguntar, ¿por qué me hizo? no por amor a mí, ¿quién iba a convertirse en un yo primero? ¿Me conocía antes de hacerme? ¿O pensó en mí como me hizo? ¿O me deseó, ya que me hizo? ¿Sabía en qué me convertiría? No quise aconsejarle que lo hiciera, de lo contrario me gustaría castigarlo por

obligarme después de todo. ¿Puedo agradecerle por hacerme un hombre? No más de lo que podría demandarlo si me hiciera una mujer. ¿Puedo reconocer un amor que no se basa en el respeto a mí mismo? ¿Podría haber respeto por mi persona, que sólo debería ser creada por ella, de lo cual debe ser la condición previa? ¿Dónde está el bordado sagrado ahora? ¿En el mismo actus, a través del cual me siento aliviado? - Como si esto fuera algo más que un proceso para satisfacer los deseos de los animales? - ¿O está quizás bordado en el resultado de este acto, que después de todo no es más que una necesidad de hierro que uno desearía con mucho gusto si no tuviera que hacerse a expensas de la carne y la sangre? ¿Es por eso que quieres que le diga buenas palabras, que me ama? Es una vanidad suya, el pecado del pecho de todos los artistas que coquetean con su trabajo, por muy feo que sea. - Contemplad, pues, toda esta brujería que habéis cubierto con una niebla sagrada para abusar de nuestro miedo. ¿Debo dejarme engatusar como un niño?

¡Tan fresco entonces! ¡Esfuerzo valiente! - Quiero erradicar todo lo que me rodea y que me restringe de ser él. "Debo ser yo quien desafíe violentamente lo que estoy tentado a hacer por bondad." (133)

Los psicólogos del desarrollo y los investigadores del comportamiento utilizarán su trabajo científico para demostrar formas de conciencia, tipos de autopercepción y autorrealización, evaluaciones subjetivas así como impulsos egoístas, actitudes básicas y patrones de comportamiento en niños pequeños y animales. Sin embargo, la diferencia decisiva, que es inequívocamente pronunciada en los adultos, es que en el nivel mental del pensamiento conceptual, que son capaces de hacer debido al desarrollo ulterior del cerebro, producen impulsos que tienen una influencia significativa en todas las células, tejidos y órganos de su cuerpo y en todo su comportamiento. Con los animales y los niños pequeños, no hay ningún signo de que sean tomados y guiados por procesos de pensamiento como los pronunciados por este hombre sufriente en el libro bíblico de Job o en la obra de Schiller de Franz von Moor. Por ejemplo, a un animal o a un niño pequeño no le importa si nació en el primer, tercer o quinto lugar; un derecho de nacimiento es desconocido para ellos. En los nacimientos múltiples de un mamífero, los bebés más fuertes y energéticos se comportan de forma muy egoísta en la medida en que reclaman las tetas más ricas en leche de la madre para sí mismos de forma bastante despiadada. En vista de ello, no hay en ellos ningún signo de compasión, remordimiento o autorregulación, así como tampoco hay evidencia de odio y venganza, de acusaciones contra el Creador o de la búsqueda de medios para transformar su inferioridad física en una superioridad artificial en los hermanos y hermanas más débiles que dejan de lado. Más bien, al aceptar y poner en práctica los factores internos y externos tal y como se les da, todos se esfuerzan por cubrir sus necesidades alimentarias diarias en la medida de lo posible.

Los animales y los niños pequeños tampoco se miran en el espejo, no evalúan su propia apariencia y no tratan de "embellecer" su apariencia exterior por ningún medio artificial. No se preocupan por su papel en el mundo, si la función que tienen dentro de sus hábitats parece significativa o insignificante, sino que están completamente absorbidos en el programa que se les implanta, sin juzgar. No piden ley y justicia y no reprochan a la naturaleza y a su Creador cuando registran que no existen las mismas condiciones para todos, sino que tratan de llevarse bien con las condiciones que encuentran. Por lo tanto, como no han alcanzado (todavía) la etapa de desarrollo correspondiente que les permite reflexionar en el nivel espiritual del pensamiento conceptual sobre lo que han percibido y experimentado y "reconocer" el bien y el mal/mal, nunca llegan a la conclusión de que son feos, no se preguntan: "¿Por qué? "Por ejemplo: "¿Por qué estoy tan desfavorecido?" y, por lo tanto, nunca entrar en la insatisfacción y la discordia sobre la base de tal evaluación, que podría desencadenar en ellos impulsos tan malvados como en el caso de los adultos.

La conciencia bipolar del ego, una práctica subjetiva de evaluación que está inevitablemente conectada con ella y que se lleva a cabo en el nivel espiritual del pensamiento conceptual, la retroalimentación primaria así como las interacciones ejercidas a partir de aquí sobre la totalidad humana y la dinámica del ego que puede explicarse de esta manera representan características específicas para las personas que vivieron después de la "Caída" y, por consiguiente, nunca serán demostrables en los animales y los niños pequeños, porque (todavía) carecen de los requisitos previos necesarios para ello. Tan pronto como, en el curso del desarrollo filogenético o postnatal del cerebro, una conciencia del ego se ha hecho efectiva en nosotros los seres humanos y, más allá de eso, ese umbral ha sido alcanzado y cruzado, según el cual comenzamos a evaluar desde nuestro respectivo punto de ego, viene, a partir de este nivel espiritual, precisamente esta discordia, esta pecaminosidad, esta malicia y culpa, que las plantas y los animales así como las personas que vivían antes de la "Caída" no conocían y no saben.

Al igual que en la medicina la detección de la(s) causa(s) respectiva(s) de la(s) enfermedad(es) es un prerrequisito fundamental para lograr la curación combatiéndola, así el mensaje bíblico, entendido y explicado como antes, tiene las consecuencias correspondientes: Así como en la "narrativa de la Caída del Hombre" la serpiente actúa como el adversario de Dios, así en realidad la persona consciente de sí misma lo hace, después de que comienza a evaluar bipolarmente en este nivel. Puesto que, en consecuencia, la conciencia del yo plantea el problema característico tal como el hombre lo representa dentro de la creación divina, la directriz dada por el mensaje bíblico es clara con respecto a esta característica específicamente humana: El hombre concreto así predispuesto está llamado a circuncidarse y renunciar al yo. Y aquí yace el verdadero enigma religioso de este texto del génesis: Al igual que la Serpiente, la conciencia del ego humano también ha sido planeada y realizada por el Creador y por lo tanto contiene per se una misión de creación, a saber, desplegar este arreglo en una forma apropiada y llevarlo a cabo una y otra vez. De esta manera el hombre, suponiendo un desarrollo normal, se introduce inevitablemente en un campo de tensión del que, mientras sea capaz de pensar con claridad, ya no puede escapar, a saber, en el campo de tensión entre la ejecución del ego y la renuncia al ego, donde se le pide que oscile una y otra vez el grado respectivamente apropiado. Todas las religiones de las que me he ocupado transmiten este consejo sobre la circuncisión y la renuncia al ego de forma contundente y con una importancia central.

Si en el relato bíblico leemos que Yahvé le dijo a la serpiente: "Enemigo pongo entre tú y la mujer, entre tu descendencia y la suya. Él te golpea en la cabeza, tú le golpeas en el talón". (132), se podría utilizar esto como argumento contra la interpretación que he expuesto, según la cual en esta narración la serpiente tiene la función de enmascarar la conciencia del ego humano y la dinámica del ego que resulta de ella, haciéndola así irreconocible, ya que el ego difícilmente puede ser llamado enemigo de la persona en cuestión, y el hombre difícilmente puede ser llamado enemigo de su ego. Pero toda persona consciente del yo, que, más o menos clara y profundamente, reconoce los impulsos seductores que incitan contra el Creador, ya que provienen de su conciencia del yo y de su dinámica del yo, y por lo tanto toma seriamente la resolución de revivir siempre una y otra vez para restringir su yo de tal manera que encaje armoniosamente en el plan divino, en las interconexiones de los ecosistemas terrestres, cuya integridad es el requisito previo indispensable para cualquier existencia de los seres humanos en esta tierra, está y sigue estando insertada, se sabrá que ha decidido por la presente entablar una lucha verdaderamente difícil contra un oponente verdaderamente recalcitrante, por lo que las batallas ganadas no significan en principio una victoria. En dos programas de televisión (133) oí que la palabra árabe djihad (yihad, esfuerzo /95), que originalmente se entendía como una santa "guerra religiosa de los musulmanes contra todos los no musulmanes" (95) y como tal contiene una explosividad y una naturaleza problemática claramente perceptibles, es presentada por algunos maestros modernos del Islam como una lucha del ser humano concreto contra su propio ego. Así como la serpiente (como un animal) produce descendencia, también lo hace el hombre, y así como los progenitores humanos en el Paraíso tuvieron que lidiar con la forma original de la serpiente que operaba allí, así esta lucha se convertirá en una parte inevitable de la vida de todas las generaciones subsiguientes.

El problema central de nuestra existencia humana en la tierra, como ilustra J. en su historia bíblica del paraíso y la caída del hombre, es que se produce una ruptura en el desarrollo filogenético y on-genético del hombre, que distingue entre el principio y el final, el antes y el después de una manera que es irreversible. Mientras que al principio los humanos son comparables en principio con las plantas y los animales y según el programa tal y como está implantado en su ser, en armonía con su entorno natural (filogenia) o cultural (ontogenia) y por tanto naturalmente también en armonía, armonía, la paz con el Creador del mundo, entra en discordia, desarmonía, discordia hacia Dios después del desarrollo de una conciencia del yo y el comienzo de la práctica de la evaluación hacia Dios, que se realiza desde el punto de vista del yo respectivo, de la cual surge la necesidad de salvación del hombre.

Dado que dicha discordia y la necesidad de salvación causada por ella surgió del nivel espiritual de la comprensión del pensamiento, los mensajes religiosos tienen como objetivo hacer que los impulsos necesarios de salvación y redención estén disponibles y sean efectivos desde el mismo nivel espiritual. Las dos corrientes tan opuestas, a saber, por un lado los momentos de discordia que surgen una y otra vez y por lo tanto los impulsos necesarios de redención y salvación, tal como los ofrecen las formulaciones lingüísticas, por otro lado, son característicos de las personas que viven después de la "Caída", es decir, de los que tienen conciencia de sí mismos. A este respecto me parece apropiado, sobre la base de la comprensión de la narración bíblica del Paraíso y la Caída del Hombre, tal como se ha presentado en detalle en el presente libro, señalar lo siguiente sobre el tema del "pecado original" o "culpa hereditaria", tal como ha sido (y es?) presentado en la enseñanza católica: Los recién nacidos están, porque todavía están inequívocamente en esa etapa de desarrollo que corresponde a la de Adán y Eva antes de la "Caída", completamente libres de pecado e inocentes! Sin embargo, después de que filogenéticamente se haya desarrollado en las personas una conciencia del ego, esta característica específica se hereda de los padres a sus hijos, de modo que hay que decir de todo recién nacido que, asumiendo un desarrollo normal, debe alcanzar y pasar por la fase de descubrimiento y construcción del ego, y a partir de este momento se le aconseja inevitablemente inflarse como adversario de Dios, para oponerse a sus instrucciones, al pecado.

El tema que trata de la redención va más allá del alcance del presente libro, que se ocupa de una interpretación contemporánea de la narración bíblica del Paraíso y la Caída del Hombre, y por lo tanto debe ser esbozado en este punto simplemente en forma del ensayo "El Paraíso perdido y la redención", que se introduce en el prefacio y se continúa ahora: El "cuadro" del paraíso y la caída (9) también trata de las preguntas sobre las primeras cosas, es decir, sobre todo de las preguntas sobre los comienzos de la humanidad. Pero en este texto la respuesta a otra pregunta es de importancia central: Dios ha hecho bien el mundo después de todo (123); pero ¿por qué y cómo entonces hay en él tan malas condiciones, como las quejas de embarazo, los dolores de parto dolorosos, el trabajo laborioso en torno a la adquisición diaria de alimentos, espinas y cardos, dolencias, enfermedades y muerte, en resumen, el sufrimiento en múltiples formas? El mensaje bíblico, tal como lo formuló J, ofrece la siguiente respuesta a estas preguntas: Estas cosas malas, tal como las experimentamos en el mundo de hoy, no estaban allí al principio. Sólo llegaron al mundo por culpa de los primeros humanos. Porque habían desobedecido el único mandamiento que Dios les había impuesto (11), maldijo la tierra por su causa (47), los expulsó del paraíso y les bloqueó el camino de regreso para siempre (48).

Esta respuesta de los capítulos segundo y tercero del libro bíblico del Génesis es muy difícil de comprender para las personas orientadas hacia las ciencias naturales, ya que el cuadro del pasado de la Tierra que los científicos naturales han pintado muestra que incluso las primeras personas que vivían aquí ya estaban expuestas a la competencia por la comida y el espacio, a conflictos interpersonales, a innumerables peligros, quejas, enfermedades, sufrimientos y muerte. Desde el punto de vista actual, no hay duda de que un paraíso con seres humanos inmortales, un árbol del conocimiento del bien y del mal y una serpiente parlante nunca ha existido en el pasado.

Dado que J diseñó su narrativa pictórica del paraíso y la caída del hombre más intuitivamente que racionalmente, los esfuerzos de interpretación realista también deben intentar comprender y comprender precisamente estos significados, intenciones e impulsos intuitivos. Probablemente el propio autor Yahwista, si se le hubiera preguntado, habría interpretado su texto de manera diferente a lo que se ha presentado en este libro. Pero debido a que tal interpretación tiene que ser llevada a cabo y comunicada a nivel de conciencia, los mecanismos de control inconsciente de la conciencia humana en el escritor bíblico habían, por las razones mencionadas anteriormente, asegurado que las percepciones sensoriales subyacentes y las percepciones intuitivas no estaban en su forma original, pero fueron capaces de penetrar en el límite de la conciencia en la forma escrita y por lo tanto transmitida pictórica, los códigos correspondientes que han dado forma a la "imagen" del paraíso y la caída de la humanidad deben ser descifrados en la búsqueda honesta del mensaje bíblico transmitido en él.

Para cada oyente y lector de este texto bíblico es de importancia decisiva lo que Dios quiere comunicarle a través de su autor, es decir, lo que quiere comunicar en un momento y en un ambiente que puede ser muy diferente de aquellos bajo cuya influencia escribió J. Por lo tanto, en las actuales culturas con orientación científica, debe examinarse si el mensaje divino así transmitido puede reconciliarse, y cómo, con las afirmaciones con base científica, en la medida en que éstas sean realmente verdaderas. En el curso de años de búsqueda intuitiva y racional, se ha hecho cada vez más claro para mí que y cómo esto puede suceder realmente de una manera comprensible.

En la historia bíblica, Adán y Eva representan a los individuos del nuevo género "Homo" = "hombre", que en el proceso evolutivo, según el plan de Dios, habían surgido de mamíferos similares a los simios. Estos progenitores humanos pueden haber sido muchas generaciones. La Tierra, que, con excepción de los cambios evidentes que la humanidad ha traído aquí, era la misma en ese momento que la que experimentamos hoy, era todavía un paraíso para los primeros hombres, porque vivían en armonía con la naturaleza, eran uno con ella y por lo tanto también uno con su Creador. Podemos observar este paradisíaco estado original en cualquier momento con plantas, animales y niños pequeños. Aceptan el mundo tal como es, sin querer cambiarlo por un pensamiento egocéntrico, y viven ellos mismos, sin considerar ninguna apariencia, tal como son, y de esta manera están completamente integrados en sus respectivos biotopos, insertados sin problemas en la creación divina. La gente adulta que J conocía, incluido él mismo, así como la gente adulta de muchas generaciones anteriores y todas las siguientes han perdido este paradisíaco estado original para siempre. Este hecho está representado en el "cuadro" bíblico que se trata aquí por la expulsión de Adán y Eva del Jardín del Edén y la obstrucción del camino de regreso. (48)

La diferencia decisiva aquí entre las plantas, los animales y los niños pequeños por un lado y los seres humanos adultos de nuestro tiempo por otro lado es la presencia efectiva de una conciencia de sí mismo en nosotros los adultos. En el curso del desarrollo de una persona de nuestro tiempo, esta conciencia del ego comienza a formarse en una etapa que se llama la fase de desafío o fase de autoencuentro. (40) Esta creciente conciencia de sí mismo

hace que el niño se distinga más claramente de sus cuidadores y de todo su entorno; también trata de hacerlo mediante la desobediencia. Los investigadores científicos enseñan que en la ontogénesis, el desarrollo individual de cada uno de los seres vivos (superiores), la fogénesis, el desarrollo general de los seres vivos, se repite de forma abreviada. La fase de encontrar el yo cuando un niño de hoy crece marca una fase similar, pero incomparablemente más larga en el desarrollo de la humanidad. Los primeros seres humanos en la tierra, encarnados en la historia bíblica de Adán y Eva, estuvieron conscientemente al nivel de los animales o niños pequeños durante toda su vida, es decir, desde su concepción hasta su muerte. Por ejemplo, no eran conscientes de su desnudez y sexualidad, no eran conscientes del hecho de que tenían que sufrir y morir, no conocían la culpa y no evaluaban en el nivel espiritual del pensamiento conceptual.
En la "imagen" de la "Caída", la astuta serpiente hace creer a Adán y Eva que si ellos, en contra de la prohibición divina (11), comieran del árbol del conocimiento del bien y del mal, sus ojos se abrirían y serían como Dios, que es capaz de reconocer lo que es bueno y lo que es malo/malo. (53) A causa de esta seducción, después de haber vivido en el Jardín del Edén durante un período de tiempo no especificado, comen un día el fruto prohibido, y sus ojos se abren realmente, pero en contraste con lo que la serpiente les ha hecho creer (33, 50): como resultado de su desobediencia, Yahvé los expulsa del Paraíso y les hace imposible volver allí. (48) En esta representación pictórica, la serpiente representa la conciencia del ego que se desarrolla en las personas. Esto hace que los hombres se distingan más claramente, no sólo entre sí, sino también de Dios y su creación, y que compitan con este Dios, por así decirlo.

Cuando en la "imagen" de la "Caída" se ve a Adán y Eva desde el árbol del conocimiento del bien y del mal (33), esto muestra que las personas que ahora se hicieron más y más conscientes de su propia identidad ahora vieron y evaluaron todo esto desde el punto de vista de su respectivo ego, ya que en adelante llamaron a las realidades "bueno" o "malo/mal". Esta evaluación subjetiva de una persona consciente de sí misma no concuerda con la evaluación objetiva del Creador, que había visto que todo es muy bueno (3). A partir de entonces, la gente vio muchas cosas que no podían llamar "buenas", como sus órganos sexuales, que también son órganos de excreción, y de los que ahora se avergonzaban, los conflictos entre hombres y mujeres, las molestias del embarazo y los dolorosos dolores de parto, las dificultades e incertidumbres de la adquisición diaria de alimentos, la competencia por el alimento y el espacio, los peligros para el cuerpo y el alma día tras día, las dificultades naturales de sus respectivos hábitats, las innumerables dolencias y enfermedades, su propia mortalidad y la de aquellos que los amaban y necesitaban, etc., etc., etc. **¡Aquí está el origen de la discordia entre el hombre y Dios!**

Esta discordia, que surge a veces y dura más o menos, no consiste en que Dios se enfade con nosotros los seres humanos, en que Dios nos acuse a los seres humanos (y si esto es así, el verdadero problema no se encuentra aquí), sino que esta discordia, que surge a veces y dura más o menos, consiste en que los seres humanos critiquemos y acusemos a Dios, en que los seres humanos se enfaden con Él, en que los seres humanos griten al cielo con los puños levantados: "¿Por qué? ¿Qué? ¿Por qué?" Consciente o inconscientemente, directa o indirectamente, abiertamente o en secreto, el ser humano concreto en esta condición le dice al Creador: "Dios, ¿por qué y por qué has hecho esto tan doloroso? ¿Por qué y por qué estas fuerzas destructivas de la naturaleza? ¿Por qué y por qué esta lucha despiadada por la supervivencia? ¿Por qué y por qué tantas enfermedades que dan miedo? Esta tierra tuya, que has pensado y luego realizado, no es un paraíso para mí, sino demasiado a menudo un "valle de lágrimas", demasiado a menudo frío, demasiado a menudo oscuridad!

Puesto que somos seres espiritualmente dotados y capaces de imaginar, podemos imaginar un espacio vivo en imágenes y pensamientos, que aceptaríamos como un paraíso. Este sería un paraíso en el sentido de un estado sin sombras, un mundo sin quejas, sin enfermedades, sin muerte, sin sufrimiento, en el que todos los seres vivos vivirían satisfechos y felices en constante armonía con los demás. La realización de este sueño humano, la realización de tal paraíso en la tierra, hace que el ser humano concreto, cuando se encuentra en un estado de discordia, Dios incluso una condición de paz, al decirle a Dios, consciente o inconscientemente, directa o indirectamente, abiertamente o en secreto, "Estoy entonces listo para la paz contigo, si transformas la tierra en tal paraíso". O al menos bendíceme a mí y a mis seres queridos y sálvanos del sufrimiento drástico". Y muchos esfuerzos que los hombres hacen en la tierra indican que también quieren intentar esta realización de su sueño por sus propios esfuerzos, por lo que desde un punto de vista religioso el mayor enigma es si y en qué medida ellos, al producir creaciones secundarias, cumplen con la orden de su creador o actúan como su adversario.

Ahora la "imagen" del Paraíso y la caída del hombre también muestra que Dios prometió a Adán y Eva un Redentor para el futuro de la humanidad antes de expulsarlos del Jardín del Edén. (132) Cuando el tiempo se cumplió, este redentor prometido por Dios y esperado por los hombres realmente llegó: Jesús de Nazaret. Nació en un establo y fue colocado en un pesebre porque la gente en sus casas no tenía espacio para él. Y cuando murió, tuvo que morir en agonía, colgado como un criminal en una cruz, sin Él, o sin que Dios transformara la tierra a través de Él en un paraíso según nuestros deseos, sí, sin que Él cambiara el mundo que surgió de la creación divina de ninguna manera. Y así este Redentor se convirtió en una razón más para la discordia entre los seres humanos concretos y Dios, que surgió a veces y duró por períodos más cortos o más largos de tiempo, porque Dios, a través de su Mesías, no había respondido a nuestras condiciones humanas de paz. Y aún así el Redentor debía hacer la paz entre el hombre y Dios, reconciliando al hombre y a Dios entre sí.

Al igual que con la "Caída", que se produjo por primera vez en los seres humanos, y con la "Caída" de innumerables personas a partir de entonces, el mundo no cambia(n), sino que se produce un cambio en los seres humanos, así la redención que Dios ofrece al ser humano concreto a través de su Mesías tampoco consiste en cambiar el mundo, sino que esta redención debe hacerse efectiva mediante algo que ocurra en el respectivo ser humano. Puesto que la discordia entre el hombre concreto y Dios, que a veces surge y dura más o menos, no es que Dios esté enfadado con el hombre, que Dios acuse al hombre, **no es necesario reconciliar a Dios, sino que es** porque la discordia, que a veces surge y dura más o menos, es que el hombre concreto está enfadado con Dios, que el hombre concreto acusa a Dios, es **necesario que el hombre concreto se reconcilie, que el hombre concreto se reconcilie.** Esta reconciliación del ser humano concreto es muy difícil, como cada uno puede ver por sí mismo, porque no es fácil para nosotros afirmar y aceptar este mundo como Dios lo creó.

Entonces, ¿cómo es posible esta difícil reconciliación del hombre concreto con el Dios al que acusa? Una cosa ha quedado clara: No por la respuesta de Dios a nuestras condiciones humanas de paz. Cuando Adán y Eva perdieron el Paraíso, primero tuvieron necesidad de redención, porque ahora habían perdido la armonía, la armonía, la paz con la tierra en la que vivían, y por lo tanto la armonía, la armonía, la paz con su Creador. El Redentor prometido por Dios es ayudar al ser humano concreto en la lucha contra la serpiente, su propia conciencia del ego y la dinámica del ego que resulta de ella, para encontrar su camino de vuelta - una y otra vez - en el estado de paz, armonía y unidad con Dios. El acto central de redención de Jesucristo fue su agonizante muerte en la cruz. Jesús de Nazaret, que murió en la cruz y es el único Hijo de Dios, es para nosotros gente que necesita señales, una señal segura y creíble de que Dios nos ama realmente, siempre e incondicionalmente. Para levantar de una vez por todas para nosotros los seres humanos este signo de su inimaginable amor, estaba dispuesto a dar lo que más le dolía: como Padre (y Madre), entregó a su único Hijo a quien ama, y le hizo sufrir y morir hasta la última gota de la Sangre de su Corazón (134).

Si nosotros los seres humanos, al mirar la señal de la cruz en la que murió este Jesús, podemos creer de nuevo que Dios nos ama realmente, incluso y sobre todo cuando puede parecer que no nos ama, podemos reconciliarnos con este Dios al que acusamos, dejarnos reconciliar por Él (135), podemos volver a ser uno con Él y su mundo, podemos encontrar la confianza de que Dios es infinitamente más grande y más sabio que nosotros y lo sabe, lo que es bueno, y cuál es el significado, entonces podemos sospechar que todo debe ser lo que es, y que todo (en la creación de Dios) debe ser como es, incluso las condiciones dolorosas en ella, como el dolor, la enfermedad y la muerte, entonces podemos ganar la fuerza para simplemente entregarnos confiadamente a este Dios, para dar nuestra vida de nuestras manos a sus "manos", entonces podemos estar contentos de ser simplemente personas a las que se les permite vivir en esta tierra de Dios. Este momento de redención sólo entra en vigor en el hombre concreto cuando cree en Dios y en el que él ha enviado, Jesucristo.

Después de que la "serpiente" en nosotros los seres humanos ha causado la discordia con Dios, hacemos muchas cosas malvadas en el mundo de Dios que no están de acuerdo con Él y su plan. Por pensamiento egocéntrico, intervenimos en su creación y a veces pretendemos saber mejor que Él, como si Dios fuera malo, pero nosotros los humanos fuéramos buenos. En realidad, estamos preocupados por nuestra propia ventaja y preferimos ser Dios mismo. Al cambiar el mundo de Dios, causamos mucho daño en él, sin tener en cuenta las generaciones futuras. Y cada ser humano individual también se encuentra con sus semejantes y con otras criaturas en su actitud consciente del yo y puede planear hacia ellos su propio beneficio, a menudo con un "disfraz" diferente, por el cual muchas cosas malas suceden en la buena tierra de Dios, y el ser humano concreto asume la culpa sobre sí mismo. Durante

largos períodos de nuestras vidas podemos tener éxito ocultando nuestra propia maldad y nuestra culpa a nuestros semejantes e incluso a nuestro propio reflejo, no a Dios. Pero siempre hay fases en las que nos damos cuenta de nuestra culpa y nuestra maldad, más o menos profundamente. Y entonces puede suceder que saquemos conclusiones sobre Dios de nosotros mismos y pensemos que está muy enojado con nosotros, porque conoce exactamente toda nuestra maldad y toda nuestra culpa, y que por lo tanto quiere reconciliarse, por ejemplo a través de sacrificios, como nos parece apropiado, y surge en nosotros la ansiosa pregunta de si Dios quiere realmente perdonarnos o si no nos ha "descartado" ya finalmente.
Y también en tales situaciones, un momento de redención de la muerte de Jesús en la cruz puede volver a realizarse si creemos en Él: Jesús de Nazaret, que murió en la cruz y es el único Hijo de Dios, es para nosotros los seres humanos que necesitamos signos, una señal segura y creíble de que Dios perdona a todos los seres humanos todo - siempre y sin condiciones - que Dios ofrece a todos los seres humanos la reconciliación y la paz siempre y sin condiciones, pero sin entrar en nuestras condiciones de paz, que nos da su "mano" para la reconciliación. Pero esta paz ofrecida por Dios sólo se hace realidad en el momento en que la persona concreta está dispuesta a admitir que necesita el perdón y la gracia divina, y está verdaderamente preparada para la reconciliación y la paz, incluso en las condiciones establecidas por el Creador, y también en el fondo de su alma, y a su vez golpea la "mano" que Dios le ha dado.
Es muy difícil para nosotros los humanos pensar y decir: "Todo lo que Dios ha hecho y cómo lo ha hecho es muy bueno. Esto es especialmente cierto con respecto a nuestra mortalidad, el hecho de que debemos morir con seguridad. Cuando nosotros, no sólo desde nuestro punto de vista, sino también desde el de aquellos que nos aman y necesitan, pensamos en nuestra propia muerte así como en la de aquellos que amamos y necesitamos, entonces es casi imposible para nosotros, las personas conscientes del yo, afirmar y aceptar

esta ley de hierro sin quejarnos, especialmente porque la muerte puede golpear a cualquiera en cualquier día. Incluso en estos miedos elementales, la persona concreta puede experimentar consuelo, esperanza y fuerza a través del signo de la cruz: Jesús de Nazaret, que murió en la cruz y es el único Hijo de Dios, es un signo seguro y creíble para nosotros, los que necesitamos a Zacarías, de que la presencia y la cercanía de Dios y su inconmensurable amor por nosotros no termina con nuestra muerte concreta, de que Dios no nos deja ir y nos olvida incluso en nuestra hora de muerte, sino que también entonces y más allá de eso nos tiene continuamente en su "mano" y nos guarda en su "corazón", que nos despierta de nuevo del sueño de la muerte y nos lleva a ese mundo en el que la esperanza que hemos perseguido en esta vida de tal o cual manera sólo encontrará su cumplimiento, nuestra esperanza de un estado sin sombras, de una felicidad sin fin y de una paz duradera, de una vida sin sufrimiento y sin muerte. Este momento de redención, sin embargo, sólo entra realmente en juego cuando la persona concreta, al mirar la señal de la cruz en la que este Jesús fue colgado cuando murió, cree realmente que el crucificado, aunque murió, sigue vivo. Dios no salvó ni siquiera a este justo Jesús, que es su único Hijo y el único y verdadero Redentor de los hombres, del sufrimiento y la muerte; en efecto, el sufrimiento y la muerte fueron incluso el encargo del Padre al Hijo, porque quería dar una señal creíble de su amor eterno de una vez por todas. Jesucristo sólo pudo entonces y a través de esto ser redentor para los hombres cuando y que completó el sufrimiento y la muerte.

Así pues, Dios no bajó a Jesús de la cruz, sino que lo despertó al tercer día, lo hizo aparecer a los hombres y dio a estas personas, ahora en unidad con su Hijo y su Espíritu, los impulsos y el poder para dar testimonio de este Jesucristo, que vive después de su muerte en la cruz, hasta los mismos límites de la tierra. Sin una base real, el testimonio de estas personas habría estado condenado al fracaso desde el principio. Según todas las leyes de la probabilidad, este hombre, que, aparentemente abandonado por Dios, murió en la cruz del Gólgota, debe haber sido olvidado muy pronto. Pero el hecho es que: Dos mil años después de que Jesucristo es conocido en todos los continentes, el cristianismo puede registrar el mayor número de seguidores, y durante este largo período de tiempo, durante el cual muchos reinos mundanos se hicieron poderosos y perdieron de nuevo este poder, durante el cual surgieron numerosas opiniones, puntos de vista y doctrinas humanas, recibieron gran atención y fueron rechazados u olvidados de nuevo, en la que también la iglesia cristiana participó en las divisiones, en la que las personas cambiaron enormemente la superficie de la tierra y su forma de vivir en ella, este Jesucristo está experiencialmente cerca de innumerables personas, el Tú de su vida única, siempre y todavía el camino, la verdad y la vida (136).

Epílogo

En el curso de años de búsqueda intuitiva y racional, se me hizo cada vez más claro cómo debe entenderse la historia bíblica del paraíso y la "Caída del Hombre". Como no había trabajado en ninguna literatura especial sobre este tema, me interesaba saber si mis hallazgos sobre este tema ya habían sido encontrados y publicados por otros autores y en qué medida. Por eso desde 1994 he preguntado a varios teólogos sobre esto, incluyendo al Prof. Dr. Groß en 1994, al Prof. Dr. Rup-pert en 1995, al Prof. Dr. Hoßfeld y al Prof. Dr. Lang en 1998, al Prof. Dr. Schmidt en 1999, al Prof. Dr. Drewermann en 2002, al Prof. Dr. Albertz en 2006, al Prof. Dr. Gertz en 2009, al Prof. Dr. Waschke en 2012, al Prof. Dr. Richter en 2014 y al Prof. Dr. Willems en 2016. Ninguna de estas personas competentes pudo demostrarme, sobre la base de referencias bibliográficas concretas, que la variante de interpretación que presenté en los puntos 1. a 5. formulada por mí ya había sido publicada por otros autores. Estas tesis son:

1. La serpiente que actúa en la "narrativa de la Caída del Hombre" bíblica debe ser interpretada como la autoconciencia humana y la dinámica del ego que resulta de ella.
2. Con ese pasaje de la bíblica "Caída del hombre", en el que Adán y Eva, seducidos por la serpiente, comen el fruto del árbol del conocimiento del bien y del mal y asimilan así la habilidad respectiva, se representa pictóricamente la práctica humana de la valoración, que se caracteriza por el hecho de que después de alcanzar el correspondiente estado de desarrollo, el hombre, en el nivel espiritual de su pensamiento conceptual, extrae los hechos de la creación divina de su conocimiento encontrado (o más acertadamente denominado): En el contexto pertinente y en el contexto de toda la Biblia es decisivo que estas evaluaciones subjetivas de la persona consciente de sí misma

a menudo no concuerdan con la evaluación objetiva del Creador, que había visto que todo es muy bueno.

3. La discordia entre el hombre y Dios causada en el relato bíblico por la "caída de la gracia" humana se encuentra en lo más profundo del alma humana y es efectiva, y vuelve a surgir una y otra vez a través del hecho de que el ser humano concreto y consciente del yo critica y acusa la obra divina de la creación y, por lo tanto, automáticamente al Creador mismo sobre la base de sus propias normas de valor, su propia voluntad y con respecto a su propio honor. En este sentido, los colectivos más o menos extensos también funcionan como sujetos humanos. En el desarrollo de la conciencia humana se encuentra el origen de la discordia entre el hombre y Dios, que hace que el hombre necesite la redención, porque es la condición previa del juicio y la práctica de la evaluación. Esta circunstancia también constituye la base de la doctrina católica de la culpa hereditaria del hombre.
4. La comprensión del acto central de redención de Jesucristo, su agonizante muerte en la cruz, descrita al final del capítulo anterior, como resulta de la interpretación de la historia bíblica del paraíso y la caída del hombre, que he presentado.
5. Estos puntos de interpretación se pueden fundamentar en el análisis de los textos de Génesis 2 y 3 sobre la base del siguiente enfoque científico (la ciencia comienza con una cuestión científica y un concepto de trabajo científico)
   a) ¿Qué percepciones sensoriales han fluido a J en relación con los elementos individuales de su narración?
   b) ¿Qué intuición del autor Yahwista se puede discernir a través de las encriptaciones y máscaras presentes en su texto?
   c) ¿Qué desviaciones inconscientes trajo J e introdujo cuando usó el contenido del pensamiento intuitivo para la comunicación del mensaje divino subyacente?

d) ¿Cómo deben entenderse estas desviaciones, que son introducidas por las instancias de control inconscientes en la frontera de la conciencia del escritor Yahwista, de la manera correcta y corregirse para volver a las percepciones e intuiciones originales (sensoriales), que también incluyen los impulsos de revelación divina?

Lista de fuentes

(1) Publicado en nombre de los obispos de Alemania, Austria, Suiza, el obispo de Luxemburgo, el obispo de Lieja, el obispo de Bozen-Brixen: "Hausbibel", traducción unificada del Antiguo y Nuevo Testamento, editorial Herder Freiburg Basel Wien. Todas las citas tomadas de esta versión; si no, entonces se anotan especialmente "de la Biblia de los Pastores": "La Biblia", Biblioteca de los Pastores; sus textos han sido editados en coordinación con la "Biblia de Jerusalén". Aquí: Gen 1, 1-2, 4a.

(2) Gen 1, 20a

(3) Gen 1, 31a

(4) Z. B. 2 Petr 3:13; Rev 21:1; 21:3-5

(5) Tales escritos provienen del mismo editor que (7)

(6) Es 11, 6-9

(7) Editor responsable para Alemania: Sociedad de Biblias y Tratados de la Torre del Vigía Deut-scher Zweig, e. V., Selters/Taunus: "Puedes vivir para siempre en el paraíso en la tierra". Este libro: p. 5: fuente: p. 10, 11 / p. 7: p. 8, 9.

(8) Gen 1, 29-30 (9) Gen 2, 8 - 3, 24 (10) Gen 2, 7 (11) Gen 2, 16-17

(12) Introducciones y notas a los libros del Antiguo Testamento: El Pentateuco, La Biblia del Pastor.

(13) Werner Trutwin, Klaus Breuning, Roman Mensing: "Time of Joy", Patmos Verlag.

(14) Richard Elliot Friedman: "Quién escribió la Biblia", edición autorizada publicada por Gustav Lübbe Verlag GmbH Bergisch Gladbach. Libro disponible: p. 16: fuente: p. 360 / p. 33: p. 360 / p. 78: p. 369 / p. 105: p. 112 / p. 113: p. 95-126 / p. 139: p. 360 / p. 142: p. 360 / p. 158, 159: p. 360.

(15) Biblia de la casa (1): "Los cinco libros de Moisés". (16) Mt 11, 25-26

(17) de Gen 2, 9 (18) de Gen 2, 16 (19) Gen 2, 8 (20) Gen 2, 4-9

(21) Gen 2, 5b (22) Gen 2, 10-14 (23) Gen 2, 7; Gen 2, 19 (24) Gen 2, 19 (25) Gen 3,14 (26) Gen 2, 23 - 24 (27) Gen 3, 16 (28) Gen 3, 17c (29) Gen 3, 19 (30) Gen 3, 18a (31) Gen 3, 19a

(32) Publicado por el Consejo Científico de la redacción de Duden: "Duden Die deutsche Rechtschrei-bung", Dudenverlag.

(33) Gen 3, 6; Gen 3, 22

(34) Dee Brown: "Enterrar mi corazón en el recodo del río", Droemersche Verlagsanstalt Th. Knaur Nachf. Este libro p. 24: Fuente: p. 311 / p. 61: p. 130; p. 312; p. 147 / p. 95: p. 252 / p. 110: p. 430.

(35) Phil Bosmans: "Liebe wirkt täglich Wunder", Verlag Herder Freiburg Basel Wien: libro actual: p. 24: fuente: p. 139.

(36) Marie Luise Kreuter: "Der Biogarten", BLV Verlagsgesellschaft München Wien Zürich. Este libro: p. 24: fuente: p. 24 / p. 63: p. 11.

(37) Jo 15, 1-4 (38) 1 Cor 12, 12-26

(39) Philippe Jacquin: "Indianerland", Ravensburger Buchverlag Otto Maier GmbH. Este libro p. 28: Fuente: p. 151, 152 / p. 61: p. 154 / p. 178: p. 154.

(40) Publicado por: Elternbriefe du und wir e.V., Einhard-Verlag GmbH, Aachen. Libro disponible: p. 115: fuente: copia 22, basado en una edad de cinco años y cuarto.

(41) Gen 1, 26-27 (42) Gen 3, 17b (43) Gen 2, 4b

(44) Frederik Hetmann: "Indio", Ravensburger Buchverlag. Este libro: p. 34, 35: fuente: p. 95/ p. 70: p. 97.

(45) Gen 1, 4; Gen 1, 10; 1, 12; 1, 18; 1, 21; 1, 25

(46) Sielmann's Adventure Nature, revista, 5/95

(47) Gen 3, 14-19 (48) Gen 3, 23-24 (49) Gen 2, 9-10 (50) Gen 3, 7 (51) de Lev 26 (52) Gen 3, 5 (53) Gen 3, 1-5 (54) Gen 2, 25 (55) Gen 3, 8-10

(56) Libro de oraciones e himnos católicos para la diócesis de Aquisgrán: "Gotteslob", B. Kühlen Verlags GmbH & Co KG. Libro disponible: p. 41:

fuente: Ergänzungsheft 001 / p. 51: Ergänzungsheft 001 / p. 55: Lied 257 / p. 133 abajo, 134 arriba: Suplemento 001.
(57) Prof. Alfred Brauchle: "El Gran Libro de la Medicina Natural", Prisma Verlag Gütersloh. Libro actual: p. 43: Fuente: p. 114-117
(58) Thorwald Dethlefsen, Rüdiger Dahlke: "Krankheit als Weg Interpretation und Be-meutung der Kranken-heitsbilder, edición autorizada con permiso de C. Bertelsmann Verlag GmbH, Munich. Este libro: p. 48: fuente: p. 44/ p. 90: p. 56 abajo, p. 57 arriba.
(59) Jo 1, 9-11 (60) Jo 6, 60-66 (61) Lk 21, 12-17
(62) Editado por Dieter Corbach, Ulrich Iseke, Hans-Günther Toetemeyer y Peter Wieners: "Die Mundorgel", distribuidor de órganos bucales Waldbroel. Libro disponible: p. 54: fuente: canción 12, canción 27 / p. 136: canción 228.
(63) Editado por Gerhard Buchner: "Lieder, Songs and Gospels", Volúmenes 1 y 2, Franz Schneider Verlag GmbH. Libro disponible: p. 54: fuente: volumen 2, p. 101.
(64) Mike Eulner & Jacky Dreksler: "Hits & Songs", editorial musical Edition Metropol, Colonia. Libro disponible: p. 54: fuente: p. 68.
(65) Publicado por Gerhard Buchner: "Canciones divertidas y sin sentido", Franz Schneider Verlag GmbH. Libro disponible: p. 54, 55: fuente: p. 112.
(66) Gen 1, 28 (67) Gen 2, 15
(68) Heinrich Harrer (eds.): "Adventure Journeys to Forgotten Peoples The Last Paradises of Mankind", Weltbild Verlag. Libro actual: p. 68: fuente: p. 7; cubierta interior.
(69) Hermann Wurmbach: "Lehrbuch der Zoologie I" y "Lehrbuch der Zoologie II", Gustav Fischer Verlag Stuttgart. Libro disponible: p. 69: fuente: volumen I, p. 600 / p. 100: volumen II, p. 544.
(70) Josef Reichholf: "Leben und Überleben", Mosaik GmbH, Munich. Libro disponible: p. 69: fuente: p. 40, p. 54, p. 59.
(71) Editores: Prof. Dr. Rolf Oerter, Prof. Dr. Leo Montada: "Psicología del desarrollo", Beltz Psy-chologie Verlags Union. Libro disponible: p. 73:

fuente: Hannelore Grimm: Capítulo 15: "Desarrollo del lenguaje - desde una perspectiva general teórica y diferencial": P. 709; P. 712 / P. 74: Hellgard Rauh: Capítulo 4: "La primera infancia": P. 167 / P. 87: Capítulo 4: P. 247; P. 167 / P. 89: Leo Montada: Capítulo 11: "El desarrollo espiritual desde la perspectiva de Jean Piaget": P.524.

(72) Lev 15 (73) Gen 2, 19-20 (74) Deut 1, 39

(75) Revista "Das Tier", número 8 / 99, p. 25

(76) Editores: Raphaela Drexhage, Jens Firsching, Dra. Petra Gallmeister, Cordula Grüner, Ingrid Reu-ter, Ernst Christian Schütt: "2000 años de crónica de la historia del mundo", Alinea Editions und Medienservice GmbH Munich. Este libro p. 85: Fuente: p. 141, 165, 173.

(77) Prof. Dr. Rolf Oerter, Emérito, Psicología del Desarrollo y de la Educación, Universidad de Munich: carta de junio de 2001.

(78) Convirtiendo las "percepciones relacionadas con la materia" adoptadas de: Arnold Benz: "¿Cosmos, Caos, Dios?", copia de una contribución de: H.M. Daecke, Evang. Comentarios 10 (1997), 600.

(79) De la serie "QUÉ ES QUÉ": Vitus b. Dröscher: "Paseos de animales", Editorial Tessloff. Libro disponible: p. 100: fuente. S. 25.

(80) Números 13 y 14 (81) Números 14, 1-3 (82) Números 14, 26-27

(83) Ex 20, 4a (84) "Ex 3, 13-15

(85) Ernesto Cardenal: "El Libro del Amor", GTB Siebenstern. Este libro: p. 106: Fuente: p. 63

(86) Winky Pratney: "Por qué creo en Dios"

(87) Ps 139, 5-12, reformulado. (88) 2º Cor 4, 6-7 (89) Sal 90, 1-6

(90) Sal 39, 6

(91) A. Baur, A. Hari, C. Singer: "JESUS CHRIST FIND TODAY", Sadifa Media Verlags GmbH. Este libro: p. 109: fuente: p. 8 / p. 143: p. 8.

(92) Lc 12, 27 (93) Gen 25, 7-8 (94) Ex 20, 7

(95) Gerhard J. Bellinger: "KNAURS GROSSER RELIGIONSFÜHRER", edición autorizada con el permiso de Droemersche Verlagsanstalt Th. Knaur

Nachf., Munich. Este libro p. 121, fuente: p. 272 / p. 174: p. 272 / p. 181: p. 248.

(96) Job 1, 1-2, 10 (97) de Job 23, 1-7 (98) de Job 3 (99) Job 2, 11c (100) Job 6, 24 (101) Job 7, 20a-c (102) Job 9, 21-22 (103) Job 9, 32-33 (104) Job 10, 2 (105) Trabajo 10, 4-7 (106) Trabajo 13, 18-23 (107) Trabajo 16, 17 (108) Trabajo 19, 6-7 (109) Trabajo 27, 2-6 (110) Trabajo 21, 7-15 (111) Trabajo 42, 7-8 (112) Trabajo 1, 9-12 2, 4-6 (113) de Job 38 - 40 (1 14) Job 38, 1-4 (115) de Job 7, 7 y 7, 16 (116) de Job 13, 25 y 14, 1-2 (117) Job 40, 2a (118) Job 42, 2-6 (119) Job 40, 4-5

(120) Título de la serie "WAS IST WAS", Tessloff Verlag.

(121) Job 40, 6-8

(122) Alvin M. Josephy: "500 Naciones - La Historia Ilustrada de los Indios de América del Norte", para la edición alemana publicada por Frederking & Thaler Verlag GmbH, Munich. Libro disponible: p. 135: fuente: p. 17.

(123) Gen 2, 4b-25 (124) Gen 7, 8-9 (1 25) Gen 7, 2-3 (1 26) Gen 28, 1-2 (127) Lev 18, 6-18 (128) Gen 4, 3-8 (129) Gen 6, 5

(130) Recitado junto con una redacción ligeramente alterada en una nota de muerte y la memoria de una pizarra.

(131) Friedrich Schiller: "The Robbers", C. Bange Verlag, Hollfeld. Libro disponible: p. 178, 179: Fuente: p. 10-13

(132) Gen 3, 15

(133) "Tatort" y "Menschen bei Maischberger"

(134) Jo 19, 33-34 (135) 2ª Corintios 5, 20 (136) Jo 14, 6

Printed in the USA
CPSIA information can be obtained
at www.ICGtesting.com
LVHW040904240923
759168LV00006B/41